本书出版由南京大学哲学系一流学科建设经费
（0103/14914101）资助

代玉民◎著

焦竑与明清儒学研究

中国社会科学出版社

图书在版编目(CIP)数据

焦竑与明清儒学研究/代玉民著. — 北京：中国社会科学出版社，2023.3
ISBN 978 - 7 - 5227 - 1663 - 3

Ⅰ.①焦… Ⅱ.①代… Ⅲ.①焦竑(1540 - 1620)—哲学思想—研究
Ⅳ.①B248.995

中国国家版本馆 CIP 数据核字(2023)第 048658 号

出 版 人	赵剑英
责任编辑	郝玉明
责任校对	谢　静
责任印制	王　超

出　　版	中国社会科学出版社
社　　址	北京鼓楼西大街甲 158 号
邮　　编	100720
网　　址	http://www.csspw.cn
发 行 部	010 - 84083685
门 市 部	010 - 84029450
经　　销	新华书店及其他书店

印　　刷	北京君升印刷有限公司
装　　订	廊坊市广阳区广增装订厂
版　　次	2023 年 3 月第 1 版
印　　次	2023 年 3 月第 1 次印刷

开　　本	710×1000　1/16
印　　张	21.25
字　　数	348 千字
定　　价	118.00 元

凡购买中国社会科学出版社图书，如有质量问题请与本社营销中心联系调换
电话：010 - 84083683
版权所有　侵权必究

目　录

绪　论 …………………………………………………………… 1

第一章　焦竑的心学 ………………………………………… 17
第一节　心与良知 ………………………………………… 18
第二节　性与情 …………………………………………… 27
第三节　工夫与境界 ……………………………………… 43
本章小结 …………………………………………………… 55

第二章　焦竑的考据学 ……………………………………… 57
第一节　知识考据 ………………………………………… 59
第二节　义理考据 ………………………………………… 72
第三节　考据学与心学工夫的智识化 …………………… 87
本章小结 …………………………………………………… 98

第三章　焦竑的三教观 ……………………………………… 99
第一节　三教互释 ………………………………………… 100
第二节　三教一贯 ………………………………………… 113
第三节　三教观与心学境界的智识化 …………………… 120
本章小结 …………………………………………………… 132

第四章　焦竑与明代思潮 …………………………………… 134
第一节　明代中晚期的南京 ……………………………… 136
第二节　焦竑与明代义理学 ……………………………… 153
第三节　焦竑与明代考据学 ……………………………… 197
第四节　焦竑与明代三教观 ……………………………… 214

本章小结 ·· 231

第五章　焦竑与清代学术 ·························· 233
　　第一节　清代前中期的南京 ······················ 234
　　第二节　焦竑与清代义理学 ······················ 239
　　第三节　焦竑与清代考据学 ······················ 250
　　第四节　焦竑与清代三教观 ······················ 263
　　本章小结 ·· 274

第六章　焦竑与明清儒学转向 ······················ 277
　　第一节　焦竑与明清义理学转向 ·················· 278
　　第二节　焦竑与明清考据学转向 ·················· 283
　　第三节　焦竑与明清三教观转向 ·················· 292

综论：焦竑与明清儒学转向 ·························· 296

参考文献 ·· 305

后　记 ·· 332

绪　　论

自北宋诸子振起儒家新义理以来,理学、心学、气学逐渐挺立,时至明代,王阳明更进一步,从程朱理学中突围,融理于心,开辟儒家新义理的心学新境界。阳明之后,其弟子形成浙中、江右、南中、楚中、泰州、北方、黔中①等流派,在晚明时期尤以泰州学派最为著名。然而,风行天下的阳明心学在历经明清鼎革后便广遭毁议,随着考据学的发展,清初学者对阳明心学的质疑进而演化为清中期学者对程朱理学的批判,以戴震为代表的学者致力于以考据学方法建构有别于宋明新儒学②的新义理。大体言之,儒学在明清两代实现了三种转向:一是在学术形态上,由直觉体认型的儒家义理学转变为知识考据型的儒家义理学;二是在学术话语上,由非智识化的心学话语转变为智识化的考据学话语;三是在学术形式上,由儒者个体化、零碎化的践履体验转变为学者团体化、系统化的研究求证。

---

① 黄宗羲的《明儒学案》未载有黔中王门,但贬谪贵州是王阳明生命中不可忽视的重要经历,贵州也是他的悟道之地。实际上,王阳明在贵州悟道、讲学的过程中,教授了一批后学弟子,使心学的传播版图扩展到了贵州,形成黔中王门。关于黔中王门,可参见陆永胜《心·学·政——明代黔中王学思想研究》,中华书局2016年版。

② 对于宋明时期的儒家思想,学界常以"宋明理学"或"宋明道学"称之。若以"理学"称之,则"理学"既总称宋明时期的儒学,又特指程朱一派的儒学,这样会使"理学"概念有广、狭二义;若以"道学"指称宋明时期的儒学,"道学"之名又近似于道家之学,易与其混淆。因此,我们采取"宋明新儒学"的说法来指称宋明时期的儒学。在很大程度上,宋明新儒学的特点在于其基于直觉体认的形上智慧。对此,蔡仁厚指出:"从本质上说,宋明儒者最大的贡献,是复活了先秦儒家的形上智慧。孔子讲仁,孟子讲心性,《中庸》、《易传》讲天道诚体,都蕴含着而且显发出'天道性命相贯通'的大义,这是一种极其平正而又极其高明的形上智慧。"(蔡仁厚:《新儒家的精神方向》,台北:台湾学生书局1982年版,第16页)

明清儒学转向是中国哲学领域的一个焦点问题。① 对于明代儒学如何转向清代学术，学界目前有三种主流看法。（1）反动说。有学者认为清代学术是对宋明新儒学的一种反动。梁启超认为晚明时期对心学的反动，使学术风气由蹈空而变为核实。② 陈垣主张"明季心学盛而考证兴"③，冯友兰强调："在清朝，儒家的正统地位空前加强，谁若说新儒家不是纯粹儒家，就等于说新儒家是假的，是错的。的确，在新儒家的反对者看来，新儒家之害甚于佛、道，因为它表面上符合原来的儒家，更容易欺骗人，从而把人们引上邪路。由于这个缘故，清代的学者们发动了'回到汉代'的运动，意思就是回到汉代学者为先秦经典所作的注释。他们相信，汉代学者生活的时代距孔子不远，又在佛教传入中国之前，因此汉儒对经典的解释一定比较纯粹，比较接近孔子的原意。"④ 在冯先生看来，清代儒者视新儒学甚于佛老，为探寻儒学本义而提倡汉学考据。（2）连续说。相较于反动说，有学者坚持明清儒学转向的连续性。赵尔巽认为清代学术"崇宋学之性道，而以汉儒经义实之"⑤，钱穆表示"清代经学，亦依然沿续宋元以来，而不过切磋琢磨益精益纯而已。理学本包孕经学为再生，则清代乾嘉经学考据之盛，亦理学进展中应有之一节目"⑥。（3）转向说。这种明清儒学的转向说主要以蕺山学派为中心。比如，郑宗义认为刘宗周的诚意慎独、黄宗羲的一心万殊是心学系统内部的自我救

---

① 关于明清儒学转向，学界研究成果丰硕。如梁启超《清代学术概论》《中国近三百年学术史》，钱穆《中国近三百年学术史》，胡适《费经虞与费密》《戴东原的哲学》，冯友兰《中国哲学史》（下），余英时《论戴震与章学诚：清代中期学术思想史研究》，陈来《中国近世思想史研究》，郑宗义《明清儒学转型探析：从刘蕺山到戴东原》，吴震《明末清初劝善运动思想研究》等，Benjamin A. Elman's *From Philosophy to Philology: Intellectual and Social Aspects of Change in Late Imperial China*, & *The Unravelling of Neo-Confucianism: The Lower Yangtze Academic Community in Late Imperial China*; Chung-Ying Cheng's *Reason, Substance, and Human Desires in Seventeenth-Century Neo-Confucianism*; Jiang Wu's *Leaving for the Rising Sun: Chinese Zen Master Yinyuan and the Authenticity Crisis in Early Modern East Asia*; Mizoguchi Yuzo, *The Ming-Qing Transition as Turning Point* 等，可资参考。

② 参见（清）梁启超《中国近三百年学术史》，团结出版社2006年版，第20页。

③ 陈垣：《明季滇黔佛教考（附宗教史论著八种）》，河北教育出版社2000年版，第303页。

④ 冯友兰：《中国哲学简史》，载《三松堂全集》第6卷，河南人民出版社2001年版，第270页。

⑤ （清）赵尔巽主编《列传二百六十七》，载《清史稿》卷四百八十，中华民国十七年清史馆本。

⑥ 钱穆：《清儒学案序目》，载《钱宾四先生全集》，台北：联经出版事业股份有限公司1998年版，第22册，第590页。

正，促进了明清儒学从道德形而上学到达情遂欲的转型。① 张天杰强调刘宗周的哲学纠正王学流弊，调和朱王矛盾，兼涉考据学的特点，此后张履祥开辟清初新朱学，黄宗羲开辟了浙东新史学。② 不可否认，反动说、连续说与转向说这些关于明清儒学转向的说法各有道理，不过，这些说法也存在值得商榷之处。诸如反动说意识到了明清儒学的不同，但放大了明清儒学之间的差异，忽视了其中的内在联系；连续说虽把握了明清儒学在义理层面的内在联系，但未突出明清儒学过渡的代表性人物；以蕺山学派为中心的转向说虽凸显了明清儒学转向的核心人物，但此派人物是否能体现明清儒学转向的连续性，则有待探讨。也就是说，蕺山学派虽处于明清鼎革之际，但心学与考据学在此派人物的思想世界中并非相互贯通的两种学问，而是两种相对独立的学问。明代心学如何过渡到清代考据学，重心转换如何实现，是以蕺山学派为明清儒学转向核心所面临的重要问题。

就此而言，反动说、连续说与转向说揭示了明清儒学之间重心过渡的某些因素，但在刻画明清儒学转向的内在环节方面却存在不足。若要探究明清儒学转向的内在环节，关键在于能否发现可以融会贯通心学与考据学的儒者。在此，我们就不得不提及晚明时期的南京儒者——焦竑。

一 焦竑其人、其书

焦竑，字弱侯，号澹园③，南京应天府旗手卫人，生于明世宗嘉靖十九年（1540），卒于明神宗万历四十七年（1619）④，晚明泰州学派的代表人物之

---

① 参见郑宗义《明清儒学转型探析：从刘蕺山到戴东原》，香港中文大学出版社2000年版。
② 参见张天杰《蕺山学派与明清学术转型》，博士学位论文，湖南大学，2012年。
③ 据李剑雄先生考证，除弱侯外，焦竑的字、号还有从吾、叔度、漪园、澹园、漪南生、澹园子、澹园居士、澹园老人、太史氏、秘石渠旧史。（参见李剑雄《焦竑的生平、思想与著作》，载《澹园集》，李剑雄点校，中华书局1999年版，第1—23页）此外，卜键先生根据明刊《西厢记》考证出"龙洞山农"是焦竑的别号。（参见卜键《焦竑的隐居交游与其别号"龙洞山农"》，《文学遗产》1986年第1期）
④ 关于焦竑的生卒年和寿命，据李剑雄先生考证有三种说法。具体言之，关于生年的三种说法：一是，嘉靖二十年（1541）说，载钱大昕《疑年录》；二是，嘉靖十八年（1539），据《明状元图考》焦竑登第时年五十一推；三是，嘉靖十九年（1540），多数史籍用此说，容肇祖赞同此说。关于卒年的三种说法：一是，泰昌元年（1260）卒，年八十一；二是，泰昌元年（1260）卒，年八十；三是，万历四十七年（1619）卒，年八十。（参见李剑雄《焦竑的生平、思想与著作》，载《澹园集》，第1—23页）按照李剑雄先生以及学界通常的说法，焦竑生于嘉靖十九年（1540），卒于万历四十七年（1619），寿命八十岁。

一。在求学期间，焦竑师从倡明道学的耿定向先生，契入儒家心性之学的门径，后来耿定向遴选十四郡的名士读书讲习于南京清凉山的崇正书院，以焦竑为学长，主持书院读书、讲学之事。焦竑虽在学生、名士之中颇负盛名，但在科场考试方面却较为坎坷，他先后七次参加科举，直到万历十七年（1589）才拔得头筹，成为明代第七十二位状元。高中状元在科举时代是最为显耀之事，焦竑也因此成为南京文坛著名人物，在当时颇有影响，以致人们常以堪舆地理之说来印证。据顾起元《客座赘语》记载：

  少桥张封公，居北门桥之豆巷。尝语余，三十年前有一堪舆谓之曰："君宅后之河，自西而东，所谓一弯辛水向东流也，此地宜出状元。"时人以封公子孚之美秀而文，意验在此。久之，焦澹园先生移居其对门，至万历己丑大魁天下，其言乃验。而孚之亦举乙未进士，官至长芦盐运使。①

  府学明德堂后，旧是一高阜，土隆隆坟起。嘉靖初，都御史陈凤梧夷其阜，建尊经阁于上。未建阁之前，府学乡试中者数多。景泰四年，开科中式者二百人，而应天至二十九人，可谓极盛。自建阁后，递年渐减，隆庆以来稀若晨星矣。万历乙酉、丙戌间，太常少卿济南周公继署府篆，公雅善《玄女宅经》，谓儒学之文庙，坐乾，向巽，开巽门而学门居左，属震。庙后明德堂，堂后尊经阁，高大主事，庙门与学门，二木皆受乾金之克，阳宅以门为口气，生则福，克则祸。于是，以抽爻换象补泄之法修之，于学之坎位起高阁，曰青云楼，高于尊经以泄乾之金气，而以坎水生震、巽二木，以助二门之气。又于庙门前树巨坊，与学门之坊并峙，以益震巽之势。于离造聚星亭，使震巽二木生火，以发文明之秀。又以泮池河水不畜于下手，造文德木桥以止水之流。修理甫毕，公迁应天巡抚都御史。学门内旧有屏墙，戊子冬公下檄拆去之，曰："去此，明年大魁必出此亡疑矣。"己丑，焦公果应其占。②

---

  ① （明）顾起元：《辛水东流》，载《客座赘语》，吴福林点校，南京出版社2009年版，第195—196页。

  ② （明）顾起元：《儒学》，载《客座赘语》，吴福林点校，第212—213页。

绪　　论

　　焦竑经过多次应试，终于拔得头筹，这其中虽有偶然成分，但在很大程度上是因为焦竑本人的学识修养与持之以恒的努力。时人从辛水东流以及尊经阁的修整为切入点，来探求焦竑高中状元的原因，虽反映出人们重视堪舆地理的心理习惯，但也从侧面证明焦竑高中状元在当时、当地深入人心的影响力。此后，焦竑以殿试第一名任翰林院修撰，曾撰写《经籍志》和《献征录》，又担任皇长子讲官，辑录古储君之事迹著成《养正图解》。焦竑为人直率，不善逢迎，在翰林院以及侍读皇长子时，无意间得罪同僚，遭遇排挤。进而，丁酉科顺天乡试，任副主考的焦竑，因"取文险诞"被调任福宁州同知，年末大计被评为"浮躁"①。至此，焦竑结束了自己的仕途生涯，回到南京过起了读书、著述的晚年生活。

　　虽然焦竑的仕途不甚顺遂，但其学术交往却十分广泛。焦竑既师事耿定向、史惺堂、王畿、王襞、罗汝芳等人，又与管志道、邹元标、耿定理、周汝登、李贽、陈第、袁宗道、袁宏道、袁中道、黄汝亨、冯梦祯、杨起元、汤显祖、汪道昆等过从甚密，徐光启、陈懿典、许吴儒、马逢旸、程国祥、谢与栋等为焦竑的著名弟子。同时，焦竑与陶望龄、吴道南、祝世禄、董其昌、高攀龙、王肯堂、朱国桢、黄辉、郝敬、方大镇等人同为万历十七年（1589）己丑科进士，同科进士的同年关系是科举时代非常重要的社会关系。同时，焦竑与憨山德清、然定、鲁庵等僧道人士、利玛窦等西方传教士亦相往来，利玛窦将其形容为居住在南京城的显赫公民，素有中国三教领袖的声誉。②利玛窦的描述并非溢美之词，焦竑常以书信、序、跋、诗等形式与文人、学者、官员酬唱应和，与儒者门生讲学论道，积聚了极高的声望，成为以道德经术标举海内的"巨儒宿学，北面人宗"③。

　　在家世方面，汪道昆曾受焦竑之请而撰有《明故武毅将军飞骑尉焦公墓志铭》一文，大体记述了焦竑家世的传衍脉络："焦氏自琅琊徙金陵，自别祖源始，高皇帝兵起，源从常忠武归之，累军功封昭信校尉，源子以先登最，帝赐名庸，进封武略将军，秩副千户。庸故子武袭，武故子昱袭，昱受室方

---

①　周文焰、陈冬冬：《明万历朝焦竑科场案始末考》，《历史档案》2020年第2期。
②　参见［意］利玛窦、金尼阁《利玛窦中国札记》，何高济、王遵仲、李申等译，中华书局1983年版，第358—359页。
③　（明）徐光启：《尊师澹园焦先生续集序》，载《澹园集》，李剑雄点校，第1219页。

氏，举武毅公文杰。"① 据此可知，焦竑先祖本为山东琅琊焦氏，后因军功而迁徙到南京。元朝末年朱元璋揭竿而起，焦竑的先祖焦源随常遇春归附，因屡立战功而获封昭信校尉。焦源之子焦朔因作战勇敢果决而被赐名为焦庸，并进封品秩为副千户的武略将军。后来，焦庸去世后，焦武袭其职位，焦武去世后，焦昱袭其职位，焦昱与方氏生子焦文杰，亦袭先辈之职。焦文杰有四子一女，分别是焦瑞、焦靖、焦竑、焦暂以及后来成为魏某夫人的"魏氏妹"。长兄焦瑞以授徒讲学为业，后以贡生铨选为广东灵山县令，仲兄焦靖世袭先辈军职，在行伍方面颇有作为。焦竑排行第三，幼年在父亲焦文杰以及长兄焦瑞的教导、督促下读书、成长。焦竑娶妻朱氏，朱氏去世后续弦赵氏，据焦竑给两位夫人撰写的墓志铭记载："朱安人行三，耆儒朱公鼎女，嘉靖辛酉来归，俪余十有四岁。生子尊生，选贡；周，举人；女二，婿诸生杨楷、梁子固。万历甲戌十一月二十日卒，年三十有六。赵安人行二，武举赵公琦女，乙亥冬为余继室，相俪者三十二岁，生子润生，诸生。孙绹。女二，婿诸生王镜、欧阳晔。卒丁未七月二十四日，年五十有二。"② 由此可见，夫人朱氏是老儒朱鼎之三女，与焦竑相伴十四年，生有焦尊生、焦周二子，以及两个女儿；夫人赵氏是武举人赵琦之次女，与焦竑相伴三十二年，生有焦润生以及两个女儿。其中，焦润生在担任云南曲靖知府时，遭遇孙可望犯境，力战不屈而死。

在学术方面，相较于颜山农、何心隐等"非名教之所能羁络"③的泰州学派人物，焦竑之学则显得颇为独特。据《明史·焦竑传》记载：

竑博极群书，自经史至稗官、杂说，无不淹贯。善为古文，典正驯雅，卓然名家。集名《澹园》，竑所自号也。讲学以汝芳为宗，而善定向兄弟及李贽，时颇以禅学讥之。④

大体上，焦竑之学主要来源于两种学术传统，一是王阳明以来的心学传

---

① （明）汪道昆：《明故武毅将军飞骑尉焦公墓志铭》，载《太函集》第五十六卷，明万历刻本。
② （明）焦竑：《亡室朱赵两安人合葬墓志铭》，载《澹园集》，李剑雄点校，第1079页。
③ （明）黄宗羲：《泰州学案一》，载《明儒学案》，沈芝盈点校，中华书局1985年版，第703页。
④ （清）张廷玉：《文苑四》，载《明史》卷一百七十六，清武英殿刻本。

绪　　论

统，二是明代中期以来逐渐兴盛的考据学传统。焦竑以耿定向为师，与耿定理、管志道、陶望龄、祝世禄、李贽、冯从吾等人为友，讲学方面以罗汝芳之学为宗旨，主持顺天乡试时选取阳明学风格的考卷等事迹，都从不同方面表明，焦竑认同王阳明以来的泰州学派的心学传统。不过，与泰州学派的其他儒者不同，焦竑一生有七次参加科举的经历。在漫长的备考生涯中，他养成了长期读书、记录与思考的习惯，以及训诂考据、收藏书籍的兴趣。因此，在肯认心学的宗旨与立场之外，考据学是焦竑之学不可忽视的重要方面。焦竑在考据学方面极为推崇杨慎，亦与晚明时期的考据学家陈第交谊甚深。可见，焦竑既是明代心学的正统传人，又是明代考据学的重要人物。在此，兼具心学与考据学两大传统的焦竑，并未将心学与考据学视为相互割裂的两种学问，而是致力于将心学与考据学融会贯通，这是值得注意之处。

以心学为宗旨，以考据学为辅翼，以三教会通为背景，博极群书的焦竑的著述成果颇为丰硕。大体上，焦竑的著作可分为撰著、编著两类。其中，撰著类的著作包括《焦氏笔乘》14 卷、《焦氏澹园集》49 卷、《焦氏澹园续集》27 卷、《焦氏四书讲录》14 卷、《俗书刊误》12 卷、《养正图解》2 卷、《易筌》6 卷、《焦弱侯问答》1 卷、《焦氏藏书目》2 卷、《京学志》8 卷、《老子翼》8 卷、《庄子翼》8 卷、《阴符经解》1 卷、《楞严经精解评林》3 卷、《楞伽经精解评林》1 卷、《法华经精解评林》2 卷、《圆觉经精解评林》1 卷等；编著类的著作包括《国朝献征录》120 卷、《国史经籍志》6 卷、《熙朝名臣实录》27 卷、《焦氏类林》8 卷、《玉堂丛语》8 卷、《皇明人物要考》6 卷、《升庵外集》100 卷、《考工记解》2 卷等。

探讨至此，对于焦竑其人、其书虽有大致了解，但目前的梳理所映现出的焦竑似乎是较为"矛盾"的形象。例如，焦竑是在父兄、师长严格教育下成长的儒生，却与李贽以及佛道二教关系甚笃；焦竑接受了阳明心学的立场与宗旨，却对考据学有着浓厚且持久的兴趣；焦竑学术交往广泛，但在学问上却固执己见，曾与其师耿定向力争，被耿定向视为"说不听"之人；焦竑在担任翰林院修撰期间踏实勤恳、颇为用功，但在担任福宁州同知时却被评为"浮躁"。凡此种种，编织出的焦竑形象颇为博杂、分裂，甚至多有冲突相悖之处。其实，这是从不同侧面对焦竑"摸象"之后的碎片化理解。在此，我们结合焦竑的家世、求学、为仕等方面的经历，可将焦竑其人、其学统合起来。世代沿袭军职的家庭传统使得焦竑无形中浸染了坚毅的品格、良好的生活习惯,同样,这种家风也体现于焦竑的思想之中,他颇为推崇事功与学问皆有成就的王阳明。焦竑认为王阳明是在为人与为学方面继往开来的典范:"先生起于学绝道废之余,处困居夷,矢志必得,以彼磨砻锻炼,如木生嵌岩奇塞之隙,欲透复缩,而非干霄摩云则弗止,宜乎明既晦而续不传,其志所成之伟如此。学者有志于先生之为人,不可不求诸学。有志于先生之学,不可不求诸道"①,因而"孔孟之学,至近世而大明,如日之中天,非无目者未尝不知而仰之,则阳明先生力也"②。焦竑的家世传统与王阳明的军事经历在心学背景下得以接契,不过,与王阳明不同的是,焦竑并未世袭军职,走上行伍之路,而是将这种源自家风的坚毅、果敢的精神运用到了心学与考据学之中。

总体上看,作为晚明泰州学派的代表人物的焦竑,在秉承心学宗旨的前提下,以考据学为门径,创作了涵盖儒、佛、道三教的学术著作,可上接明代心学之统,下契清代考据之风。同时,为人刚毅疏直,师友遍及海内,使焦竑其人、其学成为晚明时期三教思潮以及明清儒学转向的缩影。

二 焦竑研究的学术史梳理

20 世纪以来,焦竑作为晚明时期重要的思想文化人物而受到关注。大体上,关于焦竑的学术研究可分为思想研究与文献研究两类。

一是思想研究方面,关于焦竑的现有学术成果,可以归纳为两种主要的研究形态。一方面,在思想史或哲学史的宏大历史视阈中定位焦竑。如容肇祖《明代思想史》(1941)、陈鼓应等人编著的《明清实学思潮史》(1989)、李焯然《明史散论》(1991)、张学智《明代哲学史》(2000)、刘海滨《焦竑与晚明会通思潮》(2005)等从明清儒学发展史或晚明三教合一思潮的视阈,较为系统地梳理了焦竑的心学传承、性命之学、复性工夫以及三教观,特别强调了焦竑借助佛道义理诠释儒学境界的三教合一的哲学思想。同时,焦竑的博学考据以及对实事实功的重视,也凸显了晚明心学的实学向度。故此,

---

① (明)焦竑:《阳明先生祠堂记》,载《澹园集》,李剑雄点校,第 845 页。
② (明)焦竑:《阳明先生祠堂记》,载《澹园集》,李剑雄点校,第 844 页。

绪　论

容肇祖先生将焦竑概括为一位对佛经深有研究、以佛理解说孔孟之学、注重博约一贯、强调实学实用的博学之人。[①] 此派学者多将焦竑之学视为晚明心学以及三教合一思潮的典范，同时，通过焦竑之学以点带面地揭示晚明心学、三教合一思潮乃至明清儒学转向的思想史或哲学史进程。

另一方面，对焦竑进行专题式的深入探究。以焦竑为核心的专题式研究始于海外学界，余英时在《从宋明儒学的发展论清代思想史——宋明儒学中智识主义的传统》（1970）一文中，强调焦竑的心学与考据学相互独立，焦竑之学象征儒学从"尊德性"向"道问学"的过渡。与此不同，钱新祖《焦竑对程朱理学的反驳》（1975）以及《焦竑与晚明新儒思想的重构》（1986）系统探究了焦竑由心学开出考据学，反叛程朱理学，以及重构晚明儒学思想的过程。进而，余英时在"The Intellectual World of Chiao Hung Revisited: A Review Article"（1988）一文中，猛烈批判了钱新祖的观点，他认为焦竑的三教合一思想来源于王畿，否定了钱新祖坚持的清代考据学来源于泰州王学的观点。进而，龚鹏程在《摄道归佛的儒者：焦竑》（1994）一文中，从"诠释道经""修性养生""三教归一"等方面揭示焦竑之学的三教意蕴，以"生死情切"作为焦竑之学的根本旨趣。相较于海外与中国港台学界，大陆学界的焦竑专题研究以李剑雄《焦竑评传》（1998）为代表，系统梳理了焦竑的生平、著作及其哲学思想、政治思想、考据学成果和文学成就，呈现了焦竑其人、其学的全貌。此后，蔡文锦（2004）、龙晓英（2005）、白静（2011）、黄熹（2011）、吴正岚（2011）、王诚（2014）、丁国春（2016）、陈寒鸣（2017）、程听（2020）、米文科（2020）等学者，从易学、文学、戏曲、佛道、明清儒学转向等方面展开梳理与探究，夯实了焦竑思想研究的地基。

二是文献研究方面，学界多关注焦竑的考据学以及文献整理等方面。林庆彰在《明代考据学研究》（1986）中较为系统地梳理了焦竑的考据方法以及在经书、史事、文字音义、诗句等方面的考据成果，亦指出焦竑的考据学存在不注明引证文献出处、论证轻率等问题。后来，姚家全（2010）从文献编纂的角度考察《重校北西厢记》《国朝献征录》和《老子翼》三部著作的编纂背景、编纂过程、版本源流、编选体例等内容，勾勒出了焦竑的文献编

[①] 参见容肇祖《明代思想史》，齐鲁书社1992年版，第269页。

纂与其文学、史学、哲学思想之间的关系。与林庆彰、姚家全的宏观文献学研究不同，有学者从具体文献入手展开专题性研究。胡翠孁（2011）将《焦氏类林》置于"世说体"小说的背景下，探究其成书背景、学术归类、版本情况、分类体例、引证文献及小说特性与价值。展龙从 2007 年到 2016 年发表四篇文章，从史料价值、征引文献、版本流传、编纂义例的角度系统探究了焦竑的《献征录》，指出其在文献、纠谬、补阙、辑佚等方面的价值，以及内容讹误、传记重复、引文出处不明等不足，进而，归纳出焦竑编载人物以官署为主，选录人物以德为主，传记类型灵活多样等编纂义例。李焯然（1982）、陈瑞芳（2010）、许小玲（2014）、甄静（2017）等学者对于《玉堂丛语》《焦氏笔乘》《国史经籍志》等进行文献学的梳理与探究。

  同时，佚文辑佚成为焦竑文献研究的重要方向。李金松辑佚《仙源贞烈祠记》[①]，徐到稳辑录《〈公馀草〉序》《〈读易述〉序》《〈金陵琐事〉引》《〈易筌〉序》《〈唐诗选〉序》《盐法疏》《〈致身录〉序》《〈牡丹史〉序》《赠王东崖先生》《长至阁中谒拜先师有述》等焦竑诗文 15 篇。[②] 刘晓丽辑佚五篇《世说新语补序》《音声纪元序》《冯少墟侍御集序》《方君初庵集序》《问次斋初稿序》。[③] 刘勇辑佚《汇定宋元诗集序》《刻宋名臣言行录序》《东崖王先生遗集序》《厚语序》。[④] 陈开林辑录焦竑佚文《郎水部〈会心集〉序》《李贺诗解序》《排门调编便民册序》《卓忠贞公祠记》《奇蜂集序》《东崖遗集序》《重修嘉善寺募缘疏》《临安杨柏子墓田碣》8 篇，佚诗《青溪》《送东崖子由金陵归里》2 首。[⑤] 其中，《东崖遗集序》与刘勇辑录的《东崖王先生遗集序》相同，《送东崖子由金陵归里》与徐到稳辑录的《赠王东崖先生》相同。

  经以上学术史梳理可知，当前的焦竑研究存在两个问题。（1）在焦竑思想研究方面，存在着两极化的评判。钱新祖将焦竑视为明清转向的关键人物，

---

  ① 李金松：《焦竑佚文一则》，《书品》2012 年第 6 期。
  ② 徐到稳先生先后辑佚焦竑诗文 15 篇，相关研究成果为徐到稳《焦竑佚文二篇》，《北方文学》（下旬刊）2013 年第 12 期；徐到稳《焦竑佚文三篇》，《北方文学》（下旬刊）2014 年第 1 期；徐到稳《焦竑集外诗文钩沉》，《文教资料》2014 年第 7 期。
  ③ 参见刘晓丽《焦竑佚文五篇》，《天一阁文丛》2019 年第 16 辑。
  ④ 参见刘勇《焦竑集外佚文辑释》，《天一阁文丛》2019 年第 17 辑。
  ⑤ 参见陈开林《焦竑集外诗文辑补》，《保定学院学报》2018 年第 3 期。

认为他从心学开出考据学，重构了晚明儒学①；余英时主张焦竑的心学与考据学并行存在，心学不能开出考据学，焦竑仅是时代动向的记录者，在哲学上无甚创新②。前者将焦竑奉为晚明儒学乃至明清儒学转向的核心，后者却将焦竑贬为一个无足轻重的时代记录者。在"神化"与"蔑视"之间，焦竑之学的本来面目到底如何，便成为一个值得探讨的问题。（2）焦竑的心学与考据学研究相互割裂。当前，焦竑的心学家、文学家、史学家、考据学家、文献学家的身份不相联通，特别是心学与考据学的关系，或者被钱新祖视为心学开出考据学，或者被余英时视为相互并行。其中，余英时先生的影响较为深远，就现有成果而言，关于焦竑的思想研究，鲜有涉及其考据学、文献学，关于焦竑的考据学、文献学研究，亦很少关注焦竑的哲学思想。

三 本研究的框架思路

针对焦竑研究面临的两大问题，我们首先要厘清焦竑之学，进而探究焦竑与明清儒学转向的关系。在焦竑之学方面，将从心学、考据学与三教观三方面展开，以期在钱新祖与余英时的两极化评价之外，揭示出理解焦竑之学的第三条路径，即焦竑的心学既不能开出考据学，又并非与考据学无甚关系，而是心学与考据学相互交融，形成了基于考据学方法的智识化的心学形态。在此基础上，探究焦竑与明清儒学转向的关系。有别于对明清儒学转向的宏观研究，我们将具体分析焦竑与明代思潮、清代学术之间在义理学、考据学

---

① 在《焦竑与晚明新儒思想的重构》一书中，钱新祖主要探讨了晚明"三教合一"、程朱与陆王之争、清初考据学三大问题，将焦竑定位为宗教折衷论者，形构了一种非部门化的三教合一模式，同时认为焦竑在语言上，形成了一种多元主义的神秘主义，焦竑的考据学兴趣来源于哲学，他与清代考据学属于同一学术话语，等等。可参见 ［美］钱新祖《焦竑与晚明新儒思想的重构》，宋家复译，东方出版中心 2017 年版。另外，在论及清代考据学起源时，艾尔曼认为与晚明泰州学派有关，一是因为泰州学派的独立性、批判性的学术作风，二是因为清代考据学者与泰州学派人士多同出于江南地区。焦竑正是其中的转向人物。（Benjamin A. Elman, *The Unravelling of Neo-Confucianism*: *The Lower Yangtze Academic Community in Late Imperial China*, PhD dissertation, University of Pennsylvania, USA, 1980, pp. 78 – 165）

② 余英时在书评中对钱新祖《焦竑与晚明新儒思想的重构》一书进行了彻底批判，包括纠正钱书中涉及的有关焦竑的史实性的谬误，将焦竑的三教调和论的原创性归于王畿，批判焦竑与清代考据学的关系，以及钱书对焦竑及戴震等人材料的扭曲误读，等等。他认为焦竑仅仅是一个时代的记录者，并不是一个创新的哲学家，他也并非清代考据学出现的源头。（Ying-shih Yu, "The Intellectual World of Chiao Hung Revisited: A Review Article", *Ming Studies*, 25, 1988, pp. 24 – 66）

与三教观方面的联系与区别，以焦竑为切入点反映明清儒学转向的脉络与环节。

这样，本研究共六章。前三章主要研究焦竑之学；后三章主要探析焦竑与明清儒学及其转向的关系。

第一章"焦竑的心学"。本章以焦竑的心学为主题，主要从本体论、工夫论与境界论三个方面展开。从本体论角度看，焦竑将"心""良知"与"性"视为一种不可名状的本体性存在。其中，"心"与"良知"更为侧重本体的认知层面，"性"则更为偏向本体的属性层面，"情"则是"性"的表现。从工夫论的角度看，若要契入"心""良知"与"性"所指向的本体，焦竑将工夫分为三个阶段：以"信得及"为前提，以"精思"为中介，以"默识"为完成。值得注意的是，焦竑强调在"信得及"与"默识"的直觉体认工夫之间，应加入"精思"的智识化认知的中间环节，"精思"虽不能使人们完全领会心学本体，但却可以使其获知某些特质。有了"精思"的阶段，超越"精思"所得的知识而进入"默识"状态便成为可能。同时，以涤情、制情、忘情、冥情工夫为辅翼，焦竑建构了一套兼具智识认知与直觉体认的工夫论。从境界论的角度看，这种工夫使人通达的并非离世而独在的内在超越之境界，而是贯通内圣与外王的博约一贯的圣人境界。就此而言，焦竑的心学承继了阳明心学的立场与观点，同时也不拘守于直觉体认的心学工夫，而是以名实关系和"精思"改造了心学的直觉体认工夫，开辟了晚明心学智识化的工夫新径，为防范晚明心学的泛滥提供了智识化的方法论保障。

第二章"焦竑的考据学"。本章以焦竑的考据学为主题，主要从知识考据、义理考据以及考据学与心学工夫的智识化三个方面展开。在"知识考据"方面，焦竑对目录、版本、辨伪、辨谬、辑佚、名物制度等展开广泛抄录与考据。这种考据所得的知识虽然较为零碎，但与其他考据学家以求真为目的不同，焦竑将纯粹的知识考据置于儒家义理的背景下，使其成为"博文"与"约礼"相贯通的圣人境界的一部分。接下来，作为"博文"的知识考据与作为"约礼"的心学之间如何贯通，是焦竑面对的重要问题。进而，焦竑将知识考据延伸到义理层面。在"义理考据"方面，焦竑通过考据文字的字音、字形、字义与制定文字的原则和方法，可以穿透地域、时代、风俗、文化的变迁，还原圣人之道的原义。这是从以求真为目的的考据学方法，推进到以求善为宗旨的义理学的过程。这样看来，作为"博文"的知识考据经由义理考据的中间环节而与作为"约礼"的心学相贯通，这表明，心学与考据学在焦竑的哲学体系中并非余英时所谓的"两橛"关系，而是一种相辅相成的关系。也就是说，焦竑的心学离不开其考据学，考据学为心学的智识化提供了方法论保障；焦竑的考据学也离不开其心学，心学为考据学的义理化确立了本体论基础，心学与考据学的相辅相成为实现博约一贯的圣人境界提供了本体论与方法论的依据。

第三章"焦竑的三教观"。本章聚焦于焦竑的三教观，主要从"三教互释""三教一贯"与"三教观与心学境界的智识化"三方面展开探讨。在"三教互释"方面，焦竑通过以道释儒、以佛释儒、以佛释道和以道释佛的方式，淡化三教的宗教色彩，凸显其义理之学，以一种义理诠释的智识化路径使三教在理论上具有相互诠释的可能性与合理性。不过，三教之间的相互诠释并不是均衡的，焦竑更侧重以佛、道之学诠释儒学，这样，在义理层面智识化诠释的背景下，佛、道之学成为诠释、揭示儒家所罕言之境界的理论依据。"三教互释"虽侧重以佛、道之学诠释儒学，不过，从"三教互释"进展到"三教一贯"阶段，焦竑平视三教，强调一贯之道贯通三教。也就是说，三教本为一体，均为此一贯之道的显现。因而，焦竑反对执着于"三"与"一"的"三教合一"之说。进而，焦竑将三教观的智识化诠释路径引入心学境界论，通过诠释孔子所罕言的"无知""空空"与孟子的"尽心知性"来具体揭示心学的形而上境界。同时，智识化的三教观非但并未使焦竑契入生死问题，而且使他从义理层面采纳佛、道之学，深化了对心学境界论的形而上维度的客观认知。

第四章"焦竑与明代思潮"。本章以焦竑为坐标考察明代思潮，主要探讨焦竑与明代义理学、考据学与三教观的关系。在"焦竑与明代义理学"方面，焦竑继承直觉体认的心学立场，批判程朱理学失落孔孟之旨，且有支离之弊，这与明代程朱学者的自我反思以及转向日常践履、体认涵养的修养工夫较为一致。不过，心学发展至晚明因过度依赖直觉体认而泛滥。心气二元论是晚明心学的内部修正，朱王调和派是晚明心学的外部修正。焦竑将智识化方法引入直觉体认工夫，与心学的内、外修正路径不同，开创了心学兼具直觉体认与智识认知的智识化新径。在"焦竑与明代考据学"方面，明代考据学推崇汉儒，采用以求真为宗旨智识化方法。不过，明代考据学零散且广博，尚未达到清儒由考据通义理的阶段。就此而言，焦竑在汉学根底、零散且广博的考据风格等方面与明代考据学较为一致，不过，焦竑并非纯粹地考索知识，而是将考据学融入义理学，这样，考据学从"知识考据"转进到"义理考据"，进而成为博约一贯的圣人境界的"博文"部分，这是焦竑与明代考据学的不同之处。在"焦竑与明代三教观"方面，明代三教合一以直觉体认为主要工夫，仍有儒、道、佛的宗派依归。同时，反三教合一势力的出现，反映出明代三教观中三教融合与固化壁垒的张力。在此背景下，焦竑既延续了明代超越三教形态的三教观，又通过三教之学的"互释"将智识化方法引入三教观，由此他反对执着于"三"与"一"的"三教合一"的提法，提倡"三教一贯"。智识化的三教观使焦竑能够较为客观地呈现三教一贯的境界，有助于避免过于依赖直觉体认工夫而导致的含混与泛滥。

第五章"焦竑与清代学术"。本章以焦竑为核心反观清代学术，主要探讨焦竑与清代前中期的义理学、考据学与三教观的关系。在"焦竑与清代义理学"方面，焦竑兼具直觉体认与智识认知的心学，其立场与诉求仍属于心学范围，颜元、戴震等人则抛开心学立场转向实学与气学为主的新义理学，方东树、李光地等人所维护的是宋学，阮元所折衷调和的亦是汉宋之争。可见，心学不为清代义理学所重视，焦竑心学对清代义理学影响甚微。在"焦竑与清代考据学"方面，焦竑在文字、音韵、训诂、校勘、辑佚等方面的零散、广博的知识考据，发展至清代进入考据方法专业化、体系化，考据知识专门化与系统化的阶段。同时，焦竑"古诗无叶音"考据成果，成为清代音韵学的先导，为探究圣贤经典的本义开启了端绪。戴震"由文字以通乎语言，由语言以通乎古圣贤之心志"[①]的治学路径，颇受焦竑影响。不过，焦竑的考据学是达至博约一贯的圣人境界的必要环节，戴震却未坚守心学底线，将考据视为一种纯粹的智识化方法，以其建构智识化的新义理。在"焦竑与清代三教观"方面，焦竑的智识化三教观在清代被分化地继承，以彭绍升、雍正、王常月、闵一得等为代表的佛道派别虽延续了超越三教形态的三教观，但未吸收焦竑的智识化方法；清儒虽采纳了焦竑的智识化方法，但多借此方法来

---

① （清）戴震：《古经解钩沉序》，载《戴震文集》，中华书局1980年版，第146页。

批判宋儒与排斥佛道，反而消解了三教观问题。总体上看，焦竑对清代学术的义理学、考据学、三教观均有影响，但影响有限。

第六章"焦竑与明清儒学转向"。本章聚焦于焦竑与明清儒学转向的关系，主要探讨了"焦竑与明清义理学转向""焦竑与明清考据学转向"和"焦竑与明清三教观转向"。在"焦竑与明清义理学转向"方面，明清义理学有心学与气学两条线索，明代心学没落于清代，明代气学在清代与考据学相结合，形成了智识化的气学新形态。这样，明清义理学转向是一个心学逐渐消解，气学逐渐革新的过程。其中，焦竑心学的智识化向度促进了气学跳出明代直觉体认的背景，转向清代的智识认知语境。在"焦竑与明清考据学转向"方面，明清考据学从个体化、零散化向专门化、系统化转变。焦竑具有明代考据学零散、广博的特点，同时也具有与清儒类似的以考据通义理的精神，特别是焦竑的"古诗无叶音说"开启了清代音韵学的端绪，而天文历算上的突破主要由其弟子徐光启与传教士利玛窦等人实现。在"焦竑与明清三教观转向"方面，焦竑与明代主流的三教观立场基本一致，但他反对"三教合一"的提法，更侧重"三教互释"的智识化方法。然而，清代三教观并未接受焦竑三教观的智识化方法，而是沿用了传统的直觉体认工夫，而采用智识化方法的清儒却不关心三教关系问题。可见，焦竑智识化的三教观在明清时期并未得到充分响应，远不及他在义理学、考据学方面对明清儒学的深远影响。整体上看，就焦竑与明清儒学转向的关系而言，明清儒学转向并非由明代心学向清代考据学直接过渡的"单线转向"，而是包含两条路线：一是明清义理学由心学转向气学；二是明清考据学由以考据辅翼心学转向以考据反对心学。由心学到考据学的明清儒学转向正是这两条转向路径相合的结果。焦竑之学恰好使明清儒学的义理与考据两条独立平行的转向路径交汇于晚明，实现了心学与考据学之间的重心转移。

由此可见，"智识化"是贯穿始终的核心概念，"智识化的心学"也是焦竑心学的独特创见，亦是明清儒学转向时代背景下的阳明心学的新动向。那么，什么是"智识化"呢？所谓"智识化"，主要是指一种主客二分视阈中的知性的认知模式。就心学而言，所谓智识化的心学，主要是指将知性的认知方式引入以直觉体认为本位的心学，对于心学的本体论、工夫论、境界论展开对象化的诠释与解读，从而与超言绝相的直觉体认工夫相协调，以完成对心学博约一贯的境界的认知与契悟，此即兼具直觉体认与智识认知的智识化的心学形态。就焦竑而言，他既推崇心学，又精通考据学。如果单从心学和考据学的角度来看，焦竑在心学上并未提出新的、标志性的概念、命题以及理论体系，他以罗汝芳之学为学问宗旨，在讲学、著述中以弘扬王阳明以及泰州学派的心学观点为己任。在考据学方面，焦竑以杨慎为效法的典范，与陈第为学友，致力于文字音义、目录版本、金石地理、天文术数的精研考据。前者是心性学问，后者是知识考据，焦竑似乎在这两方面都没有太过瞩目的成就，因此，常常被学界忽视。很大程度上，这种观点主要是从理论内容的角度来考察焦竑之学，而焦竑之学的价值恰恰不在于理论内容，而在于学术方法。

从方法论角度看，阳明心学以直觉体认为修养工夫的生命学问，直觉体认工夫在阳明心学中具有不可置疑的合法性，常被视为打开阳明心学不可思议、不可言说的神秘之门的钥匙。直觉体认工夫虽是阳明心学最适宜的方法，但这种工夫却隐藏着一种弊端——不可被公共性地认知，缺乏一种客观的验证标准。随着阳明心学在中晚明时期风行天下，这一弊端越来越凸显，不可言说的神秘性质带来的客观验证标准的缺失，使心学的发展失去来自方法论层面的有效制约，因而导致狂禅现象在晚明时期的出现。在此背景下，焦竑之学的价值才能得以揭示。焦竑没有从理论内容方面增益阳明心学，而是在学术方法方面进行了变革。他将智识化的考据学方法引入直觉体认工夫，以寻求对阳明心学进行客观的、公共性的诠释与说明，这是阳明心学内部出现的一种智识化倾向。就此而言，阳明心学在晚明时期主要有两种发展模式，一是以直觉体认为工夫的心学模式，最终走向狂禅；二是以训诂考据为方法的心学模式，侧重于心学的智识化解读。进一步看，训诂考据的方法是清代儒学的主流方法，智识化的解读亦是清代儒学的主要面向。这样看来，焦竑从心学内部突围出的智识化路径，与清代儒学及其方法正相接契。可见，焦竑不仅是晚明心学中值得特别关注的思想人物，亦是明清儒学转向的关键环节，因而值得深入研究。

第一章　焦竑的心学

王阳明之后，能持其学之弟子甚多，但能继阳明更进一步者，当推浙中王畿与泰州王艮，其中泰州学派在晚明影响尤大。黄宗羲曾说，"泰州之后，其人多能以赤手搏龙蛇，传至颜山农、何心隐一派，遂非复名教之所能羁络矣"[①]。其实，黄氏之言并非耸人听闻，泰州学派自王艮以来，即以个人体验与日常践履为学风，经由颜山农、何心隐、罗汝芳等后学的弘传讲学，使得阳明学推广、落实到社会大众的生活中。就此而言，钱穆将泰州学派视为"王学唯一的真传"[②]，余英时主张泰州学派在促进儒学的社会转向方面继承了阳明心学[③]。虽然泰州学派与阳明心学一脉相承，但是过度地推广、落实，难免使阳明心学有沦于狂禅的风险。也就是说，泰州学派通过讲会的形式将心学由文化精英阶层渗透于社会大众阶层，阳明心学随之被极度地推广与扩张。因而，在人人皆为圣人的观念下，阳明心学本有的极高的工夫要求逐渐被消解，儒家的成圣理想缺乏客观的、公共的验证标准的弊端日益显露。

在此背景下，作为泰州学派后劲的焦竑，继承了阳明心学的传统，对良知、心、性、情等心学范畴以及圣人境界均有肯认与阐发，构成了其心学的本体论与境界论。在工夫论方面，焦竑主张"复性"工夫，亦注重基于考据学的知性方法。从心学内容角度看，焦竑似乎未提出异于前人的新颖观点、理论体系，但不能就此断定其心学毫无原创性。实际上，焦竑的创新不在于心学的内容，而在于心学方法。焦竑将考据学的知性方法纳入心学领域，以

[①]（明）黄宗羲：《泰州学案一》，载《明儒学案》，沈芝盈点校，第703页。
[②] 钱穆：《宋明理学概述》，台北：台湾学生书局1977年版，第327页。
[③] 参见［美］余英时《士商互动与儒学转向——明清社会史思想史之一面向》，载郝延平、魏秀梅主编《近世中国之传统与蜕变——刘广京院士七十五岁祝寿论文集》上册，第40页。

客观的知性方法辅翼心学的直觉体认工夫。因而，焦竑开辟了兼具直觉体认与智识认知的智识化的心学形态，在某种程度上可以为晚明心学提供一种公共的、客观的验证标准。这样，我们将从心性之学、圣人境界、复性工夫与知性方法的角度来探讨焦竑心学的本体论、境界论和方法论。

第一节　心与良知

作为晚明泰州学派的代表人物，焦竑承继了王阳明、耿定向、罗汝芳以来的心学立场与传统，也接契了儒家往圣相传的道统。对此，余英时先生主张，焦竑的心学相较于阳明心学传统，并未取得实质性的突破。[①] 在某种程度上，余先生的论断是有道理的，焦竑在本体论方面延续了以"心"与"良知"为核心的心学本体论，不过，焦竑并非仅仅以传承阳明心学为满足的学者，他虽未在心学本体论方面提出突破性的观点，但也赋予了心学本体论一种智识化的方法论视角，而这种视角恰是晚明心学发展的新途径。那么，焦竑的心学本体论如何呢？在此，我们将以"心"与"良知"展开具体探讨。

焦竑谈及"心"之处较多，除作为身体器官的肉团心之外，焦竑所论之"心"既是一种本体心，又是一种认知心。在探讨《庄子·齐物论》中"未成乎心而有是非，是今日适越而昔至也"一句时，焦竑认为：

> 成心，有见而不虚之谓。未成心，则真性虚圆，天地同量；成心是已离于性，有善有恶矣。今处世应酬，有未免乎成心，即当思而求之未成之前，则善恶皆冥，是非无朕，何所不齐哉？[②]

在此，焦竑区分了"成心"与"未成心"两种状态。其中，"成心"指称的是获得实际的、经验的见闻或知识的认知状态，"未成心"指称的是一种与天地同量的心之本体的状态。"成心"与"未成心"的分判，区别出焦竑视阈中"心"的认知性与本体性。作为认知心的"成心"已脱离性体，所形成的

[①] 参见 Ying-shih Yu, "The Intellectual World of Chiao Hung Revisited: A Review Article", *Ming Studies*, 25, 1988, pp. 24–66.

[②] （明）焦竑：《成心》，载《焦氏笔乘》，李剑雄点校，中华书局2008年版，第53页。

是含有某种立场或观点的成见，这种成见是有善恶之分的。不过，在焦竑看来这种认知性的成见之心并不究竟，人们应该在日用常行的生活中以思的方式探求"未成心"状态，这是一种消弭善恶的心之本体的状态。对于心之本体，焦竑多有肯定与推崇，他认为："心本无怒，动乃有怒；心本无过，动乃有过。颜子怒不迁而常止，过不贰而常一，旋觉旋消，不动如故"①，也就是说，作为本体心不具有"怒"与"过"的情绪、状态，能够通达圣人境界的颜回在"怒"与"过"的状况下能够保持"常止""常一"，这种不动如一的状态是本体心的本相。就此而言，焦竑非常赞同朱熹之师李延平以"一念不动，便是尽心处"②诠释《孟子》之"尽心"的说法，将此视为本体心发用流行的一种体现。同样，在谈《周易》"圣人洗心"时，焦竑表示："心者七情之根，有喜，有怒，有哀乐，非心体也。涤情归性，谓之'洗心'"③，似乎与以往以情为性之发显的性情论不同，焦竑以心为情之本。喜怒哀乐等情是心之显用，而非心之体，回归则需要"涤情"，而"涤情"的结果则是"归性"，即"洗心"。可见，通过视心为情之本，性为涤情之结果这两个步骤，凸显了心所具有的性体维度。对此，焦竑曾多有表述，例如他认为净妙明心"大菩萨见为中道，诸佛见为实相。惟一真空，见有差别。见虽差别，空性不殊"④；在解佛经时，亦引用他人对于心的注解，如"第一义心为体者，即如来藏自性清净第一义心也"⑤，"心之与性，乃体用互称也。心则从妙起明，圆融照了，如镜之光，故曰圆妙明心。性则即明而妙，凝然湛寂，如镜之体，故曰宝明妙性"⑥。可见，"心"具有本体性的维度。

相较于"心"之本体性，"心"之认知性可以使人获得或善或恶的"成见"，这种"成见"为什么是不究竟的呢？因为"成见"有具体的指称对象，是关于某种对象的知识，如果以"成见"来认知"未成见"的本体心，那么

---

① （明）焦竑：《读论语》，载《焦氏笔乘》，李剑雄点校，第63页。
② （明）焦竑：《尽心》，载《焦氏笔乘》，李剑雄点校，第48页。
③ （明）焦竑：《支谈中》，载《焦氏笔乘》，李剑雄点校，第289页。
④ （明）焦竑：《支谈中》，载《焦氏笔乘》，李剑雄点校，第293页。
⑤ （明）焦竑：《楞伽经精解评林》，载［日］河村照孝编集《卍新纂大日本续藏经》，东京：株式会社国书刊行会1975—1989年版，第18册，第68a页。
⑥ （明）焦竑：《楞严经精解评林》，载［日］河村照孝编集《卍新纂大日本续藏经》，第15册，第228b页。

会导致将不可名状的本体僵化为某种知识对象的风险，此即"道不可知，求之者争为卜度"①的孔子所言之"亿"的状态。这表明，"心"虽然具有灵明的认知功能，但因囿于"成见"固有的对象化认知，而难以自觉"未成见"的"心"本体，故而"人心虽灵，而苦不自觉，故常提撕之云尔"②。对于认知心的提撕，需要克服"亿"与"逆"，"不以亿逆乱吾觉"③，进而，"视、听、言、动，默而证真，行、住、坐、卧，冥焉生觉"④，在这种身体力行与默识冥契之中，可以通达"孔子自得其本心，见闻识知，泯绝无寄，故谓之空空"⑤的状态，达到对心之本体的自觉，这表明"心"在焦竑哲学中具有认知心的维度，当心之认知达到极致，可使其呈现不存在"妄"的可能，这是一种"全体是镜"的无妄状态。以"心"之认知性进而自觉到"心"之本体性，人们可以在此阶段实现"求自心之无动摇也，谓之立；自心之无窒碍也，谓之达"⑥的立己立人、达己达人的状态。

对于焦竑之"心"的本体性与认知性，李剑雄先生从心、性、情的关系角度曾予以说明。⑦在心学本体论方面，焦竑不仅继承了"心"，而且延续了王阳明的"良知"概念。并且，兼具本体性与认知性的"心"，在焦竑心学中与"良知"相贯通。与"心"类似，"良知"既具有本体性与认知性，又可以落实于日用常行的伦理实践之中。在此，我们将对焦竑之"良知"的三个面向进行具体分析。

第一，良知是一种心悟状态，此为良知之本相。在答友人问时，焦竑曾论及"心"与"良知"的关系，他指出：

> 人之不能治世者，只为此心未得其理，故私意纠棼，触途成窒。苟得于心矣，虽无意求治天下，而本立道生，理所必然，所谓正其本，万

---

① （明）焦竑：《读论语》，载《焦氏笔乘》，李剑雄点校，第272页。
② （明）焦竑：《读论语》，载《焦氏笔乘》，李剑雄点校，第267页。
③ （明）焦竑：《读论语》，载《焦氏笔乘》，李剑雄点校，第268页。
④ （明）焦竑：《读论语》，载《焦氏笔乘》，李剑雄点校，第272页。
⑤ （明）焦竑：《读论语》，载《焦氏笔乘》，李剑雄点校，第273页。
⑥ （明）焦竑：《读论语》，载《焦氏笔乘》，李剑雄点校，第273页。
⑦ 参见李剑雄《焦竑评传》，南京大学出版社1998年版，第92页。

第一章　焦竑的心学

事理也。藉令悟于心而不可治天下，则治天下果何以，而良知为无用之物。①

在此，焦竑从治世的角度论述了"心"与"理"的关系，进而推扩至"心"与"良知"的关系。当人之"心"不能认知进而体认作为本体的"理"时，"心"之认知能力得不到"理"的规约与指导，私意便会出现，进而对人们的治世活动造成消极影响，难以实现治世理想。当"心"与"理"相契时，人们可以遵循"理"而发其"心"，尽管虽无意治世，但仍能使诸事得其条理。就此而言，所谓"心悟"状态，实际是"心"契合于"理"的状态，认知性的"心"通过对"理"的体认而触发其本体性，这种自觉状态下的"心"之本体即"良知"。按焦竑的说法，"盖此心之觉，自神自明，不虑而知，不学而能，吾能不以亿逆乱之，斯贤于人耳。非贤其觉也，贤其不以亿逆乱吾觉也"②，也就是说，当"心"能够达到觉悟的程度，自然可以实现自神自明的认知状态，这种认知状态是"心悟"，亦即不虑而知、不学而能的"良知"状态。这种以"心悟"为本相的"良知"状态，就个人自身而言，并非"堕肢体，黜聪明，离形去知"式的"同于大通"，而是与人之情相即不离的、内在的、不可言说的体验，类似于"默而识之"的"默"的状态；就呈现状态而言，这是一种无始无终、自我与世界消弭界限而融合为一的圆满一如状态，这是焦竑以"心"论"良知"的特点，大体上延续了阳明心学对于"良知"兼具本体性与认知性的基本理解。

第二，良知是一种指引性名称，此为良知之显相。友人曾向焦竑提问王阳明为何通过佛教之书而开悟的问题，在他看来佛书虽然奥妙，但却不能精于孔孟之学，因此王阳明不必借助佛书开悟。③ 对此，焦竑认为：

夫良知即前之所谓觉与仁也，今人乍见孺子入井，皆有怵惕恻隐之心，是人人有此良知也；呼而与之不受，是行道有此良知也；蹴而与之不屑，是乞人亦有此良知也。此岂待于外索哉？故曰："人皆可以为尧

---

① （明）焦竑：《答友人问》，载《澹园集》，李剑雄点校，第87页。
② （明）焦竑：《读论语》，载《焦氏笔乘》，李剑雄点校，第268页。
③ 参见（明）焦竑《答友人问》，载《澹园集》，李剑雄点校，第86页。

舜。"夫"人皆可以为尧舜"在孝悌，而孝悌在徐行后长。天下有不能徐行后长者乎？则无不能为尧舜可知已。即孝悌，即尧舜，与即心即佛，本非二说。盖人心一物，而仁也，良知也，孝悌也，则皆其名耳。诚因其名以造其实，则知所谓良知，则知舍人伦物理，无复有所谓良知。即欲摒而绝之，岂可得哉？此理儒书具之，特学者为注疏所惑溺，不得其真，而释氏直指人心，无儒者支离缠绕之病。故阳明偶于此得力，推之儒书，始知其理断断乎非后儒之所讲解者。[①]

在答语中，焦竑在论及"良知"时涉及很多范畴，如"觉""仁""孝悌""人心""尧舜""佛"等。关于良知的觉性，在之前论述良知的心悟状态时已有说明，焦竑承认良知是一种基于个人内在直觉体认的心悟状态，这是他对阳明心学的基本认定。在某种程度上，良知的心悟状态可以视为焦竑对良知本相的一种定位，同时他意识到良知作为一种心悟状态，普遍存在于日常生活各个领域以及每一个人。这样，良知的呈现需要借助日常的人伦物理的情境，在人伦物理这一共同情境中，良知必然与"仁""孝悌"等儒家伦理的常用范畴有重合之处。在此，依焦竑之见，若纠结于与"良知""仁""孝悌"等范畴的异同、边界等问题，难免会有"支离缠绕"之病。故此，他提出"仁也，良知也，孝悌也，则皆其名"的说法，消解了良知在日常情境的实体性的同时，将良知与仁、孝悌视为一种类似于专名的形式存在，巧妙地消解了良知与仁、孝悌的关系问题。

这样，当"因其名以造其实"时，处于名实关系中的良知便具有一种因名求实的指引性功能，即通过"良知"的这一名称来求得其背后所指向的对象。在焦竑的回答中，他认为通过把握良知这一"名"，可以了解人伦物理的重要性。也就是说，良知作为一种直觉体认的心悟状态，其呈现不能脱离人伦物理的情境，此为"实"。其实，焦竑将良知视为一种形式化的名称，从名实角度理解良知，并未偏离阳明心学的本义。他仍肯认、延续阳明良知的直觉体认性，只不过良知的心悟状态转变成为名实关系中的"实"，即被作为"名"的良知所指称的作为"实"的良知状态。这样，从名实关系角度看，

---

① （明）焦竑：《答友人问》，载《澹园集》，李剑雄点校，第87页。

若要通达真实的良知状态，需要借助作为"名"的良知在人伦物理中寻求。

第三，良知与儒家伦理实践密切相关，具有知行合一的经世向度。在名实关系的探讨中，曾提及良知的呈现需要借助人伦物理，这表明在焦竑看来良知亦与经世向度有关。那么，良知的经世向度如何呢？

在答友人问时，焦竑表示："人之不能治世者，只为此心未得其理，故私意纠纷，触途成窒。苟得于心矣，虽无意求治天下，而本立道生，理所必然。所谓'正其本，万事理也'。藉令悟于心而不可治天下，则治天下果何以，而良知为无用之物矣。"① 据此，可将心悟与经世的关系表述为：（1）不能治世的原因在于未能心悟其理；（2）心悟其理则可以治天下。可见，焦竑从正反两方面说明了心悟与经世的内在联系②，又因为心悟即良知，所以心悟与经世的关系亦是良知与经世的关系。具体言之，良知的经世向度主要涉及两方面。

（1）不离儒家伦理实践。前面提到，良知心悟状态的呈现需要依赖现实人伦物理的情境，在这种情境中作为指引性名称的"良知"才能发挥其效用。

---

① （明）焦竑：《答友人问》，载《澹园集》，李剑雄点校，第87页。
② 焦竑从正反两方面说明心悟与经世的关系，即若未心悟则不可经世，若心悟则可经世。从逻辑上看，这两个均为实质蕴涵命题，若以"p"指称"心悟"，"q"指称"经世"，则两个命题可分别化约为：（1）¬p→¬q；（2）p→q。若去掉"¬"，则命题（1）可转化为q→p。这样，两个命题转换为：（1）q→p；（2）p→q。焦竑列出这两个命题，表明他承认命题为真，因而这两个命题是合取关系，两个命题的合取正是"p"与"q"为等价关系，即p↔q。这个命题表明，心悟即经世，经世即心悟。从逻辑分析来看，焦竑以这两个命题回应友人的提问，可以坐实心悟（良知）不离经世的论点。受焦竑此例的启发，我们可以对中国哲学与逻辑的关系作进一步的反思：中国传统哲学以个人的体验、直觉为主流，理性与逻辑常被视为旁门支流，但在现代哲学语境下的中国传统学问，却不能不面对理性与逻辑。就现代学术而言，哲学与直觉体认并不相同，中国哲学意义上的直觉法可以使人得到一种神秘的、体认的经验，但"谓以直觉为方法，吾人可得一种哲学则不可"（冯友兰：《一种人生观》，载《三松堂全集》第2卷，第30页）。虽与西方哲学不尽相同，但中国传统哲学仍可以借助逻辑分析发展自身，如同焦竑等传统学者以佛道之学发展儒学一样。就此而言，冯友兰先生恰是一典型。在中国哲学由传统向现代转化的过程中，他особ重逻辑学，以逻辑分析的方式将中国传统哲学中大部分核心概念重新释义，建构新理学，将中国传统哲学带入世界哲学领域。不过，新理学自创立以来便受到众多批判，在冯先生去世后更是沦于被忽视、被遗忘的处境。当下的学术界以中国港台新儒家的心性儒学为主流，以大陆蒋庆为代表的政治儒学为新潮，反而对冯先生开辟的以逻辑分析将中国传统哲学现代化、哲学化的道路颇多质疑。当今能认同并守成冯先生之说者已属少数，能步其后尘而崛起者，更是寥寥无几。其实，冯先生开辟的逻辑化道路，虽暂时"洗汰"中国传统心性体验，但却为中国传统哲学进入现代世界哲学领域提供了一张合法性"门票"，当逻辑化阶段完成，中国哲学可以在这一现代哲学基础上对心性体验作出新的阐发，重新找回"失落"的心性体验。在很大程度上，这条路才是中国哲学发展的"新命"与"坦途"。

从前面所引焦竑答友人问的材料来看,"仁""孝悌"与"良知"在名实关系中均属于"名"的范畴,但这些"名"在功能上却有所不同。作为"名"的"良知"旨在指向、沟通作为"实"的良知心悟状态,使良知在名与实之间形成一种呼应关系。而作为"名"的"仁"与"孝悌"则更多的指向人伦物理的伦理实践维度,"孝悌"指向的是具体的孝亲实践①,"仁"则是伦理实践精神的一种指称。这样看来,焦竑将"良知""仁""孝悌"三者同划归为"名"的做法,无形中在"名"的层面上贯通了内在的良知心悟状态与外在的儒家伦理实践。

(2) 知行合一。从良知不离儒家伦理实践的角度进一步看,还可以从焦竑的答语中隐约感到知行合一的维度。在良知的经世向度上,焦竑认为通达良知的心悟状态便可治天下,这种观点很符合儒家由诚意正心到治国平天下的内圣外王逻辑。② 前面讲到,良知的心悟状态与现实的伦理实践在"名"的层面得以贯通,这种贯通便象征着"知"与"行"在"实"的层面的合一。"盖人心一物,而仁也,良知也,孝悌也,则皆其名耳。诚因其名以造其实,则知所谓良知,则知舍人伦物理,无复有所谓良知"③,这是焦竑所提倡的良知即孝悌的知行合一。王阳明也曾以孝悌言心,当徐爱提出"至善只求诸心,恐于天下事理有不能尽"④ 时,阳明表示"心即理也。此心无私欲之

---

① 有学者指出,"孝"是以家庭为本位的儒家的核心美德(cardinal virtue),如"诚实""爱"等其他美德均服从于"孝"或受"孝"的影响。可参见 Francis L. K. Hsu, "Confucianism in Comparative Context", in Walter H. Slote & George A. De Vos ed., *Confucianism and the Family*, Albany: State University of New York Press, 1998, p. 61。

② 焦竑这种以良知心悟为出发点的经世观承袭自阳明心学的传统。王阳明一生在军事上颇有成就,平定江西群盗、宁王叛乱、西南叛乱等,阳明后学中,唐顺之、罗汝芳、耿定向、赵贞吉、冯从吾等都有经世向度。在很大程度上,阳明及其后学的经世与其心学有密切关系,受到心学潜移默化的影响。关于阳明及其后学的经世研究,可参见 George L. Israel, *Doing Good and Ridding Evil in Ming China: The Political Career of Wang Yangming*, Leiden and Boston: Brill, 2014; Larry Israel, "To Accommodate or Subjugate: Wang Yangming's Settlement of Conflict in Guangxi in Light of Ming Political and Strategic Culture", *Ming Studies*, 60, 2009, pp. 4 - 44; Joanna F. Handlin, *Action in Late Ming Thought: The Reorientation of Lu K'un and Other Scholar-Officials*, Berkeley, Los Angeles & London: University of California Press, 1983。

③ (明)焦竑:《答友人问》,载《澹园集》,李剑雄点校,第87页。

④ (明)王阳明:《传习录上》,载《王阳明全集》,谢廷杰辑刊,中央编译出版社2014年版,上册,第2页。

蔽，即是天理，不须外面添一分。以此纯乎天理之心，发之事父便是孝，发之事君便是忠，发之交友治民便是信与仁"①，阳明从孝悌来说的心行合一，即其知行合一的一种具体论述，不过，基于孝悌的心行合一的说法，表面上并没有给予良知位置。焦竑则在孝悌问题上，将心明确地表述为良知，秉承了阳明的知行合一说。加之，他又将"良知""仁""孝悌"视为指称性的名词，并上与良知心悟状态相关，下与儒家伦理实践相连。在某种程度上，相较于阳明，焦竑的知行合一更具有哲学味、思辨味。②

追本溯源，焦竑良知的经世向度并非独创。焦竑特别钦佩王阳明与唐顺之，曾多次撰文称赞，在他看来，二人同是内圣与外王兼具的人物，如都主张心学、身为将军建功立业等。对王、唐二人的推崇说明焦竑对儒学的理解并非仅有内圣维度，而是内圣兼具外王，他对阳明"谓学为寡用，则建树孰如文成"③ 的评价恰好说明此点。实际上，除王、唐二人外，作为阳明后学的

---

① （明）王阳明：《传习录上》，载《王阳明全集》，谢廷杰辑刊，上册，第2页。
② 相较于焦竑偏向思辨的知行合一，阳明的知行合一则保持了纯正的即知即行的实践维度。对于阳明的知行合一，Antonio S. Cua 认为避免了朱熹先知后行的知行不一致的伦理难题，也解决了知不能引发行的问题（Antonio S. Cua, *The Unity of Knowledge and Action: A Study in Wang Yang-ming's Moral Psychology*, Honolulu: University Press of Hawaii, 1982）。在某种程度上，阳明正是以伦理实践打破传统哲学中的主观与客观、事实与价值的分立，将人与世界融合为一。对此，Bernstein 指出知识在西方哲学中亦经历了由沉思性知识转向基于实践智慧的知识。在这一点上，Warren Frisina 认为王阳明与怀特海、杜威取径相似，亦与罗蒂的反表象论对知识的理解具有共鸣效应。（Warren Frisina, *The Unity of Knowledge and Action: Toward a Nonrepresentational Theory of Knowledge*, Albany: State University of New York Press, 2002, pp. 7 - 18）同时，哈佛大学教授 Stanley Cavell 提出一种承认论（Theory of Acknowledgement），主张"知道他人的感受"并非"感受到他人所感受的"而是"对其感受作出行动上的回应"，这是以行为来代替对象化认知。William Day 以这一理论来理解阳明的"真知"与"知行合一"，并将二者视为同类。可参见 William Day, "Zhenzhi and Acknowledgment in Wang Yangming and Stanley Cavell", *Journal of Chinese Philosophy*, 39 (2), 2012, pp. 174 - 191. 不过，也有学者指出，王阳明的知行合一表达的并非已获得的"知"如何与"行"关联的伦理教法（ethical teaching），而是关于我们如何获知伦理真理（ethical truth）的认识论主张。可参见 Weimin Shi, "The Quest for Ethical Truth: Wang Yangming on the Unity of Knowing and Acting", *Comparative Philosophy*, 8 (2), 2017, pp. 46 - 64. 可见，英语世界的学者们已注意到王阳明的知行合一，在某种程度上，它与西方哲学的实践转向具有一定程度的相似性。虽有相似，但它却是在儒家或中国传统哲学语境下的一种哲学形态，知与行的合一是自然的、自发的一种个人体验状态。关于王阳明知行合一的自发性及其深度，可参见 Samuel Cocks, "Wang Yangming on Spontaneous Action, Mind as Mirror, and personal Depth", *Journal of Chinese Philosophy*, 42 (3 - 4), 2015, pp. 342 - 358.
③ （明）焦竑：《国朝从祀四先生赞》，载《澹园集》，李剑雄点校，第46页。

王畿与王艮也主张经世。① 王畿的经世说涉及形而上与形而下两个向度②，而王艮的经世说主要体现为在日常生活中推广心学。自王艮讲学以来，泰州弟子特别致力于此，如颜钧凭借自己悟道与证道的宗教经验，将王艮具有哲学意味的"良知"转换为日常生活中的"良心"③，这是泰州学派在实际生活中推广心学、实践心学的关键。此外，颜钧弟子何心隐将知与行结合，推进个人的道德实践④，罗汝芳融情于学，通过白话与歌谣的方式大力推广讲学，启发人之良心⑤。可见泰州学派之人，不仅是儒学者，还是实践者⑥，泰州学派

---

① 经世思潮是明代儒学的一个不可忽视的面向，尤其在晚明更为凸显。龚鹏程先生曾以李贽和颜元等人为例说明晚明儒学的经世倾向有礼学与复古两种主要取向。可参见龚鹏程《克己复礼的路向——晚明思潮的再考察》，载《晚明思潮》，商务印书馆2005年版，第20—34页；龚鹏程《儒学的经世问题：以颜元为例》，载《晚明思潮》，第271—290页。

② 对于经世，王畿认为："吾儒所谓良知，即佛所谓觉，老所谓玄，但立意各有所重，而作用不同。大抵吾儒主于经世，二氏主于出世。象山尝以两言判之。"（明）王畿：《与李中溪》，载《王畿集》，吴震编校整理，凤凰出版社2007年版，第258页。"儒者之学，务于经世。然经世之术，约有二端：有主于事者，有主于道者。主于事者以有为利，必有所待而后能寓诸庸；主于道者以无为用，无所待而无不足。"（明）王畿：《赠梅宛溪擢山东宪副序》，载《王畿集》，吴震编校整理，第374页。据此可见王畿经世的两个特点：(1)"经世"即入世，它为儒家所特有，与佛道不同；(2)"经世"有形而上与形而下两个维度。形而上的经世以无为用，不依赖外在条件而恒久自足，形而下的经世以有为利，需根据具体情境而进行动作施为。在王畿看来，儒学注重与现实生活之间的联系，属于形而上与形而下相结合的有用之学，而佛道之学则是与现实生活无关的出世之学。就此而言，"经世"在王畿处已成为区别儒家与佛道的一个判断标准。

③ 对于颜钧将"良知"转换为"良心"及其对泰州学派心学的影响，可参见 Yu-Yin Cheng, "The Taizhou School (Taizhou Xuepai) and the Popularization of Liangzhi (Innate Knowledge)", *Ming Studies*, 60, 2009, pp. 45–65。

④ 对于何心隐的知行合一，将道德洞察落实于日常生活实践，这除了泰州学派思想自身发展所致外，Kenneth J. Hammond 提出何心隐的这种思想与动态的道德主体和个人的道德责任有关，是明朝商业发展的反映。(Kenneth J. Hammond, "All that is Solid Melts into Air: Wang Shizhen, Jinpingmei, and the Taizhou School", *Ming Studies*, 71, 2015, pp. 11–22) 从经济角度阐释中晚明的知行合一说，为我们在心学的内在理路发展说之外提供了一个社会经济解释的新维度。不过，需要注意的是，这一时期江南经济虽有所发展，但明朝经济的整体却不甚好，况且，以儒学为主流的明朝社会，仍以农业为绝对主流，对商业本亦有自然的排斥与抑制，明朝思想家能在多大程度上受到商业发展的影响，是值得我们思考的。

⑤ 对于明末心学的经世向度，龚鹏程特别指出罗近溪"博文、崇礼，以明明德于天下"等经世主张对焦竑、李贽及儒学具有重要意义。可参见龚鹏程《罗近溪与晚明王学的发展》，载《晚明思潮》，第35—72页。

⑥ Yu-Yin Cheng, "The Taizhou School (Taizhou Xuepai) and the Popularization of Liangzhi (Innate Knowledge)", *Ming Studies*, 60, 2009, pp. 52–54.

将良知或良心切实地、广泛地推广于日常生活，是其经世向度的深刻体现，作为后学的焦竑亦受此影响。不过，焦竑虽参与讲学、问答等活动，但他的经世却与前人不同。由于泰州讲学对日常生活以及个人良心的肯定，在一定程度上消解了成圣的客观标准，造成晚明狂禅的弊端。故此，焦竑强调"夫学不知经世，非学也；经世而不知考古以合变，非经世也"①，这似乎可理解为，焦竑试图通过读书、考据等方式来对泰州学派经世弊端进行约束②。

总体来看，焦竑的良知观主要包含心悟状态、指引性名称与经世实践三个向度。其中，良知的心悟状态与经世实践均承袭自阳明以来的心学传统，并非焦竑个人原创。从哲学创新的角度看，焦竑在心学的内容上并未逸出前人良知观的轨范而有所创获，他更多的是在形式上对良知进行新的解读，如他在良知心悟状态的本相之外，又将良知视为一种形式化、具有指引功能的名称，从而在语言与对象的名实关系中贯通了内在个人良知状态与外在的儒家伦理实践。在某种程度上，"良知"的形式化是焦竑使心学智识化的一个伏笔，在将考据学的智识化态度纳入心学后，智识化心学的新径才得以成型，这一点我们将在第二章中展开。实际上，就良知而言，焦竑的讨论不局限于"良知"与"心"的关系，在他看来，"良知"亦涉及"性"与"情"。

第二节 性与情

作为宋明新儒学的核心概念之一，"性"是理学、心学乃至气学理论体系的基石。在程朱理学中，"性"是粹然至善的天理在人身上的体现，此即

---

① （明）焦竑：《荆川先生右编序》，载《澹园集》，李剑雄点校，第141页。
② 傅伟勋曾认为："良知论者在道德实践问题偏重行为动机的纯善之余，动辄忽视道德判断与行为抉择的客观性规准问题。我这里所说的'客观性'，意谓人与人之间的相互主体性，不是科学意义的纯经验性；'规准'则指可望共同接受的（超越个人主观的）道理，这里特指道德理由或规范而言。"（傅伟勋：《从西方哲学到禅佛教："哲学与宗教"一集》，台北：东大图书股份有限公司1986年版，第255页）他认识到了心学需要一种客观性的规准，但仍将此"规准"限定在与个人伦理实践相关的道德领域。焦竑已然越出这一限定，寻求一种智识化的"规准"。

"性者，人生所禀之天理也"①。进而，王阳明以"心"言"性"，从而将程朱理学的"性即理"命题诠释为"心即性，性即理"②，使"性"成为贯通"心"与"理"的中间环节。在赋予"心"以本体性的同时，也在某种程度上弱化了程朱理学之"性"。那么，心学发展至晚明时期，焦竑如何理解"性"呢？

关于"性"概念，焦竑极为推崇宋代学者范浚的《性论》，强调此论"其见地超然，殆宋儒所仅见者"③。那么，焦竑为什么如此看重范浚的观点呢？这篇文章结合《中庸》《孟子》表达了"天降衷曰命，人受之曰性，性所存曰心"④，"性不可言，而可言者曰静"⑤，以及"善，性之用也"⑥等观点，在某种程度上契合焦竑以"心"论"性"的智识化思路。在此背景下，焦竑主要辨析了性之本体、名实与善恶三方面。

一 性之本体

焦竑认为"性"是天赋予人及万物之性质，这种性质是一种本体式的存在。按焦竑的说法，"心性原无分别。然既有此二字要说，分别亦得"⑦，在此他将"心"的本体性过渡到"性"之中，认为"心""性"是一体而不可两分的存在。就此而言，焦竑延续了阳明心学以"心"言"性"的路径。不过，焦竑早年并不认为"心"与"性"是不可分的本体，在早年的文章中，焦竑指出：

> 盖人生而静，天之性也；感于物而动，心始生焉。忧患、忿懥、爱恶、哀矜，皆心也。心既动，性斯隐矣；心不作，性斯见矣。……忧患爱恶，人心有之，第之其所辟，有所则不正，静以集其虚，……知性者不言心，心在其中矣；正心者不言性，性亦在其中矣。何者？性犹水也，

---

① （宋）朱熹：《孟子集注》，载《四书章句集注》，中华书局1983年版，第325页。
② （明）王阳明：《传习录》，载《王阳明全集》，谢廷杰辑刊，上册，第14页。
③ （明）焦竑：《性论》，载《焦氏笔乘》，李剑雄点校，第357页。
④ （明）焦竑：《性论》，载《焦氏笔乘》，李剑雄点校，第357页。
⑤ （明）焦竑：《性论》，载《焦氏笔乘》，李剑雄点校，第358页。
⑥ （明）焦竑：《性论》，载《焦氏笔乘》，李剑雄点校，第358页。
⑦ （明）焦竑：《明德堂答问》，载《澹园集》，李剑雄点校，第741页。

第一章 焦竑的心学

> 心犹波也。水至清，波能摇之；澄其波而水自定矣，然不可谓波非水也。性至静，心能挠之，澄其心而性自复矣，然不可谓心非性也。①

可见，焦竑认为，人之性是天所赋予的，而心是人与外物相接触时产生的心识，忧患、忿懥、爱恶、哀矜之心生起，会遮蔽天赋之性。性与心犹如水与波，二者之间近似一种彼此对立的关系，诸如心之动或者心之动的不中节，会压抑天赋之性，性的显现需要以正心为前提。可见，焦竑早年以《大学》等儒家经典为依据，对心、性关系的理解与程朱理学相近。后来，随着焦竑接触阳明心学与佛道之学传统，对心与性的理解也不再只局限于感物而动的认知层面，而是升华到本体层面。在阳明后学中，钱德洪提出"至纯而无杂者，性之本体也"②，王畿主张"良知无分于已发未发，所谓无前后、内外而浑然一体者也"③，这些说法潜在地影响着焦竑对性之本体的理解。故而，焦竑将天赋之性视为一种本体性存在，他主张：

> 人之性体，自定自息，《大学》之知止，《易》之艮，正论此理，非强制其心之谓也。不然既为神明不测之物，则岂人力所能束缚之？苟其为束而缚之，则亦不可言定，不可言息矣。④
>
> 吾之本性，未始有物。不知性者，弊弊焉取而为之，愈为愈敝。舜禹知之，立于物先，而不以物易己。⑤

从本体角度看，焦竑逐渐认识到天赋之性的本体性，这种性是一种性体，即性之本体。它不可以被对象化地理解为某种经验事物，它是超越于万物的自定自息的存在。性之本体的活动具有较为强烈的自性，其"定"与"息"是独立于人的主观意识的自主活动。作为圣人的舜、禹能够知晓性体的特点，

---

① （明）焦竑：《大学言心不言性中庸言性不言心孟子兼言心性解》，载《澹园集》，李剑雄点校，第35页。
② （明）黄宗羲：《浙中王门学案一》，载《明儒学案》，沈芝盈点校，第232页。
③ （明）黄宗羲：《浙中王门学案二》，载《明儒学案》，沈芝盈点校，第257页。
④ （明）黄宗羲：《泰州学案四》，载《明儒学案》，沈芝盈点校，第832页。
⑤ （明）焦竑：《读论语》，载《焦氏笔乘》，李剑雄点校，第354页。

所以他们不将性之本体视为某种经验对象。对此，焦竑指出："性未易知，不得不精思以求之，非随事体察之谓。知性，则人伦日用不必致力而自当；若本之未立，但逐事检点，自以为当，只落世儒义袭窠臼，而于道愈远矣。"①可见，性之本体虽不易知，但焦竑却不主张通过"随事体察"的直觉体认来知性，而是主张"精思以求之"的智识化的认知路径。毋庸置疑，由直觉体认而来的觉悟是通达性之本体的最佳途径，焦竑亦承认在"性无圣凡，根有利钝"②的现实情况下，"要以觉之而止，此君子一体万物之学也"③。当人真正能够达到觉悟状态，则"无不了了，如睡者醒，眼一开，万象分明，历历皆见"④。不过，焦竑也强调，"觉字最难说，今人世情略能放下，道理略能分疏，便自谓觉，此犹梦中语耳"⑤，以"觉"为代表的直觉体认，其真伪高低难以进行较为客观的评判，容易导致自误、误人的混乱状况，所以焦竑提倡在真正觉悟之前，需要对性之本体进行智识化的"精思"。"精思"虽不同于阳明心学的直觉体认工夫，但这种具有智识化色彩的认知方法并非与直觉体认工夫截然分立、对抗竞争，反而是一种相辅相成的关系，这为焦竑开辟阳明心学的智识化新径埋下了伏笔。

其实，焦竑的性之本体的观点，不仅来源于儒家，与佛道之学亦颇有渊源。比如，佛教认为有情众生虽然有佛、菩萨、天、人、阿修罗等品类，但所具的佛性却相同，并且真如法性亦是一种本体性的存在。同样，在《老子翼序》中，焦竑强调"知有真我，而不知无物之非我"⑥，"真我"是一种"自我、本我、超我的来源和归宿，是具有个体完整信息和高能量的生命主体，其自主性和自由度可以超越时空连续统"⑦，可见，此处的"真我"即"性"，这是一种真实平等的本体性存在。这表明，深受佛道影响的焦竑，对于性之本体的理解，无形中融摄了不少佛道思想的成分。佛道思想的介入，有助于焦竑更加凸显心学的本体论维度，也为后来焦竑提倡超越三教宗派立

---

① （明）黄宗羲：《泰州学案四》，载《明儒学案》，沈芝盈点校，第833页。
② （明）焦竑：《读论语》，载《焦氏笔乘》，李剑雄点校，第264页。
③ （明）焦竑：《读论语》，载《焦氏笔乘》，李剑雄点校，第264页。
④ （明）黄宗羲：《泰州学案四》，载《明儒学案》，沈芝盈点校，第833页。
⑤ （明）黄宗羲：《泰州学案四》，载《明儒学案》，沈芝盈点校，第833页。
⑥ （明）焦竑：《老子翼序》，载《澹园集》，李剑雄点校，第137页。
⑦ 沈文华：《内丹生命哲学研究》，东方出版社2006年版，第93页。

场的三教一源论奠定了基础。

二 性之名实

在焦竑处，性是一种本体性的存在，不过，若要认知性之本体虽需要精思，但精思的智识化认知不能完全领会性之本体。或者说，性之本体从根本上就无法被智识化的认知方法完全揭示。这是因为作为本体的性对于人而言，具有一种无法逾越的神秘性。对此，焦竑指出：

> 孟子曰："尽其心者，知其性也。知其性则知天。"能尽其心，则意亡矣；意亡而寂然不动者见焉，是之谓性。《记》曰："人生而静，天之性也。"静所以强名，夫寂然不动者也。然而又曰："感而遂通天下之故"；故必于寂然之中，有不可以动静名者焉，然后为性。①
>
> 所谓性者，亡也，虚也，约也。性非亡、虚、约所可名，而舍之无以名性，则曰亡、虚、约云尔。世不知妙其亡，而实之以为有；不知妙其虚，而增之以为盈；不知妙其约，而炫之以为泰，此其所以离于性也。离于性而欲以之圣，难已。虽然，彼虽离于性，而性之亡、虚、约自若也，彼自不知耳。②

在此，前一段是焦竑引述范浚《性论》的观点，后者是焦竑《焦氏笔乘》记载的观点，两种观点都较为一致地强调"性"是一种不可以名状的神秘状态。这种神秘状态是性之本体的原初状态，它是超越一切分别的超言绝相的神秘状态。如前所述，这种观点的形成与佛道之学亦有关联，其实，晚明时期心学家往往吸收佛道之学来理解儒学，作为结果，儒家之学难免被深化为一种高深莫测之道，正如郝敬所言"宋人理学，又高于中庸，近代诸儒讲良知，又高于宋人。大都被浮屠空寂之说汩没，以明心见性为断然不易，将天命人性在日用寻常者，搬弄成鬼道，使人不可知，不可能，以为秘"③，郝敬的说

---

① （明）焦竑：《性论》，载《焦氏笔乘》，李剑雄点校，第357页。
② （明）焦竑：《读论语》，载《焦氏笔乘》，李剑雄点校，第348页。
③ （明）郝敬：《实习新知》，庄严文化据中国社科院藏明万历崇祯见郝洪范刻山草堂集增修本影印1997年版。

法从侧面反映出心学所谈之性是一种不可知、不可能的神秘之性,由此通达也是天地万物为一体的神秘境界或状态。从神秘性角度看,性之本体可使人获得不言而喻的权威感①,使人能够获得一种来自本体层面的自信与权威,在某种程度上这是泰州学派发显个人之性的本体论基础。

就性之本体而言,一方面,人们无法通过精思的智识化认知方式完全把握性之本体;另一方面,直觉体认的工夫虽然可以切入性之本体,但这种工夫是超越语言的,既难以判断真伪高低,又难以言传表达,所以具有较高的修养要求。当对性之本体的认知陷入这种两难境地时,焦竑从智识化的角度选取了一条较为中庸的道路,即从名实关系的角度切入对性之本体的理解。

从名实关系的角度看,性是一种本体式的存在,也是人们成为圣人的根本。然而,作为本体之性却不是人们可以直接进行认知的经验对象,对人而言,性之本体是一种寂然不动的不可思议言说的存在。性之本体虽然不可名状,但仍需为其命名,否则人对其无从认知,也就随之失去了成圣的可能。故此,焦竑以"亡""虚""约"为名,范浚以"静"为名,来指称性之本体之实。在以名指实的名实关系中,焦竑对于名的优势与不足有着非常清晰的认识。也就是说,名虽然可以指称实,但人所给予的名,并不能完全指称性之本体。作为指称的名,更多的是一种近似的模拟,因而是一种强为之名。就此而言,焦竑以"亡""虚""约"为名指称"性"的名实观,与《老子》以"视之不见名曰夷,听之不闻名曰希,抟之不得名曰微"来指称"绳绳不可名"的"道",在形式上较为类似。不仅如此,类似焦竑强调"性非亡、虚、约所可名",范浚也认为"必于寂然之中,有不可以动静名者焉,然后为性",可见,焦竑与范浚在性论上颇为一致,这正是焦竑推崇范浚之学的原因。

进而,焦竑从性之名实的角度区分了人对于性之本体的认知以及性之本体本身两个维度。一方面,焦竑批判了人们对于性之本体的错误认知,诸如以"有""盈""泰"来命名、指称性之本体,这种看法将不可思议言

---

① 参见[美]威廉·詹姆士《宗教经验之种种——人性之研究》,唐钺译,商务印书馆2002年版,第377—378页。

说的性之本体视为实际的、充盈的、崇高的客观对象,这是对性之本体的误解,是对性的背离。如果一个人对性有误解,同时又试图成为圣人,这是一件缘木求鱼的难事。焦竑的批判在当时具有针砭时弊的意义,一般人常将性视为天赋之性,此性之本体是认知与修养的对象,因而在认知与修养过程中,往往对性之本体形成对象化的执着与追求,这反而导致了人们对于性之本体的背离,难以实现儒家的成圣理想。尽管人在认知与修养时错误地以名求实,背离了性之本体,但这并不会对性之本体的"亡""虚""约"的神秘性质造成任何影响。这表明,焦竑强调从名实关系的角度理解性之本体,既是为凸显性之本体的不可名状的神秘性、自在性,又是为了揭示人们在认知与修养过程中错误地运用了名实关系,导致了背离性之本体,难以成圣的后果。

就此而言,焦竑揭示了性之本体不可名状的神秘性,这种神秘虽不能直接作为人们认知的经验对象,但在焦竑看来,在直觉体认之前仍需从名实关系的角度对其进行初步认知。"亡""虚""约"以及"静"可以凸显性之本体的某些特质,这是从名实关系考察的优势,但不能达到完全领会的程度,是名实关系这种智识化视角的局限。

三 性之善恶

在焦竑看来,"性"是一种本体性的存在,这种性之本体具有不可名状的神秘性,从名实关系角度看,人们虽然只能对性之本体作出勉强的命名,但从以名指实的角度看,这种智识化的认知方式却可以揭示性之本体的某些特质。那么,性之本体的特质仅是"亡""虚""约"的神秘性吗?从善恶角度看,性之本体是善是恶?

性之善恶的问题,是儒家哲学的核心问题。自先秦时期孔子以"相近"言性,孟子以"善"言性,荀子以"恶"言性以来,扬雄主张性之善恶混,韩愈提出性三品说,至宋代程朱理学区分了天地之性与气质之性,以善归于天地之性,以恶归于气质之性。这种将恶完全归于气质之性的说法固然可以解决儒家性善论的恶之来源问题,但在一定程度上也造成了过于贬低气质,高扬性理的儒学路径,后来这种气质性恶的观点遭到清初学者颜元的猛烈批判。大体上看,儒家在人性论方面虽然各有侧重,但基本上认为人性为善,所以探讨的重点在于两方面，一是如何存养、发扬善性，二是如何诠释恶的来源，以及防治恶。相较于儒家以善、恶论性，焦竑提出了较为独特的性之善恶观：

> 夫心曰正，犹得而倪之，正与不正，性皆无有，则善不善，二皆离矣。无善之善，孟子所谓性善也，故曰"尽其心者，知其性也"。知性者，泯绝无寄，群情尽亡，曰心尽，心尽而学之，能事毕矣。①
>
> 格物之说，棼棼久矣。性本无物，惟澄然廓清，而不以忿懥、好乐、忧患、敖堕涸之，则德明而至善可止，修齐治平一齐可了。盖圣贤之学，得其一，万事备，非如后儒之支离零星补缀，得此而失彼之比也。②

据此可知，焦竑认为"性"是一种超越经验世界的善恶的至善。如前所述，性之本体是一种不可名状的存在，正邪、是非、善恶、动静等相对而生的经验范畴无法准确表达性之本体。若以善恶论性，在焦竑看来，"性"是一种"无善之善"，前一个"善"是指经验世界的善念、善行，后一个"善"是指本体层面的"至善"。这样，焦竑以"无善之善"的"至善"诠释孟子的性善，将孟子哲学中的经验层面的善观念，升华为一种至善本体。对焦竑而言，超验的、完满的至善的追求与善善恶恶的现实遭遇，形成了相反相成的张力与动力。现实生活中不断变化、不确定的善恶诸事会令人从内心深处产生一种不安全感。为了避免这种不确定性，儒者们致力于寻求内在的至善，这种至善因不受现实中善恶的牵累而具有一种不变性、超越性与永恒性，可以为人提供这一种彻底的精神安全。在很大程度上，这种对确定性的追求决定了至善的无善无恶性，因为至善本身若存在善恶，则至善会被善恶再次带入变化的经验层面，这会削弱甚至消解至善的超越性与永恒性。至善的确定性，类似于一种形而上学的确定性。

那么，以"至善"诠释"性"的焦竑，如何解决恶的问题呢？在此，焦

---

① （明）焦竑：《大学言心不言性中庸言性不言心孟子兼言心性解》，载《澹园集》，李剑雄点校，第35页。

② （明）焦竑：《答许中丞》，载《澹园集》，李剑雄点校，第113页。

竑赞同范浚的看法:"然则善虽不足以尽性,而性固可以善名之也。彼荀卿者,从性之伪而指以为性,故曰:'人之性恶',性岂本恶也哉?"① 这表明,"善"之名虽然不可以完全适切地命名"性",但仍可以用"善"来勉强命名,这种以"善"论"性"的做法相较于荀子以"恶"言"性"更为合理。在此,焦竑借用范浚的观点,透露出他本人的一种看法,即"恶"并非人性所固有的一种性质,由此他不认同荀子的性恶论与扬雄的性善恶混论。既然"恶"不是"性"所本有,为了解释"恶"的来源,焦竑提倡范浚的"性体善用"之说:

> 孟子知性,故不动心;又以性之用教人,故道性善。《易·系辞》曰:"一阴一阳之谓道。继之者善也,成之者性也。"善继乎道,则非道也;性成乎道,则与道一矣。然则善不足以尽性,明矣。且《孟子》亦岂以善为足、以尽性哉?其言:"可欲之谓善,有诸己之谓信,充实之谓美,充实而有辉光之谓大,大而化之之谓圣,圣而不可知之之谓神。"使《孟子》以善为足以尽性,则一言而足矣,岂复以信与美、与大、与圣、与神为言乎?故曰:孟子道性善,以性之用教人也。②

这一观点从体用角度严格区分了性之本体与性之显用两个维度。在此,结合《周易》的形而上和形而下者的观念,焦竑认可范浚将性之本体视为与道为一的形而上存在,而将作为性之显用的善视为形而下的一种性质。当"善"被移出性之本体的同时,"恶"亦随之被剥离。这样,善与恶成为性之本体在形而下的生活世界的显用。当人能够做到克己复礼、言行中节,则性之显用为善;当人不能做到克己复礼、言行中节,则性之显用为恶。由此,"恶"的来源在于对性之本体的误用,而不是在于性之本体自身,为儒家人性论问题提供了一种解决方案。

性之善恶一直是儒家关注的重点问题,自先秦孟子、告子、荀子等哲人以来,汉之扬雄,唐之韩愈,宋之二程、朱熹、陆九渊、胡宏等,至明之王

---

① (明)焦竑:《性论》,载《焦氏笔乘》,李剑雄点校,第358页。
② (明)焦竑:《性论》,载《焦氏笔乘》,李剑雄点校,第358—359页。

阳明及其后学弟子都参与其中,尤以宋明时期的性善恶论最为深入。宋明时期的性善恶论可分为三种:(1)性无善无恶论,以胡宏、王阳明、罗汝芳、王时槐、管志道等为代表;(2)性至善论,以朱熹、张九成、范浚、王畿、罗汝芳、史孟麟、幽溪传灯①等为代表;(3)心体无善无恶论,以王阳明、王畿、邓定宇、杨东明等为代表。大体上,这三种说法并非代表三种不同立场,而是从不同角度对同一立场的不同表述。② 例如,王阳明既主张性无善无恶,又认为心无善无恶。其实在阳明看来,心体即性体,二者是同一本体存在的不同名称。对此,王时槐有"阳明先生言'无善无恶心之体',盖言性也"③的论断。这样,性的无善无恶与心的无善无恶实为同一理论。此外,罗汝芳出现于性无善无恶论与性至善论中,也并非偶然。因为从朱熹的"性无

---

① 明代天台宗师幽溪传灯著有《性善恶论》,在性的善恶问题上,传灯主张"于性之未形,固不当以善恶论"和"夫性者理也。性之为理,本非善恶",与儒者们的性至善论相似。不过,传灯的理论与儒家的性至善论有差异。在认识到作为本体的性不可以善恶言之后,传灯并未由此转向至善论,而是转向了性具善恶论。在他看来,作为本体的性不可被善恶指称,但从"修"的角度进行把握,由于"修"有修善与修恶之分,故而性具有善恶,即"修以论性,修既有善恶矣,而性岂得无之"。(明)传灯:《性善恶论》,载〔日〕河村照孝编集《卍新纂大日本续藏经》,第57册。相较而言,儒家因专注于性本身而主张性无善无恶,或性至善,但传灯的性具善恶并非从性本身出发,而是从实际的"修"的角度反溯至性本身。在某种程度上,传灯的性论与传统的天台宗性具善恶论相比已发生变化,天台宗传统的性具善恶论是就性本身而言,而传灯的性具善恶论却不是直接就性本身而言。对于性本身,传灯认为不可以善恶言,可见传灯在某种程度上受到当时儒家性论的影响。不过,Yungfen Ma 博士认为,传灯的性善恶论之所以与天台宗祖师不同,主要在于他受当时颇为流行的《楞严经》影响,将天台宗祖师曾批判的"清净心"引入性恶的理解中,他认为性恶与清净心并无冲突,天台的性具善恶正是清净心。可参见 Yungfen Ma, *The Revival of Tiantai Buddhism in the Late Ming*: *On the Thought of Youxi Chuandeng 幽溪传灯(1554 - 1628)*, PhD dissertation, Columbia University, USA, 2011。同时,潘桂明和吴忠伟也有类似的理解,他们认为:"从教学风格看,明代天台宗的发展体现了一种与义学他宗相融合的倾向,尤其是在将天台性具与《楞严经》思想结合方面表现得十分明显。从谱系传承看,则主要是在东溟慧日的系统中进行的,传递情况大致为:慧日传普智、普智传慧林、慧林传明得、易庵,明得传真觉、真界,真觉传传灯。其中明得和真觉是关键人物,而传灯则是明代中期中兴台教的人物。"(潘桂明、吴忠伟:《中国天台宗通史》,江苏古籍出版社2001年,第717页)这样看来,作为明代天台宗复兴的人物的幽溪传灯,他的性善恶论颇受当时儒佛思想的影响。

② 值得注意的是,"性"之善恶与"心"之善恶的一致性,主要是就阳明心学而言的,因为程朱理学认为性与心不同,而阳明心学则将认知心提升为与性相等价的本体心。就此而言,性的无善无恶与心的无善无恶具有一致性。但在阳明心学中,也并非完全如此,例如,王塘南与杨晋庵均认为性体与心体为二物。但在善恶问题上,王塘南主张无善无恶可以界定性体,不可界定心体,而杨晋庵则认为无善无恶是心体的状态,而非性体的状态。

③ (明)王时槐:《王时槐集》,钱明、程海霞编校,上海古籍出版社2020年版,第520页。

定形，不可言"① 到胡宏的"性也者，天地鬼神之奥也"②，直到焦竑的"人性湛然，本无一物"③，宋明儒者大多将"性"视为一种不可名状、超言绝相的本体性存在，性是一种超越具体善恶的至善。可见，焦竑的性之善恶论与宋明以来性之善恶诸论相契合。

四 性情关系

在中国传统哲学中，"性"与"情"是一对密切相关的范畴，尤其在宋明新儒学的语境中，作为"性"之发显的"情"常被贴上影响人们复性、通达最高境界的消极标签。不过，这一情况到泰州学派有所缓解，泰州学者对"情"颇为重视。在此，作为泰州学派后劲的焦竑如何理解"情"呢？

焦竑沿袭了从性情关系的角度理解"情"的传统，他以性为本、情为末，以水与波、母与子、根与枝等比喻进行说明：

> "乃若其情，则可以为善矣。"《孟子》即情以论性也。贺玚云："性之与情，犹波之与水。静时是水，动则是波；静时是性，动则是情。"盖即此意。李习之乃欲灭情以复性，亦异乎孟氏之旨矣！④
>
> 情犹子焉，性则其母也，情犹枝焉，性则其根也，世之莽莽者，岂顾欲离母逐子，拨其根而培其枝哉！⑤

与引用范浚的《性论》类似，焦竑在笔记中引用贺玚的水波之喻来解释孟子"即情以论性"，至少可以说明他同意贺玚的说法。水波、母子与根枝三个比喻虽不同，但其模拟的关系均指向性情之间的本末关系，即性为本，情为末。实际上，以本末关系诠释性情关系，以及此处所引用的三个比喻，

---

① （宋）朱熹：《孟子九·告子上》，载《朱子语类》，王星贤点校，中华书局2020年版，第4册，第1679页。
② （明）胡宏：《附录一》，载《胡宏集》，吴仁华点校，中华书局1987年版，第333页。
③ （明）焦竑：《答蔡昆石》，载《澹园集》，李剑雄点校，第96页。
④ （明）焦竑：《论性》，载《焦氏笔乘》，李剑雄点校，第28—29页。
⑤ 白静：《焦竑思想研究》，博士学位论文，北京大学，2011年，第76页。

均非焦竑原创。在焦竑之前，魏晋玄学家在说明"无"与"有"之间本体与现象的关系时，便使用过母子、本末比喻，佛教也常常使用水波关系进行比喻和教化。此外，特别受焦竑肯定的范浚也认为"性譬则水"，主张以水喻性。这样看来，焦竑对性情关系的理解尚未超出前人的范围，对前人诸种比喻的沿用在很大程度上表明他延续了前人重性轻情的性情论传统。其实，这种性与情之间的不平衡，从焦竑对性之本体的推崇中也可以窥其端倪。

这样看来，焦竑重性轻情的思想，与泰州学派的风格似乎并不相应。相较于焦竑，泰州学派更倾向于从积极正面的角度肯定"情"的价值。这一点可从讲学与戏曲两方面来说明。

在讲学方面，泰州学派以讲学为特色，如王艮、王襞、颜钧、罗汝芳等人颇为注重讲学。[①] 以罗汝芳为例，他在讲会中听闻颜钧以孟子四端之心论"体仁"，因而启发"大梦得醒"[②]，在某种程度上奠定了罗汝芳论心、性不轻视情的基调。当有人问："喜怒哀乐，未发谓之中。先儒观未发气象，不知当

---

① 讲学并非泰州学派所独有，它自王阳明起便已出现，在后学弟子的倡导下大力发展。吕妙芬考察了江右吉安府（安福、庐陵、吉水、永丰、泰和）、南直隶宁国府（泾县、宣城县、太平县）、浙江地区（绍兴府、金华府、衢州府）等地的阳明心学讲会，认为王阳明生前，其学问已由个人思想层次被建构为著名学派，但此学派继续发展为一学术运动，则在于王阳明去世后的嘉靖中晚期，其传播方式主要是各地的阳明心学讲会，其中尤以江西、南直隶、浙中三地发展最为迅速。可见，讲会是阳明心学迅速传播，阳明学派得以建立的关键因素。对此，张艺曦也有类似看法，她认为"讲学活动的流行，以及《传习录》与古本《大学》等书的刊刻流传二事，正是王学得以在正德、嘉靖年间迅速流传的重要助力"（张艺曦：《明中晚期古本〈大学〉与〈传习录〉的流传及影响》，《汉学研究》2006年第1期）。同时，吕妙芬认为泰州学派讲学的特色在于激励强调圣学简易自然、圣人与众人相同，并且注重在日用伦常的孝悌慈中讲圣学工夫。泰州学派虽特重在心体上谈道德修为但相对减弱了外在规范，这种学说反映在讲学上，虽不必然导致道德实践的松弛，但却更具有包容性、开放性，从而使得晚明讲学呈现出多元风貌。参见 Miaw-fen Lu, *Practice as Knowledge: Yang-ming Learning and Chiang-hui in Sixteenth-Century China*, PhD dissertation, University of California Los Angeles, USA, 1997；吕妙芬：《阳明学士人社群——历史、思想与实践》，北京师范大学出版社2017年版。此外，关于泰州学派乃至阳明学派讲学活动亦可参见陈时龙《明代中晚期讲学运动：1526—1626》，博士学位论文，复旦大学，2004年；张伟《明代中后期儒学讲学活动研究》，硕士学位论文，河北大学，2011年；Ronald G. Dimberg, *The Sage and Society: the Life and Thought of Ho Hsin-yin*, Honolulu: University Press of Hawaii, 1974；Martin W. Huang, "Male Friendship and Jiangxue (Philosophical Debates) in Sixteenth-Century China", *Nan Nu*, 9 (1), 2007, pp. 146 – 178.

② （明）黄宗羲：《泰州学案三》，载《明儒学案》，沈芝盈点校，第760页。

第一章 焦竑的心学

如何观?"汝芳回答:"子不知如何为喜怒哀乐,又如何知得去观其气象也耶?我且诘子,此时对面相讲,有喜怒也无?有哀乐也无?"① 由此可见,罗汝芳在探求"未发"时,十分重视已发的"喜怒哀乐"之情,此处的"情"不是一种遮蔽"未发"的存在,而是有助于人通达"未发"的有效途径。同时,他主张"赤子良心"②之学,他将王阳明的核心概念"良知"转变为"良心"③,这在很大程度上洗汰掉了"良知"本身浸透着的心学内在体验的"学问气息",使之成为生活于社会基层的、不甚有知识的普通人都有感触且易于接受的"良心"。对此,有学者指出,与颜钧类似,罗汝芳倾向于以"情"来启发人的"良心"。④

罗汝芳以"情"启"良心"的方式在讲会中得以推广。他"出守宁国府,以讲会乡约为治"⑤,"万历五年,进表,讲学于广慧寺,朝士多从之者"⑥,致仕后,罗汝芳"归与门下走安成,下剑江,趋两浙、金陵,往来闽、广,益张皇此学。所至弟子满座"⑦。因讲会而足迹遍天下的罗汝芳,广泛接触社会各阶层的人,并以浅显易懂、明白简易的语言来指示他们,在日常的伦理生活中发显良心。借助讲会,罗汝芳将泰州学派的重情主张传播于全国各地,有助于促进当时人们对"情"的关注。

在戏曲方面,明代在戏曲方面十分发达。仅以南京为例,据统计,明代

---

① (明)黄宗羲:《泰州学案三》,载《明儒学案》,沈芝盈点校,第 783 页。
② 黄宗羲在《明儒学案》中将罗汝芳之学归纳为"赤子良心"之学,即"先生之学,以赤子良心、不学不虑为的,以天地万物同体、彻形骸、忘物我为大。此理生生不息,不须把持,不须接续,当下浑沦顺适。工夫难得凑泊,即以不屑凑泊为工夫,胸次茫无畔岸,便以不依畔岸为胸次,解缆放船,顺风张棹,无之非是"。有学者将罗汝芳的"赤子良心"与李贽的"童心"比较,认为在对个人自然欲望自由表达的修养论层面罗汝芳与李贽相同,但认为罗汝芳的伦理学根植于综合性的形而上学理论(comprehensive metaphysical theory);在"心"的内容方面,罗汝芳的观点导致了相对狭义的正误观(relatively narrow conception of right and wrong),这两方面是罗汝芳与李贽的不同之处。(Pauline C. Lee, *Lizhi*: *Confucianism and the Virtue of Desire*, Albany: State University of New York Press, 2012, p. 56)
③ Yu-Yin Cheng, "The Taizhou School (Taizhou Xuepai) and the Popularization of Liangzhi (Innate Knowledge)", *Ming Studies*, 60, 2009, pp. 45–65.
④ Yu-Yin Cheng, "Tang Xianzu's (1550–1616) Peony Pavilion And Taizhou Philosophy: A Perspective From Intellectual History", *Ming Studies*, 67, 2013, pp. 3–29.
⑤ (明)黄宗羲:《泰州学案三》,载《明儒学案》,沈芝盈点校,第 760 页。
⑥ (明)黄宗羲:《泰州学案三》,载《明儒学案》,沈芝盈点校,第 760 页。
⑦ (明)黄宗羲:《泰州学案三》,载《明儒学案》,沈芝盈点校,第 760 页。

南京剧坛的戏曲作品有四十部，如《紫钗记》《燕子笺》《陌花轩杂剧》《红线金盒记》等，题材涉及神仙道化剧、爱情风月剧、历史剧、时事剧、社会剧等主题。[1] 作为一种艺术形式，戏曲与严肃的性理之书不同，它表现、演绎的内容以人的感情方面为主。很大程度上，戏曲的发展象征着"情"的凸显。以明代戏曲家汤显祖为例，他的名剧《牡丹亭》对"情"进行了大力显扬，黄汝亨评此剧为"情魂俱绝"[2]。有学者分析，《牡丹亭》表达的"情"包括"情在生活世界的兴起""情在梦境中的表达""情在人世的挣扎""冥界中具有自由精神的情""情在人世的完成"[3] 五个维度，由此可见汤显祖戏曲对"情"的表达与凸显。此外，汤显祖还有"师讲性，某讲情"的说法[4]，在《宜黄县戏神清源师庙记》中，他也公开肯定"人生而有情"。这表明，戏曲可以激发人的感情，甚至可助人达道。

　　汤显祖如此推重"情"，与泰州学派的影响不无关系。一方面，汤显祖于1598年完成《牡丹亭》时，泰州学派也臻于鼎盛。[5] 泰州学派的发展得益于讲学活动的推广。为了讲学贴近日常生活，启发各个层次的人，泰州人士更为强调相较于"性"更易具有感染力与影响力的"情"。受此影响，汤显祖将戏曲视为"讲学"的一种特别形式，他借助戏曲宣扬"情"的正面、积极的价值[6]，这与泰州学派以讲学宣扬"情"有异曲同工之妙。另一方面，汤显祖与罗汝芳关系密切，受其影响颇深。1586年，汤显祖参加了罗汝芳在南京的讲会，受到他赤子良心与发现性之真义等说法的启发。此时的罗汝芳乃至泰州学派，已致力于弥合"情"与"性"之间的距离，而汤显祖

---

[1] 参见张英《明代南京剧坛研究》，博士学位论文，南京师范大学，2008年。

[2] （明）黄汝亨：《复汤若士》，载《寓林集》卷二十五，明天启四年刻本。

[3] Yu-Yin Cheng, "Tang Xianzu's (1550–1616) Peony Pavilion And Taizhou Philosophy: A Perspective from Intellectual History", *Ming Studies*, 67, 2013, pp. 10–14.

[4] 汤显祖的这一说法，程芸认为并不可信。这一说法出自陈继儒《王季重批点〈牡丹亭〉题词》，对于汤显祖的讲性之师，有罗汝芳、罗洪先、僧达观、张位诸种说法，但作者均进行了批驳，他认为汤显祖的回答很可能是陈继儒的臆造。（参见程芸《论汤显祖"师讲性，某讲情"传闻之不可信》，《殷都学刊》1999年第1期）

[5] 参见 Yu-Yin Cheng, "Tang Xianzu's (1550–1616) Peony Pavilion And Taizhou Philosophy: A Perspective from Intellectual History", *Ming Studies*, 67, 2013, p. 5。

[6] 参见 Yu-Yin Cheng, "Tang Xianzu's (1550–1616) Peony Pavilion And Taizhou Philosophy: A Perspective from Intellectual History", *Ming Studies*, 67, 2013, p. 6。

第一章　焦竑的心学

在此基础上更进一步,将情与性等同。① 也许正因此,汤显祖才认为情与大道相通。② 这样,从晚明戏曲的角度也可以看出泰州学派对"情"的发扬。③

就焦竑而言,他与讲学和戏曲的关系亦甚为密切。在讲学方面,《澹园集》中收录了与焦竑有关的三个讲会记录,即《崇正堂答问》《古城答问》《明德堂答问》。在问答过程中,对于提问者关于仁义、心性、修养等方面的问题,焦竑的回答条分缕析,颇具分析风格,并未显出有推重"情"的成分。例如,当有人提问"孔门论仁,何以各个不同"时,焦竑回应说:"孔子所答虽人人殊,然看其题目,却只是问仁。故克己复礼,仁也;敬恕,仁也;切言,仁也;居处恭、执事敬、与人忠,仁也。无处非仁,无处不可体仁。"④ 对于"无处非仁,无处不可体仁"这种偏向个人体验的圆融境界,焦竑却以

---

① 参见 Yu-Yin Cheng, "Tang Xianzu's (1550-1616) Peony Pavilion And Taizhou Philosophy: A Perspective from Intellectual History", *Ming Studies*, 67, 2013, pp. 16-20。

② 程芸在批判汤显祖"师讲性,某讲情"时,否认汤显祖所言之师为罗汝芳,理由主要是汤显祖对罗汝芳始终怀有敬慕之情,与此处的轻蔑口吻不一致。同时他也提道:"尽管汤显祖为人、为文却有某种狂狷之气,但罗汝芳的讲学事业在汤氏心目中却一直占有很高的地位,也一直为汤显祖所关注。"(程芸:《论汤显祖"师讲性,某讲情"传闻之不可信》,《殷都学刊》1999 年第 1 期)由此可见罗汝芳与汤显祖在讲学上存在着密切关系。可参见邹自振、罗伽禄《论罗汝芳对汤显祖的影响》,《福州大学学报》(社会科学版)2007 年第 4 期。此外,汤显祖对"情"的推重虽受泰州学派影响,但泰州学派并非汤显祖的唯一思想来源,在某种程度上,汤氏的"情"论亦与晚明时期复兴的佛教尤其是禅学有关,关于佛教对汤显祖"情"论的影响,可参见柳旭《晚明佛教与汤显祖"情至"文学创作的关联研究》,博士学位论文,吉林大学,2016 年。

③ 实际上,"情"在晚明时期的发展并不局限于讲学与戏曲两方面,在文学方面,如公安派性灵文学的兴起、通俗小说《金瓶梅》及王彦泓的"香奁体"诗的出现等,都是"情"之发展的体现。值得注意的是,Kafalas 认为,将晚明小品文的兴起视为受王阳明心学的影响这种说法是有问题的,这种文学体裁不会简单地从抽象的哲学概念中直接产生出来。实际上,小品文是晚明文人团体文化状况的一种反映,即对"情"的体现。(Philip A. Kafalas, "Weighty Matters, Weightless Form: Polotics and the Late Ming Xiaopin Writer", *Ming Studies*, 1, 1998, pp. 50-85) 同时,晚明时期出现了一些笑话书,例如,《四书笑》通过幽默的方式,批判了当时的科举考试;同时涌现出以程朱为代表的宋明道学。它的出现受到当时泰州学派、戏曲、性灵小品文的影响,是晚明个人精神解放在俗文学上的一种表现。(Ching-Sheng Huang, *Jokes on the Four Books: Cultural criticism in early modern China*, PhD dissertation, The University of Arizona, USA, 1998) 关于晚明文学的相关研究,可参见谢旭《王学与中晚明文学理论的关系研究》,博士学位论文,陕西师范大学,2013 年;Kenneth J. Hammond, "All that is Solid Melts into Air: Wang Shizhen, Jinpingmei, and the Taizhou School", *Ming Studies*, 71, 2015, pp. 11-22; Li Xiaorong, "'I Sliced My Flesh into Paper, and Ground My Liver into Ink': Wang Cihui's (1593-1642) Sensualist Poetry as an Alternative Route to Self-Realization", *Ming Studies*, 67, 2013, pp. 30-53。

④ (明)焦竑:《崇正堂答问》,载《澹园集》,李剑雄点校,第 711 页。

非常明晰的语言进行回答，这与罗汝芳等泰州人士在讲会中强调贴近生活的"情"的做法很不相同，反衬出焦竑的智识化风格。同时，在戏曲方面，焦竑"不仅观曲评剧，而且还刊刻戏曲，收藏戏曲书籍，同曲家聚会酬唱"①，具体言之，他曾选取杂剧，嘱托弟子孙学礼编《四太史杂剧》，并亲自作序，保存了珍贵的戏曲版本。② 他还以"龙洞山农"的别号校对过《西厢记》。值得注意的是，徐士范本的《西厢记》前有一篇名为《崔氏春秋传》的序文，此文大力褒扬《西厢记》对"情"的描写。但是焦竑校对的《西厢记》本子却没有收录这一篇文章。因此有学者认为，这是焦竑不认可《西厢记》高度褒扬"情"的一个重要证据。③ 可见，焦竑虽与讲会和戏曲有关，但他和罗、汤二人却颇为不同，罗、汤基本上代表着泰州学派重"情"的传统，但焦竑则显示出与"情"相反的智识化特质。这表明，与泰州学派的主流不同，焦竑并不重视"情"。

这样看来，焦竑以智识化态度对待"情"，轻视"情"的做法类似于程朱理学。虽然焦竑曾在心学立场上认为"伊川、晦庵之学，不从性宗悟入，而以依仿形似为工，则未得孔孟为之依归故耳"④，但在"性"论方面坚持排朱尊王的他，在"情"的问题上却走上与程朱类似的道路，认为"情"是遮蔽"性"的一种存在，从而歧出于泰州学派以"情"达"性"的传统。

综上所述，在"心"与"良知"之后，焦竑将其心学的本体论延伸到了"性"概念，此处之"性"不只是自然的人性，而是不可名状、超言绝相的本体性存在。性之本体定位的确立，为性之名实关系、善恶关系的探讨奠定了基础。在焦竑看来，性之本体本身不能被直接认知，因而以"动""静"等来命名"性"，实际上是一种勉强的命名，这些名词虽不能涵盖性之本体的全部，却可以揭示其某些特质。这样，焦竑将"心"与"良知"层面的智识化思路，通过名实关系而沿用到"性"的讨论之中。进而，从名实角度看，性之善恶亦是以"善"或"恶"之名来凸显"性"，但是"善""恶"的名

---

① 张英：《明代南京剧坛研究》，博士学位论文，南京师范大学，2008年，第93页。
② 参见刘根勤《焦竑与晚明戏曲》，博士学位论文，中山大学，2008年。
③ 参见白静《崇北抑南：焦竑的戏曲思想研究》，《内蒙古民族大学学报》（社会科学版）2011年第3期。
④ （明）焦竑：《答钱侍御》，载《澹园集》，李剑雄点校，第84页。

称并不能凸显性之本体本身,从儒家性善论角度看,如果以"善"指称"性",那么,这种"善"是一种超越具体善与恶的"至善"。由此可见,从性之本体到性之名实,再到名实关系视阈下的性之善恶,焦竑从智识化的角度将"性"定位为至高无上的本体。"性"的凸显是焦竑心学本体论的体现,不过偏重于性之本体,使作为"性"之发显的"情"尚未受到重视,这与泰州学派重"情"的思路略有不同。

第三节 工夫与境界

一般认为,本体与工夫是宋明新儒学的基本问题,言本体或归于心,或归于性;言工夫则有上达与下学两种途径。① 以理为本体的程朱理学和以心为本体的陆王心学,各有契合于本体论的修养工夫,诸如理学家主张居敬穷理,心学家提倡静坐体悟。阳明之后,后学弟子深入辨析心学工夫,王畿侧重心体立根的一念工夫,聂豹、罗洪先主张归寂、主静工夫,罗汝芳强调默识、直养工夫等。作为晚明泰州学派的代表人物,焦竑在本体论方面将"心""良知"与"性"相贯通,在名实关系的智识化视阈下建构心学本体论。进而,焦竑提出了一套以达性为宗旨的、较为完整的工夫论,通过这种复性工夫,可以通达儒家理想的圣人境界。

一 知性、复性工夫

相较于"心""良知"及"性"为代表的本体论,焦竑接下来面对的是如何通达的工夫论问题。焦竑在建构其本体论时显示出了智识化向度,那么,这种智识化的认知方式是否会影响焦竑的工夫论呢?在回答这一问题之前,有必要对焦竑的工夫论进行评述。

对于焦竑的工夫论,有学者将其视为一种复性工夫,并且,这种复性工夫源自焦竑在《老子翼》中对"复性"的引注,故而焦竑的工夫论被限定于道家哲学语境进行探讨。② 毋庸置疑,焦竑的工夫论探讨确实关注复性,但对

---

① 参见曾亦《本体与工夫:湖湘学派研究》,上海人民出版社2007年版,第1页。
② 参见白静《焦竑思想研究》,博士学位论文,北京大学,2011年。

于性之本体的归复只是焦竑工夫论的目标，这也是宋明新儒家共同的期望，在此方面焦竑并无特别的创新之处。实际上，焦竑在工夫论方面的创新之处在于他强调应以"知性命"为工夫论的核心。对此，他指出：

> 某所谓尽性至命，非舍下学而妄意上达也。学期于上达，譬掘井期于及泉也。泉之弗及，掘井何为？性命之不知，学将安用？今之谈学者，偃然自命为知性矣，然非实能知也。①
>
> 孟子曰："尽其心者，知其性也；知其性则知天矣。"天即清净本然之性耳。人患不能复性，性不复则心不尽。不尽者，喜怒哀乐未忘之谓也。由喜怒哀乐变心为情，情为主宰，故心不尽。若能于喜怒哀乐之中，随顺皆应，使虽有喜怒哀乐，而其根皆亡。情根内亡，应之以性，则发必中节，而和理出焉。如是则有喜非喜，有怒非怒，有哀乐非哀乐，是为尽心复性。心尽性纯，不谓之天，不可得已。②

"尽性至命"的说法出自《周易·说卦传》的"穷理尽性以至于命"③。对此，王阳明曾以勘破生死念头为"尽性至命"的关键，他指出："于一切声利嗜好俱能脱落殆尽，尚有一种生死念头毫发挂带，便于全体有未融释处。人于生死念头，本从生身命根上带来，故不易去。若于此处见得破，透得过，此心体方是流行无碍，方是尽性至命之学。"④ 不过，在焦竑看来，当时社会上较为流行的"尽性至命"工夫，多舍弃下学的工夫，而妄意上达的境界，这是一种本末倒置。因而，他主张下学工夫以作为上达的尽性至命为宗旨，如同掘井以求泉水，下学工夫应以尽性至命的上达境界为目标。若要复归于上达境界，首先需要对性命有所认知，此即"知性命"。"知性命"是"尽性至命"的中间环节，也是不可逾越的环节。同时，焦竑引用孟子尽心、知性、知天的说法，阐述了尽心、知性与复性的关系。受喜怒哀乐之情的影响，心不能尽，当人能够使喜怒哀乐之情与性相应，发而中节，便是尽心，由此可

---

① （明）焦竑：《答耿师》，载《澹园集》，李剑雄点校，第80页。
② （明）焦竑：《读孟子》，载《焦氏笔乘》，李剑雄点校，第280页。
③ （宋）朱熹：《说卦传》，载《周易本义》，中国书店1994年版，第125页。
④ （明）王阳明：《传习录》，载《王阳明全集》，谢廷杰辑刊，上册，第102页。

通达心尽性纯的知性、复性的阶段。那么，人们如何"知性"？又如何进展到"尽性至命"的复性阶段呢？

焦竑以"学"为"知性"以及"尽性至命"的复性工夫，即"夫学何为者也？所以复其性也"①。与阳明学注重直觉体认的工夫路径不同，焦竑特别强调"知"在"学"的复性工夫中的重要性，甚至将其视为复性的关键环节，诸如"凡学之难，难于知也。知及之，夫已豁然还于性矣"②，"夫学不能知性，非学也；知性矣，而不能通生死、外祸福，以成天下之务，非知也"③等说法，明确表达了焦竑对于"知"的推崇与肯定，这是他在心学工夫论方面智识化的具体表现。大体上，以"知"为核心的"学"之工夫，主要涉及三个方面。

（一）学始于信。儒家对"信"的肯定与提倡由来已久，孟子、程颐、朱熹、张载乃至王阳明及其后学弟子均有论述，尤以王阳明与王畿提倡最力。王阳明认为"平生所自信者良知"④，王畿主张"良知是斩关定命真本子，若果信得及时，当下具足，无剩无欠，更无磨灭，人人可以为尧舜"⑤，二人都将"信"作为通达良知的工夫，其中，王畿较王阳明更为彻底，将"信得及"视为体认、呈现良知的最佳途径，可经由"信"直接当下具足良知本体，这样，"信"成为复性工夫的根本。因而，继承了王阳明、王畿以来的阳明心学工夫论传统的焦竑，强调"信"是其心学工夫的端绪。对此，他指出：

> 学必始诸信，不信则不能一，故信者道之母也。夫语则一人也，默则一人也，静则一人也，动则一人也，斯不一矣。信有真理，而不信无理之不真；信有真净，而不信无垢之非净；信有一我，而不信六极无之而非我；信有一心，而不信万物无物而非心，斯不信矣。不一则不可强一，不信则不可强信，惟知性者能之。⑥

---

① （明）焦竑：《原学》，载《澹园集》，李剑雄点校，第18页。
② （明）焦竑：《读论语》，载《焦氏笔乘》，李剑雄点校，第261页。
③ （明）焦竑：《京学志序》，载《澹园集》，李剑雄点校，第133页。
④ （明）王畿：《与俞虚江》，载《王畿集》，吴震编校整理，第302页。
⑤ （明）王畿：《答吴悟斋》，载《王畿集》，吴震编校整理，第251页。
⑥ （明）焦竑：《读论语》，载《焦氏笔乘》，李剑雄点校，第254—255页。

据此可知，"信"是焦竑心学工夫的第一步，这是通达心学本体的起点。这种"信"是日常生活的动静语默之中的一种状态，亦即基于个人切身感受的情感意识状态。当人能够切实地做到"信"的状态，其所信的对象不仅是个人的理、净、我、心，而且是通彻上下、贯通宇宙的真理、真净、真我与真心。"信"是焦竑工夫的起点，不过，这种"信"是不可依靠外力或成见来强求的，只有真切的、发自内心的"信"才可以。就此而言，"信"的工夫为焦竑心学奠定了直觉体认的基础。同时，"信"并非与人伦事务以及学问知识无关，焦竑主张"信"的结果并非个人层面的"信"，而是可以推扩至宇宙范围的"信"，也就是说，"信"的工夫的落实与推扩必然要涉及人伦事物、学问知识。对此，王阳明认为："若信得良知，只在良知上用功。虽千经万典，无不吻合"①，王畿也指出："果信得良知及时，则知识莫非良知之用，谓吾心原有本来知识亦未为不可"②，"不能自信其心，反疑良知涉虚，不足以备万物"③。这些说法都表明对"心"与"良知"的"信得及"虽需要直觉体认，但对"良知"的信得及可与儒家经典相印证，与人伦事务相契合。这样看来，焦竑以"信"为端绪，为其心学工夫论奠定了直觉体认的基础，与阳明心学相接契，同时，也揭示了心学工夫论的知识向度，为引入智识化的认知方法埋下了伏笔。

（二）学长于思。当被问到信不及时应当如何，焦竑强调："此事全在乎智。信不及者，智不及也。孔子云'智及之'，慧眼一开，只能彻始彻终，一得永得。颜子择中庸，正是智及之，此其所以服膺弗失。"④ 在此，焦竑将当下直觉的"信"等同于"智"，故而在探讨心学本体论时特别主张"精思"的智识化认知过程，并从名实关系的角度对不可名状的本体进行一定程度的揭示与呈现。这样，心学本体论的智识化趋向在工夫论上得以延续。在"学始于信"的阶段，焦竑承认"信"在心学工夫论中的直觉体认成分，但也认为信得及的良知本体在大用流行的显用层面并不脱离人伦事物的情景与知识，如前所述，这为心学工夫的智识化埋下了伏笔。在"信"之后，焦竑进一步

---

① ［美］陈荣捷：《传习录详注集评》，台北：台湾学生书局1983年版，第238页。
② （明）王畿：《答吴悟斋》，载《王畿集》，吴震编校整理，第246页。
③ （明）王畿：《宛陵会语》，载《王畿集》，吴震编校整理，第44页。
④ （明）焦竑：《明德堂答问》，载《澹园集》，李剑雄点校，第740页。

引入智识化色彩颇为明显的为学工夫,即"思"。焦竑将"知性"视为"尽性至命"的复性工夫的关键环节,而"思"恰好是"知性"的关键环节。对于"思"与"性"之间的关系,焦竑认为:

> 性无思为,而非思为不能致之。①
> 性未易知,不得不精思以求之,非随事体察之谓。②
> 程子言"思之思之,又重思之。思之不通,鬼神将通之。循其言可以入道"。其实吾人契悟,无不由此入。《洪范》曰:"思曰睿,睿作圣。"古人皆以思为作圣之路,其来久矣。象山先生日言:"《皋陶谟》《洪范》乃传道之书,信哉!"③

可见,焦竑承认性之本体具有"无思为""未易知"的神秘性,此即"吾之本性,未始有物"④,而"思"是使人认知性之本体的必要方法。实际上,"思"的方法并非焦竑独创,而是儒学本有的传统方法。《尚书·洪范》将"思"视为成就圣人境界的必由之路,孟子强调"思"是"心"之器官的根本能力,程子也主张"思"是儒者契悟圣人之道的重要工夫。在此,焦竑继承了这种重视"思"的儒家方法论传统。作为一种方法,"思"与"随事体察"直觉体认有所不同。就此而言,焦竑对"思"极力凸显,表明焦竑已开始在工夫论上不局限于重视直觉体认的阳明学工夫的轨范,而倾向于探索一条以"思"为特色的新的工夫路径。不过,"思"如果是认知性之本体的必由之路,那么,智识化的"思"如何能实现对性之本体的认知呢?它是否可以完全取代阳明心学的直觉体认工夫?这是值得进一步追问的重要问题。其实,对于性之本体,直觉体认无疑是最适切的工夫路径,智识化的"思"不能真正地使人完全领悟,但却可以使人通过"求之思为之表,以入乎无思无为之域"⑤。

按焦竑的说法:"知即无知,语非冰炭。盖知体虚玄,泯绝无寄,居言思

---

① (明)焦竑:《原学》,载《澹园集》,李剑雄点校,第18页。
② (明)黄宗羲:《泰州学案四》,载《明儒学案》,沈芝盈点校,第833页。
③ (明)焦竑:《明德堂答问》,载《澹园集》,李剑雄点校,第721—722页。
④ (明)焦竑:《读论语》,载《焦氏笔乘》,李剑雄点校,第254页。
⑤ (明)焦竑:《原学》,载《澹园集》,李剑雄点校,第18页。

之地，非言所及；处智解之中，非解所到，故曰正。明目而视之，不可得而见也；倾耳而听之，不可得而闻也。"① 也就是说，当人在以体认工夫真正领悟之前，必须对其先行展开对象化的认知过程，通过"居言思之地""处智解之中"的"精思"可以使人获知"非言所及""非解所到"的性之本体的不可见闻、超言绝相，这是"知性"的完成。在此，智识化的"精思"之知性，与不可言说见闻的性之本体之间并非冰炭般不相容的关系。在焦竑看来，智识化之知与"泯绝无寄"的无知、体认相接契，当人对性之本体有所知时，也就为直觉体认工夫的"尽性至命"奠定了基础。②

就此而言，焦竑提倡在运用体认工夫之前，应经历智识化的"思"的工夫，"思"所要求的智识化认知与思考，可以为当下即是的体认工夫的泛滥设定一种工夫论的"门槛"，以期挽救晚明时期阳明心学因过于强调体认工夫而过度泛滥。对于焦竑工夫论的智识化及其与晚明心学的关系，我们将在后续部分展开深入探讨。

（三）学终于默识。"信"是知性、复性工夫的前提，"思"是知性工夫的主要方法。在"信"的基础上，人们可以从名实关系等智识化的角度对性之本体进行一定程度的"思"，获得关于性之本体的某些特质。"思"的阶段是焦竑的心学工夫论智识化转向的第一步，但是仅依靠"思"无法完全领悟性之本体，而完全领悟性之本体是"尽性至命"的复兴工夫的终极目标。若要完成此目标，需要借助"默识"工夫。对于"默识"，焦竑认为：

> 孔子言"默而识之"，非默于口也，默于心也。默于心者，言思路断，心行处灭而豁然有契焉，以无情契之也。以无情契之，犹其以无言契之也，故命之曰"默"。③

---

① （明）焦竑：《读论语》，载《焦氏笔乘》，李剑雄点校，第252页。
② 对于"思"与"性"之别，刘宗周在谈及"心""性"之分时有所论述，如"心之官则思，思曰睿，睿作圣。性之德曰诚，诚者不勉而中，不思而得，从容中道，圣人也。此心性之辨也。故学始于思，达于不思而得。又曰：'诚者，天之道也；思诚者，人之道也。'""思即是良知之柄"等。（明）黄宗羲：《蕺山学案》，载《明儒学案》，沈芝盈点校，第1516页。在某种程度上，刘宗周对"思"的认知与肯定，与焦竑之"思"有相似之处。
③ （明）焦竑：《读论语》，载《焦氏笔乘》，李剑雄点校，第247页。

第一章 焦竑的心学

由此可见,"默识"并非旨在禁止口语讲说,而是从"心"的根本层面上消解智识化的"精思"。值得注意的是,"精思"是焦竑心学工夫论的关键环节,是认知性之本体不可逾越的必由之路,焦竑为何要提倡"言思路断""心行处灭"的"默识"呢?这正是焦竑工夫论的特点所在。以往的心学工夫论强调当下即是的直截了当,但这种工夫因缺乏资质、根器、学养方面的限制条件而容易泛滥为狂禅,在焦竑看来,这些"自诡于知道而德不修者,皆孔、曾之弃"①,因而他引入、提倡"精思"恰是为了匡正这种心学弊端。"精思"虽然可以使人获知性之本体的某些特质,但其智识化的认知方式无法使人完全契入性之本体。因而,焦竑主张在"信"的基础上,加入"精思"的智识化认知,经历过"精思"之后,可以进一步否定"精思"之所得,斩断言语思索,使人从意识之"精思"转入体认之"默识"。在此,焦竑并未使用"悟"或者"体验"等直觉色彩强烈的名称来指称此工夫,而是采用以"识"为标志的"默识",从字面上看,"默识"正是对"精思"之工夫的一种否定,通过否定智识化的"精思"与"默识"而凸显人们对性之本体的直觉体认。其实,"精思"的加入,并未破坏或瓦解"信"与"悟"之间"表里一体"的关系,按冈田武彦先生的说法,"悟由信而得力,信由悟而得透"②,"精思"则在"信"与"悟"的直觉体认之间加了一层智识化的保障。

至此,焦竑通过"信""思"与"默识"建构了以直觉体认的工夫为主体,以智识化认知为辅翼的心学工夫论。这种工夫论兼具直觉体认与智识认知两个维度,可以使人通达"天地位,万物育"的知性、复性境界。对此,焦竑表示:"致中和而天地位,万物育,何也?曰:是性也。其在上则名天,其在下则名地,其中处则名万物,皆我之性也。人不知性,所谓肝胆楚越也,而恶乎位且育之?人复其性,所谓宇宙在乎手,造化生乎身也。而恶乎不位且育之?"③ 在焦竑看来,"中和"是性之本体的名称,当人们不能知性时,天地万物对人而言是肝胆楚越般地各是其是,不能达到天地位、万物育的境界。当人能够知性进而觉性,天地宇宙都与我合而为一,宇宙万化不离我,因而可以实现"致中和而天地位,万物育"的境界。此即"中和,性也,而

---

① (明)焦竑:《读论语》,载《焦氏笔乘》,李剑雄点校,第267页。
② [日]冈田武彦:《王阳明与明末儒学》,吴光等译,上海古籍出版社2000年版,第174页。
③ (明)焦竑:《读中庸》,载《焦氏笔乘》,李剑雄点校,第277页。

无以致之则远。觉之，所以致之也"①，也是知性、复性工夫的完成。

以"知性"与"复性"为主要内容的心学工夫论，关注的重点在于"性"。那么，焦竑如何对待性本情末中的"情"呢？其实，焦竑在工夫论上有涤情、制情、忘情、冥情之说。他指出：

> 心者七情之根，有喜，有怒，有哀乐，非心体也。涤情归性，谓之"洗心"。心不离情，精纯自注，谓之"退藏于密"。②

> 语云："能制一情者，可以成德；能忘一情者，可以契道。"制情者，绝之始萌也。然制情情存，第不造于恶而已。忘情者，情未萌也。情既不萌，忘何所忘？情忘心空，道将来契。③

> 食其时，识未萌也而百骸理，心有天游，六凿不相攘矣。动其机，情尽冥也而万化安，天德出宁，云行雨施矣。时之无作，机之未动，含元自归……不神而神矣。④

在性情关系方面，焦竑将"情"视为与"性"相对立的存在。"情"的喜、怒、哀、乐使得性之本体不能显明，因而焦竑主张以压制、洗涤、忘却等方式来"绝之始萌"，才能呈现性之本体。焦竑在引陆希声的注来解《老子》"天下皆知美之为美，斯恶已。皆知善之为善，斯不善已"时，已明确包含"情之所生，必由于性，故圣人化情复性，而至乎大同"⑤的思想。这样看来，"化情复性"可以代表焦竑关于"情"的工夫论。龚鹏程以"摄情归性"论述焦竑的工夫论，在很大程度上与"化情复性"殊途同归。不过，两种说法之间亦存在些许差异。龚先生认为"只要摄情归性，人天合一、性情合一，祛除贪嗜动欲等杀生之机，便能养性长生"⑥，表明"摄情归性"有"性情合一"之义，而焦竑的涤情、制情、忘情、冥情工夫并未有"性情合一"的倾

---

① （明）焦竑：《读中庸》，载《焦氏笔乘》，李剑雄点校，第276页。
② （明）焦竑：《支谈中》，载《焦氏笔乘》，李剑雄点校，第289页。
③ （明）焦竑：《读论语》，载《焦氏笔乘》，李剑雄点校，第275页。
④ （明）焦竑：《阴符经解》，中华书局1991年版，第3页。
⑤ （明）焦竑：《老子翼》，毕沅辑，中华书局1985年版，第4页。
⑥ 龚鹏程：《摄道归佛的儒者：焦竑》，载《晚明思潮》，第83页。

向,"情"更多的被视为一个需要被制约的对象。焦竑"苟以能知为造理,认情识为自心,捏目生花,迷头觅影,种种之成窒,空空之门弥远,何以弘持法器,远绍宗风"[1]的说法,恰是明证。

二 圣人境界

焦竑以"心""良知""性""情"为核心建立其心学本体论,进而提出一套兼具智识认知与直觉体认的工夫论体系,那么,经由焦竑的心学工夫而契入心学本体之人,将达致一种什么境界呢?或者说,焦竑之学所追求的宗旨是什么呢?大体上,焦竑之学以成为圣人为终极目标,圣人境界是焦竑之学所追求的境界。其实,成圣理想与圣人境界是宋明新儒家的共同理想追求,比如,周敦颐《太极图说》以"中正仁义而主静"的圣人为"人极",朱子重排《大学》的章节次序,补写"格物致知"章,将四书之首的《大学章句》视为实现儒家成圣理想的工夫。后来,随着明代心学的崛起,王阳明及其后学亦承续了儒家的成圣理想,这构成了焦竑追求成圣理想,弘扬圣人之道的时代背景。例如,在给其师耿天台的信中,焦竑表示:

> 承谕"学术至今贸乱已极",以某观之,非学术之贸乱,大抵志不真、识不高也。盖其合下讲学时,原非必为圣人之心,非真求尽性至命之心,祇靳一知半解,苟以得意于荣利之涂,称雄于愚不肖之林已耳。[2]

在焦竑看来,当时的思想、学术处于极度混乱的状态,导致混乱的主要原因在于人们并未真正立志成为圣人,并且思想见识不高。当人们没有真正发心立志做圣贤,或者说缺乏一定要成为圣人的决心,便不会真正地力求尽性至命,这样对圣人之学的理解是一知半解,只能邀誉于名利世俗之间。与此不同,虽身处学术混乱、世风日下的时代,焦竑却能立志于圣人之道,圣人之道成为其为人、为学的终极目标。故而,他强调"夫学圣人之道者,岂不以

---

[1] (明)焦竑:《答李君焕卷》,载《澹园集》,李剑雄点校,第290页。
[2] (明)焦竑:《答耿师》,载《澹园集》,李剑雄点校,第80页。

其志哉"①，在此，确立成圣的志向是实现圣人理想的前提，也是焦竑心学工夫论的首要步骤。立志之后，自然可以对儒家心性之学、圣人之道建立发自内心的"信得及"，在"信得及"身心状态中可以对心性本体进行智识化的"精思"。"精思"阶段可以使人从他者的视角、较为客观地进行认知与理解，这是进一步过渡到"默识"的直觉体认阶段的必由之路，至此可契入心性本体，呈现圣人境界，实现成圣理想。

那么，在践行心学工夫之后，焦竑之学所通达的圣人境界是一种什么状态呢？其实，焦竑常以孔子作为儒家圣人的典范，正所谓"古圣人之道，历千百祀岂有变哉，而莫盛于孔子"②。那么，孔子何以成为世人千百年来所共同推尊的圣人呢？在焦竑看来，孔子之所以成为圣人主要源于其"博文"与"约礼"两方面的一以贯之。无论是《论语·雍也》中孔子本人"君子博学于文，约之以礼，亦可以弗畔矣夫"的坦言，还是《论语·子罕》中弟子颜渊"夫子循循然善诱人，博我以文，约我以礼，欲罢不能"的感叹，都透露出"博文"与"约礼"是孔子本人及其教育教学中非常重视的两个面向。对此，朱熹有颇为清醒的认识，他指出，"博文约礼，不可偏废，虽孔子之教，颜氏之学，不过是此二事"③，后世亦将"博文"与"约礼"视为孔颜家法。不过，焦竑虽将孔子作为千百年来儒家圣人之榜样的根源归于博约一贯，但他所谓的"博文"与"约礼"的一以贯之与孔子并非完全相同。其实，焦竑所谓的博约一贯，既需要对心性本体有基于直觉体认的领会，此为"约"的方面；又需要对名物礼法有广博的知识，此为"博"的方面，故而"学者真悟多即一，一即多也，斯庶几孔子之一贯者已"④。

从"约"的方面看，焦竑以直觉体认为成圣之学的内圣工夫。如前所述，焦竑以博约一贯的孔子作为圣人典范，其中之"约"即儒家圣人之学的内圣部分。对此，焦竑指出：

---

① （明）焦竑：《尊师天台先生六十又序》，载《澹园集》，李剑雄点校，第201页。
② （明）焦竑：《尊师天台先生六十序》，载《澹园集》，李剑雄点校，第198页。
③ （宋）朱熹：《答刘季章》，载《朱熹集》，郭齐、尹波点校，四川教育出版社1996年版，第5册，第2649页。
④ （明）焦竑：《读论语》，载《焦氏笔乘》，李剑雄点校，第271页。

第一章 焦竑的心学

孔孟之学，至宋儒而晦，盖自伊川、元晦误解格物致知，至使学者尽其精力，旁搜物理，而于一片身心反置之不讲。阳明先生始倡"良知"二字，示学者反求诸身，可谓大有功矣。①

宋儒如周元公、程伯子、邵尧夫、陆子静诸公，皆于道有得，仆所深服。至伊川、晦庵之学，不从性宗悟入，而以依效形似为工，则未得孔孟之依归故耳。②

自宋代以来，孔孟之学在后世失其真传，成为以承继道统为尚的儒者的共识。儒学发展至南宋时期，朱熹勾勒了孔孟以后儒家道统失传的谱系："俗儒记诵词章之习，其功倍于小学而无用；异端虚无寂灭之教，其高过于大学而无实。其他权谋术数，一切以就功名之说，与夫百家众技之流，所以惑世诬民、充塞仁义者，又纷然杂出乎其间。"③ 在朱熹看来，接契孔孟之学的开端在于二程兄弟，按他的说法："河南程氏两夫子出，而有以接乎孟氏之传。实始尊信此篇而表章之，既又为之次其简编，发其归趣，然后古之大学教人之法、圣经贤传之指，粲然复明于世。"④ 然而，焦竑却对程颐、朱熹一系的程朱理学表现出明显的否定态度，反倒强调孔孟之学因程颐、朱熹等宋儒而隐晦不彰。在焦竑看来，程、朱二人的问题在于误解了格物致知，以"至"训"格"，以人伦物理为"物"的格物致知之说使学者疲劳精神于外，反而不注重内在身心的讲授涵养。按焦竑的说法，这是一种"不从性宗悟入，而以依效形似为工"的似是而非的工夫路径，未能通达孔孟之学的真谛。与此相反，周敦颐、程颢、邵雍、陆九渊、王阳明能够关照到身心的内在维度，使人能够真正地反求诸身而体认本心。故而，焦竑接受了宋代以来的陆王心学传统，坚信"盖当支离困敝之余，直指本心以示之，学者豁然如桎得脱，客得归，始信圣人之必可为，而阳明非欺我也"⑤。阳明所不欺之处，正在于不主张格求外物，而是注重身心体认，这种工夫路径可以通达圣

---

① （明）焦竑：《答友人问》，载《澹园集》，李剑雄点校，第87页。
② （明）焦竑：《答钱侍御》，载《澹园集》，李剑雄点校，第84页。
③ （宋）朱熹：《大学章句序》，载《四书章句集注》，第2页。
④ （宋）朱熹：《大学章句序》，载《四书章句集注》，第2页。
⑤ （明）焦竑：《罗杨二先生祠堂记》，载《澹园集》，李剑雄点校，第245页。

人境界之"约"的层面。

从"博"的方面看,焦竑主张泛观博览,掌握名物礼法等方面的知识。焦竑特别重视考据学,涉及音韵、文字、版本、金石、器物、制度、礼法、天文、地理等各方面,此为博文的方面。那么,"博文"与"约礼"如何一以贯之呢?其实,"博文"与"约礼"是一体之两面,互不相离。以儒家之礼为例,礼既需要人们不断地了解、学习与践履,同时又需要将礼之本体内化于身心性命,前者为"博文"的范围,后者为"约礼"的内容。按焦竑的说法:

> 礼者,心之体,本至约也。约不可骤得,故博文以求之。学而有会于文,则博不为多,一不为少。文即礼,礼即文,我即道,道即我,奚畔之有?故纲之得鱼,常在一目,而非众目不能成纲;人之会道,常于至约,而非博学不能成约。①
>
> 礼者,体也,天则也。是礼也,能视听,能言动,能孝悌,能贤贤,能事君,能交友;可以为尧舜,可以通天地,可以育万物;人人具足,人人浑成。②

据此可知,焦竑认为儒家之礼具有体与用两个维度。一方面,礼是心之体,此心之体,是一种至约的本体、宇宙原则,人们不可以直接通过对象化的认知来把握。因而,对于作为心之体的礼,人们只能从礼之用的博文层面予以领会与体认。另一方面,人们在日常生活中遵循儒家之礼而视思言动,可以协调、安顿君臣、父子、朋友之间的关系,也可以使人在践行礼的过程中对于至约的礼之体有所体认。也就是说,"博文"可以拓展"约礼"的知识面向,"约礼"可以深化"博文"的身心体认。实际上,"博文"与"约礼"的相辅相成,在儒者身上体现为知识、践履乃至体认方面的贯通,此即儒家圣人的一以贯之的境界。与此同时,龚鹏程也承认焦竑以克己复礼为工夫来实现复性的目标。③"克己复礼"是博学求知与践履的一个侧面,与"信""思"

---

① (明)焦竑:《读论语》,载《焦氏笔乘》,李剑雄点校,第259页。
② (明)黄宗羲:《泰州学案四》,载《明儒学案》,沈芝盈点校,第832页。
③ 参见龚鹏程《摄道归佛的儒者:焦竑》,载《晚明思潮》,第87页。

"默识"的知性、复性工夫相辅相成。①

归纳言之，焦竑以"信"为起点，接契了阳明学的直觉体认的心学工夫。不过，焦竑不主张将直觉体认的心学工夫直接推广于社会大众，而是强调在直觉体认之前，应经历对性之本体的"精思"过程，"精思"虽不能使人们完全领会性之本体，但却可以使其获知关于性之本体的某些特质。进而，由"精思"转进到"默识"阶段，语言在这一过程中逐渐被消解，依赖于语言的"精思"被超越语言思虑的默识体认取代，实现了对"精思"阶段的超越。至此，焦竑从正反两方面直接与间接地对不可名状的性之本体进行了认知与呈现，这种认知与呈现是智识化认知与直觉体认的融会结合。同时，在性本情末的背景下，焦竑以涤情、制情、忘情、冥情工夫辅翼知性、复性工夫。这样，焦竑建构了一套囊括性与情、本体与呈现、智识认知与直觉体认的工夫论体系。进而，由儒家工夫通达圣人境界，在"信得及"的基础上，智识认知之"精思"可以使人掌握圣人境界之"博"，直觉体认之"默识"可以使人通达圣人境界之"约"。"博"与"约"之间相辅相成、一以贯之，这样看来，焦竑兼具智识性与直觉性的工夫使人通达的并非单纯的内圣境界，而是贯通内圣与外王的博约一贯的圣人境界。

本章小结

本章以焦竑的心学为主题，主要从本体论、工夫论与境界论三个方面展开。前两节主要探究焦竑的心学本体论，第三节主要关注焦竑的心学工夫论与境界论。

从本体论角度看，焦竑将良知视为心悟的本体状态，对于心悟状态本身我们不能直接认知，但可以从名实关系的角度，对本体意义的"心"与"良

---

① 实际上，焦竑重视"礼"并非个别现象，当时儒者如李贽、袁宗道等均有此主张。同时，罗汝芳、李贽、杨起元、袁宗道、管志道等均以明太祖朱元璋为圣人的典型，这亦与晚明学者重礼的倾向有关。对此，龚鹏程曾有所探讨。可参见龚鹏程《克己复礼的路向——晚明思潮的再考察》，载《晚明思潮》，第20—34页。另外，Weisfogel专门探讨了管志道在罢官归乡后特别关注明太祖朱元璋政令，以此建立当地社会不同人士间互动的适宜的礼仪规范。（Jaret Weisfogel, "Invoking Zhu Yuanzhang: Guan Zhidao's adaptions of the Ming Founder's Ritual Statues to Late-Ming Jiangnan Society", *Ming Studies*, 1, 2004, pp. 17–38）

知"进行对象化的、智识化的认知,这种认知的结果是获知关于心、良知之本体的某些特质,可为心学本体的直觉体认提供一种知性前提。在"心"与"良知"之后,焦竑将心学本体论延伸到了"性"。此"性"不只是自然的人性,而是不可名状、超言绝相的性之本体。与"心""良知"类似,性之本体不能被直接认知,但可以从名实关系的角度以"动""静"等来命名"性",这种智识化的认知虽可使人获知性之本体的某些特质,但却不能呈现性之本体的全部。进而,从名实角度看,性之善恶亦是以"善"或"恶"之名来凸显"性"之实,从儒家性善论角度看,性之"善"是一种超越具体善与恶的"至善"。不过,焦竑从性本情末的角度,凸显"性"而抑制"情",这虽契合焦竑心学本体论的智识化路径,但与泰州学派重情的哲学风格略有不同。

从工夫论与境界论角度看,受智识化心学的本体论影响,焦竑虽然坚持心学工夫以"信"为起点,但不主张直接直觉体认心学本体,而是强调在直觉体认之前,应从名实关系的角度对心学本体展开"精思"的智识化认知过程,"精思"虽不能使人们完全领会心学本体,但却可以使其获知其某些特质。进而,否定"精思"所得的知识进入"默识"状态。至此,在"信"的基础上,焦竑对心学本体进行了间接的智识化认知与直接的直觉性体认,同时,辅之以涤情、制情、忘情、冥情的工夫。这种兼具智识认知与直觉体认的工夫论体系,使人通达的并非离世而独在的内在超越之境界,而是贯通内圣与外王的博约一贯的圣人境界。

归纳言之,焦竑的心学既承继了阳明心学在本体论、工夫论的直觉体认特质,又延续了成圣理想与圣人境界。不过,在传承阳明心学的立场与观点的同时,焦竑也不拘守于直觉体认的心学工夫,而是引入名实关系和"思"改造了阳明心学工夫论,开辟了晚明心学的智识化新径。值得注意的是,焦竑心学的智识化非但不反对直觉体认的心学工夫,反而与直觉体认的心学工夫相兼容、相辅翼,成为直觉体认之前的必要环节、必由之路,为心学的直觉体认提供智识化的认知基础。就此而言,焦竑虽未在心学观点方面有独特创新,但在方法论方面为心学注入了智识化的精神。心学智识化新径的出现,既为晚明心学提供了有别于纯直觉体认的、兼具智识化与直觉性的工夫论,又从名实关系、博约一贯的角度为防范晚明心学的泛滥提供了智识化的保障。

第二章　焦竑的考据学

关于考据学，学界已有较为清晰的界定，如考据学是"通过广集资料，鉴别真伪，究明正诂，分类归类，还史籍与史实的本来面目"①的学问，亦是"治学过程的第一层次"②。其中，"对古书的注释、考证、校雠、订谬、辑佚、辨伪诸项，乃至目录、版本、音韵、文字、训诂之学"③都属于考据学的范围，正如江藩所言，考据学是"考历代之名物、象数、典章、制度、实有据者也"④。这些考据学的定义虽清晰，但在某种程度上也存在着含混"考据"与"考据学"的可能。实际上，"考据"是一种学术方法，而"考据学"更多的是指一种以考据为主要方法的学问。"考据"作为方法在各个时代一直延续，但能以"考据学"标明特色的基本上只有汉代学术与清代学术。从历史角度看，考据学在汉代衰落之后，再次鼎盛于清代。不过，考据学在清代并非突然崛起，它的兴起源头至少可以追溯到明代中期。明代中期以来，杨慎、焦竑、胡应麟、梅鷟、陈第开始专门从事考据学，逐渐形成了明代考据学传统。对此，胡适强调："人皆知汉学盛于清代，而很少有人知道这个尊崇汉儒的运动在明朝中叶已很兴盛。"⑤与此类似，陈垣也主张："明季心学盛而考证兴，宗门昌而义学起，人皆知空言面壁，不立语文，不足以相摄也，故儒释之学，同时丕变。问学与德性并重，相反而实相成焉。"⑥不过，相较

---

① 庞天佑：《考据学研究》，新疆大学出版社1994年版，第4页。
② 林庆彰：《明代考据学研究》，华东师范大学出版社2015年版，第3页。
③ 张岱年、汤一介、庞朴主编：《中华国学·史学卷》，新世界出版社2006年版，第300页。
④ （清）江藩：《经解入门》，广文书局1977年版，第300页。
⑤ 胡适：《费经虞与费密：清学的两个先驱者》，载欧阳哲生编《胡适文集》（3），北京大学出版社1998年版，第57页。
⑥ 陈垣：《明季滇黔佛教考（附宗教史论著八种）》，第303页。

于当时盛行的义理学，考据学虽在明代有所发展，但尚未处于明代思想舞台的中心地位。

在考据学兴起的时代背景下，作为晚明泰州学派心学传人的焦竑，亦是深入考据学传统的代表性人物。在考据学方面，焦竑以前辈考据学者杨慎为榜样，编订杨慎《升庵外集》一百卷①，著有《焦氏笔乘》《俗书刊误》等考据学著作，涉及文字、音韵、训诂、校勘、辑佚、目录、金石、方志、用典、戏曲、医方等领域。李剑雄先生曾把焦竑的考据学归纳为四方面：（1）对古书的作者、版本、文字进行辨伪、辑佚与校勘；（2）考订古今人物史事；（3）考订诗文中的用事用典；（4）文字、声韵、训诂的考订与研究。② 不可否认，李先生的四类划分较为详尽地呈现了焦竑在考据学方面的种种成就，为梳理、探究焦竑的考据学奠定了坚实的理论基础。在此，我们在借鉴李先生的四类划分的基础上对焦竑的考据学进行梳理和提炼，尝试以"知识考据"与"义理考据"的新视角来勾勒焦竑的考据学，以期简要地说明焦竑考据学的图景与特点。

所谓"知识考据"，主要是指以考据学方法对语言文字、版本真伪、名物制度、风土人情等方面进行研究，可以辨析、阐明有关方面的知识。

---

① 据姚家全统计，焦竑除十部个人著述外，编纂的其他著作高达七十多部。同时，他认为，焦竑的编纂著作也颇具意义。他根据《重校北西厢记》《国朝献征录》与《老子翼》的考察，认为焦竑在文学上引发了有关"童心说"，启发了"性灵说"；在史学上，提出了"经世致用"和"求信"的修史原则；在哲学上体现了"尽性至命"和"三教归一"的理念。（姚家全：《焦竑的编纂活动考略》，硕士学位论文，华东师范大学，2010 年）不过，我们认为《老子翼》一类的编纂著作作为焦竑的个人著作，亦是其思想的一种体现。同时，陈瑞芳对比了《焦氏笔乘》与杨慎的《升庵外集》，指出焦竑在批判空疏学风、坚持以小学通经的学术宗旨、坚持博物与实证结合的考据学思想，及广博的考据学范围与多样的考据方法等方面，受到杨慎的启发与影响。而在研究通假现象和利用金石、方志资料与学术规范性等方面，对杨慎的考据学有所发展。（参见陈瑞芳《从〈焦氏笔乘〉看焦竑文献考据学研究》，硕士学位论文，湖南师范大学，2010 年，第 33—46 页）此外，关于《焦氏笔乘》，史振卿以版本、校勘、目录、文字、音韵、训诂、考证、辑佚、注释等重新定位《焦氏笔乘》的文献学价值，涉及焦竑的哲学、史学及诗歌研究；张佳静则从考释词语、考辨音读、考证文字、疏通文义、指明词语出处的角度专门论述了其中的训诂成果，进而研究了焦竑利用古注、征引文献、审辨文例、明辨假借、目验体悟的训诂学方法，并指出此书对字义的解释受到字形的限制，轻易地判定形近字为讹误字，从小篆字形出发来说解字义等不足。具体可参见史振卿《〈焦氏笔乘〉研究》，硕士学位论文，华中师范大学，2008 年；张佳静《〈焦氏笔乘〉训诂研究》，硕士学位论文，陕西师范大学，2015 年。

② 参见李剑雄《焦竑评传》，第 192 页。

这种以求真为宗旨的知识考据具有科学精神。相较而言,"义理考据"在考据学方法方面与"知识考据"并无差异,二者的区别在于"义理考据"在以考据学方法考据知识的同时,又进一步探究这种知识考据背后的义理关涉,从而与焦竑的心学体系以及圣人理想相接契。在"知识考据"与"义理考据"之后,我们将进一步探讨焦竑的考据学与其智识化心学的关系。前文曾提及,"名实关系"的引入与对"思"的重视,是焦竑使其心学在直觉体认的工夫体系中引入智识化环节的两个伏笔。那么,焦竑为什么如此重视"名实关系"与"思"?在很大程度上,这种智识化的思维方式之所以为泰州学派后劲焦竑所推崇,与其喜爱、精通考据学的学术背景与学术兴趣不无关系。也就是说,心学与考据学在焦竑的哲学体系中并非余英时所谓的"两橛"关系,而是一种相辅相成的互助关系。一方面,焦竑的心学离不开其考据学,考据学为心学的智识化提供了方法论保障;另一方面,焦竑的考据学也离不开其心学,心学为考据学在义理学方面的引申奠定了基础。

第一节　知识考据

作为晚明泰州学派的传人,藏书丰富、举业多舛的焦竑在长期的读书、著述生活之中,对考据学形成了浓厚的学术兴趣。相较于晚明时期的心学家,焦竑在考据学方面的突出贡献使其名列考据学大家的行列。从心学角度看,考据学似乎与心学难以相契,但在焦竑看来,对考据学的深入用功非但与其心学立场不冲突,反而是其运用直觉体认与智识认知兼具的工夫论,践行其博约一贯的圣人观的题中之义。从大体上看,焦竑以考据学方法展开的知识考据,主要涉及目录、版本、伪书、辑佚、纠谬等方面。

一　目录、版本的考据

目录学最早可追溯到《诗》《书》之序,至汉代刘向、刘歆父子的《别录》《七略》,目录学的体裁逐渐完备,后来逐渐演变成为学者读书治学的门径与工具,"治学之士,无不先窥目录以为津逮",其宗旨在于"必求足以考见学术之源流"。① 晚明时期，焦竑特别重视目录学，他在《焦氏笔乘》曾记载："古今正史及偏部短记甚多，然半就湮没。如《晋书》不行沈约，而行唐太宗；《唐书》不行刘昫，而行宋祁。世俗识真者少，古书散佚，正坐是耳。"② 这表明，《晋书》是流行于唐太宗时的版本而非沈约本，《唐书》流行宋代宋祁的版本而不是刘昫本，这种后人所著史书取代前人史书的现象，正是导致人们不识古史真实性以及古书散佚过半的原因。有鉴于此，焦竑特别关注史书目录的收集，比如，他记载了《史通》的书目：

> 《史通》所载，多有其名，今备疏之。谯周《古史考》、荀悦《汉纪》《汉尚书》、谢沈《汉书》《后汉尚书》、袁宏《后汉纪》、华峤《汉典》《东观汉记》、习氏《汉晋春秋》、晋孔衍《汉魏尚书》、王沈《魏书》、项峻《吴书》、鱼豢《魏略》、孙盛《魏春秋》、王隐《蜀纪》、张勃《吴录》、王隐《晋书》、沈约《晋书》、孙盛《晋阳秋》、干宝《晋纪》、何法盛《晋中兴书》、陆机《晋书》、臧荣绪《晋书》、檀道鸾《续晋阳秋》、徐广《晋纪》、王劭《晋书》、唐太宗《晋书》、沈约《宋书》、裴子野《宋略》、江淹《齐纪》、吴均《齐春秋》、何之元 刘璠《梁典》、姚察《梁书》、姚最《梁略》、姚思廉《梁书》、裴政《梁太清实录》、萧韶《太清纪》、蔡允恭《后梁春秋》、姚思廉《陈书》。③

这条《史通所载史目》的笔记共载有书目 146 条，但焦竑并不满足于此。④

---

① 余嘉锡：《目录学发微》，巴蜀书社 1991 年版，第 1—2 页。
② （明）焦竑：《史通所载史目》，载《焦氏笔乘》，李剑雄点校，第 126 页。
③ （明）焦竑：《史通所载史目》，载《焦氏笔乘》，李剑雄点校，第 126 页。
④ 据吴荣政统计，焦竑此条所列《史通》书目共 148 种，此数目有误，应为 146 种。不过，他认为焦竑这条书目"甚为疏漏"，并指出：《史通》的《原序》、内篇 36 篇和外篇 13 篇的正文、原注评述书目共 340 种。"据此，他认为焦竑此条笔记有五点不足。(1) 该书不仅罗列了《史通》所评部分史部书，也罗列了其所评的部分子部书、集部书，但缺经部书。"史目"云云，名不副实；而且焦竑所列也既无伦类，又不全面。(2) 焦竑所列谢沈《汉书》、谢承《家语》和王邵《晋书》，实为《史通》所不载。(3) 焦竑所列姚最《梁略》与姚最《梁后略》实为一书；孔颖达《隋书》与颜师古《随书》也为一书，却复出为二书。(4) 焦竑所列常璩《华阳士女记》实为《华阳国志》的部分，别处却为二书。(5) 焦竑所列书名、作者多与刘知几《史通》原文不合。[吴荣政：《刘知几〈史通〉评述书目考——兼为〈焦氏笔乘〉二则纠谬》，《湘潭大学学报》（社会科学版）1993 年第 3 期]

— 60 —

《焦氏笔乘》中还有一条名为《世说注所载史目》的笔记,此条指出:"《史通》所载尚未该备,梁刘孝标注《世说》,自汉、魏、吴诸史子传地理之外,如晋氏一朝诸史及诸公列传、谱牒、文章,凡一百六十六家,皆出正史之外,此又齐梁以上书也。谱牒别传,姑不暇及;余书亦疏其目,已见《史通》者不载。"① 据此可知,前所列《史通》的书目虽多但并非全尽,焦竑记录此条旨在记载《史通》未载的史目,以补阙略。此条记录的书目如下:

> 谢承《汉书》、张璠《汉纪》、薛莹《后汉书》、刘向《别录》、环济《吴纪》、梁祚《魏国统》《曹瞒传》《魏末传》、朱凤《晋书》、虞预《晋书》、刘谦之《晋纪》《晋后略》、曹嘉之《晋纪》、邓粲《晋纪》《晋惠帝起居注》《晋安帝纪》《晋百官名》《晋诸公赞》、挚虞《世本》、车频《秦书》《赵书》《名士传》《江左名士传》《海内先贤传》《逸士传》《江表传》、萧广济《孝子传》《文士传》、华峤《谱叙》《晋世谱》、杜笃《新书》《世语》《竹林七贤论》《八王故事》《高逸沙门传》《名德沙门题目》《永嘉流人名》、周祗《隆安记》《满南记》、荀绰《冀州记》《兖州记》《三秦记》《丹阳记》《扬州记》《陈留志》《南州异物志》《襄阳记》《豫章旧志》《寻阳记》、张资《凉州记》《西河旧事》《东阳记》《永嘉记》《会稽土地志》《会稽郡记》《会稽后贤记》《洛阳宫殿簿》《神农书》《五经通议》《文字志》《文章叙录》、挚虞《文章志》《妇人集》《妒记》《青鸟子》《相冢书》《相牛经》。②

这条笔记共记载《世说注》中书目67条。这两条笔记表明,在意识到人们不识真史、古书散佚的情况后,焦竑通过笔记的方式记录了古代书目,为后世历史考据提供了材料。同时,重视文字考据的焦竑,还记录了夏英公与杨慎所记的字书目录,如《夏英公字书》与《杨用修字书目》两条分别记载了如

---

① (明)焦竑:《世说注所载史目》,载《焦氏笔乘》,李剑雄点校,第128页。
② (明)焦竑:《世说注所载史目》,载《焦氏笔乘》,李剑雄点校,第128—129页。

下书目：

　　夏英公《集古篆韵》所引书目：《汉简》《说文》《石经》《字略》《夏书》《籀韵》《云台碑》《豫让文》《古孝经》《古周易》《古尚书》《演说文》《杂古文》《林罕集》《古老子》《山海经》《古史记》《古汉书》《孙疆集》《马日碑集》《牧子文》《古世本》《义云章》《古庄子》《碧落文》《华岳文》《古棠经》《张楫集》《亢仓子》《古尔雅》《古论语》《古毛诗》《开元文》《李彤集》《古春秋》《古礼记》《徐邈集》《三方碑》《茅君传》《古乐章》《古周礼》《石樟文》《济南集》《马田碑》《银床颂》《烟萝颂》《荆山文》《庾俨集》《古月令》《南岳碑》《阴符经》《王庶子碑》、祝尚《书韵》《比干墓铭》、卫宏《字说》《具邱长碑》《凌坛台文》。①

　　杨用修闻见字书目：《石鼓文》《史篇》《九经韵补》《群经音辨》《小尔雅》《广雅》《要雅》、贾升郎《埤苍》《纠谬正俗》《通俗文》《说文五义》《说文系传》、吕忱《字林》、陆该《字林》、葛洪《字苑》、曹产《字苑》《御览字府》、庚元威《字府》《钟鼎款识》《集古录》《博古图》《考古图》《金石录》《故迹遗文》、徐浩《古迹记》、北齐李铉《字辨》、李焘《五音谱》《七音韵镜》、宋吴恭《字林音义》、张楫《误字》、周成《难字》、宋庠《国语音》、智骞《楚辞音》、徐邈《庄子集音》、甘辉 魏包《庄子释音》、陶弘景《黄庭经音》、孙炎《尔雅音》、释玄应《诸经音义》、萧该《汉书音义》、李舟《切韵》、董南一《切韵指南》、晋王延《文字音》、何承天《纂文》、阮孝绪《文字集略》、李登《声类》、李季节《音谱》、陆法言《集韵》、隋潘徽《韵纂》、孙愐《唐韵》、曹宪《桂苑珠丛》、张参《五经文字》、唐玄度《九经字样》、夏竦《古文四声韵》。②

　　在此，《夏英公字书》与《杨用修字书目》分别记录书目89条与93条。焦竑

---

① （明）焦竑：《夏英公字书》，载《焦氏笔乘》，李剑雄点校，第220页。
② （明）焦竑：《杨用修字书目》，载《焦氏笔乘》，李剑雄点校，第221—222页。

— 62 —

第二章 焦竑的考据学

并不满足于此,他在英公与用修的基础上继续收集书目,作《英公用修有闻见字书目其未备者辄疏于此》①条,以补二人阙略。正如余嘉锡先生所言:"凡欲读古书,当知古之学术分为若干家,某家之书,今存者几种,某书为某人所撰,凡若干篇、若干卷,而后可以按图索骥,分类以求。又或得一古书,

---

① 这条笔记共记有书目 183 条,具体书目为:"《神禹碑》、李斯《峄山碑》《泰山碑》《泰望山碑》《诅楚文》、皇家《无发神识碑》《石鼓音释》《泉志》《古印式》、卫宏《古文官书》、郭显卿《杂字旨》、卫宏《古文奇字》、僧昙域《补说文字解》《说文音隐》《说文韵补》《古今字书》、束皙《发蒙记》、杨承庆《字统》、顾野王《玉篇》、释慧力《象文玉篇》、赵利正《玉篇解疑》、司马光《类篇》、侯洪伯《字类叙评》、谢康乐《要字苑》、冯干《括字苑》、葛洪《要用字苑》、殷仲堪《常用字训》、贾鲂《字属篇》、邹里《要用杂字》、王义《文字要记》、周成《解文字》、薛立《字宗》《文字谱》、江邃《释文》、王愔《文字志》、王氏《文字要说》《难字要览》、郭训《字旨篇》《桂苑珠丛略要》、隋王劭《俗语难字》、李少通《杂字要》、僧正度《杂字书》《文字整疑正名》、颜延之《诂幼》、荀楷《广诂幼》、颜延之《纂要》《文字释疑》、戴规《辩字》、李少通《今字辨疑》、顾恺之《启疑记》《启蒙文字指归》、唐武后《字海》《稽正辨讹》、僧智光《龙龛手鉴》、僧宝志《文字释训》、明皇《开元文字音义》、唐欧阳融《经典分毫》《正字》《音书考源》、周研《声韵》、吕静《韵集》、张谅《四声韵》、林段弘《韵集》《群玉典韵》、王该《文章音韵》、李概《音韵》《修续音韵决疑》《纂韵抄》、刘善经《四声指归》、沈约《四声》、夏侯咏《四声韵略》、赵氏《韵篇》、李概《音谱》、释净洪《韵英》、陆慈《切韵》、萧钧《音韵》、武元之《韵诠》、明皇《韵英》、颜真卿《韵海镜源》、僧智猷《辨体补修加字切韵》、李邕《唐韵要略》《雍熙广韵》、丁度《集韵》《礼部疑韵》、陈彭年《重修广韵》、吴铉《五音广韵》《景祐韵》、王延《杂文字音》、阳休之《韵略》《辨嫌音》《异字同音》、张推《证俗音》、颜愍楚《证俗音略叙》《同音声韵图》、柳曜《五音切韵枢》《切韵指玄论》、僧鉴言《切韵指玄疏》、刘伯庄《续尔雅》、曹宪《博雅》《古今字图杂录》、李商隐《蜀尔雅》、刘温润《羌尔雅》《蕃尔雅》、毋昭裔《音略》、陆佃《尔雅新义》《尔雅贯类》、宋世良《字略》、徐锴《韵谱》、刘守锡《归字图》、僧守温《三十六字母图》、僧宗彦《四声等第图》、僧行庆《定清浊韵铃》《切韵内外转铃》《内外转归字》、郭逸《音诀》、刘镕《经典集音》、刘伯庄《史记汉书音义》、徐文远《左传音》、李玄植《三礼音义》、公孙罗《文选音义》、陆德明《经典释文》、曹宪《文选音义》、许淹《文选音句》《中正八体书》《雍熙广韵》、王安石《字说》、唐稆《字说集解》、刘原父《先秦古器记》、张有《复古编》《五声韵补》、汪藻《古今雅俗字》、王宗道《切韵指玄论》、倪镗《六书类释》、许谦《假借论》《六书统》《六书精蕴》《四书五经明音》《古今韵》《汉隶分韵》、梁有《演说文》、李行中《字源》、李阳冰《谦卦碑》《新泉铭》、赵古则《声音文字通》《正转音略》《字学源流》《六书指南》《六书本义》、王球《啸堂集古录》、高衍孙《五书总韵》、林罕《字源》《偏傍小说》、葛删《正续千文字》、娄机《汉隶字源》、刘球《碑本隶韵》《佐书韵编》、洪适《隶释》《石经遗字碑》、王楚《钟鼎篆韵》、杜本《华夏同音》、吾衍《钟鼎韵》《周秦刻石释音》《学古编》《续古篆韵》《疑字》《说文续释》、杨钧《钟鼎篆韵》《宣和谱》、杨克一《集古印格》、王厚之《复斋印谱》、颜叔夏《古印谱》、姜夔《集古印谱》、赵孟𫖯《印史》、王应电《同文备考》、黄谏《从古正文》、杨慎《六书索隐》《转注古音略》《古音馀》《古音附》《书学正韵》《字学集要》、田艺蘅《同文集》、李宗言《释字》。"(明)焦竑:《英公用修有闻见字书目其未备者辄疏于此》,载《焦氏笔乘》,李剑雄点校,第222—225页。

欲知其时代撰人及书之真伪，篇之完阙，皆非考之目录不为功。"① 目录的记载和考据与古代学术、思想和文化关系密切，是考察古人文献、著作之真伪、完备与传衍情况的必由之径，焦竑对史书、字书等目录的记载与考据，为目录学成果的补充与发展作出了贡献。

另一方面，版本学是考据学的基本内容之一。所谓"版"是指可以写数行文字的木板，所谓"本"是指卷起缣帛的木轴。按张舜徽先生所言："'版'的名称，原于简牍；'本'的名称，原于缣帛；是确无疑义的了。后世因合二者而连称'版本'，用为书策的通名。自从有了雕版印刷术以后，许多人习惯用版本二字作为印本的代称。"② 古典文献因在传抄、注疏、刻版、印刷等过程中出现不同抄本与刊本，同一本书的不同版本在内容文字、排版格式等方面存在差异。例如，《大学》本是《礼记》中的一篇，后来在北宋被二程独立成书，朱熹在《大学章句》中不仅修改了古本大学的次序，又增写了"格物致知补传"，后来王阳明、颜元、李塨等人提倡《大学》古本无脱漏，由此为心学、实学奠定了文献基础，由此可见版本考据之重要。

《焦氏笔乘》记载了关于汉书、五经古今异同、刻板印书等内容，包括《汉书真本》《说文引经之异》《鹤头书》《板本之始》等。如《汉书真本》条记载：

> 《刘之遴传》云鄱阳嗣王范，得班固所上《汉书》真本，谓今本诸王传杂在诸传中，古本悉类《项传》前。又谓古本《汉书》称"永平十六年五月二十一日己酉，郎班固上"；而今本无之。古本《叙传》号《中篇》；今本称为《叙传》。今本《叙传》载班彪行事；而古本云班生彪自有传。今本纪及表、志、传不相合为次；而古本相合为次，总成三十八卷。今本《外戚传》在《西域传》后；而古本《外戚传》在帝纪下。今本韩、彭、英、卢、吴述云："信惟饿隶，布实黥徒，越亦狗盗，芮尹江湖；云起龙骧，化为王侯。"而古本述云："淮阴毅毅，伏剑周章。邦之杰兮，实惟彭、英。化为侯王，云起龙腾。"古本第三十七卷解音释

---

① 余嘉锡：《诸史经籍志皆有不著录之书》，载《古书通例》，上海古籍出版社1985年，第1页。

② 张舜徽：《中国文献学》，中州书画出版社1982年版，第54—55页。

义，以助雅谈；而今本无此卷。其不同如此。所谓古本《汉书》，乃萧琛在宣城，有北僧南渡，惟赍一葫芦，中有《汉书·叙传》。僧曰："三辅耆老相传，以为班固真本。"琛固求得之。其书多有异今者，纸墨亦古，文字多如龙举之例，非隶非篆，琛甚秘之。乃以饷鄱阳王。见《琛传》。①

据此可见，焦竑此条记载了对《汉书真本》的版本考据，这条考据非常细致、考究，首尾相应。考据之始，列出了《汉书》真本的由来，进而将《汉书》真本（古本）与今本从篇目、传记、次序、语言、卷数等八个方面进行对比，揭示了两种《汉书》版本的不同，最终深入考据《汉书》真本是萧琛在宣城得自一僧人，后来传给鄱阳王。通过对《汉书》古今版本的比对考据，焦竑揭示了《汉书》版本之间的关系，为《汉书》文献的研究提供了版本学的基础。此外，焦竑还对《说文》的引文进行了考据，据《焦氏笔乘》记载：

《说文》引《五经》文字，与今多不同。如《易》"服牛乘马"，"服"作"备"；"百谷草木丽乎土"，作"丽于地"；"亢龙有悔"，"亢"作"忼"；"再三渎"，"渎"作"黩"……《书》"宅嵎夷"，"嵎"作"堣"……"方鸠孱功"，"方鸠"作"旁逑"；"藻火粉米"，"藻"作"璪"；"期三百有六旬"，"期"作"稘"……"窜三苗于三危"，"窜"作"窾"；"今汝聒聒"，作"憝憝"；"庶草繁庑"，"庑"作"无"；"若药不瞑眩"，"瞑"作"眲"；"尚桓桓"，作"狟狟"……《诗》"新台有泚"，"泚"作"玼"……"白鸟鹤鹤"，作"嚣嚣"；"可以攻玉"，作"可以为厝"……如此之类，不可胜举。是时《五经》皆古文，未变隶书，慎当得其真。此后字书又有《玉篇》《广韵》《类篇》《集韵》等出，采摭日繁，雅俗兼载，读者迷其本始。②

在此，焦竑发现《说文》引用的五经文字与当时通行本的五经文字多有不同

---

① （明）焦竑：《汉书真本》，载《焦氏笔乘》，李剑雄点校，第66页。
② （明）焦竑：《说文引经之异》，载《焦氏笔乘》，李剑雄点校，第431—432页。

之处。例如，今本《周易》"服牛乘马"之"服"古本作"备"，今本《周易》"百谷草木丽乎土"之"丽乎土"古本作"丽于地"，今本《周易》"亢龙有悔"之"亢"古本作"忼"。今本《尚书》"宅嵎夷"之"嵎"古本作"堣"，今本《尚书》"方鸠孱功"之"方鸠"古本作"旁述"。基本《诗经》"新台有泚"之"泚"古本作"玼"，今本《诗经》"骈骈骆马"之"骈"古本作"疼"，等等。以《说文》为入手处，焦竑对比了《周易》《尚书》《诗经》的古今版本文字差异，揭示出古文五经是文字未变为隶书之前的五经，后来随着文字的变革、后世字书又"采摭日繁，雅俗兼载"，才使人不了解五经之原始面目，此条考据恰可使人意识到五经的今古文之不同。

在目录、版本方面，焦竑对于辨析字书、史书目录，古典文献版本、经文异同等方面的考据，提供了目录、版本方面的知识，为文献考据、义理研究奠定了基础。

二　辨伪、辨谬的考据

中国古典文献以及相关注疏种类众多，在流传过程中往往出现混杂他人学说、增删修改等问题，使人难以把握古典文献的本来面目。胡适在以现代学术方法编写《中国哲学史大纲》时，便遭遇了这样的困境，他指出："古人读书编书最不细心，往往把不相干的人的学说并入某人的学说；或把假书作为真书；或把后人加入的篇章，作为原有的篇章；或不懂得古人的学说，遂致埋没了。有此种种障碍，遂把各家学说的真面目大半失掉了。"[①] 由此可见，辨别伪书、谬误是还原真相的必要步骤，也是考据学的重要内容，焦竑对此也颇为重视。

在辨伪考据方面，《焦氏笔乘》中有《外篇杂篇多假托》《伪书》《史记多后人淆乱》《尚书古文》等笔记，如：

> 内篇断非庄生不能作，外篇、杂篇则后人窜入者多。之、哙让国在孟子时，而《庄》文曰："庄子身当其时"。昔陈恒弑其君，孔子请讨。而《胠箧》曰："陈成子弑其君，而子孙享国十二世。"即此推之，则秦

[①] 胡适：《导言》，载《中国哲学史大纲》，上海古籍出版社1997年版，第7页。

末汉初之言也。岂其年逾四百岁乎？曾、史、盗跖与孔子同时，杨、墨在孔后孟前，《庄子》内篇三卷，未尝一及五人，则外篇、杂篇多出后人可知。又"封侯""宰相"等语，秦以前无之，且避汉文帝讳，故田恒为田常，其为假托尤明。①

《庄子》一书共33篇，其中内篇7篇、外篇15篇、杂篇11篇。焦竑认同内篇为庄子本人之作，外篇和杂篇非庄子本人所作的观点。以陈成子弑简公为例，齐国权臣陈成子于公元前481年在徐州杀害齐简公，立齐简公之弟为国君，推至陈成子的子孙主掌齐国十二世，时间上看已到秦末汉初的阶段，《庄子》中此句显然不是庄子本人所作，否则庄子的寿命要超过四百岁了。此外，焦竑还从内篇与外、杂篇所涉及的人物，以及重要词语表达的时代性，来考据作者的不同。在对某些书进行专门的考据之外，焦竑在笔记中有《伪书》一条，较为集中地列举了一些重要的伪书，如《焦氏笔乘》记载：

《本草》，神农书也，中言豫章、朱崖、赵国、常山、奉高、真定、临淄、冯翊出诸药物，如此郡县，岂神农时所有邪？《山海经》，禹、益书也，中有长沙、零陵、桂阳、诸暨，如此郡县，岂禹时所有邪？《三坟》，伏羲、神农、黄帝书也，然谓封拜之辞曰"策"。"策"始于汉，而谓伏羲氏有"策"辞，可乎？祭天地于圜丘，大夫之妻曰命妇，《周礼》始有之，而谓天地圜丘，恩及命妇，为黄帝之事，可乎？相人之术起于衰世，而谓圣人以形辩贵贱，正贤否，为神农之书，可乎？《三略》《六韬》，太公书也，然其中杂援军识以足成之；夫识书起于战国之后，太公之时曾有之乎？《中略》之末，谓《三略》为衰世而作，太公之佐文武，果衰世乎？《六韬》中其言多诬圣贤之甚，窃孙、吴之陈，而谓太公为之乎？《尔雅》，周公书也，然其中有云"张仲孝友"。张仲，宣王之臣也，周公安得载之《尔雅》？《左传》，丘明书也，然其中有云："虞不腊矣。"夫腊之为节，秦始有之，丘明安得纪之《左传》？《汲冢》，周书也，其《周月解》，则以日月俱起于牵牛之初。夫自尧时日躔虚一度，

---

① （明）焦竑：《外篇杂篇多假托》，载《焦氏笔乘》，李剑雄点校，第56页。

至汉《太初历》始云"日起牵牛一度",何周月而乃尔?《时训解》则以雨水为正月中气,夫自汉初以前,历皆以惊蛰为正月中气,至《太初历》始易之以雨水,何《时训》而云然?《子华子》,程本书也,其语道德则颇袭《老》《列》之旨,语专对则皆仿《左氏》之文,是何彼此之偶合?作声歌似指汉武朱雁芝房之事,喻子车复窃韩愈《宗元墓铭》之意,是何先后之相侔?《仓颉篇》,李斯作也,其曰"汉兼天下,海内并厕""稀黥韩覆,畔讨咸残",然则汉事何以载于秦书?《列仙传》,刘向作也,赞云"七十四人出佛经",然则释教何尝兴于汉前?此类甚多。或摹古书而伪作,或以己意而妄增,至使好事之流,曲为辨释,以炫其博,是皆未之深考耳。①

在此,焦竑列举了《本草》《山海经》《三坟》《三略》《六韬》《尔雅》《左传》《汲冢》《子华子》《仓颉篇》《列仙传》共11部经典著作,辨伪考据主要是从各著作中搜寻出与作者时代不相符的词汇或语句,从而证明这部著作并非作者原著,因而是伪书。不可否认,此处所列举的证据,确实非原书作者所能论及,诸如神农所作之《本草》中提及"豫章""朱崖""真定"等郡县名称,周公所作之《尔雅》有对宣王之臣张仲的评价,刘向所作之《列仙传》论及"七十四人出佛经"等,所论及的词语、人物与事迹,与神农、周公和刘向的相关史实不符。由此,可以推出以上诸书有后人增添伪作之处,但似乎不足以就此论定这些书完全是伪书。比如,《左传》与《列仙传》虽有伪作之处,似乎不能就此否定其作者不是左丘明和刘向。中国古人有"述而不作,信而好古"的传统,往往将自己的著作假托圣王贤者之名,同时,亦有古人之书,为后人增删内容的情况,如《庄子》《坛经》《大学章句》等,都有后人增删修改之处,似乎不能以其有作伪之处而完全推翻。

在辨谬考据方面,焦竑记录与考据了大量内容,涉及经传、注疏、史书、诗歌等领域,诸如《焦氏笔乘》中《太誓总德》条"《墨子》引《太誓》之言曰:'小人见奸巧乃闻不言也,发罪钧。'此言见淫僻不以告者,其罪犹淫僻者也。又引禹之《总德》有之曰:'允不,著惟天民不而葆,既防凶心,天

---

① (明)焦竑:《伪书》,载《焦氏笔乘》,李剑雄点校,第244—246页。

加之咎。不慎厥德，天命焉葆？'此语《书》皆无之。《书序》中亦无《总德》篇名"①，以及《二疏赞误》条"东坡《二疏赞》云：'孝宣中兴，以法驭人；杀盖、韩、扬，盖三良臣。先生怜之，振袂脱屣，使知区区，不足骄士。'其立意亦超卓矣。然考之二疏去位，在元康三年；后二年，盖宽饶诛；又三年韩延寿诛；又二年，杨恽诛。方二疏去时，三人尚无恙也。凡作议论文字，须令敷实无差忒乃可"②，辨析了《尚书·太誓》以及苏轼《二疏赞》中在引文与史实方面的谬误。此外，《焦氏笔乘》中《印文之误》《师古注误》《束脩》《七始咏》《桑谷》《尔雅》《纪传自相矛盾》《徐广注误》《年月抵牾》《史公疏漏》《兼称代魏》《诗有南雅颂无国风》《越绝书》《俗书之误》《太白诗误》《士衡诗误》《韩诗误解字》《九辩九歌皆屈原自作》等条，均是焦竑在辨谬方面所记载与考据的相关成果。

在辨伪、辨谬方面，焦竑在其笔记著作中的考辨范围较为广泛，涉及经书、史书、子书、诗文、医书、地理书等，为学界提供了相应领域的考据学知识，有利于为人们还原真相，增进理解。

三 名物制度的考据

所谓名物制度的考据，主要是焦竑对于各个门类对象进行考据的统称。这一类考据的对象，较为琐碎庞杂，涉及内容颇为广泛。《焦氏笔乘》收集与考据了古代散佚的经书、诗歌、旧制等内容，体现于《古逸经》《逸诗》《摩诘逸诗》《汉官名》等条，诸如：

> 初，秦之灭学也，书藏于屋壁，后人收拾散滞，遂已不全。其后字则变古为篆，改篆为隶，书则缣以代简，纸以代缣，愈远而愈失真矣。如《采齐》《貍首》见周礼；《河水》《祁招》《新宫》《辔之柔矣》《虽有丝麻》《翘翘车乘》《俟河之清》《礼义不愆》见《春秋传》；《骊驹》见《汉·儒林》，皆《逸诗》也。"伏羲作十二言之教，曰：'乾、坤、震、巽、坎、离、艮、兑、消、息'"，见《左传疏》；"诬神者殃及三

---

① （明）焦竑：《太誓总德》，载《焦氏笔乘》，李剑雄点校，第19页。
② （明）焦竑：《二疏赞误》，载《焦氏笔乘》，李剑雄点校，第17—18页。

世",见《刘向传》;"建其本而万物理""失之毫厘,差以千里",又"劳而不伐,有功而不德,厚之至也""有一道,大足以守天下,中足以守国家,小足以守其身,谦之谓也""夫天道毁满而益谦""不损而益之,故损自损而终故益",又"天地动而万物变化",见《说苑》;"其亡斯自取灾",见《风俗通》;"地可观者莫可观于木",见《说文》;"正其本,万事理""失之毫厘,差以千里",见《东方朔》;"化民有道,对小人处盛位,虽高必崩""不盈其道,不恒其德,而能以善终身,未之有也""是以初登于天,后入于地",见《盐铁论》,皆《逸易》也。①

《冷斋夜话》载王摩诘诗:"荆溪白石出,天寒红叶稀。山路元无雨,空翠湿人衣。""相看不忍发,惨淡暮潮平。语宠更携手,月明洲渚生。"二作集中俱不载。②

汉官名有不书于《百官表》而因事乃见者。如"行冤狱使者",因张敞杀絮舜而见;"美俗使者",因何并代严诩而见;"河堤使者",因王延世塞决河而见;"直指使者",因暴胜之而见;岂因事置官,事已即罢者邪?③

在此,焦竑对古代逸经、诗歌、官名进行了辑佚,为进一步考据古典文献与历史提供了文献依据。此外,焦竑的考据还涉及典故、风俗、史实、医方、茶酒、金石、戏曲等方面,诸如:

《六经》本皆古文,自唐天宝三年诏集贤学士卫包改古文,更作楷书,以便习读,而俗书始杂之。至今则鲁鱼陶阴,字既差讹;圣圣體体,书复苟简矣。久假不归,积习成俗,其奈之何哉?④

"自行束脩以上,未尝无诲焉。"束脩非谓脯赘也,盖言自行束带修饰之礼以上。汉延笃曰:"吾自束脩以来,为人臣不陷于不忠。"梁商曰:

---

① (明)焦竑:《古逸经》,载《焦氏笔乘》,李剑雄点校,第241—242页。
② (明)焦竑:《摩诘逸诗》,载《焦氏笔乘》,李剑雄点校,第49页。
③ (明)焦竑:《汉官名》,载《焦氏笔乘》,李剑雄点校,第19页。
④ (明)焦竑:《卫包改古文》,载《焦氏笔乘》,李剑雄点校,第145页。

"王公束脩厉节。"贾坚曰:"吾束脩自立,君何忽忽相谓降邪?"此可证。①

宁馨,犹言"恁的"也,如阿堵,皆虚活字。山涛见王衍曰:"何物老妪,生宁馨儿。"至宋废帝悖逆,太后怒,语侍者曰:"将刀来剖我腹,那得生宁馨儿!"若不见宋太后语,当以宁馨为美词矣。②

鳖为臛,数食可以长发。③

蜘蛛网缠赘疣,七日消烂,屡有验。④

粳粟米,五谷中最硬,得浆水易化。食粳米,炊作干饭,食之止痢。⑤

以上关于名物制度方面的杂考,彰显了焦竑考据学的广博之处。在很大程度上,这是焦竑在"博文"与"约礼"一贯的圣人境界的背景下,在为学工夫方面的必由之路。也就是说,焦竑在考据学领域的旁征博引、触类旁通,为成圣理想的实现打下了坚实的"博文"基础。不过,焦竑在考据学上往往有记载他人的考据学成果但未标明的情况,这是一个值得注意的特点。余英时在钱新祖《焦竑与晚明新儒思想的重构》一书的书评中,曾指出钱新祖书中的有些论据并非焦竑本人的思想,而是焦竑记录的别人思想,如赵大洲、范浚的思想。⑥ 此外,前文论及的《二疏赞误》实际上出自南宋洪迈《容斋随笔》中的《二疏赞》。⑦ 当然,这种不注明出处的记载或抄录仅是《焦氏笔

---

① (明)焦竑:《束脩》,载《焦氏笔乘》,李剑雄点校,第34页。
② (明)焦竑:《宁馨》,载《焦氏笔乘》,李剑雄点校,第413页。
③ (明)焦竑:《医方》,载《焦氏笔乘》,李剑雄点校,第197页。
④ (明)焦竑:《医方》,载《焦氏笔乘》,李剑雄点校,第198页。
⑤ (明)焦竑:《医方》,载《焦氏笔乘》,李剑雄点校,第198页。
⑥ 参见 Ying-shih Yu, "The Intellectual World of Chiao Hung Revisited: A Review Article", *Ming Studies*, 25, 1988, pp. 24–66。
⑦ 南宋洪迈《容斋随笔》卷四的《二疏赞》:"作议论文字,须考引事实无差忒,乃可传信后世。东坡先生作《二疏图赞》云:'孝宣中兴,以法驭人。杀盖、韩、杨、盖三良臣。先生怜之,振袂脱屣。使知区区,不足骄士。'其立意超卓如此。然以其时考之,元康三年二疏去位,后二年盖宽饶诛,又三年韩延寿诛,又三年杨恽诛。方二疏去时,三人皆亡恙。盖先生文如倾河,不复效常人寻阅质究也。"(宋)洪迈:《容斋随笔》,穆公校点,上海古籍出版社2015年版,第30页。相较之下,《焦氏笔乘》中的《二疏赞误》与《容斋随笔》的《二疏赞》基本一致,可知这条笔记是焦竑抄录洪迈之作。

乘》的部分现象，他在《秦不绝儒学》中开头便注明是"郑夹漈论秦不绝儒学"①，在《医方》诸条也常列出一些抄录的医方的出处。在论述焦竑的知识考据时，引用他人的考据学成果也被当作焦竑的考据学内容，这种情况是否恰当？从思想史的角度看，对他人的思想、考据学成果的记录不能被当作焦竑本人的学术成果；从哲学的角度看，对他人思想、考据学成果的记录，基本上说明焦竑认可这种思想、考据学成果，这种成果可视为焦竑考据学的一部分，只不过创作权并不属于焦竑。

总而言之，焦竑从目录、版本、辨伪、辨谬、名物制度等方面对相关知识展开了考据。从成果角度看，焦竑的知识考据涉及范围广泛，但在考据风格上较为零碎、随机，考据所得的知识系统化不强。从性质角度看，焦竑在以上方面多是以求真为宗旨，其所得的知识是关于事实的纯粹知识，与其心学并无直接关联。不过，尽管没有直接关联，这些考据学成果却成为焦竑"博文"方面的重要内容，为其进一步以考据学贯通义理学提供了理论前提。

第二节 义理考据

知识考据是焦竑考据学的题中之义，也是其跻身于晚明考据学家行列的重要依据。不过，与纯粹的考据学家以求真为目的，以求知为导向不同，焦竑的考据学还具有较为深刻的义理关切与诉求。在目录、版本、辨伪、辨谬、名物制度等方面的知识考据之外，他还进一步将考据学延伸到义理层面，也就是说，焦竑的知识考据虽然与其心学没有直接关联，但这种纯粹的知识考据实际上也被笼罩在"博约一贯"的圣人理想之下。这样来看，焦竑的知识考据并非完全纯粹，而是有较为强烈的义理学诉求。进而，焦竑在知识考据之后，开始反思考据与义理的内在关联，此为焦竑义理考据的部分。那么，焦竑如何展开其义理考据呢？在此，可以从焦竑对文字的考据谈起。

一 文字考据

文字是后人传习圣人之道的载体，由于地域、时代、风俗、文化的不同

---

① （明）焦竑：《秦不绝儒学》，载《焦氏笔乘》，李剑雄点校，第327页。

与变迁，文字的读音、字形、字义等方面会发生变化，因而有必要对文字从音韵字形、字义等方面展开考据。这样，在还原文字原音、原形与原义的同时，也可以为探究关涉圣人之道的义理学提供依据。

（一）音韵考据

对于音韵的考据，是音韵学的组成部分，也是考据学的重要内容。按梁启超的说法，考据音韵的动机"本起于考证古音"①。因为获得知识与义理的主要方法是读书，若要正确理解书中的内容，必须准确理解文字的意义，而准确理解文字的意义，首先在于对字音的准确把握。中国传统的知识传授最初采用的是口耳相传，后来才被人记录下来，在记录时会出现同一个音被记录为异形字的情况，而且随着方言、古音的历史衍变，人们常以今音读古字，失掉了字的古音，便失掉了字的原意。如果这些字是往圣先贤所著经典中的关键字、概念，那么对这些字音的误读，有可能导致对义理的误解。这种后果对于抱有"必为圣人之心"②的焦竑而言，不可不谓一大首要问题。③

音韵既有地域的差异，亦有古今之分。当时流行以今韵读古书，这样便会出现不押韵的现象，为解决这一问题，"叶音说"应运而生，即将不押韵的读音均作叶音处理。在焦竑看来，叶音说的处理并不恰当，这主要导源于人们对古今音差异的忽视。有鉴于此，焦竑提出了著名的"古诗无叶音说"：

> 诗有古韵今韵。古韵久不传，学者于《毛诗》《离骚》，皆以今韵读之。其有不合，则强为之音，曰："此叶也。"予意不然，如"驺虞"，一虞也，既音牙而叶葭与豝，又音五红反而叶蓬与樅；"好仇"，一仇也，既音求而叶鸠与洲，又音渠之反而叶逵。如此则东亦可音西，南亦可音北，

---

① （清）梁启超：《清代学术概论》，朱维铮校订，中华书局 2010 年版，第 76 页。
② （明）焦竑：《答耿师》，载《澹园集》，李剑雄点校，第 80 页。
③ 章太炎论治国学的方法，第二个方法是"通小学"。在"通小学"中，第一个方法便是"通音韵"。他认为："古人用字，常同音相通，这大概和现在的人写别字一样。凡写别字都是同音的，不过古人写惯了的别字，现在不叫他写别字罢了。但古时同音的字，现在多不相同，所以更难明白。我们研究古书，要知道某字即某字之传讹，先要明白古代的音韵。"（章太炎：《国学之本体与治国学之方法》，载张勇编《章太炎学术文化随笔》，中国青年出版社 1999 年版，第 57 页）由此可见，在读古人书时，字的考据尤为重要，而在字的考据中，对音韵的考据更是首要任务。

上亦可音下，前亦可音后，凡字皆无正呼，凡诗皆无正字矣，岂理也哉？①

诗必有韵，夫人而知之。乃以今韵读古诗，有不合辄归之于叶，习而不察，所从来久矣。吴才老、杨用修著书始及之，犹未断然尽以为古韵也。余少读《诗》，尝深疑之，迨见卷轴浸多，彼此互证，因知古韵自与今异，而以为叶音者谬耳。②

焦竑在读《诗经》的过程中，发现按照今韵来读会出现"其有不合，则强为之音"的情况，并将此均归类为叶音。在此，焦竑通过"驺虞"与"好仇"两个例子指出叶音说存在的问题：同一个字会有不同的音及叶音字。这表明，叶音说具有一种主观随意性，它可以根据人的需要进行任意解释，但这会导致"东亦可音西，南亦可音北，上亦可音下，前亦可音后，凡字皆无正呼，凡诗皆无正字"的混乱局面，进而可能影响人们对《诗经》的准确理解。在焦竑看来，叶音说掩盖了真实的音韵问题，即古韵与今韵的区别。随着时间的推移，《诗经》产生时代的音韵已与明代有所不同，也就是说，若要准确理解《诗经》，需要用当时的古韵来读才可以。对此，焦竑列举了一些例子：

如下，今在祃押，而古皆作虎音：《击鼓》云"于林之下"，上韵为"爰居爰处"；《凯风》云"在浚之下"，下韵为"母氏劳苦"；《大雅·绵》"至于岐下"，上韵为"率西水浒"之类也。服，今在屋押，而古皆作迫音：《关雎》云"寤寐思服"，下韵"辗转反侧"；《有狐》云"之子无服"，上韵为"在彼淇侧"；《骚经》"非时俗之所服"，下韵为"依彭咸之遗则"；《大戴记》：《孝昭冠辞》"始加昭明之元服"，下韵"崇积文武之宠德"之类也。降，今在绛押，而古皆作攻音：《草虫》云"我心则降"，下韵为"忧心忡忡"；《骚经》"惟庚寅吾以降"，上韵为"朕皇考曰伯庸"之类也。泽，今在陌押，而古皆作铎音：《无衣》云"与子同泽"，下韵为"与子偕作"；《郊特牲》"草木归其泽"，上韵为"水归其壑，昆虫无作"之类也。此等不可殚举。使非古韵而自以意叶之，

---

① （明）焦竑：《古诗无叶音》，载《焦氏笔乘》，李剑雄点校，第109页。
② （明）焦竑：《毛诗古音考序》，载《澹园集》，李剑雄点校，第128页。

第二章 焦竑的考据学

则下何皆音虎，服何皆音迫，降何皆音攻，泽何皆音铎，而无一字作他音者耶？《离骚》、汉、魏去诗人不远，故其用韵皆同。世儒徒以耳目所不逮，而凿空傅会，良可叹矣。①

焦竑举出"下""服""降""泽"四个例子，这四个字的古音分别为"虎""迫""攻""铎"，以这四个古音来读《诗经》，则与上下韵相应，并不存在需要叶音的情况，而若以这四字的今韵来读，则需要叶音。焦竑的这种举例法具有很强的说服力，同时，他指出汉魏时期与诗人生活的时期相近，所用的音韵相同，而汉魏与明代的音韵差别则进一步暗示出古今韵的不同，以及"古诗无叶音"的问题。对于叶音说，清代阎若璩也进行了批判："始为叶音之说者，谁欤？其亦可谓之不识字也矣。字有古音，以今音绳之，祗觉其扞格不合。犹语有北音，以南音绳之，扞格犹故也。人知南北之音系乎地，不知古今之音系乎时。地隔数十百里，音即变易，而谓时历数千百载，音犹一律，尚得谓之通人乎哉！"②"古诗无叶音"这一说法，为焦竑所力倡③，陈第受其启发，写出《毛诗古音考》一书将焦竑此说扩充④，再到清代阎若璩的

---

① （明）焦竑：《古诗无叶音》，载《焦氏笔乘》，李剑雄点校，第109—110页。
② （清）阎若璩：《尚书古文疏证》，上海古籍出版社1987年版，第507页。
③ 清代阎若璩支持焦竑的"古诗无叶音说"，同时他也指出焦竑的瑕疵之处："惟遂古音求，说非是。盖遂虽亦作馗，不比馗有二音，止音葵。经文未尝作馗，岂容读入尤韵。毛氏先舒引《汉书》，赵幽王歌为'王饿死兮谁者怜之，吕氏绝理兮托天报仇'，云仇可与之叶，自亦可与遂叶。证朱子音为独得也。"（清）阎若璩：《尚书古文疏证》，第502—503页。
④ 关于"叶音说"的发展及焦竑、陈第在"古诗无叶音说"上的关系，李焯然曾作一简述，可资借鉴："明朝以前对于古今词汇语音的研究，早有如《尔雅》《广雅》等专著，然而其间因古今时代演变所产生的词汇及读音变化问题，毕竟尚是一知半解。所以六朝时代学者读古书时感到用韵有不和谐的地方，便不加深思地把某字改读为某音，称之为'叶韵''叶句'或'合韵'，而且认为古人也是如此以求和谐。其实都是没有意识到历史是不断地前进，而古今语音也会发生变化的道理。这种风气到唐代中叶以后更加盛行起来，甚至于臆改古人文字以求叶韵。就是到了宋代，吴棫的《韵补》、郑庠的《诗古音辨》，还是以叶韵为基础。语音随时而变的启示，至明中叶以后，焦竑提出今日的语音与古代的语音不同，才正式确立。然而，焦竑虽然提出叶韵古音之说，建立语言的历史观念，但他的研究主力，并不在音韵之学上，所以他只有理论架构，而未尝予以具体发挥。陈第最大的贡献，便是把焦竑的理论发扬光大，他的《毛诗古音考》《屈宋古音义》《读诗拙言》，把焦竑的理论付诸实践，使近世古音学的规模灿然大备。陈第重申'时有古今，地有南北'，确立了'字有更革，音有转移'的观念，可谓把焦竑之说发挥至极点，为后来清代学者的研究，节省了不少工夫。"（李焯然：《焦竑与陈第——明末清初古音学研究的两位启导者》，载《明史散论》，台北：允晨文化事业股份有限公司1991年版，第151页）

批判，这表明叶音说已不足以成立。

焦竑的"古诗无叶音"观点影响甚大。所谓"古韵不明，致使《诗》不可读；《诗》不可读，而正得失、动天地、感鬼神之教，或几于废，此不可谓之细事也"①，可见"韵之于经，所关岂浅鲜"②。具体来说，一方面有助于人们对于《诗经》乃至其他往圣先贤的经典著作进行准确理解，获得准确的知识、义理；另一方面，有助于人们发现归纳这种科学的研究方法，并将其运用于音韵及其他考据学领域，对于促进清代考据学的发展有积极正面的影响。

实际上，除"古诗无叶音说"以外，焦竑还记录或考证很多字音。如《焦氏笔乘》中载有《咎䌛钟䌛二䌛同音》《霓可两音》《廿卅卌三音》《甄有三音》《率有五音》《敦有九音》《苴有十四音》《琵番蒲司帆作仄声》等条目。③ 由此可见，焦竑对音韵考据非常重视与推崇。

（二）字形、字义考据

在考据音韵之余，焦竑对文字的字形、字义进行了考据。《焦氏笔乘》载有焦竑本人及他人的相关考据成果，诸如：

> 何比部语予，丰南禺道生曾论"孝悌也者，其为仁之本与"，仁原是人字。……如井有仁焉，亦是人字也。予思其说甚有理。孝悌即仁也，谓孝悌为仁本，终属未通。若如丰说，则以孝悌为立人之道，于义为长。④
> 《老子》："服文采，带利剑，厌余食，而资货有余，此之谓盗竽。"《韩非子·解》云："竽也者，五声之长也，竽唱而众乐皆和；大盗唱则小盗和，故曰盗竽。"今本误作"盗夸"，字相近而误也。⑤
> 离有十六义：黄离，仓庚也，见《说文》；"离，丽也"，"离也者，

---

① （明）焦竑：《毛诗古音考序》，载《澹园集》，李剑雄点校，第 128 页。
② （明）焦竑：《毛诗古音考序》，载《澹园集》，李剑雄点校，第 128 页。
③ 据陆露的研究，《焦氏笔乘》中的音韵思想包括：（1）《诗经》乃"韵之祖"；（2）韵有古今；（3）古诗无叶音；（4）义别音殊。同时，将《焦氏笔乘》中的音韵研究法归纳为两种：（1）本证、旁证方法的初萌：材料互证方法；（2）形音义结合的考证方法——结合字形、意义考证音读。[陆露：《〈焦氏笔乘〉音韵思想探幽》，《山东理工大学学报》（社会科学版）2015 年第 3 期]
④ （明）焦竑：《人字》，载《焦氏笔乘》，李剑雄点校，第 330—331 页。
⑤ （明）焦竑：《盗竽》，载《焦氏笔乘》，李剑雄点校，第 24 页。

明也"，见《易》；"雉离于罗"，见《毛诗》；"大琴谓之离"，见《尔雅释》；流离，鸟名，见《诗注》；"前长离而后裔皇"，注"长离，凤也"，见相如赋；织离，鸟名，见李斯书；陆离，参差也，见《文选》；侏离，夷语也，见《汉·南蛮传》；《株离》，西夷乐名；又"设服离卫"，注"陈也"，见《左传》；又离，木名，茔冢中之树，见《孔子世家》；又水名，零离水，东南至广信，入畅林，见《地理志》；又姓，"离娄"，见《孟子》；又转去声，"不离飞鸟"，"不可须臾离"也，见《礼记》；又转力尔切，"轮囷离奇"，又"离靡广衍"，见《汉书》。[1]

根据以上关于字形、字义的记录与考据，可见焦竑通过援引各种书籍中的例句来寻找"字"的真实义。具体言之，第一例涉及"仁"与"人"这一组同音异形字。"为仁之本"为有子所言，出自《论语·学而》。《论语》由孔子弟子及再传弟子记录而成，当记录者听到有子表述此语时，便将"ren"这一音对应"仁"字，实际上，对应"人"字亦无不可。焦竑认为，以"人"代"仁"的"为人之本"的说法，可以避免"为仁之本"导致的逻辑矛盾。第二例转向道家经典《老子》中的"盗竽"，当时通行本以"夸"代"竽"，便遮蔽了"竽"字所表征的"五声之长"之义，从而导致义理难解。最后一例与前两例不同，专讲一字的诸种含义。焦竑指出"离"字在古书中一共有十六义，并条列出每一义的例证与出处。类似这种字义、字形的考据，在焦竑著作中亦不鲜见。

从焦竑对字形、字义的考据中，可以发现一个特点：这些文字基本出自圣贤的经典著作。这表明，焦竑对字形、字义的考据并非随意为之，他主要关注的是对于圣贤经典有重要关涉的文字，而非与经典著作无关的文字。对此，焦竑表示："夫书有通于俗无害于古者，从之可也。有一点一画、转仄从横、毫发少差遽悬霄壤者，亦可沿袭故常而不知变哉？……学者能触类以求之，通经学古，此亦其津筏也。"[2] 可见，他将对字形、字义的考据视为通经学古，真切地了解往圣先贤所述义理的关键。同时，为了能够准确地进行考

---

[1] （明）焦竑：《离有十六义》，载《焦氏笔乘》，李剑雄点校，第232页。
[2] （明）焦竑：《俗书刊误自序》，载《澹园集》，李剑雄点校，第1179页。

据，焦竑特别运用了"触类以求之"的归纳方法，通过举例、归纳的方式得出对字形、字义的考据结论，保证了考据的有效性。

在字形、字义考据方面，焦竑撰有一部《俗书刊误》。《俗书刊误》共分12卷，系统地收录了焦竑关于字形、字义的考据成果，其中，前4卷收录俗字846个，按平、上、去、入分卷；略记字义1卷，约160条；略记骈字1卷，列举联绵字与双音复合词66条。此外，略记字始、音义同字异、音同字义异、字同音义异、俗用杂字、论字易讹各1卷。① 对于此书，清代四库馆臣称"其辨最详，而又非不可施用之僻论，愈于拘泥篆文不分字体者多矣"②。作为一部以辨证文字的形、音、义为主要内容的著作，虽旨在助童蒙识字，但其意义和价值却远不止于此。以成圣为最高追求的焦竑，认识到通过读书获得知识、义理是成圣的必要条件之一，正确理解古书的关键在于对字的准确理解，因而这本字书的出现，对于消除文字障碍，澄清往圣相传的知识、义理具有基础性的作用。在很大程度上，此书既是焦竑考据文字的代表性著作，又是其义理学的奠基之作。

（三）文字制定的原则与方法

在考据音韵、字形与字义之后，焦竑进入文字制定的根本问题，主要包括文字制定的原则与方法。在文字制定的原则方面，焦竑并不认同汉儒的解读，而是主张文字制定应顺应物性。例如，《焦氏笔乘》中的《制字顺物性》一条记载：

> 鹤爱阴恶阳，故《易》曰："鸣鹤在阴。"从雨。鹳好霜，故从霜。鹭恶露，故去雨。皆制字顺物性之义，又谐声。③

在此，焦竑以"鹤""鹳""鹭"三个字为例，指出字的创立与使用并非随意

---

① 参见（明）焦竑《俗书刊误》，清文渊阁《四库全书》本。此外，李晓英曾对《俗书刊误》的体例、音韵、字形、训诂等方面展开研究，在肯定焦竑考据成果的同时，也指出其考据具有将分化字、类化字视为俗字而予以否定、误解字义等失误之处。具体可参见李晓英《〈俗书刊误〉研究》，硕士学位论文，陕西师范大学，2003年。

② （清）纪昀等：《钦定四库全书总目》，四库全书研究所整理，中华书局1997年版，第551页。

③ （明）焦竑：《制字顺物性》，载《焦氏笔乘》，李剑雄点校，第173页。

为之，而是依赖于字所指称的对象具有的自然特性。如"鹳"字从雨，及其在《周易》中孚卦九二的爻辞与"阴"相关联，皆因此鸟"爱阴恶阳"；"鹴"字左边为"霜"，因此鸟好霜；"鹭"字"鸟"上为"路"字，因此鸟厌恶露水，故在制字时去掉了雨字头，只用"路"字与"鸟"字结合。并且，他指出顺应物性制定文字还可以产生谐音的效果，如"鹳"与"霍"字的读音相谐，"鹴""鹭"二字的读音与"霜""路"相同。在提出"制字顺物性"的原则后，焦竑批判了汉儒的文字解读：

> 汉儒郑玄、贾逵、杜预、刘向、班固、刘熙诸人，皆号博洽，其所训注经史，往往多不得古人制字之意。姑以释亲言之，如云父，矩也，以法度教子也。母，牧也，言育养子也。兄，况也，况父法也。弟，悌也，心顺行笃也。子，孳也，以孝事父，常孳孳也。孙，顺也，顺于祖也。男，任也，任功业也。女，如也，从如人也。姑，故也，言尊如故也。姊，咨也，言可咨问也。夫，扶也，以道扶接也。妇，服也，以礼屈服也。妻，齐也，与夫齐体也。妾，接也，以时接见也。凡此率以己意牵合，岂知古人命名立义，固简而易尽乎？今以六书及许慎《说文》考之，盖父字……以手执杖，言老而尊也。母字从女从两点，女而加乳，象哺子形也。兄字从口，从人，象同胞之长，以弟未有知而谆谆诲之，友爱之情也。弟字上象丱角，中象擎手，下象跂足，不良于行，义当从兄也。子字上象其首，中象其手，下象并足，始生襁褓之形也。孙字从子，从系，子之系，所以续祖之后也。男字从田从力，壮而力田，供为子职也。女子象两手相掩，敛足而坐，淑德贞闲也。姑字从女从古，齿德俱尊，观舅从臼可知也。姊字从女从市，市即古绂字，绂为蔽膝，义取在前，观妹从未可知也。夫字从天而出，象妻之所天也。妇字从女从帚，女而持帚，承事舅姑之意也。妻字从女从尚，言女而上配君子也。妾字从女从立，女而侍立，卑以承尊也。细玩篆文，其义立见。乃漫不之省，辄为之附会，其说亦凿矣哉。[①]

[①] （明）焦竑：《汉儒失制字之意》，载《焦氏笔乘》，李剑雄点校，第 228—229 页。

在此，郑玄、贾逵、杜预、刘向、班固、刘熙等人均为汉代经学、考据训诂的大师，在罗列诸人后，焦竑指出这些儒者的经史解读失掉了古人制定文字的原意。也就是说，他认为这些汉代经师不能真实了解制字之意，他们对经史的训诂解读因而就不具有真实性、准确性。为了证明这一论断，焦竑举出父、母、兄、弟、子、孙、男、女、姑、姊、夫、妇、妻、妾十四字，并列出了汉儒对这些字成因的解读，不过，他认为汉儒的解读全部都是"以己意牵合"的主观联想，忽视了古人制字"命名立义，固简而易尽"的原则。进而，焦竑从篆文的角度对这十四字进行了新的分析，如"孙字从子，从系，子之系，所以续祖之后也。男字从田从力，壮而力田，供为子职也"。相应地，汉儒对此两字的解释为"孙，顺也，顺于祖也。男，任也，任功业也"。对比而言，焦竑对字本身的结构进行了分析，根据字的构成来说明该字所表示的意义，而汉儒的解读却没有分析字的结构，而是直接对字进行解释、赋义。这样看来，焦竑的文字解读较为客观、可信，而汉儒的解读则较为主观、随意。焦竑之所以能够指出汉儒的错误并给出客观的分析解读，正是因为他掌握了制定文字、分析文字的原则与方法。

其实，焦竑对于以上十四字的分析亦是"制字顺物性"原则的应用。父、母、兄、弟等十四字是与人有关的、具有亲属关系的字，这些字代表个人在家庭、社会中的伦理角色，同一个人可能同时具有这些不同字所指称的意义，例如，一个人既可以是"父"，又同时是"子""夫""兄"等。这样，按照焦竑的逻辑，古人在制定这些字时需要以字所代表的伦理角色和关系为标准，这样依此标准制定出的每一个字都代表一种身份、伦理关系中的一个位置，因而使人具有相应的权利、义务。就此而言，这正是顺应物性的表现。可见，"制字顺物性"是文字制定所遵循的一个原则。不过，仅依靠这一原则，并不能落实文字制定的具体工作。在制定文字时，这一原则需要细化为一套具体的文字制定方法，即六书理论。

在文字制定的方法方面，六书主要包括象形、指事、会意、形声、转注、假借六个方面。对此，《说文解字序》有言：

> 八岁入小学，保氏教国子，先以六书。一曰指事。指事者，视而可识，察而见意，"上、下"是也。二曰象形。象形者，画成其物，随体诘

诎,"日、月"是也。三曰形声。形声者,以事为名,取譬相成,"江、河"是也。四曰会意。会意,比类合谊,以见指㧑,"武、信"是也。五曰转注。转注者,建类一首,同意相受,"考、老"是也。六曰假借。假借者,本无其事,依声托事,"令、长"是也。[①]

六书是掌管国子教育的保氏之官所传授的小学内容,也是一套文字制定的方法。"指事"主要指称具体对象之外的抽象对象,有状词、动词之分,如"上""下"二字;"象形"主要摹拟拥有具体形象的个体对象,多为名词,如"日""月"二字;"形声"主要指以事物为形旁,以发音相近的字为声旁而成的字,如"江""河"二字以水为旁,取"工""可"二字的字音;"会意"主要将字形和字意相合,以凸显字之所指,如"武"为"止""戈"二字相合[②],"信"为"人""言"二字相合,以表达其意;"转注"主要指部首相同的同义字可以相互注解,如"考""老"二字部首相同,且均有年长之义,互为转注;"假借"主要指以同音字来表示引申之意,如"令"本义是号令之义,可引申为"县令""司令"之"令","长"字本义是长短之长,可引申为"班长""市长"之"长"。

焦竑对六书颇为重视,《焦氏笔乘》中记录了多条其他学者关于六书的研究成果,如《郑夹漈论六书》《熊朋来论六书》《用修论转注》等。例如,在《郑夹漈论六书》条中,郑夹漈将古今文字进行对比分析,倾向于以古字说明文字的构成,从而得出以义理解读文字为错误方法的结论。这一结论与《汉儒失制字之意》中焦竑对汉儒的批判如出一辙。加之,焦竑明确表示"以六书及许慎《说文》考之",并以较为古远的篆文作为根据来解读文字的构成及其意义,可见在具体的文字解读中也与郑氏所述的六书法相同。实际上,在六书理论中,焦竑最关注假借与转注,从《用修论转注》的记录中,可以一窥其中原因:

---

① (汉)许慎:《说文解字序》,载《说文解字》,清文渊阁《四库全书》本。
② 在谈及作为会意字的"武"字时,章太炎认为"武"字除了是"止""戈"二字相合,还存在另一种解释,即"止"字是"步"字的省略,"戈"字是"伐"字的省略,因而"武"字是"步""伐"二字相合的会意字,表达的是步伐严整的状态。参见章太炎《小学略说》,载《国学讲演录》,华东师范大学出版社1995年版,第10页。

> 六书当分六体，班固云"象形、象事、象意、象声、假借、转注"是也。六书以十为分，象形居其一，象事居其二，象心居其三，象声居其四；假借，借此四者也；转注，注此四者也。四象以为经，假借、转注以为纬，四象之书有限，假借、转注无穷也。①

杨慎采用班固的六书名称，并指出六书可分为两部分，象形、象事、象意、象声此四象为一部分，另一部分是假借与转注，两个部分之间是经与纬的关系。也就是说，四象是实，而假借、转注为虚；四象有具体规范的四条规则，而假借、转注则是建立在四象基础上的一种应机使用，故此四象造字有限，假借、转注却可以造字无穷。对比而言，假借与转注的区别如下：

> 假借，借义不借音。如兵甲之甲，借为天干之甲；鱼肠之乙，借为天干之乙。义虽借而音不变，故曰假借。转注，转音而注义。如敦本敦大之敦，既转音顿，而为《尔雅》敦丘之敦；又转音对，为《周礼》玉敦之敦。所谓一字数音也。假借如假物于邻，或宋或吴，各从主人；转注如注水行地，为浦为溆，各有名字矣。②

据此可知，假借主要假借字义而不是假借字音，如兵甲之"甲"可假借为天干之"甲"；转注则转注字音而不转注字义，如"敦"字之音可转为"顿"与"对"之音，《尔雅》"敦丘"之"敦"音为"顿"，而《周礼》"玉敦"之"敦"音为"对"，字音虽转注，但字义不变。对此，章太炎将假借与转注的关系比作算术学中的正负数关系，他表示："假借之与转注，正如算术中之正负数。有转注，文字乃多；有假借，文字乃少。一义可造多字，字即多，转注之谓也；本无其字，依声托事，如令、长是，假借之类也。"③ 由此可见假借与转注之间的区别。对于假借与转注，焦竑虽主要采纳了杨慎的说法，但他并非完全守成杨慎之说，他亦有个人创见在其中，这主要体现在假借的

---

① （明）焦竑：《用修论转注》，载《焦氏笔乘》，李剑雄点校，第216页。
② （明）焦竑：《用修论转注》，载《焦氏笔乘》，李剑雄点校，第217页。
③ 章太炎：《小学略说》，载《国学讲演录》，第15—16页。

第二章 焦竑的考据学

考据上。《焦氏笔乘》中记有《古字有通用假借用》《假借相反字》等条,均是关于假借的考据研究,诸如:

> 经籍中多有古字通用及假借而用,读者每不之察。如《易·丰卦》"虽旬无咎",《礼记·内则》"旬而见",注皆释均,不知旬即古均字。……《离卦》"离,丽也",又云"明两作离"。《礼·昏经》曰"纳征束帛离皮"。《白虎通》云"离皮者,两皮也"。《三五历纪》"古者丽皮为礼"。离、丽古通用。①

> 吴元满云:《容斋随笔》载字有假借相反者,如臭本腐气,反借香也。扰本烦杂,反借驯也。乱本繁紊,反借治也。杨用修《丹铅录》亦述之。不知此六字皆有分别:臭音休,与嗅同,以鼻擩气也。《荀子》"嗅之而无慊于鼻",从自犬,会意,借凡气之总名,香、朽、膻、腥、焦谓之五嗅。又香也,《内则》"皆佩容臭",殠音丑,腐气也。水润下,其气殠。曹植书"海畔有逐殠之夫",从歹,谐臭音。扰音统,烦杂也。《胤征》"俶扰天纪",从手忧上音,俗讹作扰。犪音绕,驯也,《说文》:"牛柔谨也",《职方氏》"豫州,其畜宜六犪",从牛,夒音。乱音銮,紊也,烦扰也。《史记》"犹治乱绳",古作乿,从𠬪,下指交结之状。𤔲音雏,理效也,平治也。②

在《古字有通用假借用》中,焦竑指出通用、假借是经籍中的常见现象,但往往被读者忽视。对字的通用、假借不注意,在很大程度上会影响读者对所读经籍的准确理解。因此,他条列出《周易》《礼记》《白虎通》《三五历纪》等著作中的通用、假借现象。据林庆彰先生统计,这条笔记共列举108则例证,于此可见焦竑用功之深。同时,在《假借相反字》方面,焦竑指出《容斋随笔》中"臭本腐气,反借香也。扰本烦杂,反借驯也。乱本繁紊,反借治也"的记录有误,并根据六书理论及多种经典甚至石刻文字对此进行纠谬,于此可见焦竑用功之细。清儒有言:"诂训之指,存乎声音。字之声同、

---

① (明)焦竑:《古字有通用假借用》,载《焦氏笔乘》,李剑雄点校,第233页。
② (明)焦竑:《假借相反字》,载《焦氏笔乘》,李剑雄点校,第425页。

— 83 —

声近者，经传往往假借，学者以声求义，破其假借之字，而读以本字，则涣然冰释。"① 假借在六书造字法中的分量最重，与理解古代经典的关系最深，若不能对假借一探究竟，则对圣贤经典难以"涣然冰释"。在很大程度上，焦竑对假借的拓展性研究，不仅代表着他对六书理论的推重，更反映出其对准确理解圣贤经典的渴望。

二　由考据学贯通义理学

晚明时期，泰州学派与临济禅风行天下②，在某种程度上对当时士人束书不观、空守心性、避难就易的作风有助推作用。对此，焦竑颇不满意，他表示：

> 近日士习，务华鲜实，高者剽掠词人涕唾，以相矜严，不复知有经学矣。③
> 今弟子饱食安坐，典籍满前。乃束书不观，游谈无根，能不自愧？④

焦竑对"务华鲜实""游谈无根"的批判，在很大程度上是晚明学术风气的一种真实写照。考据学虽在此时兴起，但考据学仍属于少部分学者的"癖好"，不过，明代考据学者的努力，虽不能根本扭转当时浮华的士风，但却稍稍透露出了儒学发展的内在诉求。一生酷爱读书思考的藏书家、考据家焦竑，显然难以接受这种风气，在他看来，经典著作是文化的载体，包含着往圣先贤开创、传承的各种实际的知识与天道性命的义理。因而，读书便是人获取知识、通晓义理的必要途径。对此，焦竑指出：

---

①　（清）王引之：《经义述闻》，中国训诂学研究会主编，江苏古籍出版社1985年版，第2页。

②　关于泰州学派在晚明的流行状况，从泰州诸人足迹遍天下的讲学实践及李贽的影响力中皆可感受到。此外，佛教尤其是禅宗在晚明时期亦进入复兴阶段，尤其是临济禅，代表人物有密云圆悟、汉月法藏、破山海明、费隐通融等人。关于晚明禅宗与佛教状况，可参见陈永革《晚明佛教思想研究》，宗教文化出版社2007年版；陈永革《阳明学派与晚明佛教》，中国人民大学出版社2009年版；Jiang Wu, *Enlightenment in Dispute: The Reinvention of Chan Buddhism in Seventeenth-Century China*, New York: Oxford University Press, 2008。

③　（明）焦竑：《与王方翁》，载《澹园集》，李剑雄点校，第115页。

④　（明）焦竑：《韩忠献》，载《焦氏笔乘》，李剑雄点校，第376页。

第二章 焦竑的考据学

> 世之切于用者，莫逾乎书，其易讹而难以还之古也，亦莫逾乎书。①
>
> 盖经之于学，譬之法家之条例，医家之难经，字字皆法，言言皆理，有欲损之而不能者。②

焦竑的这种看法与清代学者不谋而合，清代中期考据学最为鼎盛，其考据的主要对象正是古书，或者说古代经典。清代阮元谓"古书之最重者，莫逾于经"③，正与焦竑的观点相呼应④。古书、经典最切于用，又字字皆法、言言有理，读书自然是人们获得知识与义理的不二途径。不过，读书并非易事，其中存在一个大问题，即知识与义理虽无形，但作为载体的书籍却是历史中有形、实际的存在，书籍中所用的字在历史发展中也发生了字义、字形等方面的变化，因此，若要获得知识与义理，则需要读懂古书，而若要读懂古书，则涉及对字音、字形、字义、版本、辨伪等方面的考据。对此，焦竑表示：

> 人言汉世学童，能讽书九千以上，得补为郎，故其时精于小学。然蔡中郎以"豐"同"豊"，李丞相以"朿"为"宋"，子云以"三日"为"叠"，韩子以"自营"为"私"，自古博学通人，不能无失，况后世乎！盖自籀篆变，分隶兴，学者骛其支裔，迷厥本根，而柄文者亦复泾渭同流，淄渑莫辨，至于今而灭裂甚矣。⑤

在焦竑看来，随着时间的推移、字体书写等方面的变化，导致人们对字的理解出现偏差，对字的理解不准确会导致"迷厥本根"的问题，即不能对古书、

---

① （明）焦竑：《书文音义便考序》，载《澹园集》，李剑雄点校，第146页。
② （明）焦竑：《邓潜谷先生经绎序》，载《澹园集》，李剑雄点校，第759页。
③ （清）王引之：《经义述闻》，中国训诂学研究会主编，第1页。
④ 对此，嵇文甫也有类似看法，他认为："无论王学或禅学，都是直指本心，以不读书著名。然而实际上不是那样简单，每一个时代的思想界，甚至每一派思想的内部，常都是五光十色、错综变化的。在不读书的环境中，也潜藏着读书的种子；在痴心蔑古的空气中，却透露着古学复性的曙光。世人但知清代古学昌明是明儒空腹高心的反动，而不知晚明学者已经为清儒做了些准备工作，而向新时代逐步推移了。"（嵇文甫：《晚明思想史论》，东方出版社1996年版，第144页）
⑤ （明）焦竑：《书文音义便考序》，载《澹园集》，李剑雄点校，第146页。

经典进行真实准确的理解。他曾感叹：“今人不通字学，而欲读古书，难矣哉！”① 清代学者也意识到了这一问题，阮元认为：“经自汉晋以及唐宋，固全赖古儒解注之力，然其间未发明而沿旧误者尚多，皆由于声音文字假借转注未能通彻之故。”② 虽然古人对于经典有注疏，但是由于声音、文字、假借、转注等文字方面的问题，导致了人们对于经典的理解出现偏差。当不能真切地理解古书、经典时，人们就不能通过这些著作获得往圣先贤创造传承的知识与义理。对此，焦竑指出：

> 韵之于经，所关若浅显。然古韵不明，致使《诗》不可读；《诗》不可读，而正得失、动天地、感鬼神之教，或几于废，此不可谓之细事也。③

《诗经》是儒家极为重要的经典，但随着时代、地域、民族、文化的融合与变迁，古人作诗时的音韵已和后人的音韵不同，当人们以后世的音韵来读《诗经》时，经常会遇到不合韵的情况，后人常以叶音，亦即谐音来解决问题，但陈第主张不应以后世之音韵读《诗经》，而应以古人之音韵读之。因此，他撰写《毛诗古音考》，旨在对《诗经》文字的古韵、古音进行系统考察，如"服"字音为"逼"④，"友"字音为"以"⑤，"母"字音为"米"⑥，"家"字音为"姑"⑦ 等。陈第此书对清代音韵学的兴起颇有影响，《四库全书提要》中认为《毛诗古音考》是顾炎武的《诗本音》和江永的《古韵标准》的理论先导。⑧ 其实，陈第考据《诗经》的古代音韵的创作灵感源于焦竑"古诗无叶音"的考据学成果。焦竑之所以会发现古诗音韵的问题，是因为他的考据

---

① （明）焦竑：《徐广注误》，载《焦氏笔乘》，李剑雄点校，第59页。
② （清）王引之：《经义述闻》，中国训诂学研究会主编，第1页。
③ （明）焦竑：《毛诗古音考序》，载《澹园集》，李剑雄点校，第128页。
④ （明）陈第：《毛诗古音考》，康瑞琮点校，中华书局1988年版，第1页。
⑤ （明）陈第：《毛诗古音考》，康瑞琮点校，第3页。
⑥ （明）陈第：《毛诗古音考》，康瑞琮点校，第5页。
⑦ （明）陈第：《毛诗古音考》，康瑞琮点校，第9页。
⑧ 参见（清）四库馆臣《毛诗古音考提要》，载《毛诗古音考》，康瑞琮点校，中华书局1988年版，第1页。

学具有强烈的义理诉求。他认为考据古人音韵是读懂圣人经典的根本，如果不懂音韵，不仅《诗经》之类的经典文献会被误读，更不利于人们继承往圣相传的圣人之道。①

就此而言，焦竑找到了贯通考据学与义理学的可能性。在焦竑的哲学体系中，考据学是一种考据知识的学问和方法，但它不只是纯粹的知识考据。在"博约一贯"的圣人理想之下，焦竑将考据学视为"博文"的重要内容，这种"博文"虽涉及知识，但具有一种根深蒂固的义理导向与诉求，使得焦竑的考据学所涉及的范围有一个中心，即以成圣理想为宗旨，与其心学相配合、协调。这样，以义理学为导向的考据学，成了契入义理学的必要工夫。故此，焦竑才强调在探求义理学之前，必须经历小学工夫的训练，诸如"余少侍耿恭简公于南都，尝语余曰：'先哲谓为学无小学一段工夫，故根基不立。朱子作《小学》以补之是也。顾入孝出弟一章，幼学之大纲具矣。'因据为经，而择古嘉言善行胪列之为传，如朱子之例"②，"书之为用，至切而易谬，难明而易忘。……夫书有通于俗，无害于古者，从之可也。有一点一画，转仄从横，毫发少差遽悬霄壤者，亦可沿袭故常而不知变哉？此编所载其略也。学者能触类以求之，通经学古，此亦其津筏也"③等，均表明考据学既是通达知识的门径，又是契入义理的基础。

第三节　考据学与心学工夫的智识化

作为考据学家，焦竑在目录、版本、辨伪、辨谬、辑佚、名物制度等方面进行了广博的搜集与考据，建构了其知识考据的主体架构。作为心学家，焦竑又不满足于仅将考据学限定在纯粹知识的范围，而是将考据学囊括到博文约礼相贯通的成圣理想之中。这样，以往纯粹的知识考据成了焦竑成圣理

---

① 关于音韵的重要性，章太炎也曾有所说明："凡治小学，非专辨章形体，要于推寻故言，得其经脉，不明音韵，不知一字数义所由生。"（章太炎：《国故论衡》，河北教育出版社1996年版，第7页）进而，太炎先生指出："治小学者，在乎比次声音，推迹故训，以得语言之本。"（章太炎：《国故论衡》，第40页）可见，字字理解的准确与否关涉儒学义理的准确理解，准确把握字义的方法在于考据，而考据字义首应考据音韵。

② （明）焦竑：《小学衍义序》，载《澹园集》，李剑雄点校，第757页。

③ （明）焦竑：《俗书刊误自序》，载《澹园集》，李剑雄点校，第1179页。

想追求的"博文"部分，其心学则侧重"约礼"方面，在此，问题的关键在于，考据学与心学在焦竑哲学中如何贯通？其实，在考据学与心学之间，义理考据为考据学与心学的关联互通开启了端绪，在此，有必要在知识考据与义理考据的基础上，进一步探究考据方法与心学工夫的智识化关系，以期揭示作为"博文"部分的考据学与作为"约礼"部分的心学在焦竑的哲学体系中相贯通的具体环节。

考据学家往往推崇汉儒，以汉儒考据学成果为依据，焦竑亦延续了这种传统。焦竑有一部名为《易筌》的著作，此书被四库馆臣评为："是书大旨，欲以二氏通于《易》，每杂引《列子》《黄庭内景经》《抱朴子》诸书以释经。"① 据吴正岚教授考证，焦竑此书多次引用吴澄的《易纂言》，包括明引 8 条，暗用或化用 17 条。② 在这 17 条中，"焦氏最重视吴澄易学中的讲求训诂、论述卦象和卦主等层面。其中，论及错简、误字、字训等训诂问题者 8 条，分析卦象者 5 条，指出一卦之主爻者 3 条"③。进而，根据《易筌》对《易纂言》的引用情况，吴教授认为，焦竑对吴澄著作的引用实为其推崇汉代易学理论及易学训诂的表现。在《易筌》释易中，"汉人原作此解""两汉以前皆作此读矣"④ 等说法，恰是明证。

其实，焦竑对汉儒的推崇并非局限于易学，他在《老子翼》中引用汉代河上公与严君平的注解，且《澹园集》中《春秋左翼序》《诗名物序》《书文音义便考序》《题类林后》《故事》《职官》《仪注》《地里》《谱系》《古史序》《刻小学序》《和州儒学尊经阁记》《俗书刊误自序》等，均反映出焦竑对汉儒考据学的重视与推崇。不过，考据学家们为什么要推崇汉儒的考据呢？对此，有两种比较通行的说法。

（一）纠偏说。晚明心学的流行、禅学的复兴在某种程度上助长了当时空谈心性、妄称圣人的世风，这种完全凭借直觉体认的成圣学说因缺乏外在的、客观的标准而在实际生活中导致泛滥的弊端。因此，作为一种公共的客观标准，儒家经典日益得到重视，儒者们希望从这些经典著作中找寻儒家的真义、

---

① （清）永瑢：《易类存目二》，载《四库全书总目》第八卷，清乾隆武英殿刻本。
② 参见吴正岚《焦竑〈易筌〉对吴澄易学的沿革及其学术史意义》，《周易研究》2013 年第 2 期。
③ 吴正岚：《焦竑〈易筌〉对吴澄易学的沿革及其学术史意义》，《周易研究》2013 年第 2 期。
④ （明）焦竑：《易筌》第一卷，中国科学院图书馆藏万历刻本。

圣贤的标准、行为的轨范。① 就此而言，作为考据学家的焦竑对当时社会文化状况进行了深刻批判，如"近日士习，务华鲜实，高者剽掠词人涕唾，以相矜严，不复知有经学矣"②，"今弟子饱食安坐，典籍满前。乃束书不观，游谈无根，能不自愧"③，这些批判在"宦竖专权，宰臣失位"的"世道不臧"的时代，确实具有针砭时弊的纠偏意义。

（二）"去古未远说"。儒家的义理以往圣相传的经典为依据，在宋明以直觉体认为主导的新儒学时代，如出现义理分歧，则需要寻求原始儒家经典。但是，如何确定儒家经典的本义却成了难题，因为随着时间的推移、地域的差异，儒家经典中的文字的字音、字形、字义及书籍传抄、刻印等方面都出现了问题。为寻找儒学本义，后世学者们便以汉儒为准，汉儒的考据何以可靠呢？答案在于汉儒与圣贤生活的时代接近，即"去古未远"。有学者以清代为例认为："清代学者所以推崇汉儒，只是因为汉儒'去古未远'，比较后代的宋明臆说为更可信任。"④ 在某种程度上，"去古未远"并非汉儒考据可靠的充分条件，因为若仅以时间的先后而言，汉代之前的儒者似乎更加"去古未远"，但后世仍推崇汉儒考据。实际上，"去古未远说"还应加上一条，即汉儒特别注重考据传统，考据学在汉代得到发展，除秦朝焚书坑儒、书籍散佚等原因外，汉代人特有的科学精神也是原因之一。⑤ 这样，"去古未远"加上"汉儒重考据"才构成汉儒考据可靠且足以被后世推重的充分条件。按照这一逻辑，焦竑对汉儒的推崇，也是接受"去古未远说"的表现。

---

① 有学者指出，万历末年出现的《四书》讲章正是晚明时期反对空谈心性、回归考据训诂需求的一种反映。例如，周启荣认为："反空谈性理，重新重视名物训诂的趋势在万历末的《四书》讲章已见端倪。万历二十三年（一五九五），陈禹谟刊行《经言枝指》一百卷，其中有以考据《四书》名物的著述《四书名物备考》二十四卷。"并且，"万历末《四书》讲章重新提供名物知识及恢复汉人经说的趋势，到了天启朝更见明显"。周启荣《从坊刻〈四书〉讲章论明末考证学》，载郝延平、魏秀梅主编《近世中国之传统与蜕变——刘广京院士七十五岁祝寿论文集》，"中央研究院"近代史研究所特刊1998年第5期。
② （明）焦竑：《与王方翁》，载《澹园集》，李剑雄点校，第115页。
③ （明）焦竑：《韩忠献》，载《焦氏笔乘》，李剑雄点校，第376页。
④ 胡适：《费经虞与费密：清学的两个先驱者》，载欧阳哲生编《胡适文集》（3），第41—72页。
⑤ 冯友兰先生表示："自秦以降，汉人最富于科学底精神。所谓最富于科学底精神者，即其所有之知识，多系对于实际之肯定。"（冯友兰：《新理学》，载《三松堂全集》第4卷，第14页）汉儒"对于实际之肯定"，在学术方法上正与其主张以求真实为特色的考据相符合。也就是说，汉人的考据亦是其科学精神的一种体现。

不可否认，这两种说法均有道理，不过也各有问题。就纠偏说而言，这种说法认为儒者们意识到心学、禅学泛滥后可能的危险，因而尝试在儒学内部进行自我规约与限制，这样，对圣贤经典的考据才作为一种补偏救弊的方法出现。其实，这里有一个问题：如果焦竑旨在纠正心学泛滥之弊，那么，他的考据应主要关注圣贤经典，如同王阳明对《大学古本》的关注。但是，焦竑逸出儒家圣贤经典的范围，对佛教、道教、茶酒、医方、戏曲、事实、典故、风俗等进行广泛考据。从范围上看，焦竑并不局限于汉儒的经典注疏式考据。这表明，焦竑的考据虽有补偏救弊的作用，但其意义并非仅在于此。

同时，"去古未远说"标显了汉儒考据学的权威，不过，焦竑虽推崇汉儒，但却不迷信汉儒。他认为汉儒的考据并非无懈可击，也存在着有待进一步考据、梳理之处。如《焦氏笔乘》中有《史记多为后人淆乱》《史公疏漏》《徐广注误》《周破胡》《孙叔敖》《陈仁子不知文章宾主》《年月牴牾》《汉书真本》《汉职官与今制多同》《白马盟》《杨王孙文翁史失其名》《六尚》等笔记，表明焦竑并非完全遵循汉儒考据成果，而是试图对其进行修订、补充与发展。具体来说，我们可以从以下引文中看出焦竑对待汉儒考据的态度：

> 盖经之于学，譬之法家之条例，医家之难经，字字皆法，言言皆理，有欲益损之而不能者。孔子以绝类离伦之圣，亦不能释经以言学，他可知已。汉世经术盛行而无当于身心，守陋保残，道以浸晦。……向道之谓何？而卒与遗经相刺谬。此如法不禀宪令，术不本轩、岐，而欲以臆决为工，岂不悖哉！①

> 汉儒郑玄、贾逵、杜预、刘向、班固、刘熙诸人，皆号博洽，其所训注经史，往往多不得古人制字之意。姑以释亲言之，如云父，矩也，以法度教子也。母，牧也，言育养子也。兄，况也，况父法也。弟，悌也，心顺行笃也。子，孜也，以孝事父，常孜孜也。孙，顺也，顺于祖也。男，任也，任功业也。女，如也，从如人也。姑，故也，言尊如故也。姊，咨也，言可咨问也。夫，扶也，以道扶接也。妇，服也，以礼屈服也。妻，齐也，与夫齐体也。妾，接也，以时接见也。凡此率以己

---

① （明）焦竑：《邓潜谷先生经绎序》，载《澹园集》，李剑雄点校，第759—760页。

第二章　焦竑的考据学

意牵合,岂知古人命名立义,固简而易尽乎?今以六书及许慎《说文》考之。①

在此,焦竑虽然承认"汉世经术盛行"的状况,但又列举了汉代经术盛行导致的后果,即不切于身心修养,固守残旧,致使大道隐晦不彰。也就是说,在焦竑看来,以考据学为支撑的汉代经术的发达,会导致遗落身心、遮蔽大道的后果,正所谓"秦人焚书而书存,汉儒穷经而经绝"②。这种后果的危险性远远大于汉代经学从考据学成果中获得的益处。进而,对于汉代考据学本身而言,焦竑仍认为其有错误之处,比如他列举了郑玄、贾逵、杜预、刘向、班固、刘熙等汉代大儒,认为他们对先人造字原意的解读多出于自己的主观臆想,而非真实的了解。因此,焦竑根据六书理论与《说文解字》进行了重新的考据、释义。从这两条材料可以感受到,焦竑对于汉儒考据学本身乃至其后果都颇有异见。这也表明,他虽然推崇汉儒的考据学,但并非完全将此奉为圭臬。

对于汉儒考据学,焦竑既看到了优势,也发现了问题。汉儒以求真求实的考据来获取知识,这种学术方法值得肯定。然而,汉儒将此法贯彻得太过彻底,以至于凡事皆以考据待之,反而会趋于保守、搁置身心、遮蔽大道。有鉴于此,对汉儒考据学虽推崇但不迷信的焦竑,更倾向于把考据学由纯粹的知识考据转化为以义理诉求为导向的知识考据,即义理考据。在很大程度上,将汉儒的考据学置于义理语境之中,是作为心学家的焦竑专注于考据学的重要特点。这样,义理考据的出现,为焦竑打破考据学与义理学的坚冰提供了可能性。在探究焦竑的义理考据时,关注的是焦竑在字音、字形、字义、文字制定的原则与方法方面考据,其实,义理考据的探讨主要侧重小学工夫的方面,即从文字考据的角度揭示由考据学贯通义理学的可能性。在此,我们将进一步探讨义理考据的义理方面,即从考据方法的角度诠释义理的过程,这是考据方法与焦竑心学的智识化工夫相结合的内在环节,也是使考据学和心学达到博约一贯的关键线索。

---

① (明)焦竑:《汉儒失制字之意》,载《焦氏笔乘》,李剑雄点校,第228页。
② (明)焦竑:《秦不绝儒学》,载《焦氏笔乘》,李剑雄点校,第327页。

在义理考据的基础上，焦竑将考据学的智识化方法引入，作为呈现"赤子之心"的途径。对此，他表示：

> 盖赤子之心，人所有也，而意见牿之，利欲贼之，非所自有也。葆其所自有而祛其所本无，则小学者固蒙养之正鹄，而圣功之先鞭也，其可忽诸！①

> 《诗》《书》六艺之文，朝焉夕焉，咏歌服习，凡以保其本心而已。后世为教者，出于勉强袭取之劳，而常患乎难行，为文者在乎支离骄驳之习，而常患乎难知。彼岂不自以为奇，而于天性已离矣。吾未见失其赤子之心，而可为大人者也。赤子之心失，则不知在我者之足贵，与在彼者之不足玩。②

> 余少侍先师耿恭简公于南都，尝语余曰："先哲谓为学无小学一段工夫，故根基不立。朱子作《小学》以补之是也。顾'入孝出弟'一章，幼学之大纲具矣。"……夫天下之道备于人心，圣人能循而达之，非能夺其所有，而予以其所无也。③

据此可知，焦竑在学问上非常重视"赤子之心"。"赤子之心"的说法来自泰州学派的罗汝芳。在与人讲学、问答中，罗汝芳常以"赤子之心"为宗旨进行回应。对于罗氏的"赤子之心"，陈来先生视为一种自然具有的、不思而知、不虑而能的、当下的直觉与本能。④ 冈田武彦则主张："赤子之心，就是先天的道德心情，即像亲亲长长那样对于父兄的爱敬之心。"⑤ 在此，两位学者都承认"赤子之心"是一种当下即是的境界或状态。需要说明的是，罗汝芳的当下即是的状态并非完全脱略工夫。当有人问及"赤子之心，如何用工"时，罗汝芳指出：

---

① （明）焦竑：《刻小学序》，载《澹园集》，李剑雄点校，第757页。
② （明）焦竑：《小学衍义序》，载《澹园集》，李剑雄点校，第758页。
③ （明）焦竑：《小学衍义序》，载《澹园集》，李剑雄点校，第757—758页。
④ 参见陈来《宋明理学》，华东师范大学出版社2004年版，第283页。
⑤ [日]冈田武彦：《王阳明与明末儒学》，吴光等译，第175页。

第二章 焦竑的考据学

> 心为身主，身为神舍，身心二端，原乐于会合，苦于支离。故赤子孩提，欣欣长是欢笑，盖其时身心犹相凝聚。及少少长成，心思杂乱，便愁苦难当。世人于此随俗习非，往往驰求外物，以图安乐。不思外求愈多，中怀愈苦，老死不肯回头。惟是有根器的人，自然会寻转路。晓夜皇皇，或听好人半句言语，或见古先一段训词，憬然有个悟处，方信大道只在此身。此身浑是赤子，赤子浑解知能，知能本非学虑，至是精神自是体贴，方寸顿觉虚明，天心道脉，信为洁净精微也已。①

可见，罗汝芳主张将向外驰求之心转向身内，从而体认到浑解知能的赤子状态，这正是焦竑所谓的心悟状态。"赤子之心"既包含良知的本体层面心悟向度，又具有融入日常伦物生活的渗透性，并能够极为轻松地引起普罗大众的认可与共鸣。相较于阳明的"良知"，"赤子之心"更侧重于讲学、推广与日常生活实践。在很大程度上，"赤子之心"是阳明心学衍化出的一种"良知"的晚期形态。前文提到，焦竑的良知观涉及本体性的心悟状态与现实性的儒家伦理实践两方面，这正是罗汝芳"赤子之心"所具有的特点。这也就是说，焦竑在良知上接受了罗汝芳"赤子之心"的说法。

焦竑沿袭了罗汝芳的"赤子之心说"，这种继承主要体现在对心学的内容方面。也就是说，"赤子之心"具有本体与社会实践两种向度，因而焦竑将其视为阳明心学的一种新形态。如前所述，焦竑的心学除本体论与社会实践两个维度之外，还从名实关系的角度将智识化的"思"引入以直觉体认为工夫的心学之中。当焦竑将心之本体置于名实关系的语境中，便开启了他与罗汝芳所代表的直觉体认式的心学的决裂。具体言之，罗汝芳提倡"赤子之心"虽在表达方式与具体含义上稍别于阳明之心，但仍未超出以直觉体认为工夫的心学范围。比如，罗汝芳认为："此身浑是赤子，赤子浑解知能，知能本非学虑，至是精神自是体贴，方寸顿觉虚明，天心道脉，信为洁净精微也已。"②可见，罗汝芳将"赤子"或"赤子之心"视为一种"浑解知能"的状态，这虽肯定了知能的存在，但他并未从智识化的角度来理解知能。也就是说，他

---

① （明）黄宗羲：《泰州学案三》，载《明儒学案》，沈芝盈点校，第764页。
② （明）黄宗羲：《泰州学案三》，载《明儒学案》，沈芝盈点校，第764页。

并未将"赤子之心"所具有的知能视为一种名实关系中的智识化的"思",而是一种依靠个人直觉体认的"知能",即"浑解知能"。他主张在直觉体认"赤子之心"的过程中获得顿悟、澄明与自然体贴,这是王阳明及其后学关于心学的代表性说法。

反观焦竑,他既接受罗汝芳的"赤子之心",又将智识化的方法引入直觉体认的心学。前文提到,焦竑将智识化的名实关系引入心学,进而,在探讨"学"的工夫时,他又特别强调智识化的"思"的关键作用。如果说这两点是焦竑在心学内部进行智识化改造的两个表现,那么,在经过考据学的长期、深入训练之后,焦竑的思维模式的智识化已根深蒂固。这样,在面对心学时,焦竑不再纯粹以直觉体认的工夫来看待问题,而是加强智识化视角的分析解读。也就是说,焦竑在汉儒的考据学与罗汝芳的心学之间进行了"博文"与"约礼"的融会贯通。他接受了汉儒的考据学,但未将考据学视为学术思想的全部,而是重视考据学所代表的智识化的学术方法;他接受了以"良知""赤子之心"为代表的阳明心学以及直觉体认的工夫路径和博约一贯的圣人境界。因此,焦竑将智识化的考据学方法"嫁接"到了直觉体认的心学之中。这样来看,焦竑的考据学并非旨在破斥心学,而是助力、弘扬心学。因此,焦竑的心学是一种考据学与心学相贯通的智识化心学,此学以智识化方法规约晚明心学在直觉体认工夫方面的泛滥,为晚明心学的发展开辟了一条新径。①

那么,考据学如何与心学相贯通呢?义理考据是贯通双方的关节,由此,考据学的智识化方法与心学的智识化方法相接契,而且均以成圣为终极追求。这样,在共同的理想追求与学术方法的基础上,考据学可以与心学相贯通。对此,焦竑表示:

---

① 需要说明的是,焦竑的智识化的心学形态将智识化的思维方式引入传统的直觉体认工夫,以此来阐明心学本体论、工夫论与境界论的理论形态,这与将良知置于自然科学领域内进行研究有实质的不同。"良知"不能成为自然科学的研究对象,这一点李承贵教授曾有论述,他认为:"科学强调知识必须通过归纳方法获得,'良知'不能遵守此规则;科学强调知识必须接受实验验证,'良知'不能接受此要求;科学认为人的知觉和意识是经由长期进化而发生、成长的,而'良知'是天赋的;进化论主张知识是可损益增减的,'良知'则是圆满无缺的。"[李承贵:《"良知"的沦陷及其省思——智识化解释的向度》,《贵阳学院学报》(社会科学版)2016年第6期]不过,"良知"虽与科学知识不同,不能通过科学方法进行对象化研究,但可以一种智识化的方式进行阐释、呈现,在很大程度上,焦竑的智识化方法是一种客观的、对象化的、分析的阐释方法。

性道一耳。孰为性，孰为道，孰闻性道？故可得而闻，犹成二也；不可得而闻，乃真闻也。噫！世知性不可得而闻，恶知夫文章不可得而闻乎？知文章不可得而闻，则文章固性道也。①

孔子言"默而识之"，非默于口也，默于心也。默于心者，言思路断，心行处灭而豁然有契焉，以无情契之也。以无情契之，犹其以无言契之也，故命之曰"默"。夫有所学则厌，默识以为学，学不厌矣；有所诲则倦，默识以为诲，诲不倦矣。有非默也，故曰："何有于我哉？"虽然，真能默识者，即有亦未尝不无，此又未易以有无论也。②

或言："孟子说性善，如何？"先生曰："论性之本体，善亦无有，何有于恶？孟子谓战国时人心驰骛功利，丧失其良心，特提掇一'善'字以示之，终不如先师'性相近，习相远'之语，更觉浑然。《易》云：'继之者善。'继如子之继父，绳绳一派，然因子以见其父则可，谓子即是父则不可。善学者当自得之。"③

程生浑之问："'克己复礼'，如何体认？"先生曰："'己'与'礼'难辨，盖我所独者为己，是执己见而不能同人，此非礼之礼也。大氐动以天为礼，生于人为己；由中出者为礼，从外入者未己。果能克己，则言语道断，心行处灭，入于孔子绝四之域矣。"④

在此，当面对"性道一耳"的命题时，焦竑连续提出"什么是性""什么是道""什么是性道"三个问题，这三个问题均是一种以"性""道"与"性道"为对象的智识化的追问。类似于有人向禅师提问"如何是佛""如何是祖师西来意"等问题，提问者可能会受到禅师的当头棒喝，或得到明显答非所问的回应。因为这种对象化的提问方式已经造成了人们对"佛"的误解、遮蔽。同样，"性""道"与"性道"在心学中也属于不能通过语言直接说明的对象、一种言语道断的存在。当焦竑以这种提问方式介入它们时，在某种程度上将这种直觉体认的境界问题转化为一种智识化的知识问题。同时，焦

---

① （明）焦竑：《读论语》，载《焦氏笔乘》，李剑雄点校，第255页。
② （明）焦竑：《读论语》，载《焦氏笔乘》，李剑雄点校，第247页。
③ （明）焦竑：《古城答问》，载《澹园集》，李剑雄点校，第727—728页。
④ （明）焦竑：《古城答问》，载《澹园集》，李剑雄点校，第728页。

竑对这种对象化提问的回应也是一种智识化回应，而非对自我切身体认的描述。可见，在禅宗及阳明心学的语境内，对象化的提问是被禁止的，而焦竑却积极、正面地提倡这种提问方式。

焦竑著有《焦氏四书讲录》一书，在讲论四书时，他注重对关键性的名词概念进行智识化分析。例如，在解读"长国家而务财用者"一节时，焦竑认为，"此章于用人说仁人，于理财说仁者，仁字是因絜矩说来，絜矩是恕，恕是为仁的方法"①。"仁"是儒家哲学的核心概念，焦竑对"仁"字进行了智识化分析，以推己及人的"恕"来彰显"仁"的伦理实践义涵。同时，他也常常引用朱熹、阳明的言论作为回应问题的知识性论断。在前面的引文中，对于《论语》《孟子》中的"默而识之""性善"与"克己复礼"，焦竑的解读虽采用了颇具直觉体认色彩的心学话语，如"言思路断"，"心行处灭而豁然有契焉"，"言语道断，心行处灭"，"入于孔子绝四之域"等，但难以从他的回应中感到心学家十分强烈的直觉体认色彩。这是因为在回答学生、友人提问时，焦竑并不主要根据直觉体认作答，而是多采用别人关于心学切身体认的描述话语来回应问题。特别是在回应"性善"问题时，焦竑将孟子的"善"与孔子的"性相近，习相远"对比，认为孔子的提法更为浑然通透，并引《易》"继之者善"进行逻辑推论，证明自己这一解读的合理性。可见，焦竑虽采用传统的心学话语，但他的解读却是智识化的。也就是说，他在心学的直觉体认工夫之中引入一种智识化的知识话语。由此可见，名词概念的智识化分析与体验性话语的智识化引用，正是在考据学的智识化方法影响下而导致的心学工夫的智识化，这是考据学与心学相贯通的表现，构成了焦竑的智识化心学的运作方式。

如前所述，直觉体认确实可以使人契入圣人境界，就此而言，直觉体认无疑是最佳的方法。直觉体认工夫的优势在于以超言绝相、不落言筌的方式呈现圣人境界，但它的劣势也根植于此，因为直觉体认具有强烈的个体性、偶然性与不可验证性，直觉体认通达的圣人境界对他人而言具有不透明性，因而缺乏一种客观的、公共的标准或手段来验证一个人是否真实地通达圣人境界。阳明学发展至晚明，这一问题在泰州学派的足迹遍天下的讲学过程中

---

① （明）焦竑：《大学卷一》，载《焦氏四书讲录》，明万历刻本。

第二章 焦竑的考据学

被无限放大，心学因缺乏客观公共性标准而导致泛滥。实际上，心学的直觉体认工夫虽然有效、直接，但却有极高的要求，并非人人唾手可得的轻易之举。

焦竑的智识化心学正是针对这一弊端而起的。将考据学的智识化方法引入直觉体认的心学，可以打破直觉体认工夫的个体性、神秘性，通过智识化的语言分析以建立直觉体认的客观公共性标准。对此，焦竑表示："圣人之道微，非言无以通之。"① 可见，他肯定语言是通达圣人之道的有效途径，同时语言又是人人可及的公共性工具。因而，在直觉体认的工夫基础上，对语言进行智识化的分析，可以从一种客观的、公共的途径来呈现博约一贯的圣人境界。② 当听闻智识化的心学时，也许很多学者会予以批判，认为智识化方法与心学截然不同，不可混为一谈。这种批判有其道理，因为这种批判的观点注意到了智识化方法不能完全透显良知境界。不过，焦竑的心学并非完全以考据学的智识化方法来取代心学的直觉体认工夫，直觉体认与智识认知这两种方法在"博文"与"约礼"相贯通的圣人境界的语境中得以会通。在很大程度上，智识化的心学是应时代需求而产生的一种阳明心学的发展新径。③

---

① （明）焦竑：《题四子会解》，载《澹园集》，李剑雄点校，第893页。

② 焦竑从智识化来理解良知问题，在某种程度上是将良知问题转变为一种知识问题。艾尔曼指出，从明清儒学转向角度看，由哲学性的新儒学转向考据学，反映了儒家从追求道德至善向对经验性的可证实的知识的实用性研究的转向。焦竑的智识化的心学形态，在某种程度上可以被视为这一转向过程背景下从心学内部产生的一种探索。（Benjamin A. Elman, *The Unravelling of Neo-Confucianism*: *The Lower Yangtze Academic Community in Late Imperial China*, PhD dissertation, University of Pennsylvania, USA, 1980, p. 78）同时，从西方知识论的角度看，知识得自人的感觉（senses），具有一种精确的、可定义的意义，人们虽不能知其全部内涵，但却能掌握其得出的程序以及验证的标准。但那种关于感觉无法通达的对象的形而上学的知识，却是无意义的。（Philip Chapin Jones, *The Nature of Knowledge*, New York and London: The Scarecrow Press, Inc. 1964, pp. 180 – 181）依此看来，焦竑将这种超言绝相的本体层面的良知落实到知识层面，在某种程度上为人们认识良知提供了一种现实的经验基础，为人们验证良知提供了一种相对客观的、公共性的标准。

③ 值得注意的是，焦竑智识化的方法落实于对语言的分析，但他并未因此将语言视为与"道"同等的存在，他始终坚持语言的工具性，清醒地认识到语言虽可以揭示"道"，但不能代替"道"。对此，他指出"圣人之道微，非言无以通之。言也者，道之筌蹄，而非道也。昔人以先觉者立其名，传其义，遂使后世循其名，失其旨，党同伐异，哓哓不已。远哉其分于道矣！……夫学患无知，尤患于有知。惟至未之或知，而知泯，艮其背，咸其晦，而见息，则名言所全皆筌蹄也"。（明）焦竑：《题四子会解》，载《澹园集》，李剑雄点校，第893页。可见，焦竑在智识化方法的运用上，非常注意语言角色及其限度。

本章小结

作为晚明泰州学派代表人物的焦竑，虽接受了阳明心学的立场、工夫与境界，但又不拘泥于心学家专注于身心体认的刻板形象，反而对考据学颇感兴趣。在长期的读书、讲论与备考科举的学思历程中，焦竑在考据学方面亦颇有建树。焦竑的考据学成就可划分为"知识考据"与"义理考据"两方面。

在"知识考据"方面，焦竑对目录、版本、辨伪、辨谬、辑佚、名物制度等展开考据，这些考据学成果内容广博，多为无序的知识条目的汇总，缺乏较为清晰的系统性。同时，焦竑的知识考据也并非完全出于其手，其中不少内容都是抄录、记载他人的考据学成果，不过，其中有的条目列出了原文出处，有的部分则没有。这种考据学所得的知识虽然较为零碎，但与其他考据学家以求真为目的不同，焦竑将纯粹的知识考据置于义理学的背景下，使其成为"博文"与"约礼"相贯通的圣人境界的一部分。接下来，作为"博文"的知识考据与作为"约礼"的心学之间如何贯通，是焦竑面对的重要问题。

进而，焦竑将知识考据延伸到义理层面。在"义理考据"方面，焦竑通过考据文字的字音、字形、字义与制定文字的原则和方法，可以穿透地域、时代、风俗、文化的变迁，还原圣人之道的原义。这是从以求真为目的的考据学方法，推进到以求善为宗旨的义理学过程。这表明，作为"博文"的知识考据经由义理考据的中间环节而与作为"约礼"的心学相贯通，由此可见，心学与考据学在焦竑的哲学体系中并非余英时所谓的"两橛"关系，而是一种相辅相成、一以贯之的关系。换言之，焦竑的心学离不开其考据学，考据学为心学的智识化提供了方法论保障；焦竑的考据学也离不开其心学，心学为考据学的义理化确立了本体论基础，心学与考据学的相辅相成、一以贯之，为实现博约一贯的圣人境界提供了本体论与方法论的依据。

第三章　焦竑的三教观

在宗教融合的时代趋势下，三教观似乎成为晚明儒者不能回避的问题。从泰州学派传统来看，王艮与其子王襞基本与佛道无涉，但泰州后学诸如颜钧、何心隐、罗汝芳、管志道、杨起元等均与佛道有关。其中，颜钧以个人体悟证道经验为主，将心学宗教化①，罗汝芳在良知观上则多受道教影响②。也就是说，自颜钧以来，泰州学派对于佛道的态度出现了从无涉到融摄的转变。传至焦竑，他深涉佛道之学，其师耿定向曾经劝诫他区分儒学与佛学，仍未能消解他以佛道解儒的兴趣和热情。为此，焦竑还专门写信与耿定向据理力争。实际上，作为泰州学派先锋人物，焦竑可谓深涉佛道。他曾在佛寺读书二十多年③，编著有《楞严经》《楞伽经》《法华经》与《圆觉经》的

---

① 对此，余英时曾有所论述："我读他（颜山农）的全集，包括不少诗、歌，差不多全讲的是他个人'证道'的宗教经验。他的一切文字都必须从宗教层面去了解，才能显出他的特色。"［美］余英时：《士商互动与儒学转向——明清社会史思想史之一面向》，载郝延平、魏秀梅主编《近世中国之传统与蜕变——刘广京院士七十五岁祝寿论文集》上册，"中央研究院"近代史研究所特刊1998年第5期，第47页。

② 有学者指出罗汝芳的良知说虽来自阳明，但亦与道教概念有关。比如，Yu-Yin Cheng 认为"罗近溪的良知、良能概念显然承受自阳明的核心思想，但他对良知、良能的探讨也始于一种引导性的情境，他也引入了'天启'（heavenly endowment）这一道教哲学概念"。（Yu-Yin Cheng, "Pursuing Sagehood Without Boundaries: The T'ai-chou School's Message and Lo Ju-fang's Intellectual Development, 1515 – 1553", 载郝延平、魏秀梅主编《近世中国之传统与蜕变——刘广京院士七十五岁祝寿论文集》上册，"中央研究院"近代史研究所特刊1998年第5期，第829页）

③ 焦竑在万历十七年约五十岁时成为状元，结束了长时间的科举历程。在获第后，他曾给僧人鲁庵写过一封信，信中说："一别不觉三易岁朔，日月如流，未能一修法席之问，愧罪不可言。鄙薄系恋浮名，久而未舍。顷获一第，回忆修业廿年，在上刹者强半，中间调护备至，有骨肉所不能及者。仆方为时疏弃，而师雅眷有加无替，乃知道在世外，良非虚语。"（明）焦竑：《与鲁庵》，载《澹园集》，李剑雄点校，第114页。焦竑提到为准备科举，在佛寺读书二十年。据余英时考证，"二十年"并非实指，"它指的是焦竑1564年中举到1589年最终成状元这段时间。在非正式的文字中使用整数，这在中国传统中是个惯例"。（Ying-shih Yu, "The Intellectual World of Chiao Hung Revisited: A Review Article", *Ming Studies*, 25, 1988, p.30）可见，尽管焦竑是为准备儒家的科举考试，佛教亦在其中起到了重要作用。

"精解评林"系列。同时，他反对仙道修炼，但提倡老庄之学，著有《老子翼》《庄子翼》《阴符经注》等，并刊刻了《盘山语录》。就此而言，龚鹏程将焦竑视为"摄道归佛的儒者"，也不无道理。对佛道背景如此深厚的焦竑而言，三教观在其哲学体系中处于什么位置呢？

从焦竑的哲学体系来看，心学与考据学是"约礼"与"博文"的一贯，为成圣理想奠定了义理与知识基础。在智识化心学背景下，考据学在焦竑哲学中由单纯的知识考据进阶为成圣理想的"博文"环节，那么，焦竑在"学礼"方面的智识化心学，其来源仅仅是儒学吗？在很大程度上，作为实现成圣理想内在环节的"约礼"，与佛道之学关涉甚深。按钱新祖先生的说法，三教融合的历史源远流长，这种融合多是保证儒、佛、道三教的宗派本位的融合，但三教融合的趋势发展到晚明时期，打破了以承认三教本位为前提的"部门化"的三教融合模式，进展为超越三教本位的"非部门化"的融合阶段。受时代思潮的影响，焦竑在三教观方面接受了超越三教本位的融合模式，正是这种三教观为焦竑提供了以佛道之学诠释儒学，特别是诠释心学的合理性与可能性，这是焦竑不听从其师耿定向的劝告，执意以佛道之学诠释心学的信心所在，这也是促使心学及其工夫走上智识化新径的重要原因。

那么，焦竑的三教观包括哪些内容？这些内容如何展开？同时，焦竑的三教观与心学有何关系？它又如何与考据学、心学统一，以完善焦竑智识化的心学体系？大体上看，焦竑的三教观包括三教互释与三教一贯两个方面，这种互释与一贯主要是三教之学的互释与一贯，带有对观念、思想进行知性分析与解读的智识化色彩。智识化的三教观为焦竑在心学本体论方面的智识化提供了助力，这样，与考据学夯实"博文"方面相应，三教观成为诠释成圣理想之"约礼"方面的依据。接下来，本章将对相关问题展开具体探讨。

第一节 三教互释

作为晚明时期深涉佛道的儒者，焦竑在潜移默化中形成了一套较为独特的三教观。对此，钱新祖予以特别关注，他主张："焦竑借由暴露出儒者对

第三章　焦竑的三教观

佛、道的批评与'事实'相左,以及挑战他们对儒学的观念,与他们正面交锋。在交锋的过程中,焦竑试图建立三教合一,不仅仅是就三教作为教义的诸多特定性间的相互关联而言,也是就三教乃是终极真实的道的语言性具现的地位而言。"① 钱先生对焦竑三教观的定位,为后续研究提供了前提。从三教观角度看,焦竑虽承续了泰州学派涉及佛道的传统,但在三教观方面却与颜山农、罗汝芳、管志道、杨起元等人有所不同。相较于重视直觉体认、宗教修行的三教观,焦竑更侧重三教之学的相互诠释,这是焦竑在三教观方面智识化的第一步。在此,我们将焦竑的三教互释分为以道释儒、以佛释儒、以佛释道与以道释佛四个方面,进行具体探究。

一　以道释儒

作为泰州学派的儒者,焦竑不仅对道家之学颇为关注,而且将道家之学作为诠释和理解儒学的一种理论视角。那么,焦竑如何以道家之学解读儒学呢?例如,焦竑曾以《关尹子》的思想诠释孔子"不亿不逆"之"亿",他指出:

> 道不可知,求之者争为卜度,皆孔子所谓亿也。毋论亿而弗中,中亦奚益?《关尹子》曰:不知道,妄意卜者,如射覆盂,高之存金存玉,卑之存石存瓦;是乎,非是乎?唯置物者知之。噫,藉令覆盂之下,而无所置也,射者不为徒劳乎?一旦彻其覆而亲见其无一物也,然后知向之金玉瓦石,意见芬芬,皆为妄想。②

在《论语·宪问第十四》中,孔子有"不逆诈,不亿不信,抑亦先觉者,是贤乎"的说法。《论语集注》诠释为:"逆,未至而迎之也。亿,未见而意之也。诈,谓人欺己。不信,谓人疑己。"③ 同时,《论语正义》也强调:"逆诈者,以诈意逆猜人。"④ 所谓"逆"即预先判断,所谓"亿"即主观臆测。孔

---
① [美]钱新祖:《焦竑与晚明新儒思想的重构》,宋家复译,第116页。
② (明)焦竑:《读论语》,载《焦氏笔乘》,李剑雄点校,第272页。
③ (宋)朱熹:《论语集注》,载《四书章句集注》,第156—157页。
④ (清)刘宝楠:《宪问第十四》,载《论语正义》,河北人民出版社1988年版,第320页。

子强调，不应预先猜忌别人欺诈自己，也不应主观臆测别人怀疑自己，这是孔子所认定的贤者标准。在先秦儒学语境中，孔子主要从日常伦理生活的层面进行道德教化，焦竑则借助道家之学为孔子的说法开启了形而上学维度。在此，他引用《关尹子》的观点诠释孔子之说。《关尹子》认为，"道"是不可被对象化认知的本体，求道之人在不能认知"道"的情况下，往往会臆测卜度。如同卜算、猜测覆盂中所藏之物的游戏，或者可以是高级的金玉之物，或者可以是平常的瓦石之物，至于到底是何物，只有放置此物的人知晓。如果覆盂之中没有放置任何物件，卜算、猜测的人便是徒劳。当翻开覆盂亲眼见到空无一物时，即知道卜算、猜测的金玉瓦石都是妄想之见。在此，焦竑发现了孔子之学与道家之学的共同点，孔子强调不主观卜度臆测他人之德性，关尹子主张不主观卜度臆测"道"。这样，以不主观卜度臆测为切入点，焦竑将"道"的本体性引入孔子之学中，为孔子日常伦理生活层面的道德教化增添了形而上学的维度。因而，在借鉴道家之学的背景下，焦竑给出了"不逆诈，不亿不信"的新解读，进而与其心学相关联："人施诈，不信于我，常情必亿逆应之，而亿逆每忒。夫不亿不逆，而亦能先觉，此人心自有之明，不必圣人也，而人率以意失之，惜哉。盖此心之觉，自神自明，不虑而知，不学而能，吾能不以亿逆乱之，斯贤于人耳。非贤其觉也，贤其不以亿逆乱吾觉也。"①

在以道家之学诠释孔子观点的同时，焦竑以老子哲学的"赤子"概念解读孟子哲学中的"赤子"思想。对此，他指出：

> 孟子言："孩提之童，无不知爱其亲也。"又言："大人者，不失其赤子之心者也。"孩提之童与赤子异，赤子始生，块然纯朴，非无天地万物，而不知天地万物，识未生也。孩提之童则知识生，混注凿矣。大人知识，千转万变，而不失赤子之心，处弱丧而得大归者也。老子曰："如婴儿之未孩。"又曰："含德之厚，比于赤子。"皆此意。②

---

① （明）焦竑：《读论语》，载《焦氏笔乘》，李剑雄点校，第267—268页。
② （明）焦竑：《读孟子》，载《焦氏笔乘》，李剑雄点校，第279页。

孟子哲学中区分了"赤子"与"孩提之童",前者是刚刚出生,尚未具有认知能力的婴儿,这是一种块然纯朴的前认知阶段,后者则是已具有认知能力,能够获得知识的儿童,这是一种打破块然纯朴状态的认知阶段。按孟子的说法,儒家意义的"大人"是一种身处认知阶段,但能够保持住其"赤子之心"的人生境界或状态。在此,焦竑以老子哲学的"婴儿""赤子"来诠释不失去赤子之心的儒家意义的"大人",其入手处在于这两种学说都推崇前认知阶段的赤子状态。不过,老子哲学的"婴儿""赤子"在前认知的人生阶段之外,还是"道"的一种呈现状态,故而才能"含德之厚"。这样看来,与诠释孔子之学类似,焦竑用道家之学的"赤子"诠释孟子哲学的"赤子",使孟子乃至儒家"赤子"概念具有本体论色彩,在某种程度上,这也与晚明心学强调的"赤子之心"相契合。

二 以佛释儒

在以道家之学诠释儒学概念与观点的同时,焦竑亦深入佛教之学。这样,在面对儒学时,焦竑常从佛教之学的角度对儒学进行诠释与解读,揭示儒家思想的新面向。例如,焦竑曾以《净名经》诠释《论语》与《中庸》,他指出:

> 孔子言己空空无所知,唯叩问者是非之两端而尽言之,舍此不能有所加也。盖孔子自得其本心,见闻识知,泯绝无寄,故谓之空空。然非离鄙夫问答间也。《净名》云:"言语文字,皆解脱相",所以者何?解脱者,不内不外,不在两间;文字亦不内不外,不在两间,是故无离文字说解脱相。世人作无著任缘之解,既堕邪观,起寂然冥合之心,亦存意地,于本地风光,有何交涉?昔有学者,问于师曰:"不作意时,还得寂然否?"答曰:"若见寂然,即为作意。"噫,此空空之妙诠也。[①]

> 或疑致中和,何以天地位,万物育?余曰:天地万物,自位自育。中和未致者,以为不位不育。《净名经》:"舍利弗言:'我见此土,丘陵坑坎,荆棘砂砾,秽恶充满。'螺髻梵王言:'仁者心有高下,不依佛慧,

---

① (明)焦竑:《读论语》,载《焦氏笔乘》,李剑雄点校,第273—274页。

故见此土为不净耳。譬如日月，岂不净耶？而盲者不见，是官者过，非日月咎。众生罪过，不见如来，佛国严净，非如来咎。'又云：'譬如诸天共宝器食，随其福德，饭色有异。饭岂有异，异自天耳。'"①

《净名经》之"净名"即"维摩诘"，译经者鸠摩罗什表示"维摩诘，秦言净名"②，维摩诘有疾，文殊师利等菩萨前来探问，共论佛法，此"问疾之会，由净国之集，净国之集，由净名方便。然则此经始终所由，良有在也。若自说而观，则众圣齐功；自本而寻，则功由净名。源其所由，故曰'维摩诘所说'也"。因此，这部经亦名为《维摩诘所说经》或《维摩诘经》。同时，此经所谈之旨"微远幽深，二乘不能测，不可思议也。纵任无碍，尘累不能拘，解脱也"③，故又名为《不可思议解脱经》。此经弘扬大乘佛教般若性空思想，注重善巧方便，强调不脱离世间而求解脱的不二法门，这种思想为士人君子在世间寻求超越、解脱提供了可能性。比如，《净名经》主张"言说文字，皆解脱相。所以者何？解脱者，不内不外，不在两间。文字亦不内不外，不在两间。是故舍利弗，无离文字说解脱也。所以者何？一切诸法，是解脱相"④。解脱的境界消解了内、外以及内外两间的分别，言说文字其实也不存在内、外以及内外两间的分别，就此而言，言说文字非但不是阻碍人们解脱的障碍，反倒与解脱境界相即不离，这为焦竑从智识化的角度以佛释儒提供了理论依据。

在《净名经》的影响下，焦竑将这种文字解脱的佛教思想融入儒家经典的诠释之中。例如，在诠释《论语·子罕》的"空空如也"时，焦竑认为"空空如也"的"无知"状态，是孔子不离是非两端而尽言之的自得本心、泯绝见闻识知的境界，这种境界相当于《净名经》所言的与语言文字相即不离的解脱境界。孔子之"空空"并非脱离任何因缘条件的解脱，而是在语言文字中实现世间与出世间相即的真正解脱。同样，焦竑将《净名经》的思想融入对《中庸》"天地位，万物育"的诠释之中。当有人怀疑

---

① （明）焦竑：《读中庸》，载《焦氏笔乘》，李剑雄点校，第278页。
② （后秦）鸠摩罗什译，僧肇注：《维摩诘所说经》，黑龙江人民出版社1994年版，第1页。
③ （后秦）鸠摩罗什译，僧肇注：《维摩诘所说经》，第1页。
④ （后秦）鸠摩罗什译，僧肇注：《维摩诘所说经》，第101页。

"致中和"的人生境界如何能够达到使天地各安其位，万物各得其养的效果时，焦竑以舍利弗为例说明"天地位，万物育"并不是如何在客观上使天地万物各安其位、各行其道的问题，而是关于人的主观境界能够贯通天地万物的问题，如同舍利弗所见为污秽而非净土，原因在于"仁者心有高下，不依佛慧，故见此土为不净"，这是个人之过，非日月之咎。在此之外，诸如以"顿门"诠释"仁远乎哉？我欲仁，斯仁至矣"①，以"无有少法可得，是名菩提"诠释"默而识之"②，等等，形成了焦竑以佛释儒的诠释路径，这样，佛教思想被引入儒家经典的诠释之中，为注重日常伦理生活的儒学开显了形而上维度。

三　以佛释道

作为泰州学派心学后劲，焦竑不仅秉承了王阳明以来的心学传统，而且对佛道之学兴趣颇足。对于佛道之学，焦竑在以其作为诠释儒学的理论依据的同时，还常以佛教之学诠释道家之学。如前所述，焦竑在以佛释儒时曾以《净名经》诠释儒家经典，不仅如此，他还将《净名经》运用于道家之学的诠释之中。在《庄子翼·知北游第二十二》中，焦竑认为：

> 无为谓之真是也，以其不言也；黄帝之不近也，以其言之也。此特相与激扬此一大事耳，黄帝之于道，实非减于无为谓也。《净名经》诸菩萨共论不二法门，净名独默然无言，意以无言为至矣。乃舍利弗默然，天女不之许也。曰：解脱者不内不外，不在两间，言语文字，亦不内不外，不在两间。是故无离言语文字说解脱相也。知此则言默一如，知不知一体，有思有虑，亦可以知道。有处有服，亦可以安道。有从有道，亦可以得道。何以故思虑尽空处，服无所从，亦无从道，实非道故耳。③

在《知北游》中，"知"提出了"何思何虑则知道""何处何服则安道"与

---

① （明）焦竑：《读论语》，载《焦氏笔乘》，李剑雄点校，第253页。
② （明）焦竑：《读论语》，载《焦氏笔乘》，李剑雄点校，第250页。
③ （明）焦竑：《知北游第二十二》，载《庄子翼》，清文渊阁《四库全书》本。

"何从何道则得道"三个问题,"无为谓"没有回答这些问题,"狂屈"想要回答,但又忘其所欲言,"黄帝"则给出了明确回答"无思无虑始知道,无处无服始安道,无从无道始得道"。表面上看,"无为谓"是真正的知道之人,"狂屈"是近似知道之人,"黄帝"是不知道之人。其实,"无为谓"因知晓道的超言绝相而真正知道,"狂屈"因能忘其所欲言而对道有所体认,黄帝知晓所言之道并非真正之道而对道有所认知。这样看来,无言、忘言与有言三者实际上都是对不可思议言说之道的认知方式。在此,焦竑借助《净名经》的思想对《庄子》的观点进行了引申。在他看来,《净名经》中存在两种情况,一是维摩诘以默然无言的状态为最高境界,二是天女批评舍利弗以默然无言为最高,而主张不离语言文字说解脱相。这两种或以无言为最高,或以有言为最高,说明语言文字的有与无不是判断是否契入最高境界的标志。语言和解脱两者都不落入内、外以及内外两间的分别之中,即"言"与"默"一如,"知"与"不知"一体,抛弃语言文字而求道,其所求之道并非真正之道。由此反观《庄子》中"知北游"的寓言,"无为谓"与"黄帝"分别代表"默"与"言"的两种状态,其实,这两者之间并无高下之别,都是认知"道"的一种方式。并且,对"道"的默识离不开语言思虑,对"道"的语言思虑也不能脱离默识,"默"与"言"、"知"与"不知"本是一体。

同时,焦竑在诠释道家之学时,从禅宗的角度深入辨析了"知"与"不知"的问题,进而延伸到其知性、复性的工夫论。在《庄子翼·缮性第十六》中,焦竑认为关于"缮性于俗学"与"滑欲于俗思"注解,往往不能明其宗旨。对此,他指出:

> 性非学不复,而俗学不可以复性;明非思不致,而俗思不可以求明。谓之俗者,对真而言,盖动净即乖,况于缮拟,心即差况。于思非惟无以彻,其覆而祗益之蔽耳。悟者,无为自然之谓。夫谓之养知,若有心于知矣。不知,知体虚六泯绝无寄,盖有知而实无以知,为以恬养知,乃复性致明之要。知即人之觉性,是性也,可以恬养之,而不可以学缮之,思乱之者也。故又谓之以知养恬,恬即禅家所谓无知者也。知即禅家所谓知无者也,即恬之时,知在恬,即知之时,恬在知,

故曰知与恬交相养也。如此，则道德仁义忠礼乐，无不一贯之，如木之有根，而华实并茂，所必至者不得谓之偏行也。若不出于性而第求之，礼乐则逐末忘本，支离于俗学，而天下乱矣。何也？知恬交相养，则仁义礼乐混而为道德，知恬交相失，则道德枝而为仁义礼乐，此学术真俗之辨也。[1]

据此可知，焦竑认为复性目标的实现，有赖于"学"的工夫；明性，亦即知性目标的完成，有赖于"思"的方法。不过，"学"与"思"皆有"真"与"俗"之分。俗学、俗思不能达到复性、知性的结果，复性、知性需要借助真学、真思。按焦竑的说法，复性致明的关键之处在于"以恬养知"，此处的"恬"是一种"自然之谓"的状态，其所"知"是一种"知体虚无泯绝无寄"的"有知而实无以知"的状态。这样，人们对于"性"应在无心之自然的状态中进行契悟，而不是对其展开存心作意的修缮和思维。实际上，在"以恬养知"的诠释中，焦竑揭示了"学"与"思"之间、"知"与"不知"之间的一体关系。以此为切入点，焦竑引入禅宗思想进一步厘清了"性"之"知"与"不知"的关系。从禅宗语境来看，"恬"即"无知"，"即恬之时，知在恬，即知之时，恬在知"，这是"知与恬交相养"的状态，亦是"知"与"无知"一如的状态。"知"与"无知"的贯通，为复性、知性奠定内在基础，又可向外拓展到道德、仁、义、忠、礼、乐等层面。在此，可以发现，焦竑以佛教思想诠释道家之学虽然略显零碎，但并非随意为之。焦竑以佛释道的相关诠释多以其所关心的本体论、工夫论为核心，如"知"与"无知"、"言"与"默"、"学"与"思"等，同时，他也潜在地将博约一贯的圣人标准贯彻于相关的诠释之中，在为其本体论、工夫论提供理论依据的同时，又为其境界论开辟了道路。

四 以道释佛

焦竑对佛教之学颇为熟稔，常以佛教之学为理论依据诠释儒、道之学。不过，佛教之学在焦竑处并非只是诠释别种学问的理论工具，它亦是被诠释

---

[1] （明）焦竑：《缮性第十六》，载《庄子翼》，清文渊阁《四库全书》本。

的对象。例如，焦竑常以道家经典诠释《首楞严经》的思想，他指出：

《文始经》决非关尹子作，其所言婴儿蕊女、土偶咒诵之类，老子时无是言也。然其旨足发《首楞严》之奥，祛后学之疑。令关尹复生，不能易也。如曰："一情恶，为小人。一情善，为贤人。一情冥，为圣人。一情善恶者，自无起有，不可得而秘。一情冥者，自有之无，不可得而示。一情善恶者为有知，惟动物有之。一情冥为无知。普天之下，道无不在。"又曰："蜮射影，能毙我知。夫无知者亦我，则普天之下，我无不在。"又曰："我之为我，如灰中金，而不若矿砂之金。破矿得金，淘砂得金，扬灰终身，无得金者。"又曰："人无以无知、无为者为无我，虽有知有为，不害其为无我。譬如火也，躁动不停，未尝有我。"又曰："物非我物，不得不应；我非我我，不得不养。虽应物，未尝有物；虽养我，未尝有我。"又曰："今之情情不停，皆气所为。而气之为物，有合有散，我之所以行气者，未尝合，未尝散。有合者生，有散者死。彼未尝合、未尝散者，无生无死。客有去来，邮常自若。"又曰："譬若大海，变化亿万蛟鱼，水一而已。我之与物，蓊然蔚然，在大化中，性一而已。知夫性一者，无人无我，无死无生。"噫，此诸佛之密因也。①

《首楞严》曰"逆"，"逆生死欲流，返穷流根，至不生灭"是也，《阴符》曰"杀"，"人发杀机，天地反覆"是也，《文始》曰"冥"，"一情冥为圣人"是也，皆回光返照也。②

在此，焦竑以道家、道教之《文始经》和《阴符经》来诠释佛教的《首楞严经》。《文始经》亦称《文始真经》，即道家经典《关尹子》。焦竑首先强调《文始经》虽以关尹子为作者，但并非完全是关尹子本人之作，因为书中"婴儿蕊女、土偶咒诵"之说不是其时代所能出现的现象。不过，焦竑认为此书虽完全非关尹子所作，但表达的思想却是关尹子所认同的，并且这种思想可以作为诠释、理解《首楞严经》的重要依据。进而，焦竑罗列了《文始经》

---

① （明）焦竑：《支谈下》，载《焦氏笔乘》，李剑雄点校，第298—299页。
② （明）焦竑：《支谈下》，载《焦氏笔乘》，李剑雄点校，第298页。

第三章　焦竑的三教观

的大量文句，涉及冥情、圣人、道、无知、无为、无我、性等概念，表达了冥情为圣、无人无我、无死无生等思想，在焦竑看来，这种思想阐发了《首楞严经》之奥义、诸佛之密因。所谓《首楞严经》，即《大佛顶如来密因修证了义诸菩萨万行首楞严经》，亦称《楞严经》《大佛顶经》《大佛顶首楞严经》，为大乘佛教真常唯心系的重要经典。在焦竑看来，《首楞严经》融摄禅净密律各宗之法，深入剖析各种修行阶位而凸显的如来藏性、菩提心，可以通过道家、道教的思想进行阐发，如"若有自然，如是则明自然心生，生灭心灭此亦生灭，无生灭者名为自然。犹如世间诸相杂和成一体者，名和合性，非和合者称本然性。本然非然，和合非合，合然俱离，离合俱非，此句方名无戏论法"① 与焦竑所提及《文始经》文句若合符节，在破除执着认知的同时可以揭示超越人、我、死、生，本然非然，和合非合的佛教密义。此外，焦竑还以《阴符经》之"杀"和《文始经》之"冥"诠释《首楞严经》之"逆"概念，揭示"回光返照"之义。此外，焦竑还借助《定观经》诠释"真清净体"：

> 世人不识真清净体，以无为为清净者，非也。道家《定观经》偈云："智起生于境，火发生于缘。各得真种性，乘流失道原。起心欲息知，心起知更烦。若知知本空，知即众妙门。"又释氏《心铭》亦曰："止动归止，止更弥动。唯滞两端，宁知一种。一处不通，两处失功。迷有没有，从空背空。"今以两偈发明，即见清净真体。《定观》偈言"智生于境，火发于缘"，智与火即是吾之心智。由智逐境、心缘物，而情识生焉。乘其流散，乃失道原。然本是妙明真一种性，自然流注，非有别体。若心生取舍，起念息知，心不可息，秪益烦扰。若知吾心本无有异，由吾自恋，乃失净体。念念自觉，念念皆空，则无始以来，粗重习气，顿然清明。释氏《心铭》，亦不异此。②

《定观经》亦称《洞玄灵宝定观经》，此经论述了道教静心定观的修行方法，

---

① （唐）般剌蜜帝译：《大佛顶如来密因修证了义诸菩萨万行首楞严经》，载《大正新修大藏经》，东京：大藏出版株式会社1988年版，第19册，第121c页。
② （明）焦竑：《支谈中》，载《焦氏笔乘》，李剑雄点校，第288页。

— 109 —

以及不同修行阶次征候。焦竑认为，将"无为"视为"清净"的流行看法，实际上是一种误解。根据《定观经》的说法，生于"境"的"智"和发于缘的"火"都是人的情识，如果顺着情识认知，就会失去道之本原。当人生起认知清净本体之心的念头，非但不能认知清净本体，反而会增加烦扰障碍。当心处于自然流注的状态，就会达到念念自觉、念念皆空的境界，情识、习气自然消解，会契入清净本体。同时，焦竑引用《心铭》之语显示了执着于两端不能见清净真体的思想。《心铭》即《信心铭》，是禅宗三祖僧璨的著作，焦竑将《定观经》与《心铭》相印证，论证了清净真体不落两边，不能被起心动念的刻意认知获得，从而凸显了清净真体的本体性。对此，李贽也有类似主张，他表示："老子《道德经》虽日置案头，行则携持入手夹，以便讽诵。若关尹子之《文始真经》，与谭子《化书》，皆宜随身者，何曾一毫与释迦差异也？"① 作为焦竑挚友，李贽的看法与焦竑以道释佛的诠释路径相契合，为焦竑以道释佛乃至三教互释提供了助力。

五　三教互释

以道释儒、以佛释儒、以佛释道和以道释佛，构成了焦竑三教互释的主要架构。根据儒佛道三教在焦竑的互释模式中的分布形态可知，佛道之学可以相互诠释，且又共同诠释儒家之学。这样看来，在三教互释的模式中，儒佛道之学均可作为诠释对象。不过，佛道之学既是诠释对象，又可以诠释另外两教之学，儒家之学却只是作为诠释对象而存在。相较而言，佛道之学更主要地被作为诠释工具。也就是说，焦竑的三教互释并非一个均衡的过程，他倾向于以佛道之学为工具来诠释作为诠释对象的儒家之学。对此，焦竑指出：

> 孔、孟之学，尽性至命之学也。顾其言简而指微，未尽阐晰。释氏诸经所发明，皆其理也。苟能发明此理，为吾性命之指南，则释氏诸经，即孔孟之义疏也，又何病焉？夫释氏之所疏，孔孟之精也，汉宋诸儒之所疏，

---

① （明）李贽：《道教钞小引》，载《焚书　续焚书》，夏剑钦校点，岳麓书社1990年版，第346页。

第三章 焦竑的三教观

其糟粕也。今疏其糟粕则俎豆之，疏其精则斥之，其亦不通于理矣。①

由此可知，孔子、孟子之学并非局限于现实的人伦物理的道德学说，而是以尽性至命为宗旨的学问。不过，孔、孟之学虽以尽性至命为宗旨，但并未对此展开深入阐明分析，因而其形而上学诉求往往被人忽视。焦竑认为，佛教诸经典所阐发的正是孔、孟之学所未明确阐晰的义理。这样，如果能显发孔、孟之学本有的义理，作为我们尽性至命的学问指南，那么，佛教诸经并非异端，而是孔、孟之学的义理疏解。相较于汉代、宋代儒者对孔、孟之学的训诂注疏，佛教诸经才能真正阐发孔、孟之学的精髓。因此，焦竑主张不应将佛教之学作为异端予以拒斥。从焦竑关于以佛释儒的分析中，可以了解这种非均衡的三教互释模式的原因，即儒家之学并未在儒家语境中得到清晰阐明，从而以佛教之学为诠释工具来揭示、解读儒家之学的形而上学维度。从诠释方式的角度理解三教关系，淡化佛道之学的宗教信仰、宗教实践的色彩，将其视为发掘儒家义理的一种诠释工具。② 进而，焦竑指出：

> 宋儒如周元公、程伯子、邵尧夫、陆子静诸公，皆于道有得，仆所深服。至伊川、晦庵之学，不从性宗悟入，而以依仿形似为工，则未得

---

① （明）焦竑：《支谈上》，载《焦氏笔乘》，李剑雄点校，第286页。
② 狄百瑞曾指出，阳明心学之所以能迅速广泛地影响当时社会文化的各个领域，主要由于其巨大的道德动力、对人的信任与对生命的信仰。同时，他也认为禅宗尽管经历衰颓，但在阳明心学复兴的时代也出现了复兴。(Wm. Theodore deBary, *Learning for One's Self*: *Eassys on the Individual in Neo-Confucian Thought*, New York: Columbia University Press, 1991, pp. 137 – 138) 对于晚明禅宗的复兴，吴疆教授有专门探讨，其中涉及临济宗与曹洞宗的兴起、士人逃禅、文人成为僧侣、禅宗从区域到全国再到海外的传播路径等方面，可参见 Jiang Wu, *Enlightenment in Dispute*: *The Reinvention of Chan Buddhism in Seventeenth-Century China*, New York: Oxford University Press, 2008, pp. 83 – 110; Jiang Wu, *Orthodoxy, Controversy and the Transformation of Chan Buddhism in Seventeenth – Century China*, PhD dissertation, Harvard University, USA, 2002. 并且，晚明临济宗的兴起除表现在密云圆悟、汉月法藏、破山海明、费隐通容等禅僧的涌现外，还表现在女尼的崛起，如密云圆悟的女弟子祇园行刚正是其中的代表人物。参见 Beata Grant, "Female Holder of the Lineage: Linji Chan Master Zhiyuan Xinggang (1597 – 1654)", *Late Imperial China*, 17 (2), 1996, pp. 51 – 76. 禅宗与阳明心学因互通而同时兴起于晚明，在某种程度上是佛儒一贯乃至三教一贯的体现。不过，从狄百瑞的说法中可以看出，这种主流的三教一贯模式是以直觉体认工夫为进路，具有深厚的宗教信仰与宗教实践色彩。以此为背景，便可把握焦竑三教观的创新之处。

孔孟之依归故耳。藉令学者不知学之宗趣，而以此为法，窃恐其入于乡愿而不自知也。儒释之辨，尤今日一大公案。仆非左袒释氏者，但以学者不究明己事，日莘莘二氏之辨，所谓"如人数他宝，自无半钱分"。故一为晓之耳。①

性命之理，孔子罕言之，老子累言之，释氏则极言之。孔子罕言，待其人也，故曰："不愤不启，不悱不发。中人以下，不可以语上也。"然其微言不为少矣，第学者童习白纷，翻成玩狎；唐疏宋注，锢我聪明，以故鲜通其说者。内典之多，至于充栋，大抵皆了义之谈也。古人谓暗室之一灯，苦海之三老，截疑网之宝剑，抉盲眼之金鎞。故释氏之典一通，孔子之言立悟，无二理也。②

从"仆非左袒释氏者"的自白中可以体会到，焦竑肯定佛教并非出于对其义理的信仰，至少尚未达到于道有得的周元公、程伯子、邵尧夫、陆子静等人的"深服"程度。这表明，焦竑并未从信仰与实践的角度看待佛道义理。进而，他认为儒、佛、道三教皆指向"性命之理"，不过在"理"的表述方式上三教有所不同。其中，孔子是"罕言"，老子和释迦却"累言"甚至"极言"，这种对"理"的不同言说如同三种诠释途径，相较而言，佛道之学的言说方式较儒家更为详细、鲜明。由此看来，儒家对此"性命之理"多得于个人的体验与证悟，但这种个人体悟并非适用于一切人，也就是说，并非所有人都能通过儒家这种非言说的方式获得对"性命之理"的认知。相反，佛道之学却对此有详细的文字解读，尤其是佛教"内典之多，至于充栋"。基于此，焦竑得出了"释氏之典一通，孔子之言立悟"的结论。从这一角度看，焦竑在坚持儒家本位的前提下，将佛道之学作为发显儒学形而上维度的理论依据，这样，佛道之学对"了义"详尽的阐释正可以弥补儒家"罕言"的不足。

这样看来，在焦竑三教互释的三教观模式中，将佛道之学视为诠释儒学的理论依据，是焦竑三教观的一个重要特点。这种以佛道之学为诠释依据来

---

① （明）焦竑：《答钱侍御》，载《澹园集》，李剑雄点校，第84页。
② （明）焦竑：《支谈上》，载《焦氏笔乘》，李剑雄点校，第283-284页。

诠释、理解儒家之学的有效性来自两方面：一是佛道之学的阐释比儒学更清晰；二是佛道所阐明的义理与儒家义理相契合。同时，焦竑在三教互释中似乎并不关注三教作为"教"的宗教信仰与宗教实践的方面，而是将三教关系义理化，把焦点置于三教之学的融通诠释方面，从而为以佛道之学阐释儒家之学提供了可能性，也为凸显儒佛道的一贯性奠定了基础。①

第二节　三教一贯

作为晚明泰州学派心学后劲，焦竑的视阈并非仅聚焦于儒家之学，而是扩展到佛道二教。与其师耿定向以及很多儒者不同，焦竑并未将佛道视为异端寂灭之教而予以完全拒斥。同时，与私下吸收佛道之学，表面上批判佛道二教的阳儒阴释老的儒者也不同，焦竑明确表示佛道之学并非异端，而是孔、孟之学的义疏，正面接受佛道之学，并将其视为诠释儒学的理论依据，是焦竑在三教观方面的代表性观点。如前所述，焦竑的三教互释并非均衡的三教之间的相互诠释，其重心在于以佛道之学诠释儒学。不过，三教互释并非焦竑三教观的全部，儒、佛、道三教的互释融通，进一步可进展到三教一贯的阶段。

一　"一贯"概念

"一贯"是孔子哲学的重要概念，焦竑以孔子为圣人典范时，特别强调这

---

① 在《澹园集》中，焦竑对信仰与实践层面的佛道二教有所批判。例如，他指出，"斯视听言动，靡不中礼，心空矣。斯三千威仪、八万细行，靡不具足。世之谈无碍禅者，则小人无忌惮者耳，奚足与于此哉"，"老子，古史官也，闻先圣之遗言，闵其废坠，着《五千言》以存之，古谓之道家。道也者，清虚不毁万物，上古南面临民之术也，而岂异端science！古道不传，而世儒顾以老子为异，多诎其书而不讲，至为方士所托。于是黄白男女之说，皆以传著之。盖学者之不幸，而亦道之辱也"。可见，焦竑对佛教的无碍禅与道教的黄白男女之术持强烈的批判态度。原因在于无碍禅不需要凭依任何规范，便可以自我宣称已开悟。也就是说，这种无碍禅，既缺乏实际的修持过程，又缺乏客观公共的验证标准。这样，未开悟的人也可以宣称自己开悟，很可能导致一种自欺欺人的社会现象。同时，道教到明代嘉靖万历年间，出现了教派分化，其中有"以丹鼎为幌子，而实属御女采战之房中淫术者"。（龚鹏程：《摄道归佛的儒者：焦竑》，载《晚明思潮》，第82页）无碍禅与道教黄白男女之术的出现，在焦竑看来并非佛道二教的新发展，而是偏离了佛道的本真。因而，他注解《老子》《庄子》《楞严经》《楞伽经》《圆觉经》等，旨在回归佛、道义理本身。

种圣人典范的标准是"博文"与"约礼"的"一贯"。在此，焦竑将孔子的博约一贯运用于三教观之中。对此，焦竑指出：

> 孔言一贯，老言得一。学者以一为至矣，不知实无所谓一。盖因万有一，万废一亡。子瞻《众妙堂记》云："'玄之又玄，众妙之门。'妙一而已，容有众乎？"道士笑曰："一已陋矣，何妙之有？若审妙也，虽众可也。"子瞻殆性与道会者也。①
>
> 老子曰："道生一。"当其为道，一尚无有也。然一虽非所以为道，而犹近于本。多学虽非离于道，而已涉于末，二者则大有间矣。虽然，此为未悟者辨也。学者真悟多即一，一即多也，斯庶几孔子之一贯者已。②

所谓"一贯"，即"一以贯之"，孔子在《论语·里仁》中对曾子表示"吾道一以贯之"，曾子将"一以贯之"之道诠释为"忠恕"。在某种程度上，孔子的"一贯"亦可以理解为"博文"与"约礼"的"一以贯之"，按《论语·雍也》的说法，此即"君子博学于文，约之以礼，亦可以弗畔矣夫"。相较而言，焦竑所谓的"一贯"，与孔子所谓的"一贯"略有不同，不同之处主要在于焦竑在儒学之外吸收了佛道之学。如上引文中，焦竑聚焦于孔子的"一贯"概念，进而从道家之学的角度对"一贯"进行批判性分析。孔子的"一贯"是"博文"与"约礼"的"一贯"，同时，"博文"与"约礼"的"一贯"又贯彻到各种情境之中。焦竑主要关注"一贯"之"一"，在此引入道家的"道生一"，将"一"视为由"道"所创生的对象。这样看来，孔子所称道的"一"，在道家之学的视阈中被归属于形而下的层面，处于形而上的"道"本体之下。因而，焦竑吸收道家之学对孔子之"一"进行了新的诠释，认为当时学者以"一"为极致的做法是一种误解。因为"一"是与"万""多"相对应的概念，并非超越一切对待的形而上范畴。从"道"的角度来看"一"，"一"并非"道"，不过，"一"虽非"道"，但却近于"道"，是

---

① （明）焦竑：《读论语》，载《焦氏笔乘》，李剑雄点校，第253页。
② （明）焦竑：《读论语》，载《焦氏笔乘》，李剑雄点校，第271页。

第三章　焦竑的三教观

为未达到悟的阶段的人的辩说。在辨析"一"与"道"的区别之后,焦竑将"道"的本体性融入"一",即当人们能够真正契悟时,"一"与"多"才能真正贯通,这也是"博约一贯"的真精神。

既然三教互释可以进展到三教一贯,那么,在分析了"一贯"概念之后,这种"一贯"如何体现于三教关系呢?也就是说,三教一贯是一种什么状态呢?对此,焦竑认为:

> 夫生死者,所谓生灭心也,《起信论》有"真如""生灭"二门,未达真如之门,则念念迁流,终无了歇。欲"止其所"不能已。以出离生死为利心,是《易》之"止其所"亦利心也。苟"止其所"非利心,则即生灭而证其真如,乃吾曹所当亟求者,从而斥之可乎?然"止"非程氏"殄灭""消煞"之云也,"艮其背",非无身也,而不获其身,"行其庭",非无人也,而不见其人。不捐事以为空,事即空,不灭情以求性,情即性。此梵学之妙,孔学之妙也。总之,非梵学之妙、孔学之妙,而吾心性之妙也。①

《大乘起信论》依于一心,而"真如""生灭"二门,各摄一切法。其中,"心真如门,即是一法界大总相法门体。以心本性,不生不灭相,一切诸法,皆由妄念而有差别"②,而"心生灭门者,谓依如来藏,有生灭心转。不生灭与生灭和合,非一非异,名阿赖耶识。此识有二种义,谓能摄一切法,能生一切法。复有二种义,一者觉义,二者不觉义"③。就此而言,焦竑认为当人不能契入心真如门时,便进入念念迁流的生灭之中,即使有念头想止住这种念念迁流的生灭也不可能,无论是在生灭之中,还是欲求止住生灭迁流,都带有一种功利之心。由此,焦竑从《大乘起信论》引入《周易》"艮其背,不获其身,行其庭,不见其人,无咎"④的艮卦思想,按象传的说法,"艮其止,止其所也。上下敌应,不相与也。是以'不获其身','行其庭不见其

---

① (明)焦竑:《答耿师》,载《澹园集》,李剑雄点校,第82页。
② (明)智旭大师:《大乘起信论裂纲疏》,北京八大处灵光寺1997年版,第24页。
③ (明)智旭大师:《大乘起信论裂纲疏》,第30页。
④ (宋)朱熹:《周易本义》,第88页。

人'，'无咎'也"①，朱熹以"背"释"止"，主张"易背为止，以明背即止也。背者，止之所也"②。焦竑从艮止角度来看《大乘起信论》，不应舍弃心生灭门证心真如门，而应即心生灭门而正心真如门，如同艮其背不是没有身而是不获其身，行其庭不是没有人而是不见其人，这正是不捐事以为空，不灭情以求性。值得注意的是，在贯通三教时，焦竑将三教的一贯推至超越三教的阶段，将三教的一贯视为吾心性之妙的体现。对此，焦竑进行了深入阐释：

> 道一也，达者契之，众人宗之。在中国者曰孔孟老庄，其至自西域者曰释氏。由此推之，八荒之表，万古之上，莫不有先达者为之师，非止此数人而已。昧者见迹而不见道，往往瓜分之而又株守之。我圣祖独禀全智，大阐儒风，而玄宗、释部，并隶礼官，若无少轩轾焉者。尝疑而深求之，取其书而研味之。始也读《首楞严》，而意儒逊于佛；既读《阿含》，而意佛等于儒；最后读《华严》，而悟乃知无佛无儒，无小无大，能小能大，能佛能儒。③

在三教互释的语境中，焦竑表示三教一贯所通达的是"道一"的境界，这种境界超越了儒、佛、道三教的差别，在中国表现为儒家的孔、孟之学，道家的老、庄之学，在西域则体现为佛教之学。面对蒙昧之人不明三教一贯之道，瓜分而株守各教的状况，焦竑颇不认同。对于儒、佛、道三教，特别是佛、道之学，焦竑深入钻研体味，在思想上经历了两次转变、三个阶段。通过阅读佛教的大乘经典《首楞严经》后，焦竑发现了佛教之学的深入精微，相较之下，焦竑认为儒家之学不如佛教之学，此为第一阶段；在阅读佛教早期经典《阿含经》之后，焦竑认为释迦牟尼所说思想与儒家孔孟之学较为相近，而主张佛教之学与儒家之学相等，此为第二阶段；在阅读佛教大乘经典《华严经》之后，受其一乘圆教思想的影响，焦竑契悟到佛、儒二教都是表象，它们所指向的是"无佛无儒，无小无大，能小能大，能佛能儒"的一贯境界。

---

① （宋）朱熹：《周易本义》，第89页。
② （宋）朱熹：《周易本义》，第89页。
③ （明）焦竑：《赠吴礼部序》，载《澹园集》，李剑雄点校，第195页。

这样看来，焦竑由三教互释而推至的三教一贯，其所达致的是超越三教具体形态的本体境界。

二 三教合一与三教一贯

对于焦竑的三教观，钱新祖先生以"三教合一"进行概述，但他发现焦竑主张三教合一，与前人的三教合一有所差异。前人的三教合一是建立在承认儒、佛、道三教差别与独立性的基础上，而焦竑的三教合一观似乎突破了这一限制。对此，钱新祖指出：

> 焦竑借由暴露出儒者对佛、道的批评与"事实"相左，以及挑战他们对儒学的观念，与他们正面交锋。在交锋的过程中，焦竑试图建立三教合一，不仅仅是就三教作为教义的诸多特定性见的相互关联而言，也是就三教乃是终极真实的道的语言性具现的地位而言。就像林兆恩的宗教折衷的道一样，焦竑的道也是一个论述的对象。这个道现身于三教之中，并且就"性"与"命"理论之为三教之主要构成而言，是可以被具体指明的，而性与命如同之前提及的，焦竑认为是孔子、老子与佛陀的共同关怀。[1]

> 在三教对于道作为"性"与"命"的共同关怀之中，三教被焦竑设想为是不可能部门化的（noncompartmentalizable）。对焦竑来说，三教为"一"的意义，并不在于他们作为一个聚合体的诸多组成部分而被整合起来，而在于他们具有一个单一实体的熔合健全性，而且三教彼此具有可辨识性却又无法截然区分开来。[2]

在此，钱新祖发现焦竑继承了以往的三教合一传统，反对儒者一味地批判、排斥佛、道二教。不过，焦竑的三教合一并不是现实的宗教教派方面的合一，主要是三教义理、思想方面的合一，这种合一的结果是凸显了作为终极真实的"道"，这种"道"是超越于三教乃至一切事物的形而上本体。这种"道"

---

[1] ［美］钱新祖：《焦竑与晚明新儒思想的重构》，宋家复译，第116页。
[2] ［美］钱新祖：《焦竑与晚明新儒思想的重构》，宋家复译，第116—117页。

主要体现于三教共同关注的"性命"之学,从"道"的角度看,儒、佛、道三教只不过是"道"在性命之学方面的"语言性具现"。就此而言,钱新祖强调焦竑的三教合一不是儒、佛、道三个独立的宗教作为部分聚合为一个整体,而是三教指向一个共同的单一实体,三教彼此之间虽有辨识性但却无法截然分立,此即"《六经》《语》《孟》无非禅,尧舜周孔即为佛"①,这是三教合一由"部门化"到"非部门化"的过渡。

值得注意的是,"三教合一"② 并非焦竑三教观的特称,而是适用于晚明三教观的通称。当以"三教合一"定位焦竑的三教观时,不仅淡化了焦竑在三教互释方面作出的努力,而且在三教观的宗派归属方面也会产生分歧。当前,在钱新祖认为焦竑的"三教合一"没有宗派归属之外,还有两种代表性观点。(1)龚鹏程先生主张焦竑的三教合一最终归属为佛法。他认为"三教不二或三教归一,是明代许多人都喜欢讲的话,其内涵则未必相同,焦竑所说,无疑地应理解为:儒道二教所言皆合于佛法"③,也就是说,龚先生认为焦竑的三教合一并不是均衡的,而是以佛法为最高,因为佛教之学对尽性至命之学有所阐述。在此,他强调:"三教合一,归于佛说性体本空,似乎也是非常自然的。因为儒家原本并不专门针对这个问题说话,道教内丹法事实上从创立以来,本身也就已经融会了佛家义理。"④(2)张学智先生表示焦竑的三教合一以儒家思想为依归。与龚鹏程不同,张先生主张:"焦竑是泰州之学的重要传人,他身处明代后期三教合一思潮甚为强劲之时,又得乃师耿定向融会儒佛思想的诱引,及泰州诸人平民讲学中融会儒释道之风的促进。他的学术思想,出入经史,囊括三教,而以儒家思想为归。在儒家中,又以义理为经,以文献与文章之学为纬;不废泰州修身立本之旨,又以儒家之广学通

---

① (明)焦竑:《刻大方广佛华严经序》,载《澹园集》,李剑雄点校,第183页。
② 除"三教合一"以外,学术界还有"三教会通"的说法。例如,提倡"三教会通"的刘海滨认为,"会通"有两个层面的含义:"从前一个层面讲,会通特指会通性命之道,主要是会通三教;从后一个层面讲,会通出世入世,则一切世间出世间法,若能为我所用,皆不妨会而通之。"(刘海滨:《焦竑与晚明会通思潮》,博士学位论文,复旦大学,2005年,第4页)从这两个方面看,"三教会通"与"三教合一"并无实质差别,因为"三教合一"也具有会通三教、会通出世入世的含义。因此,此处对"三教合一"的讨论,在很大程度上也适用于"三教会通"。
③ 龚鹏程:《摄道归佛的儒者:焦竑》,载《晚明思潮》,第99页。
④ 龚鹏程:《摄道归佛的儒者:焦竑》,载《晚明思潮》,第113页。

第三章　焦竑的三教观

人为追求。他的思想，是泰州学派中精英一脉与当时学术思潮相融合的产物。"① 在此，张先生将焦竑置于泰州学派的儒学传统之中，强调焦竑之学虽然涉及佛道之学，但根本上未脱离儒家立场和本位。

据此可见，当以"三教合一"理解焦竑的三教观时，在学派归属问题上就会遇到或者"归于佛理"，或者"以儒家思想为归"的分歧。其实，"三教合一"这一命题的表述，可能容易使人产生三教归一、一归何处的问题。对于焦竑而言，他在三教观方面已经进行了较为深入的三教互释，这种互释的结果是达到一贯的状态。因此，在三教互释的基础上，以"三教合一"概括焦竑三教观，不如"三教一贯"之说更有标志性。那么，当焦竑将三教互释推至三教一贯的形而上维度之后，焦竑三教观所达成的一贯境界是否仍可被视为儒学范围内的哲学思想？也就是说，焦竑的三教观是否仍以儒学为本位？

三教一贯的宗派归属问题，是焦竑三教观推到极致后必然出现的问题。然而，当以"一贯"概念代替"合一"概念之后，焦竑的三教观在"三教一贯"的模式下，也就避免了"三教合一"所遭遇的或者归于佛教或者归于儒家的学派归属难题。或者说，焦竑的三教观所指向的"一贯"，不存在学派归属的问题。对此，焦竑表示：

> 孔、老、释迦之出，为众生也。《法华》云："诸佛世尊唯以一大，事因缘故，出见于世。"又云："诸佛如来，但教化菩萨，诸有所作，常为一事。"唯以佛之知见，示悟众生，知佛则知孔、老矣。后世源远流分，三教鼎立，非圣人意也。近日王纯甫、穆伯潜、薛君采辈始明目张胆，欲合三教而一之。自以为甚伟矣，不知道无三也，三之未尝三；道无一也，一之未尝一。如人以手分擘虚空，又有恶分擘之妄者，随而以手一之，可不可也？梦中占梦，重重成妄。②

据此可知，焦竑主张孔子、老子与释迦牟尼作为儒、道、佛三教的圣人与创

---

① 张学智：《焦竑的和会三教和复性之旨——兼论中国文化的融释精神》，载单纯主编《国际儒学研究》第 16 辑，九州出版社 2008 年版，第 372—391 页。
② （明）焦竑：《支谈上》，载《焦氏笔乘》，李剑雄点校，第 286 页。

立者，其宗旨均在于教化众生。知佛之知见，即知孔子、老子之学。儒、佛、道之学相一贯，在流传发展的过程中分化为儒、佛、道三教。在焦竑看来，划分为儒、佛、道三教，并不是圣人的本意。为此，焦竑特别反对王纯甫、穆伯潜、薛君采等人倡导的三教合一之说。这种"三教合一"的说法，在提法上便蕴含着承认三教各自独立的含义，同时，独立存在的儒、佛、道三教合而为一，其所合之"一"也是由三教组合成的一种整体。故此，焦竑批判了"三教合一"的说法。在以"无三"批判"三教鼎立"的同时，焦竑以"道无一""一之未尝一"批判了"三教合一"的"一"。"三教合一"之"三"与"一"非圣人本意，这种"手分擘虚空""随而以手一之"的说法是"梦中占梦，重重成妄"的主观臆想。

总体上看，在"三教互释"阶段，焦竑虽强调儒、佛、道三教之间的相互诠释，但仍有所偏向，即更侧重以佛、道之学诠释儒学。不过，当从"三教互释"进展到"三教一贯"阶段时，焦竑平视儒、佛、道三教，并未侧重于儒家。就此而言，在三教观的终极诉求方面，焦竑特别反对"三教合一"之说，认为这种说法执着于"三"与"一"，并非对三教关系的究竟理解。当焦竑批判"三教合一"之说，主张"三教一贯"之时，也就避免了其三教观的学派归属问题。[①] 同时，在"三教互释"的基础上，焦竑以"三教一贯"取代"三教合一"，才使其摆脱三教观学派归属的现实问题，也为其将三教观推至于超越三教具体形态的一贯境界提供了助力。

第三节　三教观与心学境界的智识化

三教关系是晚明哲学的重要议题，"三教合一"则是概括晚明时期乃至中

[①]　关于"三教一贯"，Berling 有一种"宗教经济"（religious economy）的说法。她认为，儒释道三教虽各有文献主体（bodies of literature）与师法传承，但三教实际上构成一种唯一的"宗教经济"，即三教都出自盛满神话、符号、思想、神灵与实践的同一水池（pool），相互借鉴。并且，主要的节日和宗教庆典涉及整个共同体（community）。(Judith A. Berling, "When They Go Their Separate Ways: the Collapse of the Unitary Vision of Chinese Religion in the Earlier Ch'ing", Irene Bloom and Joshua A. Fogel ed., *Meeting of minds: intellectual and religious interaction in East Asian traditions of thought*, New York: Columbia University Press, 1997, pp. 209 - 237) Berling 在三教一贯的思路上与焦竑一致，但在内容却有所不同。焦竑的三教一贯是一种智识化的、无形的"一贯"，Berling 的三教一贯则是一种实质性的、有形的"一贯"。简言之，焦竑主张形式层面的"三教一贯"，而 Berling 主张实质层面的"三教一贯"。

第三章 焦竑的三教观

国哲学史之三教关系的主流命题。不可否认，"三教合一"确实揭示了儒、佛、道三教之间的融通关系，但"三教合一"这种提法涉及"三"与"一"，至少在语言表达方面是有所划分、有所牵累的，而这正是注重知性分析的智识化路径的焦竑所不能接受的。受智识化思路的影响，焦竑在三教观方面淡化了三教在宗教仪轨、行为等方面的差异，更为重视三教在义理方面融会贯通、相互诠释的可能性。进而，在"互释"阶段之后，焦竑继续将三教之学的义理诠释升华到"一贯"境界，进一步淡化了三教的宗教性，凸显出作为三教共识的义理。这是从"三教互释"到"三教一贯"的内在理路。

在呈现了焦竑的三教观之后，需要探讨的问题是，焦竑的三教观与其心学和考据学之间是什么关系呢？如前所述，焦竑哲学的鲜明特色在于将智识化之"思"引入阳明心学的直觉体认传统，构造了兼具直觉体认与智识认知的本体论、工夫论与境界论，开辟了晚明心学的智识化新径。在"博文"与"约礼"相一贯的圣人标准下，焦竑在考据学方面的深入用功，既辨析了名物度数等方面的实际知识，又强化了心学的智识化方法。就此而言，与考据学改造传统心学的工夫论，夯实智识化心学的"博文"方面类似，三教观有助于澄清传统心学的境界论，凸显智识化心学的"约礼"方面。这样看来，在智识化的心学本体论基础上，考据学从工夫论层面夯实智识化的心学方法，三教观则从境界论角度阐晰智识化的心学境界，从"博文"与"约礼"两方面深化焦竑哲学的一贯性，为成圣理想的实现奠定了理论基础。故此，有必要在"三教互释"与"三教一贯"的语境中，辨析焦竑的三教观与心学境界智识化之间的关系以及由此引发的问题。

一 三教观视阈中的心学境界

焦竑的心学包含本体论、工夫论与境界论，其中，焦竑以孔子为圣人典范，孔子的"博文"与"约礼"相一贯的境界成为焦竑心学境界的具体表现。焦竑在考据学方面的成就为"博文"打下了基础，三教观则为"约礼"方面的突破提供了助力。那么，焦竑的三教观如何增进心学境界论的智识化呢？

第一，"三教互释"为心学境界论的智识化提供了理论前提。如前所述，焦竑的境界论是一种博约一贯的圣人境界，与"博文"注重知识、经验不同，

"约礼"则是一种内在的、不可思议言说的、具有神秘主义色彩的状态,通达这种状态的最佳方式是直觉体认工夫,语言文字因带有对象化的思维方式,难免会将这种不可对象化的境界视为一种所要刻画的对象。不过,若要舍弃对"约礼"境界的智识化认知,仅仅依靠直觉体认的契悟工夫,因人的资质、机遇、经验的差异,且直觉体认工夫的不透明性,难以对契悟的真伪进行客观评判,故容易导致鱼龙混杂的后果。有鉴于此,焦竑在承认"信得及"与直觉体认的基础上,特别提出从名实关系和"精思"的角度对"约礼"境界进行客观的、对象化的智识化认知。在第一章探讨心学境界论时,焦竑并未阐释如何具体地对直觉体认的境界如何进行智识化认知。在很大程度上,"三教互释"为焦竑对心学境界的智识化认知提供了前提。

通过以道释儒、以佛释儒、以佛释道、以道释佛的三教互释,焦竑将佛、道之学对其境界的语言阐释引入儒学,诸如:

> 性命之理,孔子罕言之,老子累言之,释氏则极言之。孔子罕言,待其人也,故曰:"不愤不启,不悱不发。中人以下,不可以语上也。"然其微言不为少矣,第学者童习白纷,翻成玩狎;唐疏宋注,锢我聪明,以故鲜通其说者。内典之多,至于充栋,大抵皆了义之谈也。古人谓暗室之一灯,苦海之三老,截疑网之宝剑,抉盲眼之金鎞。故释氏之典一通,孔子之言立悟,无二理也。张商英曰:"吾学佛然后知儒。"诚为笃论。①

> 无为谓之真是也,以其不言也;黄帝之不近也,以其言之也。此特相与激扬此一大事耳,黄帝之于道,实非减于无为谓也。《净名经》诸菩萨共论不二法门,净名独默然无言,意以无言为至矣。乃舍利弗默然,天女不之许也。曰:解脱者不内不外,不在两间,言语文字,亦不内不外,不在两间。是故无离言语文字说解脱相也。知此则言默一如,知不知一体,有思有虑,亦可以知道。有处有服,亦可以安道。有从有道,亦可以得道。何以故思虑尽空处,服无所从,亦无从道,实非道故耳。②

---

① (明)焦竑:《支谈上》,载《焦氏笔乘》,李剑雄点校,第283—284页。
② (明)焦竑:《知北游第二十二》,载《庄子翼》,清文渊阁《四库全书》本。

第三章　焦竑的三教观

由此可见，焦竑认为儒家之学并非仅是经验性的道德教化，也具有形而上学的义理诉求，只不过孔子以及儒家罕言及此。与儒家罕言的传统不同，佛、道之学则对此有深入阐发。故此，焦竑引用佛教之《净名经》《首楞严经》《华严经》《楞伽经》《心铭》等经典以及道家、道教之《老子》《庄子》《关尹子》等著作对如来藏、道、无等佛、道二教境界论的核心概念的诠释，来诠释儒家所罕言的"约礼"境界。就此而言，焦竑的三教互释是对三教的核心概念与境界进行客观的、智识化的分析与诠释的理论模式。这种三教互释的理论模式，为焦竑突破直觉体认的心学传统，对契悟之境界进行客观的、智识化诠释提供了可能性与前提。这样，在三教互释的背景下，作为智识认知的"言"与直觉体认的"默"一如，作为智识认知的"知"与直觉体认的"不知"一体，所以，焦竑特别强调智识化的思虑不是认知"道"的障碍，"有思有虑，亦可以知道"。

第二，"三教一贯"为心学境界论的智识化提供了理论依据。儒、佛、道三教之学的相互诠释，将直觉体认的境界论问题在一定程度上转换为义理分析的智识化诠释问题。特别是，焦竑在"三教互释"阶段更为侧重以佛、道之学诠释儒学，为孔子所罕言的境界提供了从智识化认知角度切入的可能性。进而，从"三教互释"进展到"三教一贯"，焦竑更为具体地呈现了三教互释之后所达成的超越三教具体形态的境界。借助三教一贯在境界论方面的智识化认知，焦竑得以揭示其心学境界。对此，他指出：

> 孔子言："知之为知之，不知为不知，是知也。"又言："吾有知乎哉？无知也。有鄙夫问于我，空空如也。"其言异矣。要之，知即无知，语非冰炭。盖知体虚玄，泯绝无寄，居言思之地，非言所及；处智解之中，非解所到，故曰正。明目而视之，不可得而见也；倾耳而听之，不可得而闻也。此非空空何以状之？故子思谓之"不睹不闻"，又谓之"无声无臭"。①

> 孟子曰："尽其心者，知其性也；知其性则知天矣。"天即清净本然之性耳。人患不能复性，性不复则心不尽。不尽者，喜怒哀乐未忘之谓

---

① （明）焦竑：《读论语》，载《焦氏笔乘》，李剑雄点校，第252页。

也。由喜怒哀乐变心为情，情为主宰，故心不尽。若能于喜怒哀乐之中，随顺皆应，使虽有喜怒哀乐，而其根皆亡。情根内亡，应之以性，则发必中节，而和理出焉。入手则有喜非喜，有怒非怒，有哀乐非哀乐，是为尽心复性。心尽性纯，不谓之天，不可得已。①

从先秦儒学角度看，孔子与孟子的哲学虽关涉"天""性""心""知"等概念，但尚未对此有深入、具体的阐发。焦竑在读《论语》《孟子》时，致力于分析、阐明孔孟所罕言之境界，诸如"知体虚玄，泯绝无寄"，"居言思之地，非言所及；处智解之中，非解所到"，"天即清净本然之性"，"心尽性纯，不谓之天"等，都是对心学境界的一种智识化的知性解读。在智识化的诠释路径下，佛、道之学被潜在地引入儒学，成为心学境界的理论依据，这是三教互释的原因所在。进而，通过三教互释的智识化阶段，凸显了三教一贯之境界，这种境界具有本体性、超越性与永恒性，同时也淡化了三教之间的区别与界限，成为三教共有之境界。郝康迪（Kandice Hauf）认为，随着新儒学的发展，儒、佛、道三教的边界一定会出现融合，阳明心学语境中的儒家边界是一种"流动的"（fluid）边界，因此良知可使人超越圣人与常人的边界，乃至儒、佛、道三教的边界。② 由此，从三教之间的相互诠释到三教之间的一以贯之，三教的边界在智识化诠释的认知路径中得以融合，使三教在义理层面超越具体形态的差别。

由三教互释与三教一贯而展开的智识化的三教观，为焦竑的心学境界的智识化解读提供了理论依据。超越三教具体形态的"一贯之道"类似于博约一贯中的内圣的一面，即"约"。借助佛、道之学，焦竑具体阐释了孔子之"无知"、孟子之"尽心知性"等境界的义理内涵，在直觉体认的心学工夫之外，为对心学境界进行客观的、智识化的诠释提供了可能性与合理性。不过，焦竑所成就的圣人境界，因超越了具体的宗派本位，因而从"约"的方面而

---

① （明）焦竑：《读孟子》，载《焦氏笔乘》，李剑雄点校，第280页。
② 参见 Kandice Hauf, "'Goodness Unbound': Wang Yang-ming and the Redrawing of the Boundary of Confucianism", Kai-wing Chow, On-cho Ng, and John B. Henderson ed., *Imagining Boundaries: Changing Confucian Doctrines, Texts, and Hermeneutics*, Albany: State University of New York Press, 1999, pp. 121-146。

言并不局限于儒家，乃至三教的任何一家，是一种超越三教的圣人理想。同时，焦竑在肯定"约"的同时亦强调"博"的重要性与必要性。此"博"主要涉及知识考据与义理诠释，具有强烈的儒家本位、儒学色彩。这样看来，以智识化的诠释可以揭示超越三教具体形态的心学境界，在直觉体认的基础上引入智识化诠释，以直觉体认与智识认知来理解与契入心学境界之"约"的同时，焦竑辅之以兼具知识和义理的"博"，推崇"博约一贯"的圣人标准，这将超越三教具体形态的心学境界赋予了儒学色彩与儒家本位。

二 三教观视阈中的生死问题

晚明时期，三教关系问题既是一个思想理论问题，又是一个修养实践的问题。三教合一的流行，多是在宗教性的修养实践层面。对焦竑而言，他的关注重点不在于修养实践，而在于智识认知。在智识化的三教观语境中，焦竑不仅避免了宗派归属的问题，而且也导致了重视理论分析，相对忽视修行实践的结果。换言之，焦竑关注三教观的原因在于满足智识化诠释的义理需求，而不是满足解决生死问题的宗教诉求。

不过，龚鹏程先生却强调："'生死情切'乃是焦竑这类儒士的根本问题意识的核心。"[1] 进而，他从"诠释道经""修性养生""三教归一"等九个方面揭示出儒释道在焦竑思想中的地位，因而得出"焦竑乃是基于他对生命的关怀来发展其思想"[2] 的结论，其实，所谓"对生命的关怀"正是指生死问题。对此，龚鹏程指出：

"生死情切"乃是焦竑这类儒士的根本问题意识核心。[3]

他们参禅学佛，并非随顺风气，或好奇呈异，也不是以此对抗什么"封建礼教""程朱官学"，而是为着解决他们自己存在的焦虑。[4]

龚先生认定生死焦虑是焦竑的根本问题意识的核心，其论证逻辑大体如下：

---

[1] 龚鹏程：《摄道归佛的儒者：焦竑》，载《晚明思潮》，第113页。
[2] 龚鹏程：《摄道归佛的儒者：焦竑》，载《晚明思潮》，第110页。
[3] 龚鹏程：《摄道归佛的儒者：焦竑》，载《晚明思潮》，第113页。
[4] 龚鹏程：《摄道归佛的儒者：焦竑》，载《晚明思潮》，第113页。

（1）焦竑以佛、道之学诠释儒学，将三教归一的落点落在佛学，此为大前提；（2）将佛道与儒家对待生死问题的不同态度作为小前提，即佛道关注生死问题，儒学对生死问题存而不论；（3）以佛学为指导思想的焦竑，在以佛解儒时，便将生死问题带入儒学诠释中。加之，生死问题也是晚明士人关注的切己问题，因而龚先生得出了生死问题是焦竑的基本焦虑、思想问题意识的核心之类的结论，即焦竑"死生情切"。实际上，这种论证存在着一个矛盾：生死问题既是焦竑的基本焦虑、问题核心，那么，焦竑应以此问题作为其吸收佛、道义理的原因，佛、道之学应是解决这一问题的手段。也就是说，焦竑应先确立这一问题，然后吸收佛、道之学作为助力。这样来看，有效的论证方式是先指出焦竑遭遇生死问题的原因，然后说明佛、道之学有助于解决这一问题。但龚先生并未按此进行论证，而是分析了佛、道二教关注生死问题，而儒家不关注生死问题，因而认为焦竑吸收佛、道之学诠释儒家之学是为了解决生死问题这一基本焦虑。在很大程度上，这种论证方式是一种因果倒置。也就是说，吸收佛、道之学本是焦竑重视生死问题的原因，重视生死问题本是结果，而在龚先生的论述中，焦竑重视生死问题是原因，吸收佛、道之学是结果。故此，龚先生判定生死问题是焦竑的基本焦虑与问题核心的论证，是不恰当的。

那么，焦竑是否真的遭遇生死问题而生死情切呢？不可否认，生死问题是晚明人物关注的重要问题。《楞严经》《楞伽经》等佛教经典以及净土法门、道教修炼、内丹学的盛行，以及明代心学人物李贽、焦竑、公安三袁等人的思想，均从不同层面反映出生死问题在当时的深刻影响。在此，以公安三袁为例，袁伯修"病泻甚久"[1]，中年去世；袁中郎也曾病得"鸡骨支床，面貌如烟，肘指如戟"[2]，欲与人"究竟儒、佛之奥，商略生死之旨"[3]；袁小修则"自中郎去后，弟无日不病，饮食日减，或夜不交睫"[4]。同时，据袁小

---

[1] （明）袁宗道：《李卓吾（三）》，载《袁伯修小品》，赵伯陶选注，文化艺术出版社1996年版，第159页。

[2] （明）袁宏道：《管东溟》，载《袁中郎小品》，熊礼汇选注，文化艺术出版社1996年版，第46页。

[3] （明）袁宏道：《管东溟》，载《袁中郎小品》，熊礼汇选注，第46页。

[4] （明）袁中道：《与曾太史》，载《袁小修小品》，李寿和选注，文化艺术出版社1996年版，第11页。

第三章 焦竑的三教观

修所撰《袁氏三生传》记载,袁伯修之子十三岁去世,袁中郎之女十四岁半去世,袁小修之子四岁去世。[①] 可见,三袁之所以重视生死问题,在很大程度上是因为他们在生活中切身遭遇到生死问题,因而重视佛道、重视修养,以求解决生死问题。袁中郎修净土法门[②],袁小修披阅藏经、游览山水,在一定程度上具有解决自身生死问题的意图[③]。

焦竑虽对生死问题有所探讨,但似乎并不如其他儒者那么"情切"。焦竑在《参岳王公传》中,称王公"卒之日,年八十有三,春秋高矣"[④],焦竑自己享年八十,与王公仅三岁之差,可见他已属于高寿之列。纵观焦竑漫长的一生,他所患的疾病大体有足创、肺病、疮伤和一些小病痛,如:

> 别后移居寺中,意图稍省郄,而足创苦不能平,殊恼人耳。[⑤]

---

① 参见(明)袁中道《袁氏三生传》,载《袁小修小品》,李寿和选注,第176—177页。

② 袁中郎(宏道)为超脱生死而修净土法门,但他在净土宗上的影响却不止于了个人的生死。据 Charles B. Jones 研究,袁宏道的《西方合论》将华严思想引入净土宗,解决了作为觉悟心的终极实在(untimate reality as seen by an enlightened mind)与作为俗物的日常实在间的贯通问题,弥合了唯心净土与西方净土。此书在晚明影响颇大,蕅益智旭将此书列入《净土十要》、陈洪绶为此书作画、此书入嘉兴藏等都是此书影响之表现。因此袁宏道也成为明代净土宗代表人物之一。(Charles B. Jones, "Yuan Hongdao and the Xifang helun: Pure Land Theology in the Late Ming Dynasty", Richard K. Payne ed., *Path of No Path: Contemporary Studies in Pure Land Buddhism Honoring Roger Coreless*, Berkeley, CA: Institute of Buddhist Studies and Numata Center for Buddhist Translation and Research, 2009, pp. 89 – 126) 此外,晚明画家陈洪绶也值得注意,有学者指出,他绘制的《雅图集》是净土宗在晚明普遍流行的一种反映,亦是晚明佛教复兴的一种文化结果。(Hsing-li Tsai, *Chen Hung-shou's Elegant Gathering: A Late-Ming Pictorial Manifesto of Pure Land Buddhism*, PhD dissertation, University of Kansas, USA, 1997) 此外,关于陈洪绶的研究,亦可参见 Yi Lidu, " 'He Wore Flowers in His Hair': Understanding a Late Ming Through His Mid-Ming Subject", *Ming Studies*, 64, 2011, pp. 33 – 45。

③ 对于佛道助人解脱的问题,也可从明末遗民薛采(1598—1665)处得到一些启示。薛采最初信道教辟佛教,后来明代灭亡而加入佛教。对此,Lynn A. Struve 根据薛采的《薛谐孟笔记》说明了明末遗民入佛教却不入道教的原因,其中之一是道教不如佛教能更好地解决痛苦。(Lynn A. Struve, "Dreaming and Self-Search during the Ming Collapse: The 'Xue Xiemeng Biji', 1642 – 1646", *T'oung Pao*, 93, 2007, pp. 159 – 192) 也就是说,晚明时期的佛道二教,其主要功能之一便是助人解脱痛苦、解决生死问题。薛采加入佛教与遭遇生死问题的公安三袁崇信佛教,在某种程度上具有相似性。

④ (明)焦竑:《参岳王公传》,载《澹园集》,李剑雄点校,第342页。

⑤ (明)焦竑:《焦竑致李登函》,载《澹园集》,李剑雄点校,第1175页。

春来肺病余蓬鬓。①

吾人五十以后，血气日减，譬之天人，历劫既盈，衰相自现，此必至之数也。仆岁苦疮伤，积伤不已。目昏足弱，不复成步。②

病来羞血欲全销，坐拥残书破寂寥。③

从疾病角度看，焦竑一生所患的疾病大致如此，并且，这些疾病并未真正困扰他。比如，据李剑雄先生在《焦竑年谱》中指出，焦竑的疮伤在不久后的秋天已有好转。④ 同时，当查检焦竑文集时，很难找到他对自己身体状况不佳的抱怨，与公安三袁形成了鲜明的对比。也就是说，焦竑一生身体颇为健康。对此，亦有相关记载：

行年七十，而昕夕披诵，不减少壮。⑤

盖先生生平无曲蘖、粉黛、弈博珍玩之好，家人产绝不问，而独不忘学，故能养成无欲之体。自少而壮而老，恒如一日，同乾之刚，同乾之健，而自强不息。⑥

生来道者骨，不与俗人论。善饭辞医药，澄怀谢酒樽。安危谁借箸，问字日盈门。⑦

先生素无疾，强饭。每与予对食，脱粟或数盂。面奕奕有光，似未衰者。行年八十，士大夫方歌颂为寿，夜啣杯而晓闻易箦，洒然于始终去来之际，何其顺化也。⑧

这些来自焦竑的弟子、朋友的记载，印证了焦竑身体健康的事实。甚至在八

---

① （明）焦竑：《寄赠萧翰编二首》，载《澹园集》，李剑雄点校，第653页。
② （明）焦竑：《答汪仲嘉》，载《澹园集》，李剑雄点校，第868页。
③ （明）焦竑：《病中剧思三子》，载《澹园集》，李剑雄点校，第642页。
④ 参见（明）焦竑：《附编四·焦竑年谱（简编）》，载《澹园集》，李剑雄点校，第1304页。
⑤ （明）陈懿典：《寿尊师焦先生七十叙》，载《澹园集》，李剑雄点校，第1273页。
⑥ （明）陈懿典：《寿尊师焦先生七十叙》，载《澹园集》，李剑雄点校，第1273页。
⑦ （明）黄汝亨：《黄汝亨赠答焦竑诗文》，载《澹园集》，李剑雄点校，第1267页。
⑧ （明）黄汝亨：《祭焦弱侯先生文》，载《澹园集》，李剑雄点校，第1235页。

第三章　焦竑的三教观

十岁去世时,他的身体仍很健康,属于没有任何征兆的突然去世。① 对此,钱新祖教授认为:"在一个丰富而有活力的退休生涯之后,1620 年,焦竑明显地因为年迈而去世。"② 钱教授将焦竑去世的原因定位为"年迈",这与焦竑晚年身体健康的实情并不冲突,反而恰可说明他在去世时并未饱受痛苦。

那么,一生身体健康的焦竑恐惧死亡吗?余英时先生根据焦竑写给管志道的一封信,断定焦竑对死亡具有恐惧心理,受到生死问题的困扰。但这一论断似乎和焦竑身体健康的事实有矛盾,为说明这一问题,现引此信内容如下:

> 弟结发向学,垂老无闻。自顾摧颓,怵心转切,坐本命元辰未能了了,虽吾性自足,而情尘未净,一毛千里,一旦死生至前,何以抵敌?故于平生之虚见戏论,深切悔恨,譬之心痛之人,自不能作闲语,理闲事耳,非敢独懈于丈也。丈嘉刻种种,闳阔瑰玮,创未尝有之见,开不敢开之口,读之如泛沧海,登蓬瀛,可谓大观矣。弟尚顾丈以切要一言,密相指示,俾弟无终迷焉。盖丈欲集儒禅之大成,所括者广,而弟苦心性之未彻,所求者约,分量异耳。宇内寥寥,真参实悟之人,了不可得。何时合并,乃究此怀。未间,惟为道自力。不尽。③

余先生就此信断定:"他(焦竑)真正需要的是一些简单而真实的信仰,从而帮助他战胜那种对死亡的极度恐惧心理。"④ 其实,余先生的根据主要是"一旦死生至前,何以抵敌"一句,不过,焦竑在此看似表露了对死亡的恐

---

① 陶望龄写给焦竑"前闻郎君疾良已,尚未能起居耶?"陈懿典写"每从北来者,询知老师朝趋讲席,夜纂瑶篇,精神乌奕,深用慰藉","生平养深性定,无旁睨,无倚容,澹然得失之场,家居廿载如一日,惟问奇之履常满户外。拥书数万卷,日哦咏其中,有若寒士。副墨之传,得其片楮剩牍,争袭之"等,都可以表明焦竑身体处于十分的健康状态。(明)焦竑:《澹园集》,李剑雄点校,第 1262、1268、1226 页。
② [美]钱新祖:《焦竑与晚明新儒思想的重构》,宋家复译,第 66 页。
③ (明)焦竑:《答管东溟》,载《澹园集》,李剑雄点校,第 860 页。
④ Ying-shih Yu, "The Intellectual World of Chiao Hung Revisited: A Review Article", *Ming Studies*, 25, 1988, p. 46. 另外,值得注意的是,龚鹏程先生从儒佛道三教的角度展开对焦竑思想的诠释,虽然与余英时先生论证的角度不同,但二者的结论却是相似的,龚先生也认为生死问题是焦竑学术的核心问题,他指出"'生死情切'乃是焦竑这类儒士的根本问题意识核心"(龚鹏程:《摄道归佛的儒者:焦竑》,载《晚明思潮》,第 113 页)。

惧,但细读此信,可知他"怖心转切",并非因为恐惧死亡,而是"本命元辰未能了了"和"心性之未彻"。退一步讲,就算焦竑想抵敌死生,这一"抵敌"似乎也不是逃避或摆脱死亡之意。因为焦竑一生以圣人之道自任①,这里又明言"惟为道自力",此"道"并非只是企求管东溟告知的佛教之道,而是儒禅所共同指向的道、儒家未明言之道,即前文提及的三教一贯之道。焦竑所怖、所苦之因即在于此,而死亡只是他对未能在有生之年完成达道心愿的担心。因而,为了增加完成达道的可能性,他特别注意身体健康状况,比如,《焦氏笔乘》卷五《医方》中记载了很多治病的医方,这也表现出他对身体健康的关注。再加之,他注解佛道经典,晚年修净业,妻子赵氏"无疾而综养生"②,这些都促成了他的"无欲之体"③。

对焦竑而言,病痛的困扰始终处于生命的边缘。即使偶尔表现出对死亡的"恐惧",这也多是出于对未能达道的担忧,并非切身的死亡恐惧。正如李贽给焦竑的信中所言:"兄以盖世聪明,而一生全力尽向诗文草圣场中,又不幸而得力,故于生死念头不过一分两分,微而又微也如此。"④ 李贽与焦竑为至交好友,他对焦竑忽视生死问题的不满,也反映出焦竑并未对生死问题有切身的恐惧。⑤ 健康的身体使焦竑一生并未真正遭遇生死问题,这使他形成了一种健全乐观的心态。具体来说,疾病困扰较小,以及健康的身体,使焦竑在读书生活中即可获得满足与快乐,这种生活方式对他具有潜移默化的吸引力,因而在平淡、舒适的生活中,焦竑并没有机会意识到生活的虚妄与人间

---

① 关于焦竑以道自任,焦竑弟子陈懿典指出,"千古圣学,所以立命而用乾者,惟其阳刚不屈,随潜见飞跃,皆龙德而中正也。……深叹先生之学直是乾体。非但俗学不能望其藩,而真禅真玄亦瞠于小乘矣。先生少为名儒生,即究心圣学"。《祭酒陶先生传》中记载陶望龄"与焦弱侯修撰读书中秘,朝暮相激励。于是除文人习,额力圣贤之学"。耿定力评价焦竑"综万方之略,究六艺之归,其于道深矣"。吴梦旸评价焦竑,"弱侯弱冠而志于道,其文未尝凿凿求合乎道,而出之皆道也"。(明)焦竑:《澹园集》,李剑雄点校,第1272、1268、1211、1212页。这些来自弟子、师友的言论,描绘了焦竑立志圣学、以道自任的人生追求与学术旨趣。

② (明)焦竑:《亡室朱赵两安人合葬墓志铭》,载《澹园集》,李剑雄点校,第1079页。

③ (明)陈懿典:《寿尊师焦先生七十叙》,载《澹园集》,李剑雄点校,第1273页。

④ (明)李贽:《与焦从吾》,载《澹园集》,李剑雄点校,第1240页。

⑤ 公安三袁中的袁伯修在写给李贽的信中,谈到友人聚会谈论生死、求道问题时,亦提到焦竑,认为"焦漪园常相会,但未得商量此事"。(明)袁宗道:《袁伯修小品》,赵伯陶选注,第154页。这为焦竑并未切身体会到生死问题提供了佐证。

第三章　焦竑的三教观

的不幸。

这样看来，焦竑因身体状况的优势，失去了在生命中切身遭遇到心性天理等形而上学问题的机会，他对生死、性命等形而上学问题的关注和认知，多来自书本、师友、时代风气等外缘因素的影响。钱新祖教授在比较焦竑和王阳明在教学上的异同时指出，和王阳明在教学中引用自己的人生经验和体悟不同，"焦竑虽然在与学生的互动中带有同样的个人性质，而且对于学须自学的信念同等强烈，却喜欢引用其他人的经验与践履，特别是他们专注于个人的遭遇之中"①。焦竑在教学中习惯引用别人的经验和体悟，从侧面反映出他对生死、心性等问题缺乏切身体验。进而，对生死、心性等问题切身体验的缺乏，在某种程度上表明直觉体认的传统进路并未在焦竑的生命中开启。也就是说，原本属于直觉体认工夫进路的生死、心性等切身问题，在焦竑处只能被置于他已相对稳固的智识化思想背景中。对焦竑而言，这些问题是一种外在的、知识性的问题，而非直觉体认问题。因此，当面对这些问题时，焦竑呈现的是一种探索未知的好奇、求知的智识化需求，而非心学传统的直觉体认进路。余英时先生认为"焦竑的'敏感灵魂'清晰地记录了那个时代"②，也就是说，焦竑的哲学是晚明思想界动向的一种反映。这样看来，他对于生死问题的讨论，很可能是受时代风气与佛老思想的影响。因为焦竑并未如三袁一样在生命中切身遭遇到生死问题，他是从智识化的客观角度来理解生死问题的，而且，他的哲学也并未围绕生死问题展开。所以，生死问题并非焦竑的问题核心或基本焦虑。③

总体来看，焦竑对佛道二教的关注，并非始于切身遭遇的生死问题，而

---

① [美] 钱新祖：《焦竑与晚明新儒思想的重构》，宋家复译，第63页。

② Ying-shih Yu, "The Intellectual World of Chiao Hung Revisited: A Review Article", *Ming Studies*, 25, 1988, p. 50.

③ 在生死问题上，重视生死问题的李贽曾给焦竑写信道："夫兄以盖世聪明，而一生全力尽向诗文草圣场中，又不幸而得力，故于生死念头不过一分两分，微而又微固也如此。且当处穷之日，未必能为地主，是以未敢决来。然念兄实不容不与弟会者，兄虽强壮，然亦几于知命矣，此时不在念，他年功名到手，事势益忙，精力渐衰，求文字者造门日益众，恐益不暇为此矣。功名富贵等，平生尽能道是身外物，到此反为主而性命反为宾，奈之何？我觉见相处，惟此一事，故不觉如此。"（明）李贽：《与焦从吾》，载《澹园集》，李剑雄点校，第1240页。在李贽看来，焦竑并未把主要精力放在生死问题上，而是致力于求取功名。焦竑一生共有七次科举的经历，直到万历十七年，他五十岁时，才高中状元。所以，李贽劝诫焦竑的信从侧面反映出，生死问题并非焦竑关注的核心问题，也并非其主要焦虑。

是时代思潮的一种反映。也就是说，焦竑哲学的核心问题并非生死问题，而是以博约一贯为标准的成圣问题。当以博约一贯作为圣人标准，焦竑将智识化方法纳入心学以辟新径的做法便可以得到理解。这种做法虽有不足，但却是以博约一贯的圣人形象为导向的一种心学尝试。由此反观，焦竑将传统的三教合一的三教观智识化，这种智识化的趋势使他的三教观不以基于切身体认的生死问题为导向，而是以成圣理想为追求。在某种程度上，焦竑智识化的三教观强化了博约一贯的圣人境界的智识化色彩。①

本章小结

　　本章聚焦于焦竑的三教观，主要从"三教互释""三教一贯"与"三教观与心学境界的智识化"三方面展开探讨。在"三教互释"方面，焦竑通过以道释儒、以佛释儒、以佛释道和以道释佛的方式，淡化三教的宗教色彩，凸显其义理之学，以一种义理诠释的智识化路径使三教在理论上具有相互诠释的可能性与合理性。不过，三教之间的相互诠释并不是均衡的，焦竑更侧重以佛、道之学诠释儒学，这样，在义理层面智识化诠释的背景下，佛、道之学成为诠释、揭示儒家所罕言之境界的理论依据。"三教互释"虽侧重以佛、道之学诠释儒学，不过，从"三教互释"进展到"三教一贯"阶段，焦竑平视三教，强调三教共同指向的一贯之道是一种超越三教具体形态的形而上境界，相较之下，三教本为一体，具有根本一致性，均为此一贯之道的显现。故此，焦竑反对"三教合一"之说，认为此说执着于"三"与"一"，并非对三教关系的究竟理解。这样，在"三教互释"的基础上，焦竑以"三教一贯"取代"三教合一"，使其摆脱了三教观的学派归属问题。

　　进而，焦竑将三教观的智识化诠释路径引入心学境界论的诠释之中，通

---

① 对于成圣理想，狄百瑞认为这种理想长久地存在于儒家、道家与新道家之中，但是到宋代的二程与朱熹，他们将圣人不只视为一种高尚且遥远的理想，而且还是一种人人可学致的时代典范。(Wm. Theodore deBary, *The Liberal Tradition in China*, New York: Columbia University Press, 1983, pp. 48-49) 焦竑承续的人人可学致的成圣理想，在很大程度上是自宋代二程、朱熹以来的新儒家的成圣理想。不过，成圣理想虽同，但成圣方法却存在着程朱理学与阳明心学的差异，到了焦竑，阳明心学的成圣方法又发生了转变，从直觉体认方法转变为智识化方法，焦竑的智识化方法在很大程度上重塑了阳明心学的圣人观，将圣人定位为一种"博约一贯"的典范。

第三章　焦竑的三教观

过诠释孔子所罕言的"无知""空空"、孟子的"尽心知性"深化了对心学境界的理解。这样，在直觉体认的工夫基础上，焦竑的智识化三教观为其心学境界论的智识化诠释提供了理论助力与保障。同时，在智识化三教观的引导下，深涉佛、道之学的焦竑并未遭遇切身的生死问题。生死问题在晚明影响颇大，很多儒者、居士、佛徒、道士都投身其中，焦竑虽对此有所探讨，但多是受时代风潮的影响，而非出于自己的切身体验与实际需求。焦竑的智识化视角虽未能使其契入生死问题的体验，但却使他的智识化的路径采纳佛、道之学，促进了人们对于境界论之"约"的方面的客观认知，心学境界论之"约"的方面由三教观而智识化，与心学境界论之"博"的方面因考据学而智识化恰好一以贯之，完善了博约一贯的圣人理想与心学境界。

第四章　焦竑与明代思潮

谈及明代思潮，阳明心学无疑最受关注。由宋、元至明代，儒学的重心从程朱理学逐渐向阳明心学过渡。[①] 陈献章、湛若水等儒者虽倡导心学，但使心学成为足以与程朱理学抗衡的是王阳明开创的心学传统。王阳明的心学之所以能风行天下，除在义理层面超越程朱理学"理""气"二分的哲学模式之外，亦与王阳明传奇的个人经历、事功成就及弟子们的传习、讲学有关。[②] 实际上，明代思想界并非心学一枝独秀，程朱理学、考据学、佛道之学亦呈

[①] 对于宋明时期的新儒家，狄百瑞认为他们具有人文主义、理性主义与历史意识等共同趋向。(Wm. Theodore deBary, "Common Tendencies in Neo-Confucianism", in Arthur F. Wright, George Sansom etc. ed., *Confucianism in Action*, Stanford: Stanford University Press, 1959, pp. 25-49) 也就是说，由宋至明，新儒家虽分为理学、心学、气学等流派，在义理与工夫等方面有所区别，但作为同属于新儒学语境中的儒家流派，他们除了在认可儒家价值及生活方式之外，仍具有相同之处，其中特别值得注意的是理性主义向度。

[②] 关于阳明心学兴起的学术背景，吕妙芬特别指出科举考试的重要性。她指出，当时主宰出仕与教育的科举考试，与当时急剧增加的生员人口及其对地方社会的冲击是促成阳明心学兴起的社会制度因素。科举考试对阳明心学的兴起起到了两方面的作用，一方面阳明心学的兴起源于对科举考试的依赖，它以科举士子为主要听众，而科举的政治和文化影响也促进了阳明学派的发展；另一方面，阳明心学的兴起源于对科举考试的批判，它批判科举的功利士风，试图在程朱正统官学之外开创一别开生面的新学派。因此，吕妙芬认为，科举是阳明学派发生的重要历史背景，也是研究阳明心学不可忽略的历史因素。(吕妙芬：《阳明学士人社群——历史、思想与实践》，北京师范大学出版社2017年版，第33—41页；Miaw-fen Lu, *Practice as Knowledge: Yang-ming Learning and Chiang-hui in Sixteenth-Century China*, PhD dissertation, University of California Los Angeles, USA, 1997, pp. 24-39) 此外，关于明清时期的科举考试及其与道学、政治、知识精英的相互关系的系统研究，可参见 Benjamin A. Elman, *Civil Examinations and Meritocracy in Late Imperial China*, Cambridge, Massachusetts & London, England: Harvard University Press, 2013。

第四章　焦竑与明代思潮

现复兴态势。① 作为晚明时期泰州学派后劲,焦竑在诸种学问、思想碰撞与交融之中,在继承阳明心学直觉体认工夫的基础上,引入智识化认知的思维方式,摸索出了晚明心学的一条发展新径,即贯通直觉体认与智识认知的心学新形态。这既是焦竑个人学术思想独特性的体现,又是晚明心学在泛滥为狂禅的时代思潮中寻求转向与突破的缩影。

就明代思潮而言,"狂禅"往往是晚明心学的一个显著标签。嵇文甫先生在谈及晚明思潮中的"狂禅派"时曾指出:"当万历以后,有一种似儒非儒似禅非禅的'狂禅'运动风靡一时。这个运动以李卓吾为中心,上溯至泰州派下的颜何一系,而其流波及于明末的一班文人。"② 嵇先生所开列的狂禅派人物包括颜山农、何心隐、邓豁渠、管东溟、李卓吾等人物,却未提及作为李卓吾至交好友的焦竑。焦竑是晚明泰州学派的代表人物,又与李卓吾交谊甚笃,他是狂禅派人物吗?结合对焦竑生平与哲学的探究,以焦竑为坐标考察、反思明代思潮,既可以揭示狂禅乃至晚明思潮的变化发展的新面向,又可以在对晚明思潮的反思中深入理解焦竑。由此,本章将围绕焦竑与明代义理学的关系展开,主要涉及三个方面的问题。(1)焦竑与明代义理学。明代义理学以王阳明及其后学为主线,宋代以来的理学、气学、心学等在明代亦有延续与发展。那么,焦竑提倡的贯通直觉体认与智识认识的心学形态与明代义理学关系如何?(2)焦竑与明代考据学。作为与义理学并列的学术传统,考据学在明代中晚期已有较大发展,焦竑之学深涉考据学传统,具有强烈的知识色彩,那么,焦竑之学与明代考据学的关系如何?(3)焦竑与明代三教观。三教融合在明代颇为流行,儒佛道三教乃至民间宗教、文学、艺术等都深涉其中,焦竑亦不能例外。那么,焦竑与明代流行的三教观的关系如何?对以上诸问题的探讨,有助于揭示焦竑与明代思潮之间关系的基本轮廓,可以为深入认识和理解焦竑哲学与晚明思潮提供新的视角和依据。

---

① 在诸派学问复兴的大势中,Ditmanson 指出,在明成祖执政的 15 世纪早期,道学(新儒学)有被冷落的情况。也就是说,明代诸派学问虽均有所发展,但其过程存在曲折之处。可参见 Peter Ditmanson, "The Yongle Reign and the Transformation of Daoxue", *Ming Studies*, 1, 1998, pp. 7 - 31。

② 嵇文甫:《晚明思想史论》,第 50 页。

第一节 明代中晚期的南京

在传统的科举时代，读书人相遇，一般要"叙乡里、攀宗亲、谈祖籍"①，作为明代的状元，焦竑一生有七次参加科举的经历，除在京科举与短暂的为官之外，他一生的主要活动地区在其故乡南京。一位哲学家思想的形成，往往受到其生活时代与地域的潜在影响。这样，明朝嘉靖至万历年间的南京城，便成为焦竑思想的发生地。自明朝定鼎以来，太祖朱元璋先于"洪武元年八月建南京"②，后于"十一年正月改南京为京师"③。自成祖朱棣于永乐十九年（1421）迁都北京后，南京成为"保留了府、部、院、寺等国家机构"④的留都，直至明朝灭亡⑤。虽然在明代有政治地位的变化，但因优越的地理条件，深厚的政治、经济、文化根基，南京在迁都后仍在明代政治、经济以及文化生活中具有奠基性的重要地位与影响。⑥故此，对于明代的南京城，古人才有诸如"居东南之首，面京洛而揖嵩岱，纳江汉而控瓯粤"⑦，"绾毂两畿，辐辏四海"⑧，"北接淮济达神京，西扼江楚上游而下通东南，漕挽数百万金钱财赋，咽喉重地，诚天下命脉"⑨ 等并非溢美的评语。作为久居南京的重要人物，焦竑的哲学与明代中晚期的南京息息相关。在此，将从政治、经济以及文化三方面对明中晚期的南京进行具体勾勒与论述。

---

① 唐德刚：《胡适口述自传》注4，载欧阳哲生编《胡适文集》（1），第182页。
② （清）张廷玉：《地理一》，载《明史》卷四十，清武英殿刻本。
③ （清）张廷玉：《地理一》，载《明史》卷四十，清武英殿刻本。
④ 南京市地方志编纂委员会办公室编，范金民编著：《南京通史·明代卷》，南京出版社2012年版，第247页。
⑤ 这里所言的"明朝灭亡"，是指1644年大顺军攻破北京，崇祯帝自缢，明朝北京政权的灭亡。但是，明朝官员同时在南方地区拥立朱由崧、朱聿键、朱聿鐭、朱由榔四位皇帝，明朝实际上一直延续到公元1662年。其中，朱由崧的弘光政权即定都南京。
⑥ 参见 Xiaoxiang Luo, *From Imperial City to Cosmopolitan Metropolis*: *Culture*, *Politics and State in Late Ming Nanjing*, PhD dissertation, Duke University, USA, 2006, p.26。
⑦ （明）周亮工：《金陵览古·序》，载《金陵览古》，上海古籍出版社1983年版。
⑧ （明）顾起元：《南京水陆诸路》，载《客座赘语》，吴福林点校，南京出版社2009年版，第42页。
⑨ （清）汪士铎等纂，赵佑宸、蒋启勋修：《续纂江宁府志》，江苏古籍出版社1991年版，第3页。

第四章　焦竑与明代思潮

一　明代中晚期的南京政治

在政治方面，作为留都的南京，虽然"水殿之舟楫犹供，陪京之省寺不改"①，但却经历了政治地位由中心到边缘的悄然过渡。这种政治地位的变化始自明成祖永乐十八年（1420），据《明史》记载：

> 九月己巳，召皇太子。丁亥，诏自明年改京师为南京，北京为京师。②
>
> 十一月戊辰，以迁都北京诏天下。是月，振青、莱饥。十二月己未，皇太子及皇太孙至北京。癸亥，北京郊庙宫殿成。③

明太祖于洪武元年（1368）八月建都南京，洪武十一年（1378）改称南京为京师，确立了南京在全国的核心地位。作为京师的南京，"统府十四，直隶州四，属州十七，县九十有七。为里万三千七百四十有奇。北至丰、沛，与山东、河南界。西至英山，与河南、湖广界。南至婺源，与浙江、江西界。东至海"④。明成祖执掌政权之后，在永乐元年（1403）便开始布局，不但将北平改称为北京，而且设置了一套较为完备的官职机构，如"置北京行部尚书二人，侍郎四人，其属置六曹清吏司。吏、户、礼、兵、工五曹，郎中、员外郎、主事各一人。刑曹，郎中一人，员外郎一人，主事四人，照磨、检校各一人，司狱一人。寻户曹亦增设主事三人。后又分置六部，各称行在某部"⑤。在永乐十八年（1420），明成祖下诏书迁都北京，十二月皇太子、皇太孙已到北京，北京的郊庙宫殿也于年底建成。永乐十九年（1421），正式迁都北京，北京成为明朝京师，南京自此成为留都。不过，南京虽为留都，但也保存了原来的官职机构。据《明史》记载：

---

① （明）顾起元：《两都》，载《客座赘语》，吴福林点校，第32页。
② （清）张廷玉：《成祖三》，载《明史》卷七，清武英殿刻本。
③ （清）张廷玉：《成祖三》，载《明史》卷七，清武英殿刻本。
④ （清）张廷玉：《地理一》，载《明史》卷四十，清武英殿刻本。
⑤ （清）张廷玉：《职官一》，载《明史》卷七十二，清武英殿刻本。

十八年定都北京，罢行部及六曹，以六部官属移之北，不称行在。其留南京者，加"南京"字。洪熙元年，复置各部官属于南京，去"南京"字，而以在北京者加"行在"字，仍置行部。宣德三年复罢行部。正统六年，于北京去"行在"字，于南京仍加"南京"字，遂为定制。①

在明成祖迁都北京的同时，将六部官署机构也迁移到北京，留在南京的官署机构加上"南京"二字以区别于北京的官署机构。不过，明成祖的长子朱高炽即位后，于洪熙元年（1425）便开始着手还都南京的事宜，一方面在南京重设六部官署机构，删去加缀的"南京"二字，另一方面以北京的官署机构为皇帝巡幸所居之地设置的"行部"，加上"行在"二字，后来直到明英宗朱祁镇的正统六年（1441）才去掉北京的"行在"二字，确定北京的首都地位，又加"南京"二字以示南京作为留都的政治地位。明代中晚期以来，南京保留了与北京相同的官署机构。据顾起元《客座赘语》记载："永乐十九年始称南京，洪熙元年去之，正统六年复称南京，一时印信皆新铸给。然龟鼎虽奠于北，神居终表于南，且水殿之舟楫犹供，陪京之省寺不改，所以维万世之安，意固远也。"②

不过，顾起元对两京制的深远意义的强调也不能掩盖南京的政治核心地位的旁落，在南京担任户部郎的谢彬曾议论说："商迁五都，不别置员。周营雒邑，惟命保氂。汉、唐旧邦，止设京尹。宋于西京，仅命留守。保氂、京兆，即今府尹是已，未闻两都并建六卿如今日也。说者以为京师者大众之谓，物无两大，权以一尊，故谓南吏部不与铨选，礼部不知贡举，户部无敛散之实，兵部无调遣之行，视古若为冗员。"③谢彬对明代的两京制颇有看法，他认为商、周、汉、唐、宋诸朝代迁都之后都未在原都城设置全套官僚机构，明代却在北京和南京并建六卿，不过，南京的吏部官员不参与铨选，礼部官员不管理贡举，户部和兵部也不具有敛散、调遣的实际权力。对此，旅居南京的传教士利玛窦（Matteo Ricci）也发现：

---

① （清）张廷玉：《职官一》，载《明史》卷七十二，清武英殿刻本。
② （明）顾起元：《两都》，载《客座赘语》，吴福林点校，第32页。
③ （明）顾起元：《两都》，载《客座赘语》，吴福林点校，第32页。

第四章 焦竑与明代思潮

尽管迁都北京,仍然尽可能让南京享有北京所拥有的一切显赫、尊严与特权,所以现在南京和北京一样,仍被称为帝都和京城。皇帝在那里有同北京皇宫一样雄伟的宫殿,在这里代表皇帝的高官叫国公,其地位在全国首屈一指,仅次于皇帝,是为皇帝从鞑靼人手中将中国夺回的那位功臣的直系后裔。他如同总督一样,在南京代表皇帝行使权力。……此城如同北京,设有内阁,大小官员齐备。他们和北京的官员一样对中国各地有管辖权。但说实话,南京的这些官员虽然有相同的官职、俸禄和地位,然而却有名无实,虽然在中国也受到尊敬,但全国的管理还是要依赖于北京。此外还有一些专门的官员负责管理南京及其全省,但他们隶属于京官。①

由此可见,两京制下的留都南京虽有全套的官署机构,但实际上却有名无实。官署机构有名无实的状况,使得明代中晚期的南京拥有了较为宽松、自由的政治环境。自嘉靖至万历年间,南京在政治上逐渐进入清闲状态。对此,《明史》评曰:"南京卿长,体貌尊而官守无责,故为养望之地,资地深而誉闻重者处焉。或强直无所附丽,不为执政所喜,则以此远之。"② 这表明,在南京任职的官员,表面上看颇为尊贵但却没有与其官职之名相匹配的权力,或者是德高望重者居处的养望之地,或者是耿直且无政治背景的,不为当权者所喜的官员被置于南京,以此疏而远之。这样,留都南京逐渐成为德高望重或是被贬谪、被疏远的官员的政治"流放"场所。③ 在一定程度上,清闲的政务与大量的官员形成强烈对比,南京的冗员状况较为明显。明神宗在万历三年(1575)"诏南京职务清简,官不必备"④,万历九年(1581)"裁南京冗

---

① [意]利玛窦:《致澳门孟三德神父》,载《利玛窦书信集》,文铮译,商务印书馆 2018 年版,第 124—125 页。
② (清)张廷玉:《列传第一百九》,载《明史》卷二百二十一,清武英殿刻本。
③ 对此,朱晓艳认为:"明朝中期以后,政治日益腐败,朝臣结党营私,失势官员大量被贬到南京,一时之间,南京成为大量政治斗争中失败或是犯错官员的容身之所。"她将此作为南京对北京的辅助作用之一,并指出另外两个辅助作用为"应付危局的备选首都"和"御倭的指挥中心"。参见朱晓艳《明代两京制研究》,硕士学位论文,山东师范大学,2011 年,第 36—42 页。
④ (清)张廷玉:《神宗一》,载《明史》卷二十,清武英殿刻本。

官"① 的做法，即明证。

总体上看，明代中晚期的留都南京，不处于权力中心，政治环境较为宽松、官员职务较为清闲。② 政治环境的宽松氛围有利于南京发挥自身优势，促进经济、文化的自由发展。③

二 明代中晚期的南京经济

在经济方面，至嘉靖、万历年间，明代的国家经济逐渐陷入危难困顿之中。明初以来，洪武、永乐、洪熙、宣德年间以农垦为本，故而府库充实，百姓富足。不过，此后"屯田坏于豪强之兼并，计臣变盐法。于是边兵悉仰食太仓，转输往往不给。世宗以后，耗财之道广，府库匮竭"④，"不能节以制度，顾务加赋以病民"⑤。可见，明代财政从嘉靖帝以来支出耗费较大，以致府库出现匮乏枯竭之象，为缓解紧张的财政状况，官方进一步加大了征收赋税的力度。发展到万历年间，"神宗乃加赋重征，矿税四出，移正供以实左藏。中涓群小，横敛侵渔。民多逐末，田卒污莱。吏不能拊循，而覆侵刻之。海内困敝，而储积益以空乏"⑥，万历二十四年（1596）至三十三年（1605）的矿税之征，使明代中期以来的经济状况更加雪上加霜，进而导致"府库未充，膏脂已竭"⑦ 的"海内困敝"的后果。万历四十年（1612），南京各道御

---

① （清）张廷玉：《神宗一》，载《明史》卷二十，清武英殿刻本。
② 相较于嘉靖、万历年间南京政治环境的宽松清闲，此时期明代政治的整体环境却不容乐观。通过对王世贞的《觚不觚录》的研究，Hammond 认为明代政治从官员、太监、军队、制度等各方面都较为堕落（decadence）。(Kenneth J. Hammond, "The Decadent Chalice: A Critique of Late Ming Political Culture", *Ming Studies*, 1, 1998, pp. 32 – 49) 也就是说，南京宽松的政治环境并不代表明代整体的政治环境。同时，南京在政治环境上的优势在某种程度上为当地文化的发展提供了政治保障。此外，关于晚明的政治状况，亦可从晚明党争角度来看，可参见梁绍杰《〈国本论〉与晚明政争》，博士学位论文，香港大学，1994 年。
③ 关于两京制下的留都南京，学者 Jun Fang 认为，南京的各机构直接听命于皇帝，这些机构与北京相应的机构处于平等地位，并非北京的附属。不过，南京的存在并未对北京的中央政府造成威胁，在某些方面，南京有助于缓解北京管理全国的压力，南京实际上常常参与到国家事务中。关于两京制下的南京的政治、管理、军事、经济等方面的具体研究，可参见 Jun Fang, *China's Second Capital—Nanjing under the Ming, 1368 – 1644*, London & New York: Routledge, 2014。
④ （清）张廷玉：《食货一》，载《明史》卷七十七，清武英殿刻本。
⑤ （清）张廷玉：《列传第九十》，载《明史》卷二百二，清武英殿刻本。
⑥ （清）张廷玉：《食货一》，载《明史》卷七十七，清武英殿刻本。
⑦ （清）张廷玉：《列传第一百二十五》，载《明史》卷二百三十七，清武英殿刻本。

史曾上书明神宗："台省空虚，诸务废堕，上深居二十余年，未尝一接见大臣，天下将有陆沈之忧。"① 虽然在明神宗早期"江陵秉政，综核名实，国势几于富强"，但自张居正去世后，明神宗却"因循牵制，晏处深宫"②，从而导致"纲纪废弛，君臣否隔"③。御史们的上书也表明，在明神宗万历晚期，明代经济陷入十分困难的境地，甚至有动摇国家根基的危险。对此，《明史》甚至有"明室之亡，于是决矣"④ 的断语。

与"明之中叶，边防堕，经费乏"⑤ 的状况不同，南京虽在迁都以后，经济虽曾一度中衰⑥，但明代中期以来，南京凭借其优越的地理位置、便利的交通条件、稠密的户籍人口以及发达的农工商业而逐渐成为明代的经济中心。

（一）南京的地理位置优越、水陆交通便利。与北京处于明朝版图偏北部不同，南京位于明朝版图的中央偏东的核心区域，属于长江中下游地区。南京应天府下辖上元、江宁、句容、溧阳、溧水、高淳、江浦、六合诸地区，其中，上元之东北有钟山、摄山，山南有孝陵卫，东南有方山，北有覆舟山，西北有鸡鸣山、幕府山。北方有玄武湖，东南有秦淮水，北流入城，又西出，入大江；江宁之南有聚宝山、牛首山，西南有三山、烈山、慈姥山，西滨大江，东北有靖安河；句容之南有茅山，北有华山，秦淮水源于此，北滨大江；溧阳之东南有铁山、铜山，西南有铁冶山，北有长荡湖，西北有溧水，上承丹阳湖，东流为宜兴县荆溪，入太湖；溧水之东南有东庐山，南有石臼湖，西连丹阳湖，注大江；高淳之西南有固城、丹阳、石臼诸湖，东南有广通镇；江浦之东南滨大江，有江淮卫；六合之东有瓜步山，滨大江，滁河水自西来入焉。⑦ 可见，南京之地山水相连，地理区位优势显著。

同时，南京不仅地理区位优势明显，水陆交通也极为便利。顾起元《客

---

① （清）张廷玉：《神宗二》，载《明史》卷二十一，清武英殿刻本。
② （清）张廷玉：《神宗二》，载《明史》卷二十一，清武英殿刻本。
③ （清）张廷玉：《神宗二》，载《明史》卷二十一，清武英殿刻本。
④ （清）张廷玉：《列传第一百二十五》，载《明史》卷二百三十七，清武英殿刻本。
⑤ （清）张廷玉：《列传第一百二》，载《明史》卷二百十四，清武英殿刻本。
⑥ 参见范金民《明代政治变迁下的南京经济》，载《明史研究》第9辑，黄山书社2005年版，第81页。
⑦ 参见（清）张廷玉《地理一》，载《明史》卷四十，清武英殿刻本。

座赘语》在记录南京的水陆交通时写道：

> 金陵绾毂两畿，辐辏四海。繇京师而至者，其路三：陆从滁阳、浦口截江而抵上河，一也；水从邗沟、瓜洲溯江而抵龙潭，二也；从銮江、瓜埠溯江而抵龙江关，三也。繇中原而至者，其路三：从寿阳、濡须截江而抵采石，一也；从灵璧、盱眙而抵乌江，二也；从皖之黄口截江而抵李阳河，三也。繇上江而至者，其路三：陆从采石、江宁镇而抵板桥，一也；从姑孰、小丹阳而抵金陵镇，二也；水从荻港、三山顺流而抵大胜港，或径抵上新河，三也。繇下江而至者，其路五：陆从云阳走句曲而抵淳化镇，一也；京口起陆过龙潭而抵朝阳关，二也；舟至栖霞浦，走花林而抵姚方门，三也；水从京口溯江而抵龙江关，四也；又陆从湖州、广德、溧水而抵秣陵镇，五也。①

从交通角度看，南京统摄南北两京，汇聚四海之路。从北京到南京有三条路，其中，陆路是从滁阳、浦口截江而上河；水路有两条，一是从邗沟、瓜洲逆江而上抵达龙潭，二是从銮江、瓜埠逆江而上抵达龙江关。从中原到南京有三条路，一是从寿阳、濡须截江而抵采石，二是从灵璧经盱眙而抵达乌江，三是从安徽之黄口截江抵达李阳河。从上江到南京有两条陆路，一条水路，其中，从采石、江宁镇而抵达板桥，从姑孰、小丹阳而抵达金陵镇，是两条陆路；从荻港、三山顺流而下抵达大胜港，或径直抵达上新河，是一条水路。从下江到南京共有五条路，从云阳经句曲而抵达淳化镇，从京口起陆过龙潭而抵达朝阳关，从栖霞浦经花林而抵达姚方门，以及从湖州、广德、溧水而抵达秣陵镇，是四条陆路，从京口逆江而上抵达龙江关是水路。由此可见，南京不仅地理区位优势明显，而且与明代南北各方重要地区均关系密切，形成了发达的水陆交通网络，为明代中晚期南京经济的发展提供了极为便利的交通条件。

（二）南京的户籍人口稠密。明初太祖朱元璋定鼎南京，令苏、浙等地上户充实南京，同时，大量隶籍于各卫所、太医院、钦天监的户口人丁也陆续

---

① （明）顾起元：《南京水陆诸路》，载《客座赘语》，吴福林点校，第42—43页。

第四章 焦竑与明代思潮

迁入南京，使得南京户籍人口达到高峰。① 其中，焦竑先祖本为山东琅琊焦氏，亦因军功而迁徙到南京。明代中晚期以来，南京户籍人口虽较之于明初有所减少，但仍未改变户籍众多、人口稠密的基本情况，这为南京的经济发展提供了重要的人口优势。据《明史》记载：

> 洪武二十六年编户一十六万三千九百一十五，口一百十九万三千六百二十。弘治四年，户一十四万四千三百六十八，口七十一万一千三。万历六年，户一十四万三千五百九十七，口七十九万五百一十三。②

洪武二十六年（1393），南京户籍共计十六万三千九百一十五户，人口达一百十九万三千六百二十人。明代中期明孝宗弘治初年，户籍削减到一十四万四千三百六十八户，减少了一万九千五百四十七户，人口也从一百十九万三千六百二十减少到七十一万一千三，减少了四十八万两千三百二十人。到晚明时期的明神宗万历初年，南京共有一十四万三千五百九十七户，七十九万五百一十三人，户籍数虽较之于弘治年间仅减少了七百七十一户，但人口却增加了七万九千二百一十三人。南京在洪武时期是全国的政治中心，拥有超过十六万户籍与一百十九万人口，这使得南京成为全国最大的城市。随着明成祖朱棣迁都北京，部分南京的户籍、人口随之北迁，南京的户籍、人口骤减。据顾起元《客座赘语》记载："永乐北建，大半随行。是后徭役滋繁，逃亡渐夥。且自嘉靖中年，田赋日增，田价日减，细户不支，悉鬻于城中，而寄庄户滋多。寄庄田纵甚多，不过户名一丁，后或加一二丁，人且以为重役。其细户田既去，则人逃，既不逃而丁口不复隶于图册，其日削势，固然也。"③ 可见，除了迁都的原因之外，徭役赋税日渐繁重，在外设庄收租的寄庄户增多，平民的流失逃逸等，造成了户籍人口的骤减。不过，随着明代中晚期以来，南京的人口逐渐有所增加，弘治四年（1491）的南京人口比北京六十六万九千零三十三的人口多出四万两千两百六十七人，万历六年（1578）的南京人口比北京七十万六千八百六

---

① 参见南京市地方志编纂委员会办公室编，范金民编著《南京通史·明代卷》，第284页。
② （清）张廷玉：《地理一》，载《明史》卷四十，清武英殿刻本。
③ （明）顾起元：《户口》，载《客座赘语》，吴福林点校，第53页。

十一人多出八万三千六百五十二人。在人口数量稳步增长的同时，南京人口的结构也发生了变化，其中，军人、官员所占比例降低，商人、工匠与流动人口比例升高。① 可见，南京是明代中晚期以来人口最为稠密的城市。稠密的户籍人口为明代中晚期的南京经济的发展，提供了丰富的人口资源与人力基础。

（三）南京的农工商业发达。南京处于江南地区，水源丰沛，土地肥沃，气候温和，为农业的发展提供了天然的优势条件。焦竑曾引《图经》以记南京之地理优势：

> 《图经》云：金陵者，洞墟之膏腴，句曲之地肺。其土肥良，故曰膏腴。水至则浮，故曰地肺。②

南京亦称金陵，金陵土地肥良，水源丰沛，可称为"洞墟之膏腴，句曲之地肺"。在这种优良的水土气候条件下，南京的农业颇为发达，其中江宁县的安德乡、凤西乡稻米被称为"南乡米"，口碑极佳。③ 同时，整个江南地区广泛种植桑、棉等经济作物，如松江、嘉定、昆山等地种植以棉花为主的经济作物成为农业的主流趋势，家禽、家畜蓄养广泛，按徐光启的说法，"江南寸土无闲，一羊一牧，一豕一圈"④。明代中叶以来，江南农业中经济作物的广泛种植，潜移默化地促进了江南商品经济的发展。⑤ 在发达的农业支撑下，南京工商业也得到了良好的发展。现藏于中国国家博物馆的《南都繁会图》展现了明代南京的南市街到北市街的繁荣风貌，诸如"专染纱罗""义兴油坊""沔和布庄""粮食豆谷老行""食盐""铜锡老店""书铺""漆盒""机烛""梳篦老店""画脂杭粉名香官皂""弓箭盔缨""花炮""网巾发客""帽巾""靴鞋老店""西北两口皮货发售""东西两洋货物齐全""木行""大生号生

---

① 参见南京市地方志编纂委员会办公室编，范金民编著《南京通史·明代卷》，第286页。
② （明）焦竑：《金陵旧事上》，载《焦氏笔乘》，李剑雄点校，第476页。
③ 参见明孝陵博物馆《明初南京五十三年》，东南大学出版社2018年版，第74页。
④ （明）徐光启：《农政全书》（上），载李天纲、朱维铮主编《徐光启全集》，上海古籍出版社2010年版，第6册，第153页。
⑤ 朱子彦：《论明代江南农业与商品经济》，《文史哲》1994年第5期。

第四章　焦竑与明代思潮

熟漆""香糖""南北果品""钱庄""万源号通商银铺""裱画""画寓""官启名笺""茶社""酒""京人耍戏"等，共计109个店铺招牌，广泛涉及丝绸业、铜锡加工业、皮货、粮油加工、刻印书籍、糖果糕点、钱庄、脂粉、食盐、刀箭、爆竹、茶社、酒楼、杂耍等手工、副食、金融、娱乐等行业。①

值得注意的是，"东西两洋货物齐全"店铺的存在，表明南京不仅是南北经济会通之地，亦是中外商贸交流的重镇。天主教士利玛窦在写给科斯塔神父汇报情况的信中，曾提及"南京距海不远，位于长江之右岸，大型船舶可以自由进出，因此与全国各地有贸易往来。这里有很多我们欧洲常见的水果，生产小麦，各种食物物美价廉"②。可见，优越的地理位置，发达的水陆交通，使得作为留都的南京成为南北以及中外的商贸中心，焕发出巨大的经济潜力。作为明代中晚期的经济中心的南京，呈现出经济富足的生活图景，在某种程度上，我们可以从《儒林外史》的描绘中获得一些了解："这南京乃是太祖皇帝建都的所在，里城门十三，外城门十八，穿城四十里，沿城一转足有一百二十多里。城里几十条大街，几百条小巷，都是人烟凑集，金粉楼台。城里一道河，东水关到西水关足有十里，便是秦淮河。水满的时候，画船箫鼓，昼夜不绝。城里城外，琳宫梵宇，碧瓦朱甍，在六朝时是四百八十寺，到如今，何止四千八百寺！大街小巷，合共起来，大小酒楼有六七百座，茶社有一千余处。不论你走到一个僻巷里面，总有一个地方悬着灯笼卖茶，插着时鲜花朵，烹着上好的雨水，茶社里坐满了吃茶的人。到晚来，两边酒楼上明角灯，每条街上足有数千盏，照耀如同白日，走路人并不带灯笼。那秦淮到了有月色的时候，越是夜色已深，更有那细吹细唱的船来，凄清委婉，动人心魄。两边河房里住家的女郎，穿了轻纱衣服，头上簪了茉莉花，一齐卷起湘帘，凭栏静听。所以灯船鼓声一响，两边帘卷窗开，河房里焚的龙涎、沉、速，香雾一齐喷出来，和河里的月色烟光合成一片，望着如阆苑仙人，瑶宫仙女。还有那十六楼官妓，新妆泫服，招接四方游客。真乃朝朝寒食，夜夜元宵！"③

总体上看，南京不仅地理位置优越、水陆交通便利、户籍人口稠密，而

---

① 参见南京市地方志编纂委员会办公室编，范金民编著《南京通史·明代卷》，第289页。
② [意]利玛窦：《致吉洛拉莫·科斯塔神父》，载《利玛窦书信集》，文铮译，第153页。
③ （清）吴敬梓：《儒林外史》，时代文艺出版社2001年版，第187页。

且手工业分工明确，种类齐全，在丝织业、造船业、印刷业等方面发展突出。① 同时，南京与各地的经济交流日渐扩大，来自五湖四海的商人与产品随之涌入南京。② 户籍人口的增多，手工业、商业的日益发展，使得南京所在的江南地区逐渐成为明代中晚期重要的税收来源地。③ 对此，有学者认为："万历时期是明代南京的极盛时期。"④ 与全国经济颓势不同，明代中晚期的南京却以"声名、文物、冠裳、玉帛之盛，甲于东南"⑤。

三 明代中晚期的南京文化

在文化方面，明代中晚期以来，留都南京的政治色彩逐渐淡化，宽松清闲的环境氛围，在交通便利、户籍人口稠密、农工商业发达、中西贸易频繁的时代背景下，使得南京成为文人会聚、书院林立、图籍充实、宗教兴盛、中西会通的全国文化重镇。

（一）南京城文人会聚。作为留都的南京，虽不是明代中晚期的政治中心，但明朝建立之初定鼎于此，使得南京在名誉上仍是明代的重要城市。加之水陆交通的便利、经济生活的富足，使得南京以及江南地区成为文人会聚之地。据梅新林统计，从正德二年（1507）到万历年间，在南京任职的文人学者有杨廷和、夏尚朴、吴一鹏、周用、何孟春、柯维麒、田汝诚、何塘、顾清、周伦、湛若水、徐问、舒缨、顾璘、杨继盛、陆树声、朱曰藩、李贽、海瑞、欧大任、姜宝、文彭、王锡爵、董传策、顾大典、王世贞、臧懋循、汤显祖、孙应鳌、王世懋、郑文焯、沈瓒、殷都、曹学佺、顾起元、李晔、钟惺诸人。⑥ 其实，王阳明、徐爱、耿定向、耿定力、张邦奇、管志道、董其

---

① 参见朱晓艳《明代两京制研究》，硕士学位论文，山东师范大学，2011年，第33页。
② 参见陈忠平《明代南京城市商业贸易的发展》，《南京师大学报》（社会科学版）1986年第4期。
③ 参见 Jun Fang, China's *Second Capital—Nanjing under the Ming, 1368 – 1644*, London & New York: Routledge, 2014, p. 92。
④ 范金民：《明代政治变迁下的南京经济》，载《明史研究》第9辑，第86页。
⑤ （清）汪士铎等纂，赵佑宸、蒋启勋修：《续纂江宁府志》，第3页。
⑥ 参见梅新林《中国古代文学地理形态与演变》，复旦大学出版社2006年版，第867—868页。

昌、葛寅亮①等人也曾在南京任职。例如，王阳明于正德五年（1510）刘瑾被诛后由庐陵知县升为南京刑部主事，在升入北京后不久，阳明调任南京太仆寺少卿、南京鸿胪寺卿，后升任都察院左佥都御史而离开南京，在南京的三年间，王阳明常登讲席，弟子徐爱恰在南京担任工部郎中，得以亲炙阳明。耿定向督学南京，在清凉山建立崇正书院，讲学数年。此外，居住在南京或到过南京的文人学者亦不少，如罗汝芳、焦竑、李贽、陈第、徐光启等。

会聚于留都南京的文人墨客，不仅有名震一方的巨学宿儒、事功治世的朝廷大员，而且有很多文艺、艺术方面的名家，除董其昌、汤显祖等人之外，还有徐霖、徐渭、潘之恒、李渔、余怀等剧作家，还有金润、王徽、黄琳、罗凤、严宾、胡汝嘉、顾源、司马泰、朱衣、盛时泰、姚汝循、何淳之等赏鉴家，其中，"黄与胡多书画，罗藏法书、名画、金石遗刻至数千种，何之文王鼎、子父鼎最为名器，它数公亦多所藏"②。同时，在正德、嘉靖年间，南京亦是医学名家会聚之地，诸如"杨守吉之为伤寒医，李氏、姚氏之为产医，周氏之为妇人医，曾氏之为杂症医，白骡李氏、刁氏、范氏之为疡医，孟氏之为小儿医，樊氏之为接骨医，钟氏之为口齿医，袁氏之为眼医，自名其家"③。诸名医多专擅一科，有求医之人皆先问所患何病，如果不是自己所擅长之专科，则谢而不往治，不过，后来的南京医者逐渐由"约"转"博"，多兼习大小内外杂症。如此多的文人学者会聚南京，或是讲学传授，或是诗文唱和，或是学友相聚，或是切磋技艺，使明代中晚期的南京文化氛围益发浓厚。

（二）南京城书院林立。明代中晚期以来，江苏书院的修复、重建与新建进入高潮阶段。明太祖洪武年间，修复、重建江苏的前代书院1所，为丹阳濂溪书院。明宣宗宣德年间，修复、重建江苏的前代书院3所，为吴县文正书院、常熟虞山书院、阳湖城南书院。明英宗正统年间，江苏新建书院2所，为句容句曲书院、崇明西沙书院。明代宗景泰年间，江苏新建书院2所，为江都资政书院、丹阳练湖书院。明英宗两次登基的天顺年间，江苏新建书院2所，为山阳节孝书院、昆山富春书院。明宪宗成化年间，江苏新建书院1所，

---

① 王阳明晚年官至南京兵部尚书，耿定向曾任南京右都御史，张邦奇曾任南京礼部右侍郎、南京吏部尚书、南京兵部尚书，管志道曾任南京兵部主事，董其昌曾任南京礼部尚书。
② （明）顾起元：《赏鉴》，载《客座赘语》，吴福林点校，第216页。
③ （明）顾起元：《南都诸医》，载《客座赘语》，吴福林点校，第196—197页。

为江阴延陵书院；修复、重建前代书院 1 所，为无锡东林书院。明孝宗弘治年间，江苏新建书院 5 所，为江浦石洞书院、昭文东湖书院、江浦养正书院、宜兴东坡书院、常熟虞溪书院。明武宗正德年间，江苏新建书院 8 所，为山阳仰止书院、嘉定练川书院、上海仰高书院、武进道南书院、山阳忠孝书院、丹徒清风书院、无锡二泉书院、通州文正书院；修复、重建前代书院 2 所，为华亭九峰书院、金坛龙山书院。明世宗嘉靖年间，江苏新建书院数量增至 34 所，包括海川崇正书院、句容三友书院、上元新泉书院、江浦新江书院、泰川贵溪书院等；修复、重建前代书院 6 所，为上元南轩书院、上元明道书院、泰川安定书院、丹徒淮海书院、吴县学道书院、长洲和靖书院。此外，还有上元清惠书院、溧水中山书院、江浦江干书院、上元三山书院、清凉崇正书院等。①

由此可见，在江苏书院的鼎盛时期，南京应天府所属的上元、江宁、句容、溧阳、溧水、高淳、江浦等地的书院也进入修复、重建以及新建的大发展时期。与此同时，阳明心学风行天下，也潜移默化地促进了书院的建立与发展，按沈德符记载："自武宗朝王新建以良知之学行江浙、两广间，而罗念庵、唐荆川诸公继之，于是东南景附，书院顿盛，虽世宗力禁，而终不能止。"② 明代中晚期的书院林立，为会聚于南京的士人学子讲学论道、科举备考③提供了公共空间，在一定程度上又深化了阳明心学的传播与影响。

（三）南京城图籍充实。自明太祖朱元璋平定元大都，大将军徐达收元朝所藏于北京的图籍运至南京，此后又下诏书访求天下遗书。明成祖永乐初年，文渊阁藏书尚多阙略，成祖令礼部尚书郑赐寻访购置图籍，在北京建成之时，又令翰林院修撰陈循取南京文渊阁藏书百柜运往北京。④ 对此，顾起元亦有记录："前代藏书之富，无逾本朝。永乐辛丑，北京大内新成，敕

---

① 参见白新良《明清书院研究》，故宫出版社 2012 年版，第 62—93 页。
② （明）沈德符：《书院》，载《万历野获编》，黎欣点校，文化艺术出版社 1998 年版，下册，第 649 页。
③ 明代科举的备考地点，在国子监、府学、州学、县学等官方学校之外，书院以及寺、祠、庵、观等非官方学校亦成为明代士人学子科举备考的公共空间。对于明代书院，吴恩荣强调"不论是官修、私修，还是因袭前代书院，举业化是普遍趋势"（吴恩荣：《明代科举士子备考研究》，光明日报出版社 2020 年版，第 162 页）。
④ 参见（清）张廷玉《艺文一》，载《明史》卷九十六，清武英殿刻本。

第四章 焦竑与明代思潮

翰林院，凡南内文渊阁所贮古今一切书籍，自一部至有百部，各取一部送至北京，余悉封识收贮如故。时修撰陈循如数取进，得一百柜，督舟一艘，载以入京。至正统己巳，南内大灾，文渊阁所藏之书，悉为灰烬矣。"① 由此可知，明初南京官方藏书既有由北京运至的元代图籍，又有明成祖时搜求访购之书，藏书可谓丰富。之后部分图籍运往北京收藏，以及南京宫内火灾导致藏书遭毁，虽使得南京官方藏书受到影响，但这并未动摇南京作为明代图籍中心的地位。曾在中国搜求古书的日本学者长泽规矩也认为中华民国时期的南京虽是首都，但书市却略显凋敝，在他看来，"金陵书坊的繁盛期在明朝，特别是万历以来的明朝末期，余势一直持续到朱明被完全夺其位为止"②。

与官方藏书因南京的政治地位而有所变化的情况不同，明代中晚期以来的南京刻书、印书、售书行业发达，书肆数量众多。明儒胡应麟指出："今海内书，凡聚之地有四，燕市也、金陵也、闾阖也、临安也。"③ 其中，南京的书肆大多位于三山街以及太学前，书籍颇为精整，刻本数量很多，巨帙类书荟萃于此。④ 同时，私人藏书也颇为丰富。据顾起元记载："南都前辈多藏书之富者，司马侍御泰、罗太守凤、胡太史汝嘉，尤号充栋，其后人不能守，遂多散佚。司马家书目，尤多秘牒，有东坡先生《论语解》钞本四卷。其家数有郁攸之变，此书亡矣。"⑤ 除顾起元提及的司马泰、罗凤、胡汝嘉三位藏书家之外，徐霖、黄琳、谢少南、焦竑等均为明代南京的重要藏书家。其中，焦竑作为明代南京的第一位状元，酷爱读书、校书、著书与藏书，他在今日的珠江路有一座藏书楼，"藏书两楼，五楹俱满，一一皆经校雠探讨，东南藏书，当时以其为最，若有宋本《演繁露》等"⑥。焦竑藏书可称东南之最，他不仅藏书，还对所藏之书皆进行了校雠探讨，编有《焦氏藏书目》二卷。探讨至此，无论是从刻印书、售书，还是从藏书的角度看，南京都是明代中晚

---

① （明）顾起元：《南内藏书》，载《客座赘语》，吴福林点校，第216页。
② ［日］长泽规矩也：《中华民国书林一瞥》，载［日］内藤湖南等《中国访书记》，钱婉约译，九州出版社2020年版，第324页。
③ （明）胡应麟：《经籍会通四》，载《少室山房笔丛》，上海书店出版社2009年版，第41页。
④ 参见（明）胡应麟《经籍会通四》，载《少室山房笔丛》，第42页。
⑤ （明）顾起元：《藏书》，载《客座赘语》，吴福林点校，第218页。
⑥ （清）叶昌炽：《藏书纪事诗》，王锷、伏亚鹏点校，燕山出版社2008年版，第223页。

期的文化重镇,图籍资源充实。

(四)南京城宗教兴盛。根据张德伟的研究,明代中晚期以来佛教出现了一种"脆弱的复兴",与此同时,佛教中心从北京逐渐转移到江南地区。① 在江南地区佛教兴起的时代背景下,得益于皇帝的支持,南京佛教进入鼎盛时期。② 明太祖洪武年间,南京新建7座寺庙,兴善寺、千佛寺、观音阁、真如寺、苜蓿庵、栖隐寺、慧照院;重建寺庙8座,多福寺、慧光寺、庄严寺、紫草寺、山海院、后黎寺、普济庵、高座寺。明成祖永乐年间,新建大报恩寺、静海寺、观音阁、三塔寺,将天妃庙改建为吉祥寺,重修回光寺、清凉寺、永庆寺、华严寺、光相寺。从明代中期开始,南京佛教进入快速发展阶段,明英宗、明代宗、明宪宗崇信佛教,大量度僧,修建佛寺,南京新建佛寺有凤岭寺、外鹫峰寺、华藏庵、普宁禅寺、弘济寺、宁海寺、嘉善寺、静明寺、普德寺、智安寺、广兴寺、普利寺、承恩寺、鹫峰寺、华严寺、华光庵、妙泰寺、普应寺、外承恩寺、惠应寺、安隐院、外永宁寺、祝禧寺等;重建的寺院有慈仁寺、通善寺、崇善寺、安隐寺、宝善寺、翼善寺、永泰寺、天宁寺、崇化寺、德恩寺、佛国寺、永福寺、定林寺、永宁寺、清真寺等。到了晚明时期,南京新建的寺院有慈云庵、定林庵、圆觉庵、水草庵、镇远庵、药师庵、济生庵等;重建、增建、修缮的寺院有普照寺、弘觉寺、紫草寺、接待寺、崇因寺、回光寺、真如寺、吉祥寺、宝光寺等。③

明代南京在佛寺兴盛的同时,名僧大德也会聚于此,使南京成为明代中

---

① 参见 Dewei Zhang, *A Fragile Revival*: *Chinese Buddhism under the political shadow*, 1522 – 1620, PhD dissertation, The University of British Columbia, 2010, 214 – 220。

② 除明代皇帝的支持外,明代的太监、官员、士大夫乃至百姓也通过捐助、修建等方式赞助佛教寺院。其中,明代太监权力巨大,地位特殊,但也十分崇信佛教,他们礼敬僧人、修建寺院、死后葬于寺院,因而成为明代寺院捐赠的重要来源之一。关于明代太监与佛教的关系,可参见何孝荣《明代宦官与佛教》,《南开学报》(哲学社会科学版)2000 年第 1 期;关于明代太监权力及相关系统研究,可参见 Robert B. Crawford, "Eunuch Power in the Ming Dynasty", *T'oung Pao*, 49 (3), 1961, pp. 115 – 148; Shih-shan Henry Tsai, *The Eunuchs in the Ming Dynasty*, New York: State University of New York Press, 1996。同时,士绅亦是佛教捐赠的主力,卜正民从钱财捐赠、土地捐赠、士绅监督寺院、文学赞辅等方面探讨士绅捐赠寺院的方式,从性别、宗亲关系、宗教性吸引力、社会性吸引力、文化性吸引力、社会网络及宣扬士绅身份等方面阐释士绅捐赠寺院的原因。参见[加]卜正民《为权力祈祷:佛教与晚明中国士绅社会的形成》,张华译,江苏人民出版社 2005 年版。

③ 参见何孝荣《明代南京寺院研究》,紫禁城出版社 2013 年版,第 102—122 页。

晚期的佛教中心。从明代定鼎南京以来，明太祖与明成祖均诏请名僧大德到南京驻锡，禅宗如梵琦、昙噩、慧明、元瀞、智及、宗泐、宝金，天台宗如士璋、力金，净土宗如慧日、道衍，以及藏传佛教哈立麻、释迦也失等僧人，在洪武与永乐前期入南京弘法。在迁都北京之后，南京佛教略显衰微，不过，随着明代中晚期经济重心的南移，以及得益于南京宽松自由的政治环境、便利的水陆交通、文人学者的会聚等因素，又掀起了名僧大德弘法南京的高潮。笑岩德宝、密云圆悟、汉月法藏、无明慧经、无异元来、永觉元贤、觉浪道盛等禅师，普泰、无极、洪恩等主修华严，兼通唯识的法师，如馨、寂光等律宗法师，宗本、成时、圆澄等净土宗法师，以幽溪传灯为代表的天台宗法师，以及晚明四大高僧云栖袾宏、憨山德清、紫柏真可、蕅益智旭在南京留有足迹。① 同时，晚明时期在南京礼部任职的葛寅亮在撰写《金陵梵刹志》之外，亦著有《金陵玄观志》，记载了南京道教宫观庙庵的大体状况，如冶城山朝天宫、石城山灵应观、狮子山卢龙观、长寿山朝真观、龙江天妃宫、洞神宫、清源观、仙鹤观、玉虚观、移忠观、神乐观等宫观，火星庙、土地庙、玄帝庙、五显庙、天王庙、龙王庙、碧霞庙、三官庙、三清庙、二郎庙、九天庙、真武庙、孝陵卫萧公庙、修真庵、太玄庵、敬思庵、杨塘庵、梁塘庵、园林庵等庙庵，共计69所。② 此外，林兆恩的三一教、罗清的无为教等民间宗教，在南京也颇为流行。由此可见，明代中晚期的南京城宗教兴盛，为三教会通提供了空间场域。

（五）南京城中西会通。明代中期以来，耶稣会传教士陆续来华传教，作为留都的南京，成了中西会通的重要地点。传教士利玛窦③曾于1595、1598、1599年三次到达南京，第一次因友人南京工部侍郎徐大任的反对而离开，第二次随南京礼部尚书王忠铭进京而路过南京，第三次是北京逗留两个月意识到无法定居之后，从北京返回南京定居传教。在南京期间，利玛窦不仅较为

---

① 参见何孝荣《明代南京寺院研究》，第195—202页。
② 参见（明）葛寅亮《金陵玄观志》，中华民国二十六年陶风楼影印明刻本。
③ 据明人顾起元的记载："利玛窦西洋欧罗巴国人也。面皙，虬须，深目而睛黄如猫，通中国语。来南京，居正阳门西营中。自言其国以崇奉天主为道。天主者，制匠天地万物者也。"参见（明）顾起元《利玛窦》，载《客座赘语》，吴福林点校，第167页。此外，关于利玛窦到南京及在中国的具体行迹，可参见 Michela Fontana, *Matteo Ricci: A Jesuit in the Ming Court*, Lanham: Rowman & Littlefield Publishers, Inc., 2015。

详细地记录了南京的地理、城市、人文、风俗等各方面的情况向罗马耶稣会汇报，而且与南京的官员、文人交往颇为频繁，如焦竑、李贽、徐光启等人，还与雪浪洪恩进行了辩论。除利玛窦之外，罗儒望（Jeande Rocha）、王丰肃（Alphonsus Vagnoni）、史惟贞（Pierre Van Spiere）、毕方济（Francois Samniasi）亦到南京传教。① 从传教形式上看，耶稣会的传教士们主要采取"学术传教"② 的方式，据钟鸣旦的研究，借助科学技术的学术形式而非直接宣传教理，是传教士扩大基督教影响的重要途径，其中，明末清初的传教士在中国流行的著作约有70%是科学方面的著作，如《泰西水法》《浑盖通宪图说》《几何原本》《天文略》《简平仪说》《同文算指》《职方外纪》等，天主教类著作则相对较少，如《天主实义》《畸人十篇》《交友论》《二十五言》《七克》等③。尽管传教士们翻译、传播西方科学技术的最终目的在于宣传基督教，但也为南京以及中国带来了世界地图、科学知识、仪器、技术。

利玛窦等传教士的传教活动，在南京取得了重要成果。万历二十八年（1600），三十九岁的徐光启在南京与利玛窦初次会晤。④ 这次会晤成为徐光启与利玛窦交谊的起点，随着与传教士交往、合作的深入，徐光启于两年后的万历三十年（1602）初在南京天主教堂受洗礼入教，得名保禄（Paulo）。徐光启在南京入教，不仅是其人生的重要转折点，而且成为南京中西会通的重要典范。作为晚明重臣的徐光启，在翻译、学习西方的科学技术以及基督教理的同时，也为保护、推广基督教作出了贡献。南京礼部侍郎沈㴶于万历四十四年（1616）向明神宗连续上三封《参远夷疏》，逮捕传教士与教徒，掀起了反对基督教的浪潮。徐光启以及李之藻、杨廷筠等上疏抗辩，维护基督教与传教士。同时，为修订多次预测失误的大统历，徐光启在主持撰写

---

① 参见南京市地方志编纂委员会办公室编，范金民编著《南京通史·明代卷》，第279页。
② 所谓"学术传教"，孙尚扬指出："以西方的科学技术、伦理和宗教思想吸引中国士大夫，此即学术传教。其目的虽为传教，但客观效果却使中国输入了西方的一些文化。"（孙尚扬：《明末天主教与儒学的互动：一种思想史的视角》，宗教文化出版社2013年版，第14页）实际上，从学术角度而非直接从教理角度在中国传播基督教，是来华的传教士们采取的权宜方式，他们虽然介绍了西方的科学技术，但其最终目的是引起中国人的兴趣，以借此展开进一步的教理宣传。
③ ［比利时］钟鸣旦、杜鼎克：《简论明末清初耶稣会著作在中国的流传》，《史林》1999年第2期。
④ 参见梁家勉原编，李天纲增补《增补徐光启年谱》，上海古籍出版社2020年版，第113页。

第四章　焦竑与明代思潮

《崇祯历书》期间，力倡邀请传教士加入，龙华民、罗雅谷、汤若望等传教士引入西方天文历法，与中国传统历法相结合，成为晚明时期中西文化会通极为重要的典籍。在很大程度上，《崇祯历书》作为晚明时期重要的天文历法成果，恰是徐光启与利玛窦南京相遇，徐光启在南京入教，接触、学习西方科学技术的成果体现。由此观之，这正反映出明代中晚期的南京是中西文化会通的重要地点。

探讨至此，可以描绘一下明代中晚期南京的大致图景：政治上地位颇高，虽保留了整套的官僚机构，但并无太多实权。在这种相对宽松、清闲的政治环境下，南京凭借其优越的地理区位、便利的水陆交通、稠密的户籍人口、良好的农工商业，成为享誉寰宇的"鱼米之乡"。殷实富裕的经济状况将南京的文化氛围推向高峰，文人的会聚、宗教的兴盛、中西的互通，使南京成为明代中晚期以来的文化中心。在很大程度上，这与明中叶以来佛教乃至文化中心由北京南移到江南地区的大趋势相契合，也有助于促进南京士绅社会的兴起。[1] 在此背景下，出生并长期居住于南京的焦竑，潜移默化地受到南京政治、经济与文化环境的浸染，逐渐养成了读书思考、泛观博览、讲学著述的学术化的治学风格，在晚明心学中独树一帜。同时，焦竑与江南、全国以及中西文人学者关系密切，使得南京成为明代思潮发展的重要场域。

第二节　焦竑与明代义理学

明中叶以后，全国的经济、文化中心逐渐从北京转移到以南京为核心的江南地区。因此，政治环境相对自由、宽松的南京城迎来了经济富庶、文化荟萃的黄金时代。[2] 从学术角度看，儒家的心学与理学在明代都有长足

---

[1] 相较于江南地区士绅社会的兴起，在明末清初的北方，儒家的影响力在农村地区逐渐减弱，人们的行为方式更加多元化，民间宗教的渗透、商业行为的发展，使得北方形成了一种非儒家主导的社会，这种普通人的公民社会与以儒家为主导的江南地区的士绅社会形成了对比。关于17世纪中国北方非儒社会的研究，可参见 Yifeng Zhao, *Non-Confucian Society in North China during the Seventeenth Century*, PhD dissertation, University of Alberta, Canada, 1997。

[2] 关于晚明政治经济社会状况，Joanna 认为晚明主要有三个趋势，即经济繁荣、教育普及与政治昏暗。具体可参见 Joanna F. Handlin, *Action in Late Ming Thought: The Reorientation of Lu K'un and Other Scholar-Officials*, Berkeley Los Angeles London: University of California Press, 1983, pp. 20 – 32。

的发展，尤其是心学，在明代中晚期可谓风行天下。而长期生活于南京的焦竑，不但高中万历十七年（1589）状元，享有极高的声誉，而且师承有自，交谊广泛，逐渐成为明代中晚期以来思想界的重要人物。如前所述，焦竑开辟了心学发展的新径，但其学问之"新"，并未脱离明代义理学的宏大背景。那么，焦竑之学与明代义理学的关系如何？在此，有必要以焦竑为视角，探究其学与明代心学和理学的关系，以期揭示双方之间互动的具体环节。

一 焦竑与明代心学

心学在明代进入鼎盛时期，以王阳明及其弟子所弘扬的心学传统为主流。不过，明代心学并不只有王阳明一系的心学，还有阳明心学之外歧出的心学及与阳明心学并行的心学传统。故此，在探讨焦竑与明代心学关系之前，需要对明代心学进行简要梳理。

（一）阳明心学传统

明代心学大成于王阳明，阳明之后，其弟子遍及浙中、江右、南中、楚中、北方、闽粤、泰州、黔中等地。能持阳明之学的弟子甚多，但能更进一步者，当推王畿与王艮，故此黄宗羲有"阳明先生之学，有泰州、龙溪而风行天下"[1]的断语。学术界常将王畿与王艮之学视为同类，如黄宗羲认为二人"时时不满其师说，益启瞿昙之秘而归之师，盖跻阳明而为禅矣"[2]，冈田武彦将他们同归为王学左派，即现成派[3]。杨国荣指出王畿与泰州学派都"将本体等同于现成之知"[4]。吴震也认为王艮之后的泰州学派有独特之处，但王艮的"思想倾向属于良知现成派之系统，则无可疑"[5]。同时，尽管承认王畿的第二种"良知异见"指向王艮，但彭国翔仍认为王艮的现成良知与王畿的见在良知具有一致性。[6]

---

[1] （明）黄宗羲：《泰州学案一》，载《明儒学案》，沈芝盈点校，第703页。
[2] （明）黄宗羲：《泰州学案一》，载《明儒学案》，沈芝盈点校，第703页。
[3] 参见［日］冈田武彦《王阳明与明末儒学》，吴光等译，第103页。
[4] 杨国荣：《王学通论——从王阳明到熊十力》，华东师范大学出版社2003年版，第86页。
[5] 吴震：《阳明后学研究》，上海人民出版社2016年版，第35页。
[6] 参见彭国翔《良知异见——中晚明阳明学良知观的分化与演变》，《哲学门》2001年第2期。

第四章 焦竑与明代思潮

　　当然，也有学者关注到二王心学的区别。如牟宗三肯定王畿的颖悟，"大体守着阳明底规范而发挥，他可以说是阳明底嫡系"①，又指出："王艮比王龙溪怪诞多了。他讲学立义并不遵守阳明底轨范。"② 同样，唐君毅发现："泰州王门之学，是否亦属龙溪一路，则是一问题。"③ 他进而指出："其他王门之学者，大皆先重此心之为身与生命生活之主宰，而重在于心之意念上求警惕、戒惧、归寂，或见良知本体，究一念灵明，以为工夫。泰州之心斋，则直以安身标宗。"④ 此外，冯友兰也从"近禅"的角度点出王畿近禅，但王艮不近禅。⑤ 这样看来，将王畿与王艮的心学视为同类的看法，颇受黄宗羲和冈田武彦的影响，不过，这种观点却忽视了王畿明确地将王艮之学视为"良知异见"的做法。而牟宗三、唐君毅、冯友兰等先生虽然注意到了二王心学存在差异，但大多点到为止，未展开系统论述。因此，二王心学之异到底如何，便成为中国哲学中有待解决的重要问题。大体上看，二王心学之异主要体现在三个向度，即良知之异、对待儒家经典态度之异与对待佛、道态度之异。

　　第一，良知之异。作为王门高弟，王畿与王艮均秉承了阳明的心学。大体上，王畿主张"见在良知"，王艮则注重"现成良知"。良知的"见在"与"现成"之间虽相似，但实际上却有质的不同。就见在良知而言，"见在"即现在。王畿有"见在良知与圣人未尝不同"⑥，"若必以见在良知与尧、舜不同，必待工夫修证而后可得，则未免矫枉之过"⑦ 等说法。对此，彭国翔认为可将良知之"见在"拆开理解，"见"则代表良知的活动性，而"在"则代表良知的当下存有性。⑧ 将见在良知视为即存有即活动的状态，在一定程度

---

① 牟宗三：《从陆象山到刘蕺山》，载《牟宗三先生全集》，台北：联经出版事业股份有限公司2003年版，第8册，第232页。
② 牟宗三：《从陆象山到刘蕺山》，载《牟宗三先生全集》，第8册，第232页。
③ 唐君毅：《中国哲学原论原教篇》，载《唐君毅先生全集》卷19，台北：台湾学生书局1984年版，第380页。
④ 唐君毅：《中国哲学原论原教篇》，载《唐君毅先生全集》卷19，第382页。
⑤ 参见冯友兰《中国哲学史》（下），载《三松堂全集》第3卷，第382页。
⑥ （明）王畿：《与狮泉刘子问答》，载《王畿集》，吴震编校整理，第81页。
⑦ （明）黄宗羲：《浙中王门学案二》，载《明儒学案》，沈芝盈点校，第243页。
⑧ 参见彭国翔《良知学的展开——王龙溪与中晚明的阳明学》，生活·读书·新知三联书店2005年版，第71—72页。

上，有将良知纳入"本体—现象"二分化理解的可能。实际上，良知的"见在"不必理解为"见"与"在"的结合，反而可以径直理解为"现在"。"现在"是一个与过去、未来相对的时间概念，王畿有"先师提出良知二字，正指见在而言"①的说法，这正是良知在当下之义。

这样，作为"现在良知"的"见在良知"并非"过去良知"与"未来良知"，而是每个人当下的良知。也就是说，见在良知指称的是一种"良知本身就在其当下的呈现活动中而成其自身"②的当下缘构的良知状态。这种当下缘构状态之所以能够实现，有赖于良知本体的虚无化。在很大程度上，王畿的良知虽是一种先天本体，但这种先天本体并非以形而上的绝对实体的形式存在，而是一种虚无式的先天本体。正由于良知本体的虚与无，才使良知因应个人所处的当下情境成为可能。诸如"良知虚体，不变而妙应随缘"③，"良知原无一物，自能应万物之变"④，"良知即是主宰，而主宰渊寂，原无一物。吾人见在感应，随物流转"⑤等说法，恰是王畿对见在良知的具体描述，也正因此，钱明才将王畿归为主张本体虚无说的"虚无派"⑥。

相较于"见在良知"，王艮的"现成良知"则呈现出不同状态。王艮认为，"良知天性，往古来今人人俱足"⑦，"天性之体，本自活泼，鸢飞鱼跃，便是此体"⑧，其子王东崖也表达了类似看法，如"良知之灵，本然之体也。纯粹至精，杂纤毫意见不得"⑨。由此可知，王艮的良知说包含两方面。（1）现成良知不具有当下缘构性。现成良知是一种实体性的、圆满具足的本体存在，与虚无性的见在良知并不相同。见在良知正因此虚无性才有当下缘构的可能，而王艮的现成良知则将良知本体实体化，因而不具有根据当下情境进行缘构的可能。（2）现成良知具有超越性。见在良知是指现在的良知状态，而非过

---

① （明）王畿：《与狮泉刘子问答》，载《王畿集》，吴震编校整理，第81页。
② 钟治国：《王龙溪"见在良知"说再析》，《中国哲学史》2015年第2期。
③ （明）王畿：《答王敬所》，载《王畿集》，吴震编校整理，第277页。
④ （明）黄宗羲：《浙中王门学案二》，载《明儒学案》，沈芝盈点校，第253页。
⑤ （明）黄宗羲：《浙中王门学案二》，载《明儒学案》，沈芝盈点校，第258—259页。
⑥ 钱明：《王学流派的演变及其异同》，《孔子研究》1987年第4期。
⑦ （明）王艮：《诗文杂著》，载陈祝生主编《王心斋全集》，江苏教育出版社2001年版，第47页。
⑧ （明）黄宗羲：《泰州学案一》，载《明儒学案》，沈芝盈点校，第714页。
⑨ （明）黄宗羲：《泰州学案一》，载《明儒学案》，沈芝盈点校，第722页。

去、未来的良知状态。这表明见在良知仍在过去、现在、未来的时间范围内，但是现成良知却不依时间、情境的变化而变化，即无论处于什么样的时间、情境，良知本身的完满性、现成性都不受影响。就此而言，现成良知具有一种超越性。从这两点，可以看出王畿与王艮良知说的差异。

同时，"良知异见"是辨别良知"见在"与"现成"的直接证据。在《滁阳会语》和《抚州拟砚台会语》中，列有多种良知异见。其中，对于王艮的良知观，王畿认为："有谓'良知不学而知，不须更用致知，良知当下圆成无病，不须更用消欲工夫'，此凌躐之论也。"① 从字面上看，"凌躐"有僭越、超乎寻常顺序之义。既然指认王艮的良知观为"凌躐之论"，那么，凌躐之处何在？前面已提到，王艮的现成良知说具有超越性与实体性的特点，即现成良知不因时间与情境的变化而有所改变，而王畿的见在良知则会根据当下时间与具体情境进行缘构。也许，在王畿看来，王艮的凌躐之处正在于现成良知对当下时间与具体情境的超越，故此他才将王艮的良知说列为"异见"②。

可见，王畿将王艮的现成良知列为"良知异见"之一，并非没有道理。虽然这两种源于王阳明的良知说有很大的相似性，但是王畿能够主动划清其与"现成良知"的界限，恰恰表明"见在良知"与"现成良知"之间存在质的差异。

第二，对待儒家经典之异。顾炎武曾强调："今之所谓理学，禅学也，不取之五经而但资之语录。"③ 钱穆先生就此认为："不讲经学的理学，只有明朝，王学不能叫理学。"④ 王学是否真的不讲经学呢？其实不然，王阳明颇重视《大学古本》及五经。王畿与王艮论学也不脱离儒家经典，但却表现出不

---

① （明）王畿：《滁阳会语》，载《王畿集》，吴震编校整理，第35页。
② 对于王畿将现成良知列为良知异见，彭国翔认为，可能是王艮的后学弟子对现成良知理解不透、运用不善导致了流弊，才引起了王畿的批判。因此，王畿批判的是王艮后学的流弊，不是王艮本人（彭国翔：《良知异见——中晚明阳明学良知观的分化与演变》，第88—103页）。这种看法固然有道理，但忽略了王艮与王畿在良知观上的差异，我们认为，王艮的现成良知是一种超越性的、实体性的存在，不需要见在良知的当下缘构即可呈现，因此才被王畿列为"凌躐"类的良知异见。
③ （清）顾炎武：《与施愚山书》，载《顾亭林诗文集》，华忱之点校，中华书局1959年版，第58页。
④ 钱穆：《素书楼经学大要》，载《钱宾四先生全集》，第52册，第851页。

同的态度。就王畿而言，他偶有涉及儒家经典。例如，在《华阳明伦堂会语》中，为阐明为学之要，王畿指出："孔门之学，惟务求仁。《论语》一书，开端便提出个'学'字。所谓学者，是明善而复其初，非徒效先觉之所为也。"① 同样，在响应"进德居业"是否分作两事时，王畿认为："只是一事。此一段文言便是一部《大学》宗要。君子乾乾不息于诚，天德也。乾乾只是个忠信之心，忠信所以达天德也。德不可以悬空去进，必有业次以为之居。"② 可见，王畿在讲学时会涉及《论语》《大学》《易》等经典。此外，他还著有《大象义述》，以心学系统诠释周易六十四卦的象辞。③ 借助儒家经典来开示学问，是王畿作为儒者的本分，这也有利于人们理解和接受心学。不过，这仅可说明王畿之学并不完全脱离儒家经典，但不代表王畿对儒家经典持极为肯定的态度。因为他对当时的读书讲学有强烈批评：

吾人今日之学，若欲读尽天下之书、格尽天下之物，而后可以入道，则诚有所不能。④

今人讲学，以神明为极精，开口便说性说命；以日用饮食声色货利为极粗，人面前不肯出口，不知讲解得性命到入微处，意见盘桓只是比拟卜度，于本来生机了不相干，终成俗学。⑤

为什么王畿要批判读书讲学呢？这要从他对学问的划分说起。在《留别霓川漫语》中，王畿将阳明心学的"入悟教法"分为解悟、证悟与彻悟，他认为：

----

① （明）王畿：《华阳明伦堂会语》，载《王畿集》，吴震编校整理，第158—159页。
② （明）王畿：《华阳明伦堂会语》，载《王畿集》，吴震编校整理，第160—161页。
③ 关于王畿与易学的关系，学界已有所关注。如贺广如从"心与良知""先天后天"与"天根月窟"三个角度具体揭示王畿对北宋邵雍易学的继承与转化，这种继承与转化完整地呈现在王畿以四无说对天根月窟的诠释中。（参见贺广如《王龙溪对邵康节〈易〉学的继承与转化》，《东方文化》2013年第1期）此外，林志鹏以乾、蒙、随等卦为例，具体阐释了王畿如何以心学义理及工夫修养诠释易象，并指出这种意象的心学诠释也有会通三教的向度。（参见林志鹏《心学与易理的交融——王龙溪〈大象义述〉探析》，《学术研究》2018年第8期）
④ （明）王畿：《华阳明伦堂会语》，载《王畿集》，吴震编校整理，第162页。
⑤ （明）黄宗羲：《浙中王门学案二》，载《明儒学案》，沈芝盈点校，第240页。

第四章 焦竑与明代思潮

> 从知解而得者,谓之解悟,未离言诠;从静中而得者,谓之证悟,犹有待于境;从人事练习而得者,忘言忘境,触处逢源,愈摇荡愈凝寂,始为彻悟。①

在此,由知解而来的解悟与依赖于静坐的证悟,都被王畿视为非究竟法。其中,解悟多指对儒家经典的讲习讨论而获得悟解,这种知识性的悟解,在王畿处,与真正的学问并不相干。那么,什么才是真正的学问呢?在王畿看来,由人事练习得来的彻悟才是究竟教法。也就是说,在日常的生活实践中才能真正入悟圣人之学。"若致知宗旨,不论语默动静,从人情事变彻底练习以归于玄,譬之真金为铜铅所杂,不遇烈火烹熬,则不可得而精。"② 这种说法正是以生活实践为锻炼真金的烈火,使人通达"致知宗旨"。显然,这种"人事练习"学问,是一种在生活实践中达到的状态,即见在良知状态,它的呈现不需要以儒家经典为依据,若拘守于儒家经典,反而会遮蔽见在良知。"良知即是独知,独知即是天理。独知之体,本是无声无臭,本是无所知识,本是无所拈带拣择,本是彻上彻下。"③ 因此,王畿才得出"夫良知者,经之枢、道之则。经既明则无籍于传,道既明则无待于经"④ 的结论。这表明,王畿的彻悟之学并不需要依赖儒家经典。

与王畿不同,王艮则十分注重儒家经典。他认为:"孔子虽天生圣人,亦必学《诗》、学《礼》、学《易》,逐段研磨,乃得明彻之至。"⑤ 在王艮看来,儒家经典是成为圣人的必备条件,纵是天生之圣人,亦需要儒家经典作为研磨、验证的理论根据。以此为指导,王艮将儒家经典贯彻其心学始终,他在少年时期便"常衔《孝经》《论语》《大学》袖中,逢人质难,久而信口谈解,如或启之"⑥,后来其淮南格物、尊身思想均以《大学》为依据。例如,有人问以止至善为安身的依据时,王艮表示:"以经而知安身之为止至善

---

① (明)王畿:《留别霓川漫语》,载《王畿集》,吴震编校整理,第465页。
② (明)黄宗羲:《浙中王门学案二》,载《明儒学案》,沈芝盈点校,第253页。
③ (明)黄宗羲:《浙中王门学案二》,载《明儒学案》,沈芝盈点校,第260页。
④ (明)王畿:《自讼长语示儿辈》,载《王畿集》,吴震编校整理,第427页。
⑤ (明)黄宗羲:《泰州学案一》,载《明儒学案》,沈芝盈点校,第714页。
⑥ (明)黄宗羲:《泰州学案一》,载《明儒学案》,沈芝盈点校,第709页。

也。《大学》说个止至善，便只在止至善上发挥。"① 不仅如此，王艮还将《大学》视为圣人之学的根本，他认为：

> 惟《大学》乃孔门经理万世的一部完书，吃紧处惟在"止至善"及"格物致知"四字本旨，二千年来未有定论矣。某近理会得，却不用增一字解释，本义自足，验之《中庸》《论》《孟》《周易》，洞然吻合，孔子精神命脉具此矣。诸贤就中会得，便知孔子"大成学"。②

可见，王艮在阳明的点拨下走上心学之路后，《中庸》《论语》《孟子》《周易》等儒家经典并未从他的心学体验中退场。有学者指出，王艮强调儒家四书"本义自足"，并以阅读四书作为"印证"自心的途径。③ 这一说法与黄宗羲判定王艮之学"以经证悟，以悟释经"④ 正相符合。也就是说，王艮现成良知之说的成立，离不开儒家经典的印证。故此，王艮特别推崇儒家经典，与将儒家经典置于边缘地位的王畿大为不同。同时，王艮的以经证悟与阳明心学并无违背。有学者指出，"王阳明的良知本体具有强烈的易学内涵"⑤，阳明本人也认为："六经者非他，吾心之常道也。"⑥ 这表明，王艮的以经证悟，在某种程度上承袭自其师王阳明。

总而言之，王畿与王艮都涉及儒家经典，然而两人的态度却不同。王畿虽涉及儒家经典，但始终将其置于边缘地位。从阳明的"四句教"到"四无说"，王畿继承、发展了阳明心学，但忽略了阳明对儒家经典的重视。与王畿不同，王艮始终将儒家经典置于其学说的中心，肯定其印证心学体验的积极作用。因此，对待儒家经典的不同态度，成为王畿与王艮心学的差异之一。

---

① （明）黄宗羲：《泰州学案一》，载《明儒学案》，沈芝盈点校，第712页。
② （明）王艮：《语录》，载陈祝生主编《王心斋全集》，第33页。
③ 参见杨浩《"印证吾心"与"本义自足"——王艮对四书的理解》，载《儒家典籍与思想研究》第11辑，北京大学出版社2019年版，第228—244页。
④ （明）黄宗羲：《泰州学案一》，载《明儒学案》，沈芝盈点校，第709页。
⑤ 张二平：《王阳明"良知"的易学内涵》，《哲学与文化》2018年第12期。
⑥ （明）王阳明：《稽山书院尊经阁记》，载《王阳明全集》，谢廷杰辑刊，上册，第234页。

第四章　焦竑与明代思潮

第三，对待佛、道态度之异。在当前学界中有"王学会通派"① 的说法。这一派主要由赵贞吉、罗汝芳、杨起元、焦竑、管志道、祝世禄等泰州学派人物和王畿、周汝登、唐顺之、邹元标等构成。② 值得注意的是，这份名单包括王畿，却不包括王艮。在某种程度上，这以消极的方式暗示了王畿与王艮对待佛、道态度的不同。就王畿而言，他与佛道关系甚深。据彭国翔的考察，王畿曾与胡清虚、常自然等道士，以及玉芝法聚、云栖袾宏、苇航等僧人交往，此外，他还因为早年久婚不育的身体原因修习过道教的双修之法来求子，不过，这些与佛、道的联系只能说明王畿深涉佛、道，并不能说明佛、道在王畿心学中的位置。③ 那么，王畿对佛、道的态度如何呢？阅读相关著述、语录就可以发现，王畿常引用佛、道的概念与思想，可知他对佛、道之学非常肯定，有会通三教的倾向。对此，王畿表示：

> 吾儒未尝不说虚，不说寂，不说微，不说密，此是千圣相传之秘藏，从此悟入，乃是范围三教宗旨。……先师良知之学乃三教之灵枢，于此悟入，不以一毫知识参乎其间，彼将帖然归化。④
>
> 先师提良知二字，乃三教中大总持。⑤
>
> 良知两字，范围三教之宗。良知之凝聚为精，流行为气，妙用为神，无三可住，良知即虚，无一可还。此所以为圣人之学。⑥

据此，王畿对三教的会通有两个步骤：一是将佛、道的虚、寂、微、密，视为儒家本有之义，这样可以消解儒学与佛、道义理的隔阂；二是以良知为

---

① 所谓"王学会通派"，按照刘海滨博士的说法，此派是指："王门后学中公开倡导会通三教的一个思想派别，他们可能来自不同的地域或具有不同的思想渊源，但却具有共同的思想宗旨，其宗旨可以用王畿的一句话概括'度脱生死，会通出世法'。"（刘海滨：《焦竑与晚明会通思潮》，博士学位论文，复旦大学，2005年，第3页）进而，刘博士指出此派所具有的三个特点："达到超脱生死的精神境界""会通入世出世"和"在心性论方面提倡'无善无恶说'"。（刘海滨：《焦竑与晚明会通思潮》，第3—4页）

② 参见刘海滨《焦竑与晚明会通思潮》，第5页。

③ 参见彭国翔《王龙溪与佛道二教的因缘》，《中国哲学史》2001年第4期。

④ （明）王畿：《三山丽泽录》，载《王畿集》，吴震编校整理，第15页。

⑤ （明）王畿：《与李中溪》，载《王畿集》，吴震编校整理，第258页。

⑥ （明）王畿：《南游会纪》，载《王畿集》，吴震编校整理，第154页。

"三教之灵枢""范围三教之宗",凸显了以儒为本位的三教一贯观。对此,彭国翔表示:"龙溪三教观的核心思想,可以说是儒家本位的三教一源论。"①余英时也认为王畿将发轫于王阳明的"三教合一"的问题推到了极致。② 彭、余的说法固然有道理,但若认为王畿的三教观只是三教一源或三教合一,在某种程度上就将问题简单化了。因为在强调三教一贯的同时,王畿也承认,"二氏之学与吾儒异"③,"吾儒之学与禅学、俗学,只在过与不及之间"④。那么,王畿为什么既承认三教一贯,又强调儒家与佛、道有别呢?

其实,王畿的三教观不存在矛盾。他的三教一贯论主要是在义理层面吸收佛、道思想。而在经世层面,他对佛、道的态度却发生了变化,坚持认为儒家与佛、道有别。对此,王畿表示:

> 吾儒所谓良知,即佛所谓觉,老所谓玄,但立意各有所重,而作用不同。大抵吾儒主于经世,二氏主于出世。⑤
>
> 儒者之学,务于经世,然经世之术约有二端:有主于事者,有主于道者。主于事者,以有为利,必有所待,而后能寓诸庸;主于道者,以无为用,无所待而无不足。⑥

可见,王畿的"经世"有两个特点:一是经世即入世,它为儒家所特有,而佛、道是出世之学,故此儒家与佛、道不同;二是经世有形而上与形而下两个维度。形而上的经世以无为用,不依赖外在条件而恒久自足,形而下的经世以有为利,需根据具体情境而进行动作施为。在王畿看来,儒学注重与现实生活之间的联系,属于形而上与形而下相结合的有用之学,而佛、道之学则是与现实生活无关的出世之学。这样,经世在王畿处便成为区别儒家与佛、道的判断标准。事实上,由于僧人与儒者交流增多,佛教的出世追求也受儒

---

① 彭国翔:《良知学的展开——王龙溪与中晚明的阳明学》,第 228 页。
② 参见 Ying-shih Yu, "The Intellectual World of Chiao Hung Revisited: A Review Article", Ming Studies, 25, 1988, pp. 24 - 66。
③ (明)王畿:《南游会纪》,载《王畿集》,吴震编校整理,第 154 页。
④ (明)黄宗羲:《浙中王门学案二》,载《明儒学案》,沈芝盈点校,第 251 页。
⑤ (明)王畿:《与李中溪》,载《王畿集》,吴震编校整理,第 258 页。
⑥ (明)王畿:《赠梅宛溪擢山东宪副序》,载《王畿集》,吴震编校整理,第 374 页。

第四章　焦竑与明代思潮

家影响而出现经世倾向，如云栖袾宏、憨山德清、紫柏真可、蕅益智旭、永觉元贤等晚明僧人，尝试调整佛教修行的出世倾向。① 同样，修仙、养生的道教法门在皇帝和士人的推崇下在当时也颇为流行。② 不过，中晚明的佛、道虽有经世的倾向，但从王畿的儒者视角看，佛、道的经世倾向并不能掩盖其出世的根本旨趣。故此，他强调"二氏之学与吾儒异"③。这样，以经世为标准，王畿在实践层面区别开了儒家与佛、道。④

可见，王畿对待佛、道的态度具有两面性。在义理层面，他主张儒佛道三教一贯，并以良知统摄三教，态度正面且积极；在实践层面，他特别注重经世维度，并以此为标准区分儒家与佛、道，认为儒家以经世为宗旨，佛、

---

① 晚明四大高僧常被视为晚明佛教形态的代表，关于他们的经世倾向，学界已有相当研究。例如，对于云栖袾宏，于君方在对禅净融合、晚明居士佛教运动、善书与实践上的融合（syncretism in action）及寺院改革等方面的研究，将袾宏定位为晚明佛教复兴、综合趋势的代表人物，尤其在善书及劝善运动方面，反映了他修行的经世维度。（参见 Chun-fang Yu, *The Renewal of Buddhism in China*：*Chu-hung and the Late Ming Synthesis*, New York：Columbia University Press, 1981）对于蕅益智旭，Mcguire 以佛教伦理为背景，认为蕅益智旭的宗教与伦理生活以"业"（karma）为中心展开，如智旭以占卜为判断"业"的方法（divination as a karmic diagnostic technique），以忏悔礼仪消"业"。同时，在他的礼仪理论中特别强调情感（emotion）的重要性，其中便涉及儒学色彩较浓的"诚"（sincerity），由此可见其重视修行实践、佛儒融合的风格。（Beverley Foulks Mcguire, *Living Karma*：*The Religious Practices of Ouyi Zhixu*, New York：Columbia University Press, 2014）对于紫柏真可，Cleary 认为广涉禅宗、天台、华严、唯识诸宗的真可，提倡禅净、禅教、三教的一致，同时他也向文士、普通民众广泛教学，刻印藏经，促进佛教复兴。（Jonathan Christopher Cleary, *Zibo Zhenke*：*A Buddhist Leader in Late Ming China*, PhD dissertation, Harvard University, USA, 1985）而憨山德清的经世与政治关系密切，如 Smith 在研究德清的《庄子》内七篇注解时发现，德清特别强调《庄子》的社会、政治维度，而 Dewei Zhang 则具体探讨了德清与万历朝廷的政治关系，并认为德清借此成为晚明佛教领袖。可参见 Travis W. Smith, *Cultivating Sagehood in the Zhuangzi*：*Hanshan Deqing's Unified Reading of the Inner Chapters*, PhD dissertation, Southern Illinois University Carbondale, USA, 2013；Dewei Zhang, "Challenging the Reigning Emperor for Success：Hanshan Deqing (1546—1623) and Late Ming Court Politics", *Journal of the American Oriental Society*, 134 (2), 2014, pp. 263 - 285。关于憨山德清的系统性研究，可参见 Sung-peng Hsu, *A Buddhist Leader in Ming China*：*The Life and Thought of Han-shan Te-ch'ing*, University Park：Pennsylvania State University Press, 1979。此外，关于晚明佛教的经世倾向，亦可参见陈永革《晚明佛教思想研究》，宗教文化出版社 2007 年版，第 326—335 页。
② 龚鹏程：《摄道归佛的儒者：焦竑》，载《晚明思潮》，第 75—77 页。
③ （明）王畿：《南游会纪》，载《王畿集》，吴震编校整理，第 154 页。
④ 王畿早年曾修习过道教的双修法门，这似乎不能表示王畿认可出世的佛道实践。恰恰相反，王畿修习此法门，是由于久婚不育的身体原因。也就是说，王畿修习道教法门正是出于繁衍子嗣的儒家经世目的，而不是成仙出世的意图。

道则是出世宗教。这样看来，王畿在义理层面加深了儒家与佛、道的融合，却在实践层面加固了儒家与佛、道的壁垒。

与王畿不同，王艮在义理与实践上始终遵行纯正的儒学。在义理方面，王艮与佛、道之学无涉。除现成良知之外，王艮还有"格物，即物有本末之物。身与天下国家一物也，格知身之为本，而家国天下之为末，行有不得者，皆反求诸己"①的淮南格物思想，以及"乐便然后学，学便然后乐。乐是学，学是乐"②的乐学思想，这都是儒家的工夫与境界。再加之王艮常以《大学》《论语》《周易》等儒家经典为印证，故而可以在义理上保持儒学本色。所以，当有人请教"佛老得吾儒之体"的问题时，王艮指出："体用一原，有吾儒之体，便有吾儒之用。佛老之用，则自是佛老之体也。"③在此，王艮认为儒学之体对应儒学之用，佛、道之体对应佛、道之用，从体用角度严格区分了儒学与佛、道。这样看来，王艮在学问上以儒学为旨归，与佛、道并无关联。尽管他提倡的本自活泼的境界与当下现成的风格表面上类似禅学，但实际上是在儒家的工夫、体验以及儒家经典的印证中达到的儒学境界，而非禅学境界。因此，黄宗羲关于"泰州、龙溪时时不满其师说，益启瞿昙之秘而归之师，盖跻阳明而为禅矣"④的论断适用于王畿与某些泰州学派成员，但不适用于王艮。

在实践方面，王艮与佛、道也没有关联。王艮从小身处社会底层，生活艰苦，不具备与佛、道交往的物质条件，也很难看到他与佛、道交往的记录。同时，在见王阳明之前，他"按《礼经》制五常冠、深衣、大带、笏板，服之"⑤；在拟给皇帝的上书中，他"单言孝悌"⑥；针对"里俗家庙多祀神佛像"⑦的状况，他"撤神佛像，祀祖先"⑧，这都表明王艮在实践上与佛、道无关。王艮这种在义理与实践层面与佛、道无涉的风格，在其子王东崖处亦

---

① （明）黄宗羲：《泰州学案一》，载《明儒学案》，沈芝盈点校，第710页。
② （明）黄宗羲：《泰州学案一》，载《明儒学案》，沈芝盈点校，第718页。
③ （明）王艮：《语录》，载陈祝生主编《王心斋全集》，第5页。
④ （明）黄宗羲：《泰州学案一》，载《明儒学案》，沈芝盈点校，第703页。
⑤ （明）黄宗羲：《泰州学案一》，载《明儒学案》，沈芝盈点校，第709页。
⑥ （明）黄宗羲：《泰州学案一》，载《明儒学案》，沈芝盈点校，第718页。
⑦ （明）王艮：《年谱》，载陈祝生主编《王心斋全集》，第68页。
⑧ （明）王艮：《年谱》，载陈祝生主编《王心斋全集》，第68页。

第四章 焦竑与明代思潮

有体现。焦竑在叙述东崖求学历程时表示："是时龙溪、绪山、玉芝皆在公左右,先生以公命悉师事之。"① 可见东崖承阳明之命而师事王畿、法聚等人,但王畿、法聚等人的佛、道思想并未感染东崖。对此,荒木见悟指出:"王门当中,与佛教最接近的人是龙溪,心斋此种倾向极为薄弱,其子东崖虽然出入玉芝法聚之门,但也见不着多少佛学的影子。"② 这表明,王艮、东崖父子立场一致,都秉承了纯正的儒学,并未涉及佛道。

这样看来,黄宗羲将王畿与王艮同视为禅学的做法,忽视了二人对佛、道的不同态度。王畿在义理上肯定佛、道之学与儒学具有一致性,并以良知统摄三教,建构了以儒为本位的三教观,但在实践上却区别了出世的佛、道与经世的儒家。与王畿不同,王艮则更为彻底,在理论与实践上与佛道均无涉,保持了纯正的儒家本色。故此,对待佛、道二教的不同态度,成为王畿与王艮心学的差异之一。

以上探讨基本揭示了浙中王畿与泰州王艮的心学差异。③ 二王虽师出同源,但其在心学上的差异却十分显著。在某种程度上,二王之学可视为阳明之后心学发展区间的两端。尽管阳明后学流派、人物众多,似乎并未逸出二王之学所划定的这一心学区间。如钱德洪的后天诚意之学、邹守益的"戒惧"之学、欧阳德的动静体用合一之学、聂豹的归寂之学、罗洪先的归寂主静之学、罗汝芳的"赤子良心"之学、耿定向的"不容己"之学,乃至其他人物,浙中王门董沄、黄宗明、张元冲、万鹿园、王宗沐等,江右王门刘文敏、刘邦采、陈明水、魏良器、邓以讚、刘元卿、万廷言、胡直

---

① (明)焦竑:《王东崖先生墓志铭》,载《澹园集》,李剑雄点校,第493页。
② [日]荒木见悟:《明末清初的思想与佛教》,廖肇亨译,上海古籍出版社2010年版,第64页。
③ 王畿主张见在良知,将良知本体虚无化,强调良知在当下具体情境的缘构状态。王艮则主张现成良知,将良知本体实体化,强调良知超越时间、具体情境的圆满具足性。作为儒者,王畿与王艮虽均注重经世、入世实践,但对良知的不同理解,在很大程度上导致了他们对儒家经典以及佛道二教的不同态度。实际上,王畿与王艮之学的差异正象征着发展阳明心学的不同取径:第一,王畿见在良知的虚无性,是对阳明心学在内圣维度的发展,而虚无性的良知在当下具体情境中的缘构,则象征着良知由内圣维度向外王维度的透显;第二,王艮在日用常行中对儒家道德的践行,使得圆满具足的现成良知率先体现于外王层面,随着实践的深入,人会逐渐产生自然和乐的圆融感受,这是现成良知由外王进展到内圣层面的表现。也就是说,在发展阳明心学的问题上,主张见在良知的王畿倾向于由内圣融摄外王,提倡现成良知的王艮则侧重以外王烘托内圣。

等，南中王门周怡、薛甲、唐顺之、徐阶等，楚中王门冀元亨，北方王门穆孔晖、张后觉、孟秋、孟化鲤、杨东明、南大吉等，粤闽王门薛侃、周坦等，泰州学派王襞、徐樾、王栋、赵贞吉、杨起元、耿定向、耿定理、潘士藻、方学渐、何祥、祝世禄、周汝登①、管志道、李贽等，其学基本上均在二王的心学区间之内。

（二）阳明心学之外的明代心学传统

在王阳明振起心学后，其后学弟子王畿与王艮深拓心学，推至两极，为阳明后学的发展开辟了宏大的义理空间。不过，王阳明的心学虽是明代心学

---

① 此处延续了《明儒学案》的划分，将周汝登列入泰州学派。但需说明的是，学界对周汝登的学派归属颇多质疑。例如，Mao Jie、彭国翔、Jennifer 均以周汝登为王畿弟子而非罗汝芳之徒。具体言之，Mao Jie 质疑黄宗羲《明儒学案》中的划分，提出周汝登是王畿之徒，而非师承罗汝芳。可参见 Mao Jie, "Reassessing the Place of Chou Ju-teng（1547-1629）in Late Ming Thought", *Ming Studies*, 33, 1994, pp. 1-11. 彭国翔进一步从地域、思想传承与自我认同三方面论证周汝登师承王畿而非罗汝芳（参见彭国翔《周海门学派归属辨》，《浙江社会科学》2002 年第 4 期）。在彭说的基础上，Jennifer 指出，周汝登与王畿均在理论上吸收佛道思想，主张不二，在实践工夫上主张顿悟，强调本体即工夫，反对渐修。同时，她论述了云栖袾宏以渐修说批判周汝登的顿悟说，以及周汝登一生都致力于推广王畿的学说，这些都从侧面表明周汝登与王畿学说的一致性。（参见 Jennifer Lynn Eichman, *A Late Sixteenth Century Chinese Buddhist Fellowship: Spiritual Ambitions, Intellectual Debates, and Epistolary Connections*, Leiden: Brill, 2016, pp. 7-113）不过，王格认为，周、王学说的一致性，不能证明二人之间存在真实的师承关系，他指出周汝登并非真实地学承王畿，只是在血脉上将自己视为王畿传人。（参见王格《学承与学脉：周汝登"学派归属"的重新认定》，《中国哲学史》2018 年第 2 期）此外，对于泰州学派，Jennifer 认为其体系较为松散，派系组织不严格。她指出："泰州学派划分中包含很多完全不同的人物，他们既非来自同一地域，亦非持有相近的思想。所谓的'泰州学派'，实际上并非一个学派，而是王艮后学的一个包罗万象的种类集合，黄宗羲对这类人出格的行为和思想进行了严厉的批判。"（Jennifer Lynn Eichman, *A Late Sixteenth Century Chinese Buddhist Fellowship: Spiritual Ambitions, Intellectual Debates, and Epistolary Connections*, Leiden: Brill, 2016, p. 72）Yu-Yin Cheng 也指出泰州学派成员来自不同地域，与浙中、江右等派弟子来自同一地域的情况不同，但他认为这恰是泰州学派的独特之处。因为泰州学派成员既是学者，又是行动者，他们持有的启人良心、助人成圣的理念促使他们足迹遍天下地讲学，因而泰州弟子遍天下。可参见 Yu-Yin Cheng, "The Taizhou School（Taizhou Xuepai）and the Popularization of Liangzhi（Innate Knowledge）", *Ming Studies*, 60, 2009, pp. 45-65。退一步讲，即使 Yu-Yin Cheng 的观点正确，也不能说明泰州学派是一严谨学派。在此，笔者为 Jennifer 的论证添一条证据：黄宗羲《明儒学案》中所列的王门后学学派，如浙中、江右、南中、楚中等，都有"王门"的后缀，如《浙中王门学案》《江右王门学案》《南中王门学案》《楚中王门学案》等，可是作为后学的泰州学案的题目中却没有"王门"二字，在名称上类似于非王门的《止修学案》《甘泉学案》《诸儒学案》等。也就是说，黄宗羲所列的不是《泰州王门学案》而是《泰州学案》，这在某种程度上反映出，黄宗羲视阈中的泰州学派并非一严格的王门学派，而是一思想多元的松散学派。

第四章 焦竑与明代思潮

的主流，但并非所有心学人物皆属此派。① 如陈献章、湛若水、黄绾、王塘南、李材、章潢、杨幼殷、李贽、刘宗周、黄宗羲等人，虽然主张心学，但却与阳明心学多有不同。在此，有必要展开分别探讨。

第一，陈献章与湛若水。陈献章是明初心学的代表人物，其学注重静坐，强调"静中养出个端倪"②的修养工夫，若由此真有所体悟，则可以达到"此理干涉至大，无内外，无终始，无一处不到，无一息不运。会此则天地我立，万化我出，宇宙在我"③状态，这是一种"心"与"理"圆融不二的境界，即其所谓的"自然境界"。刘宗周对陈献章"学宗自然，而要归于自得"④的评价，意正在此。在陈来教授看来："所谓'自然'是指心灵的自由，不受牵抑制累，也就是'无滞'。"⑤陈献章的心学境界，一方面来自其个人的性格与旨趣，另一方面来自对程朱理学及困苦读书经历的超脱，但是他并未提出诸如"心即理""良知"或"致良知"等涉及外在生活世界的阳明心学概念或命题，而是仅落实于个人的内在体悟。在某种程度上，这可能与明初的学术风气有关，明初遵循了元朝儒学恪守程朱理学、敦实践履的学风，陈献章虽苦读、勤思，却无所契入，后来他通过静坐而得开悟，其所悟的心学境界主要体现于个人内在体悟层面，为明初学术从理学背景中转出提供了路径。因而陈献章虽主张心学，但其心学与阳明心学不同。⑥故此，陈献

---

① Youngmin Kim 认为，明代思想界的关键问题是个体（self）与世界（world）的关系问题，而以"心学"指称陈献章、湛若水、王阳明的学问似乎过于关注心，反而忽视了同等重要的外部世界，因此以"心学"的名称并不恰当。（Youngmin Kim, "Rethinking the Self's Relation to the World in the Mid-Ming: Four Responses to Cheng-Zhu Learning", *Ming Studies*, 1, 2000, pp. 13 – 47）实际上，"心学"一词虽突出了"心"，但并未忽视客观世界，"心学"更多的是与"理学"相对而言的。在此，我们沿用传统以来的"心学"一词，但在"心学"内部作了区分，即将王阳明及其弟子的学问称为"阳明心学"，阳明心学以外的心学思想可称为"非阳明学派的心学"。
② （明）黄宗羲：《白沙学案上》，载《明儒学案》，沈芝盈点校，第84页。
③ （明）黄宗羲：《白沙学案上》，载《明儒学案》，沈芝盈点校，第84页。
④ （明）黄宗羲：《师说》，载《明儒学案》，沈芝盈点校，第4页。
⑤ 陈来：《宋明理学》，第194页。
⑥ 对于陈献章与王阳明心学的差异，张学智教授曾有明确的论断："以静中养出的端倪归并、化约外在随事体会到的经验与道理，代替了格物、致知等活动。这一点与王阳明很不同。王阳明致良知是将心中呈露的善端与向外格物结合起来，以良知统领格物，不断向深广处扩充。致良知的每一步，都是良知内容不断充实、不断清晰、不断由性体（抽象的有）变为心体（具体的有）的过程。致极良知，则心体广大高明而行为臻于实地。这种发展是靠格物实功，不是靠神秘内省。这是（转下页）

章便被学界视为明代心学的开端,阳明心学的先导。[①]

　　湛若水是陈献章的弟子,从理论上看,他主张"心体物而不遗""随处体认天理"等说法,表面上看与陈献章,甚至王阳明之学颇为类似,但实际上,其学与陈、王二人之学却有所不同。具体言之,湛若水强调天理客观存在于万事万物,故"此心体物""体认天理"等说法,有将心与物、心与天理的合一的倾向,因而"这样的心,是认识形态的心和境界形态的心二相归一的;所谓心物合一体,亦可以看作认识和境界合一的派生物"[②]。可见,湛若水的心学具有一定程度的程朱理学色彩。对此,有学者指出:"随处体认天理是在事事物物上求其定理,不脱即物穷理的旧学影响。"[③]这一特点造成了湛若水与王阳明、陈献章在心学上的差异。[④]不过,虽然湛若水之学有程朱理学的色彩,但与程朱理学却有质的不同。也就是说,湛若水之学虽有合心与理为一的倾向,但在方法上采用的是体认法,而非程朱理学的格物致知法。关于"体认",湛若水认为:

(接上页)王阳明与陈献章最大的不同。在王阳明看来,陈献章在神秘的体验中、在玄想中视其大,不如在实地践履中丰富、充养其大。所以王阳明并不以陈献章为自己的理论先驱。"(张学智:《明代哲学史》,北京大学出版社2000年版,第41页)

① 对于陈献章心学的开端与先导作用,陈来教授认为:"他虽然还没有提出或论证心即是理,但他显然把为学工夫完全心学化了,这个发展显然开了明代心学运动的先河,稍后的王阳明正是沿着这个方向进一步发展了心学的基本思想。"(陈来:《宋明理学》,第193—194页)同时,张学智教授指出"他以自得之学,上承陆象山,下开王阳明,是程朱理学向心学过渡的转折点"(张学智:《明代哲学史》,第39页)。"明代心学越出宋代心学之处,其中一个重要方面就是将这种即心即物之理,从二元论安放在一元论的实地;从'内此理也,外此理也',发展为'心外无理,心外无物'。陈献章可以说是这一发展的中间环节。"(张学智:《明代哲学史》,第43页)

② 张学智:《明代哲学史》,第59页。

③ 张学智:《明代哲学史》,第43页。

④ 据张学智教授归纳,湛若水与王阳明心学的差异主要体现在三方面:本体论上的内外问题、工夫论上的格物问题与体认天理方法上的"勿忘勿助"问题。(张学智:《明代哲学史》,第67—71页)同时,陈来教授指出:"他(湛若水)的体认天理说已与白沙学问方向不同。他在许多方面,调和理学与心学,而他的朋友王阳明则比甘泉更接近陈白沙。"陈来《宋明理学》,第218页。值得注意的是,在承认湛若水与陈献章、王阳明之学的区别的同时,Youngmin Kim 认为湛若水之学与朱熹之学亦有区别,他指出湛若水不同意朱熹"性即理"的说法,因为这种肯定"理"存在与现实世界的说法可能产生助益俗学的后果,所以湛若水主张置理于心。可参见 Youngmin Kim, "Moral Action in Zhan Ruoshui's 湛若水 (1466–1560) Philosophical Anthropology", *Journal of Chinese Philosophy*, 42 (3–4), 2015, pp. 318–341。

> 吾所谓天理者，体认于心，即心学也。①
> 体认天理云者，兼知行合内外言之也。②
> 天理非在外也，特因事之来，随感而应耳。故事物之来，体之者心也。③
> 一旦忽然开悟，感程子之言"吾学虽有所受，天理二字却是自家体认出来。"李延平"默坐澄心，体认天理。"愚谓天理二字，千圣千贤大头脑处，尧舜以来至孔孟，说中说极，说仁义礼智，千言万语都已概括在内。若能随处体认，真见得，则日用间参前倚衡，无非此体，在人涵养以有之于己耳。④

据此可见，湛若水虽有"兼知行合内外"这种类似程朱理学的说法，但这种体认根本上是一种基于个人直觉体认的"随感而应"。而且，其师陈献章也有"体认物理"⑤的说法。这表明，湛若水之学虽承认理客观存在于物，但他从事物中获得理的方法却不是程朱理学式的即物穷理，而是强调个人直觉体认的心学体认。也就是说，湛若水之学虽与程朱理学有所关涉，亦与陈献章、王阳明之学有所不同，但本质上仍未脱离心学范围，与程朱理学之间存在质的差异。至于为何作为心学家的湛若水会吸收程朱理学的成分，张学智教授给出了答案："陈献章以诗人治学，在一般较为传统的学者看来，其本体论偏于玄，工夫论偏于虚。陈献章的弟子湛若水欲弥缝乃师的不足，倡随处体认天理之说，使江门之学折归实地。"⑥此外，这亦与湛若水的生平经历有一定的关系。与早年求学经历颇为苦闷、压抑，又绝意科举的陈献章不同，湛若水的一生颇为顺遂，在登弘治乙丑进士第之后，先在翰林院担任庶吉士、编修之职，后擢升为南京祭酒、礼部侍郎，以及南京礼部、吏部、兵部的三部尚书。仕途一路高升的湛若水，身体也颇为强健，九十岁的时候还能到南岳

---

① （明）湛若水：《新泉问辨录》，载《甘泉文集》卷八，清同治五年刻本。
② （明）黄宗羲：《甘泉学案一》，载《明儒学案》，沈芝盈点校，第887页。
③ （明）湛若水：《答聂文蔚侍御》，载《甘泉文集》卷七，清同治五年刻本。
④ （明）湛若水：《上白沙先生启略》，载《甘泉文集》卷十七，清同治五年刻本。
⑤ （明）黄宗羲：《白沙学案上》，载《明儒学案》，沈芝盈点校，第80页。
⑥ 张学智：《明代哲学史》，第58页。

游览，直到九十五岁才去世。青年时期的读书、科举以及长期的仕途经历，为湛若水耳濡目染地接触程朱理学提供了机会，同时，强健的体魄也在一定程度上削弱了他在直觉体认方面的深度，达不到陈献章之学的体悟程度，但可以弥补其师之学偏于玄虚之不足。

总而言之，陈献章、湛若水所主的心学与王阳明的心学颇为不同，主要差异在于：陈献章的心学创立在阳明心学之前，其哲学史的意义在于使宋代理学向明代心学过渡；而湛若水的心学与王阳明的心学同时存在，为弥补其师心学之不足，而具有程朱理学色彩，因而与阳明心学有异。

第二，黄绾、李材、章潢、王时槐与刘宗周。如前所述，陈献章、湛若水二人与王阳明虽均为心学，但并非同属一派，此处所列诸儒则都受到阳明心学一定程度的影响，但又与阳明心学有所不同。在《明儒学案》中，黄宗羲将黄绾列入《浙中王门学案》，将王时槐、章潢列入《江右王门学案》，将李材列入《止修学案》，将刘宗周列入《蕺山学案》。在此基础上，根据诸儒在学问方面的关系，可分为两组进行探讨。

第一组，重"止"之学，以黄绾、李材、章潢为代表。黄绾最初师事谢文肃，与王阳明、湛若水皆有学问上的接触，后来听闻王阳明所讲的致良知之学，他认为是简易直接的圣人之学，故而甘愿成为阳明弟子。黄绾对王阳明颇为尊崇，在阳明去世后，为维护其声誉，还上疏与早年仕途上的好友桂萼相抗辩，并且将自己的女儿嫁给了阳明的儿子为妻。不过，黄绾的学问却不以良知为标签，他结合《易》与《大学》提出了以"艮止"为宗旨的学问。关于"艮止"，黄绾主张：

> 中涉世故，乃试于世，初见不诚非理之异，欲用其诚、行其理，而反羞之。既不羞而任诸己，则皆愤世疾邪，有轻世肆志之意。既知愤疾轻肆之不可，则反而修诸己。修诸己未得，每遭毁誉机阱之交，则多郁郁疑思，幽忧因心，若无所容其生者，则进之于穷理尽性，以求乐天知命，庶几可安矣。然犹未也，又求而进之，则见理在于我，性在于我，天在于我，命在于我，无容穷于我，无容尽于我，无容乐于我，无容知于我，乃一而无二矣。惟艮其止，止于其所，时止而止，时行而行，以观万象，以进观天健，以进观地厚，又观辞变象占，以进观天崇，以进

观地卑,然后动静可不失其时,其道可光明矣。①

在此,黄绾叙述了个人修养的探索过程,早期在"不诚非理"的影响下,在以诚行理时会有所难为情。当跨过有所难为情的阶段,可以任己而行时,这种任己而行的主观性却导致了愤世嫉俗、轻世肆志的倾向。意识到这种任己之行反而引发丧己于世的愤疾轻肆的弊端时,黄绾便转向了自修于己的内在工夫路径。不过,自修于己未有所得,在遭遇毁誉机阱等情况时,自己往往忧郁犹疑,颇为疑虑困惑,直到感觉无所容纳此生命,则进展到穷理尽性的阶段,以追求乐天知命的境界,在继续的探求修养的过程中,可以体认到理、性、天、名皆在于我,宇宙天地与我合二为一体。在此,可以施用艮止工夫,在天地万物的大化流行之中因时而止、因时而行,可以观万象之变化、天地之健厚崇卑等,变动不居,周流六虚,从而做到动静之间"先天而天弗违,后天而奉天时"。对于黄绾而言,艮止工夫在阳明心学广泛传播的背景下非常重要,可以规范阳明心学泛滥之可能,即"以艮止存心,以执中为志,以思为学,时止时行,无终食之间违仁,兢兢业业,无一言敢苟"②。

李材,字孟诚,江西丰城人,早年师事邹文庄,学习致良知之学,后来并未遵循王阳明此说的宗旨,而是对其有所更改,他认为致知是致其知体,并非阳明所谓的良知,这种良知属于已发,并非知之体。由此,李材的学说变为"性觉之说",故而提倡"止修"来摄知归止。③ 对于"止修",李材表示:

> 本即至善,有何形声?故圣人只以修身为本,不肯悬空说本,正恐世人遗落寻常,揣之不可测知之地,以致虚縻意解,耽误光阴。只揭出修身为本,使人实止实修,止得深一分,则本之见处透一分,止得深两分,则本之见处深两分。定则本有立而不摇,静则本体虚而能固,安则本境融而常寂。只是一个止的做手,随止浅深,本地风光,自渐见佳境也。切不可悬空捞摸,作空头想也。故本不知,又是病在止也。此予所

---

① (明) 黄宗羲:《浙中王门学案三》,载《明儒学案》,沈芝盈点校,第282页。
② (明) 黄绾:《明道编》卷一,嘉靖二十六年刻本。
③ 参见 (明) 黄宗羲《止修学案》,载《明儒学案》,沈芝盈点校,第668—669页。

谓交互法也。①

又何心术人品之足言？修到极处，通体皆仁，又奚久暂穷通之足虑？②

李材以超言绝相的至善为本，这是圣人主张切身践履的修身为本，而不肯以言语进行悬空论说，以免人们虚縻意解，耽误光阴。就此而言，在日常践履中，切实地修身即切实地落实止于至善的过程，随着修身过程的逐渐深入，对止的体知也越深入，对于所修之至善之本的体知也就越深入。通过修身而知止之后，可以进入使本立而不摇的定的状态，进一步达到使本固而体虚的静的状态，进而至于使本境融而常寂的安的状态。"定""静"与"安"皆是知止过程中的状态，随着所知之止而有浅深变化，使人逐渐居处于至善之佳境。故此，李材认为"修身为本，即是止于至善，践形乃所以尽善，形神俱妙，莫备于此。止到稳时，浑身皆善"，将止于至善落实于切实的修身践履中，可以达到形神俱妙、浑身皆善的境界。对李材而言，"止"与"修"之间是一种相辅相成的关系，修身践履可以使摄知归止避免落于禅寂，摄知归止可以使修身离于义袭。因此，黄宗羲评价其学曰："先生之学，以止为存养，修为省察，不过换一名目，与宋儒大段无异，反多一张皇耳。"③

章潢，字本清，江西南昌人，一生动容周旋皆合于礼，与同志讲学，从游者甚众。自吴与弼之后，南昌知府范涞、南京祭酒赵用贤等人将其与邓元锡、刘元卿屡次荐于朝，有"江右四君子"之美誉。④ 作为江右王门的代表人物，章潢对于"止"颇为重视：

问："止之云者，归寂之谓乎？"曰："於穆之体，运而不息，天之止也；宥密之衷，应而无方，人之止也。寂而未尝不感，感而未尝不寂，显密浑沦，渊浩无际，故《易》以动静不失其时，发明止之义也，何可专以寂言耶？"曰："以至善为归宿，果有方体可指欤？"曰："人性本

---

① （明）黄宗羲：《止修学案》，载《明儒学案》，沈芝盈点校，第685页。
② （明）黄宗羲：《止修学案》，载《明儒学案》，沈芝盈点校，第695页。
③ （明）黄宗羲：《止修学案》，载《明儒学案》，沈芝盈点校，第669页。
④ （清）张廷玉：《儒林二》，载《明史》卷二百八十三，清武英殿刻本。

第四章 焦竑与明代思潮

善,至动而神,至感而寂,虚融恢廓,本无外内显微之间,而一有方所,非至善也。虽至善,乃天理之浑融,不可名状,而性善随人伦以散见,不待安排,随其万感万应,各当天则,一而真凝然,无聚散无隐显,自尔安所止也。"曰:"知一也,既云知止,又云知本,何也?"曰:"知为此身之神灵,身为此神之宅舍,是良知具足于身中,惟本诸身以求之,则根苗着土,自尔生意条达。故止即此身之止于善,本即此善之本诸身,止外无本,本外无止,一以贯之耳。"①

当有人以聂豹、罗念庵等江右王学的归寂学说来理解"止",章潢反驳了这种观念,他认为"止"并非归寂意义上的静止,而是一种在宇宙人生中变动不居、周流运转,针对不同具体境遇而有所因应变化的一种动态性的居止,这是一种对某种状态的动态保持。《周易》的动静不失其时,正是这种动态性的居止状态的表现。进而,在对"至善"的理解上,章潢不赞同将"至善"视为一种有具体形象方所的、类似于本体意义的客观对象。从经验层面的人性角度看,善是人性之本然,在人生的动静寂感的历程中,没有内外显微之区别,而是一种虚融恢廓的状态。一旦此善成为一种有形象方所的客观存在,则不再是至善。至善是一种与天理相浑融的状态,这种状态本身是不可名状的超言绝相的状态,但却可以在人伦事物中随着具体情境而体现出来。也就是说,自我所安止之处,恰是不可名状的浑融天理,其所发显之至善在人伦事物之中随感而应,各当天则之处,故止于至善的根本在于止于此身的至善。同时,章潢认为良知虽是具足于身体中的神灵之知,但仍需以身为本,止于至善的根基在于修身,修身之本与至善之止一体不二。可见,章潢之学与李材类似,故此,黄宗羲称之为"先生论止修则近于李见罗"②。

虽然黄绾、李材、章潢三人所论之"止"各有侧重,但他们强调的"止"都含有儒学本身的一种规范性、自约性,这与以良知为标准,强调个人良知之自在发显的心学之间存在较大差异。因此,他们倾向于以"止"为标准对阳明心学进行批判与纠偏,这一批判与纠偏多在于指出阳明以良知为标

---

① (明)黄宗羲:《江右王门学案九》,载《明儒学案》,沈芝盈点校,第573—574页。
② (明)黄宗羲:《江右王门学案九》,载《明儒学案》,沈芝盈点校,第572页。

准易造成不知止的荡而无归的后果。① 这一点在黄绾、李材处尤为明显，如黄绾认为阳明学实为禅学，有"空虚之蔽"②，亦认为王阳明"仁者与天地万物为一体"之说，有"流于空虚，荡无涯"③ 的危险。李材则在区分"心""性"的前提下，认为王阳明的良知并非本体，而是一种类似于佛教"作用见性"般的存在。

第二组，重"意"之学，以王时槐、刘宗周为代表。与王阳明强调"良知"不同，王时槐与刘宗周皆重视"意"。王时槐，号塘南居士，其早年因读佛书而对心学有所悟，黄宗羲称之为"学从收敛而入，方能入微，故以透性为宗，研几为要"④，当前学界概括为"透性研几"之学。其实，王时槐的"透性研几"之学，以"意"为重心。对此，王时槐主张：

> 格物致知者，诚意之功也。知者意之体，非意之外有知也；物者意之用，非意之外有物也。但举意之一字，则寂感体用悉具矣。意非念虑起灭之谓也，是生几之动而未形，有无之间也。独即意之入微，非有二也。意本生生，惟造化之机不克则不能生，故学贵从收敛入，收敛即为慎独，此凝道之枢要也。孟子言"不学不虑"，乃指孩提爱敬而言。今人以孩提爱敬便属后天，而扩充四端皆为下乘，只欲人直悟未有天地之先，言语道断，心行处灭，乃为不学不虑之体，此正邪说淫辞。彼盖不知盈宇宙间一气也，即使天地混沌，人物消尽，只一空虚，亦属气耳。此至真之气，本无终始，不可以先后天言，故曰"一阴一阳之谓道"。若谓别有先天在形气之外，不知此理安顿何处？通乎此，则知洒扫应对，便是

---

① 对于黄绾与李材之学的相似性及其对阳明心学的批判，张学智教授曾作出判断："李材的止修之旨虽显得笼统，但其工夫趋向与黄绾的艮止有相似之处。'艮止'之艮，亦'止'，艮止的全部精神在于学有涵养，止于当止之所，此当止之所即中。止修之学全副精神在止于至善，此至善亦中。"（张学智：《明代哲学史》，第234页）"李材的止修确实与黄绾的艮止有相似之处。黄绾的艮止，力辟禅学无止之非，他曾批评陆九渊、杨简、王阳明、王龙溪等，甚至连后人认为醇乎其醇的程颢、张载皆有指摘，批评其杂入禅学。故艮止之旨，在使学者止于当止之地，不为禅学浸入。而李材止修之学，重在指斥阳明后学以知识为性体、禅学以作用为性等'不知所止'的弊端。对阳明以良知为性体的学说亦有批评，不过其激烈程度较黄绾为轻。"（张学智：《明代哲学史》，第235页）

② （明）黄绾：《明道编》卷一，嘉靖二十六年刻本。

③ （明）黄绾：《明道编》卷一，嘉靖二十六年刻本。

④ （明）黄宗羲：《江右王门学案五》，载《明儒学案》，沈芝盈点校，第468页。

第四章 焦竑与明代思潮

形而上者。[1]

在王时槐看来，"格物"与"致知"均是"诚意"的功用，其中致知之"知"是"意"的本体，"知"并不独立于"意"存在，而格物之"物"则是"意"之发用，"物"亦不独立于"意"存在。在此，王时槐以"意"为核心贯通了"知"与"物"、"体"与"用"，故而他主张"意"含具寂感体用。进而，他引入"几"概念，从"几"的角度深入诠释了"意"的重要性。"意"是"生几"之动却又尚未成形的有无之间的状态，这种说法对"意"作出了准确的刻画。同时，与"生几"相贯通的"意"的入微状态即慎独之"独"。因为"意"与"生几""独"关涉甚深，故而王时槐在工夫上特别注重"收敛"，这在某种程度上类似于孟子的"求放心"之说。可见，通过强调"诚意"之"意"，王时槐不仅贯穿了"知"与"物"以及"体"与"用"，而且贯通了"生几"与修养工夫。就此而言，"意"是王时槐学说的重心。

进一步看，王时槐强调所格之物是"意"之用，能格之知是"意"之体，同时，"意"与"生几""慎独"以及收敛工夫一体贯通。由此可见，"意"可谓体用一如的本体性存在，相当于"先天之理"的"性"。王时槐认为"性无为者也，性之用为神，神密，密常生谓之意，意者一也。以其灵谓之识，以其动谓之念，意识念，名三而实一，总谓之神也。神贵凝，收敛归根以凝，神也。神凝之极，於穆不已，而一于性，则潜见飞跃，无方无迹，是谓圣不可知"。在此，他从"性"的无为之体与"神密"之用的角度与"密常生"之"意"相贯通，"意"与"识""念"为一体三面，总称为"神"，此"神"以凝住为尚，故而适用于收敛工夫，收敛工夫做到极致，可以透显"性"。在此，王时槐接受了程朱理学"性即理"的说法。牟宗三先生在论及王时槐时，也特别指出这种悟性修命、透性研几之学，以性命范域良知，可以揭示阳明学的良知教不能自足，必然将良知归本于密体，不过，王时槐将其老师刘狮泉的"悟性修命"有一转解，认良知为已发，从而必会肯认先天未发之理为性，顺此分解至极，反丧失良知教之本旨，反而更近于朱子。[2] 这

---

[1] （明）黄宗羲：《江右王门学案五》，载《明儒学案》，沈芝盈点校，第473页。
[2] 参见牟宗三《从陆象山到刘蕺山》，载《牟宗三先生全集》，第8册，第343—344页。

样看来，王时槐所谓的"透性"即透悟此"性即理"之"性"，此"性廓然无际，生几者，性之呈露处也。性无可致力，善学者唯研几"①，"性"本身是超言绝相的本体性存在，不可以施以丝毫人为活动，人们可用力之处仅在于作为"性"之呈露的"几"。对此，张学智教授也表示："王时槐的'几'大致与他所谓'意'字相近。他的'研几'，即诚意。"② 据此可以论定，王时槐的"研几"之学即为"诚意"之学，"意"是王时槐哲学思想的重心所在。

与王时槐类似，蕺山学派的代表人物、黄宗羲的老师、晚明大儒刘宗周也特别重视"意"。对于"意"，刘宗周指出：

> 意根最微，诚体本天，本天者至善者也。以其至善，还之至微，乃见其真。止、定、静、安、虑次第俱到，以归之得，得无所得，乃为真得。禅家所谓向一毛孔立脚是也。此处圆满，无处不圆满，此处亏欠，无处不亏欠，故君子起戒于微，以克完其天心焉。欺之为言欠也，所自者欠也，自处一动，便有夹杂。因无夹杂，故无亏欠。而端倪在好恶之地，性光呈露，善必好，恶必恶，彼此两关，乃呈至善。故谓之如好好色，如恶恶臭。此时浑然天体用事，不着人力丝毫，于此寻个下手工夫，惟有慎之一法，乃得还他本位，曰独。仍不许动乱手脚一毫，所谓诚之者也。此是尧、舜以来相传心法，学者勿得草草放过。③

据此可知，刘宗周认为意根最为微细，诚体本源于天。那么，意根和诚体之间是什么关系呢？在牟宗三看来，"'诚'就意之实言，故意根即诚体"④，本源于天的诚体纯然至善，那么，微细的意根亦含具纯然至善。这样，意根与诚体相贯通，显见的至善便可归于至微。牟先生将刘宗周这种做法视为将心学之显教归于慎独之密教的"归显于密"。⑤ 刘宗周将学问的根本置于微细之意根，当意根处于圆满无亏欠的状态，才可以透显天心，使性光呈现，激发

---

① （明）黄宗羲：《江右王门学案五》，载《明儒学案》，沈芝盈点校，第488页。
② 张学智：《明代哲学史》，第213页。
③ （明）黄宗羲：《蕺山学案》，载《明儒学案》，沈芝盈点校，第1533页。
④ 牟宗三：《从陆象山到刘蕺山》，载《牟宗三先生全集》，第8册，第367页。
⑤ 牟宗三：《从陆象山到刘蕺山》，载《牟宗三先生全集》，第8册，第366页。

第四章 焦竑与明代思潮

人的好善恶恶之知。按刘宗周的说法,"心无善恶,而一点独知,知善知恶。知善知恶之知,即是好善恶恶之意,好善恶恶之意,即是无善无恶之体"①,心之知善知恶之独知,即好善恶恶之意,此意即无善无恶之本体,此即"心意知物是一路"②。意根至为微细,又与心、知、性、物等关涉甚深,故而在工夫上唯有慎独才能对治。由此可见,正是因为意根的特点以及重要性,刘宗周才特别重视慎独,其学才以慎独为宗旨。

同时,在评价刘宗周的学问时,黄宗羲强调"先生之学,以慎独为宗,儒者人人言慎独,唯先生始得其真"③,受此影响,学界多以"慎独"之学作为刘宗周哲学的标识。值得注意的是,黄宗羲在提出其师之学以慎独为宗旨之后,又特别进行了补充说明,即"慎之工夫,只在主宰上,觉有主,是曰意,离意根一步,便是妄,便非独矣。故愈收敛,是愈推致,然主宰亦非有一处停顿,即在此流行之中"④。可见,在黄宗羲看来,刘宗周的学问虽以慎独为宗旨,但其所慎之"独"即"意",此"意"是"决定念虑活动的根源,也是真正的未发之中"⑤。作为未发之中以及慎独之主宰的"意",一旦脱离便会偏离成妄,故而收敛工夫颇为重要。牟宗三批判黄宗羲仅知其师从诚意讲慎独,却不了解其师从性体讲慎独,因而未能领悟其师之学的全部。⑥ 这种说法有其道理,不过,从黄宗羲以诚意讲慎独来理解刘宗周学说的路径来看,他最后落实到了收敛工夫,这种收敛工夫正是王时槐所重视的。据此可见,刘宗周与王时槐均重视慎独、收敛,其重视慎独、收敛的源头则主要在于"意"。因此,刘宗周的慎独之学与王时槐的透性研几之学皆重"意"之学。

虽然王时槐、刘宗周重视"意",一是为调和理学与心学,一是对心学进行内部修正,但在以"意"替代良知,反对阳明"四句教"将"诚意"作为为善去恶的工夫上,则具有一致性。从四句教的角度看,王阳明之学虽以"心学"见称于世,其"心学"之核心实在于"良知","良知"具有知善知

---

① (明)黄宗羲:《蕺山学案》,载《明儒学案》,沈芝盈点校,第1521页。
② (明)黄宗羲:《蕺山学案》,载《明儒学案》,沈芝盈点校,第1523页。
③ (明)黄宗羲:《蕺山学案》,载《明儒学案》,沈芝盈点校,第1512页。
④ (明)黄宗羲:《蕺山学案》,载《明儒学案》,沈芝盈点校,第1512页。
⑤ 陈来:《宋明理学》,第298—299页。
⑥ 参见牟宗三《从陆象山到刘蕺山》,载《牟宗三先生全集》,第8册,第418页。

恶的能力，此知与行相贯通，知善知恶的同时即可为善去恶，这种知行合一的过程即正其心之不正以归于正的过程，从而使心与理一。由此可见，王阳明之学重在四句教中的"知善知恶是良知"一句。照此而言，主张先天之学的王畿，主张超越善恶之分的心体，其学重在四句教的"无善无恶心之体"一句，较王阳明的学问更为究竟，与禅学颇为近似。相较于王畿之学的玄妙，王艮之学注重"为善去恶是格物"的淮南格物之说。相较之下，王塘南、刘宗周将关注的重心置于"意"，"意"是善恶之分的起点，此即"有善有恶意之动"，这既避免了无善无恶的心体的虚玄，又处于良知与格物的根源，由此可见，王、刘二人的诚意之学是针对阳明心学的弊端而发的。①

（三）焦竑与明代心学的关系

一般认为，明代心学以阳明心学为主流，这一看法固然合理，但在某种程度上也忽视了阳明心学之外的心学传统，难免造成对于明代心学的片面理解。整体上看，明代心学主要可划分为三个流派。一是王阳明及其后学为主体的心学流派，这是明代心学的主流。在王阳明之外，王畿、王艮、钱德洪、邹守益、欧阳德、聂豹、罗洪先、罗汝芳、董澐、黄宗明、张元冲、万鹿园、王宗沐、刘文敏、刘邦采、陈明水、魏良器、邓以讚、万廷言、胡直、周怡、薛甲、唐顺之、徐阶、冀元亨、穆孔晖、张后觉、孟秋、孟化鲤、杨东明、南大吉、薛侃、周坦、王襞、徐樾、王栋、赵贞吉、杨起元、耿定向、耿定理、潘士藻、方学渐、何祥、祝世禄、周汝登、管志道等，均对于王阳明的心学宗旨有所继承与发展，属于阳明心学的范围。二是作为阳明心学之歧出的心学流派。所谓阳明心学的歧出流派，主要是指与阳明心学在学理上具有渊源，但对于心学的泛滥之弊亦有所批判与纠偏，呈现出心学发展的新趋向。诸如黄绾、李材、章潢以"止"为中心，在认知层面以"知止"对治良知的

---

① 刘宗周认为阳明"四句教"缺乏关于心与人性的善恶区分，刘宗周重新肯定了"意"的善，并以之作为心与人性之善的保障。同时，他认为"四句教"是阳明心学退化的原因，因为阳明后学弟子如王畿在解读四句教时造成了道德虚无主义与神秘主义，王艮的自我修养论也导致了道德虚无主义。针对阳明心学的弊端，刘宗周进行了道德重建，他以《人谱》为自我修养的指导，以《证人社约》为公共生活的道德规范。有学者指出，刘宗周的这一重建既是一种将新儒家道德哲学置于实践的计划，也是晚明新儒学讨论结束与清初实学兴起的标志。可参见 Jen-Tai Pan, "Liu Zongzhou's Criticism of Wang Yangming's Followers and His Scheme for Moral Reformation", *Ming Studies*, 61, 2010, pp. 13 – 55。

第四章　焦竑与明代思潮

过度主观与自由，在工夫层面结合切实的修身践履进行外在规约。王时槐、刘宗周则以"意"为核心，提倡收敛、慎独的工夫，既深化了在认知层面对良知根源的探索，又在修养践履层面落实了对良知泛滥的纠偏。三是与阳明心学并行的心学流派，以陈献章、湛若水为代表人物。如果说前两个明代心学的流派均与王阳明开创的心学传统有关，那么，陈献章、湛若水作为王阳明的前辈和平辈人物，则在王阳明的心学传统之外树立了以自然为宗、静坐为工夫、随处体认天理为特色的心学路径。陈献章的心学与个人独特的困学经历、天赋的心学灵感有关，极具个人特色与偶然性，其学问之挺立可谓可遇而不可求。湛若水虽缺乏其师的人生与体悟经历，但结合自身的体认心得以及在某种程度上吸收程朱理学因素，亦形成了颇具特色的心学体系。不过，陈献章、湛若水师徒之学，相较于王阳明的心学而言，或者过于玄妙，或者过于支离，都不如王阳明的心学纯熟简易。

就焦竑与明代心学的关系而言，可以从两个方面进行考察。一方面，从明代心学的角度看焦竑之心学，可以发现身处南京的焦竑，其智识化的心学形态具有鲜明的独特性。就明代心学而言，虽然分为阳明心学、阳明心学之歧出与阳明心学之并行三个流派，虽然关注的核心概念、工夫依据各有侧重，但是始终未脱离直觉体认的根底。例如，与阳明心学的并行派的陈献章所挺立的自得之学，主要是通过长期困苦求学之后的静坐得来，湛若水虽未有其师的求学经历与静坐工夫，其学虽有程朱色彩，但其"随处体认天理"却仍未脱离直觉体认的根本路径。作为阳明心学的歧出派的人物，诸如提倡"透性""研几"的王时槐与强调"诚意""慎独"的刘宗周均将理论重心放在"意"上，他们沿用《大学》中"诚意"的说法，主张以"诚"的方式来通达"意"，无论是"诚意"之"诚"，还是收敛与慎独工夫，都属于直觉体认工夫的学术化表达方式。同时，以"止"为学问宗旨的黄绾、李材、章潢虽从"止"的角度对阳明心学造成的空虚玄荡进行批判与纠偏，但他们并未批判阳明心学的直觉体认工夫本身。因为他们所重视的修身践履，即建立在个人切身的直觉体认基础上，比如黄绾的艮止学说正是"研究《易经》和性理之学然后体之身心的经验所得"[1]。就阳明心学传统而言，无论是提倡心即理、

---

[1] 张学智：《明代哲学史》，第154页。

致良知、知行合一的王阳明，还是王畿、王艮、聂豹、罗洪先、罗汝芳等王门高弟，或主张先天正心，或提倡淮南格物，或推崇归寂主静，或阐扬赤子良心，虽然个人学问工夫的切入点不同，但均是直觉体认心学路径基础上的多样化呈现。这样，在直觉体认之心学的宏大背景下，焦竑并不拘泥于直觉体认的立场，他在潜移默化之中将智识化的认知方法引入直觉体认心学境域，使晚明心学在直觉体认的立场之外，具有了客观认知的智识化特质，这在某种意义上既是心学的直觉体认工夫路径的一种断裂，又是促进心学在认识层面走向客观规约的一次新生。

另一方面，从焦竑的角度来看明代心学，这种智识化的心学在以直觉体认为工夫路径的明代心学背景中产生，至少反映出心学在晚明时期孕育了一种有别于气学化的新的发展动向。这种明代心学智识化的新动向，是对心学在晚明时期出现的内在需求的回应。那么，晚明心学的内在需求是什么呢？简言之，这种内在需求是直觉体认日渐泛滥的心学对客观性、公共性规约的渴求。焦竑的心学恰是晚明心学内在需求的一种回应。焦竑在直觉体认的工夫基础上，将考据学的智识化的认知方式引入心学，对心学的核心概念、命题进行客观诠释，对心学的宗旨与价值进行了公共性的辩护，这是晚明心学在智识化方面的一种突破与发展。因而，从焦竑的角度看待晚明心学，对于心学对客观性、公共性规约的渴求，晚明儒者并非完全没有自觉，诸如黄绾、李材、章潢、王时槐，以及刘宗周等人已经认识到心学的泛滥源于缺乏客观的、公共性的规约，因而无法将直觉体认的心学保持在合理的、良性的范围之内。为解决这一问题，黄绾、李材、章潢通过对"艮止""知止"与"修身"的强调与践行，旨在以"修身"的切身实践来规约过于泛滥的心和良知，以致使"至善"动态地居止于合理的区间。同时，王时槐、刘宗周则借助深入探寻良知之根源的方式，将"意"置于核心位置，主张通过收敛、慎独工夫落实"诚意"，通过对"意"的规约而救正良知之偏颇。就此而言，王时槐和刘宗周仍坚持直觉体认的救正之路，相较于黄绾、李材等人这种直觉体认的程度更为深入了。

不过，黄绾、李材、章潢、王时槐、刘宗周等人对心学的批判与纠偏，实际是在直觉体认的基础上对心学泛滥之处对症下药式的针对性纠偏，相较于基于直觉体认路径的阳明后学风行天下的激进发展形势，这种同样立足于

第四章 焦竑与明代思潮

直觉体认工夫的内在规约，实际上仍与个人的经历、体验密切相关，缺乏人人可以认知与理解的客观性、公共性，因而已经难以抵挡心学的泛滥之势。值得注意的是，王时槐和刘宗周也常提及"思"的重要性，例如王时槐主张："心之官则思，中常惺惺，即思也，思即穷理之谓也。此思乃极深研几之思，是谓近思，是谓不出位，非驰神外索之思。"① 在此，王时槐虽然引用了孟子"心之官则思"之语，但他对"思"的定义却与孟子有所不同，他以颇具直觉体认色彩的"常惺惺"诠释"思"，将此"思"提升到极深研几的地位。至此，王时槐已将孟子之"思"转换为一种直觉体认、反身穷理的近思，而非一种智识化的认知、思虑之"思"。同样，王时槐在谈及"何思和虑"时，也强调："思虑一出于正，所谓'心之官则思''思睿而作圣'，非妄想杂念之思虑也。"② 与王时槐类似，刘宗周也反对"惟物感相乘，而心为之动，则思为物化，一点精明之气，不能自主"的"憧憧往来之思"。③ 就此而言，王时槐、刘宗周虽提及"思"，但这种"思"仍以直觉体认为本位，与焦竑从智识化的角度凸显"思"不同，所以他们所提倡的"思"也不能满足晚明心学对客观性、公共性的渴求。

总体上看，到晚明时期，这种来自心学内部的直觉体认式的反省已不足以约束住心学的泛滥趋势。因此，心学需要的是一种直觉体认基础上的客观性、公共性的规约，这种规约也是对于心学工夫与境界的客观性、公共性的批判标准，可以避免心学因直觉体认的不可衡量而出现滥竽充数的现象。在这种背景下，心学需要在直觉体认基础上的客观性、公共性的规约，焦竑智识化的心学便应运而生④，此即焦竑与明代心学的关系。不过，就儒学而言，心学只是明代儒家义理学的一部分，不足以涵盖明代义理学的全部，明代义理学至少还包括明代理学。因此，若要较为全面地了解焦竑与明代义理学的关系，则需要进一步考察焦竑与明代理学的关系。

---

① （明）黄宗羲：《江右王门学案五》，载《明儒学案》，沈芝盈点校，第474—475页。
② （明）黄宗羲：《江右王门学案五》，载《明儒学案》，沈芝盈点校，第475页。
③ （明）黄宗羲：《蕺山学案》，载《明儒学案》，沈芝盈点校，第1524页。
④ 值得注意的是，智识化心学的出现既然是明代心学自身发展需求的反映，那么，这种学问为何由焦竑来实现？主要原因在于：（1）当时焦竑所居住的南京城生活安定、富足发达、文化荟萃、学术环境宽松；（2）明代考据学兴起；（3）焦竑有读书、求知、思考的个人兴趣；（4）焦竑个人长期参加科举考试的经历，促使其养成长期读书思考、积累知识的习惯。

二 焦竑与明代理学

心学虽在明代风行天下，但并非明代儒家义理学的全部。如程朱理学在明代便有延续与发展。按照吕妙芬的说法，明初朱子学的权威色彩十分强烈。这种权威性主要体现在明代科举以程朱学说为主，政府亦编有《四书大全》《五经大全》《性理大全》等著作以为规范。[①] 其实，明初程朱理学的兴盛，离不开元代对程朱理学的推崇。在元代儒者的努力之下，程朱理学从南方传到北方，使程朱理学从一种地方的区域性学问变成一种遍及全国的学问。与此同时，程朱理学也从一种民间性的学问，提升为官方正统的学问，《四书章句集注》成了科举取士的官方用书。在此背景下，元代儒者对于程朱理学多以切身践履为主，较少从思想方面予以发展。程朱理学的正统地位一直延续到明代，这虽然保证了程朱理学的普及与权威，但在某种程度上其发展也出现了弊端，如学术的功利化、思想的僵化等。面对程朱理学在明初的权威地位与潜在弊端，明代儒者在继承与发展程朱理学时，呈现出了不同的学术形态。

大体上，明代理学的发展可分为明代初期、明代中期与明代晚期三个阶段，分别以守理派、重气派与朱王调和派为代表。具体有三个方面。

（一）守理派。所谓守理派，即主要据守并践履程朱理学正统学说的派别。此派人物以明代初期的曹端、薛瑄、胡居仁等为代表。[②] 例如，曹端主张

---

① 参见吕妙芬《胡居仁与陈献章》，文津出版社1996年版，第33页。
② 狄百瑞曾指出，明代新儒家正统并非一种形态，而是三种形态：（1）官方的国家正统或意识形态（official state orthodoxy or ideology），即主要以程朱的经典注解为科举考试的标准，并颁布宋代文本的选集（selected Sung texts）作为权威学说，但忽视了朱熹很多其他的学说；（2）非官方学派支持的哲学的正统（philosophical orthodoxy upheld by nonofficial schools），即以程朱的学说与实践来定位自身，尤其投身于学术研究与心灵修养（特别是静坐）的结合中，以明初吴与弼和晚明东林学派为代表；（3）后期儒者支持的正统观念（sense of orthodoxy upheld by many later Confucians），这些儒者并未将国家系统或是程朱学说作为正统或新儒家主流思想，他们寻求一种更为宽泛、自由的正统观，以刘宗周与黄宗羲为代表。（Wm. Theodore deBary, *Neo-Confucian Orthodoxy and the Learning of the Mind-and Heart*, New York: Columbia University Press, 1981, pp. 188 - 189）狄百瑞划分明代新儒家的正统形态的标准是程朱理学，所划分的三派包括对程朱理学的坚守与偏离。从对程朱理学的坚守一派看，此处所言的守理派在某种程度上与狄百瑞划分的第二类正统相应。我们对明代程朱理学的分类，多着眼于哲学层面，与政治无涉，因而不涉及狄百瑞的第一类正统；他划分的第三类正统，以刘宗周、黄宗羲为代表，致力于批判程朱学说，笔者认为刘、黄二人已逸出程朱理学的范围，他们倾向于属于阳明心学传统，而非程朱理学传统。这样看来，狄百瑞的划分不完全以哲学为标准，这是与此处划分的不同之处。

第四章 焦竑与明代思潮

"吾辈做事，件件不离一敬字，自无大差失"①，这种以"敬"为中心的做事风格秉承了程朱理学在修身涵养时的"用敬"态度，曹端将此"敬"落实到了极致的程度，以至于"学者须要置身在法度之中，一毫不可放肆"②。与曹端类似，薛瑄不仅在理论上继承了程朱理学"统体一太极，即万殊之一本；各具一太极，即一本之万殊"的理一分殊思想，以及"君臣父子夫妇长幼朋友皆物也，而其人伦之理即性也"的"性即理"思想，而且主张在"性即理"的基础上践行尽心工夫，"居敬以立本"。③ 守"理"最为突出的是胡居仁，他抓住了程朱理学的"主敬""穷理"之说，认为"程、朱开圣学门庭，只主敬穷理，便教学者有入处"④。对此，胡居仁指出：

> 道理到贯通处，处事自有要，有要不遗力矣。凡事必有理，初则一事一理，穷理多则会于一，一则所操愈约。制事之时，必能契其总领而理其条目，中其机会而无悔吝。⑤
>
> 敬为存养之道，贯彻始终。所谓涵养须用敬，进学则在致知，是未知之前，先须存养此心方能致知。又谓识得此理，以诚敬存之而已，则致知之后，又要存养，方能不失。盖致知之功有时，存养之功不息。⑥

就此而言，程朱理学以"理"为本，人伦事物各具其理，通过格求人伦事物的具体之理可以达到豁然贯通的状态，此即在穷理至多之后所操愈约之"一"。在能够通过即物穷理的方式识得此理时，"敬"则是存养工夫的根本宗旨，可以使人保荏致知所得之理，依照人伦事物之理进行修养践履。胡居仁对于"敬"之践履颇有心得，其将相关的践履经验归纳为"入头处""接续处""无间断处"与"效验处"四个阶段，其中，"端庄

---

① （明）黄宗羲：《诸儒学案上二》，载《明儒学案》，沈芝盈点校，第1065页。
② （明）黄宗羲：《诸儒学案上二》，载《明儒学案》，沈芝盈点校，第1065页。
③ （明）薛瑄：《薛文清公读书录》卷五，丛书集成初编本。
④ （明）黄宗羲：《崇仁学案二》，载《明儒学案》，沈芝盈点校，第31页。
⑤ （明）黄宗羲：《崇仁学案二》，载《明儒学案》，沈芝盈点校，第32页。
⑥ （明）黄宗羲：《崇仁学案二》，载《明儒学案》，沈芝盈点校，第32—33页。

整肃，严威俨恪"的外在容貌气度是"敬"之工夫的"入头处"；"提撕唤醒"的反身自省，是"敬"之工夫的"接续处"；"主一无适，湛然纯一"的谨慎澄澈，是"敬"之工夫的"无间断处"；"惺惺不昧，精明不乱"的条理分明，是"敬"之工夫的"效验处"。① 值得注意的是，守理派并非完全遵循朱子的学说，在某些问题上，他们也提出了自己的看法。例如，曹端不同意朱子探讨太极动静问题时以人乘马为喻，这有将理置于完全被动地位的可能，因而应区分活人乘马与死人乘马的不同。② 对于朱子"未有天地之先毕竟先有此理"等"理在气先"的说法，薛瑄认为在天地未有之时，气虽未成形，但未分化的浑沦之气与理同在，因而理不能独在天地之先。③ 胡居仁认为朱子"有此理即有此气"的看法"是反说了"④，应该是"有此气则有此理，理乃气之所为"⑤。不过，守理派诸人虽然对程朱理学有异议，但他们总体上均以程朱理学为学问根底，并未对程朱理学的义理有突破性的推进。

（二）重气派。所谓重气派，即在理气论中主张以"气"为本的一派，此派以明代中期的罗钦顺、王廷相等为代表人物。罗钦顺早年因精思苦参禅宗公案"佛在庭前柏树子"而开悟，进而将所悟与永嘉玄觉《证道歌》相印证，若合符契。在对禅宗公案有所开悟之后，罗钦顺在研读圣贤之书的过程中，由虚灵之妙转向心性之理，又经历了一番漫长的困学苦思，直到晚年才由理本转到气本。对此，罗钦顺认为：

> 自夫子赞《易》，始以穷理为言，理果何物也哉？盖通天地亘古今，无非一气而已，气本一也，而一动一静，一往一来，一阖一辟，一升一降，循环无已，积微而著，由著复微。为四时之温凉寒暑，为万物之生长收藏，为斯民之日用彝伦，为人事之成败得失，千条万绪，纷纭轇轕，

---

① （明）黄宗羲：《崇仁学案二》，载《明儒学案》，沈芝盈点校，第39页。
② 参见陈来《宋明理学》，第170页。
③ 参见陈来《宋明理学》，第174—175页。
④ （明）胡居仁：《居业录》卷三，正谊堂全书本。
⑤ （明）胡居仁：《居业录》卷三，正谊堂全书本。

第四章 焦竑与明代思潮

而卒不克乱，有莫知其所以然而然，是即所谓理也。①

理即是气之理，当于气之转折处观之，往而来，来而往，便是转折处也。夫往而不能不来，来而不能不往，有莫知其所以然而然，若有一物主宰乎其间而使之然者，此理之所以名也。《易》有太极，此之谓也。若于转折处看得分明，自然头头皆合。②

罗钦顺接契了程朱理学中理气关系的问题意识，但与曹端、薛瑄、胡居仁等明儒者恪守程朱理学的规程不同，早年由禅宗公案而开悟的罗钦顺并未完全沿用程朱理学的说法，而是对理气关系进行了"倒转"，即将程朱理学的理为气本，变更为气为理本，这可谓明代理气关系的"哥白尼革命"。那么，罗钦顺是如何倒转了程朱理学看似绝对真理的理气关系呢？这主要根源于罗钦顺早年的证悟体验与长期的苦心思虑，再结合日常的生活经验，他发现亘古至今的宇宙人生中，气是可为人所察知的存在，在气的动静、往来、阖辟、升降之中，衍化出了四季的温凉寒暑、万物的生长收藏、百姓的日用彝伦与人事的成败得失。气的演化与流行循环往复，条理秩然，是理的体现。在罗钦顺的理论中，理不再是超然物外的本体，而是一个指称气之往来转折过程中所谓的莫知其所以然者的名称。也就是说，理从一种本体性存在，被弱化为一个指称气的状态的名称，气成为定位理的根本依据，程朱理学的理气关系因此被倒转。罗钦顺的观点在王廷相处得到了共鸣，王廷相曾言："愚尝谓天地水火万物皆从元气而化，盖以元气本体，具有此种，故能化出天地水火万物，如气中有蒸而能动者，即阳，即火；有湿而能静者，即阴，即水。……其在万物之生，亦未尝有阴而无阳，有阳而无阴也。观水火，阴阳未尝相离可知矣。故愚谓天地水火万物，皆生于有，无无也，无空也。"③ 与罗钦顺重视气类似，王廷相将元气视为造化天地、水火、万物的本体，进一步强化了气的本体论色彩。合而言之，罗钦顺与王廷相的气学与程朱理学密切相关，或者说，二人的气学基本上是在批判程朱理学的过程中建立的。二人以气为本的主张，加大了理气关系

---

① （明）黄宗羲：《诸儒学案中一》，载《明儒学案》，沈芝盈点校，第1112页。
② （明）黄宗羲：《诸儒学案中一》，载《明儒学案》，沈芝盈点校，第1122页。
③ （明）黄宗羲：《诸儒学案中四》，载《明儒学案》，沈芝盈点校，第1198页。

中气的权重，弱化理的独立存在的本体地位，从而突破了以理为本体、以气为附从的程朱理学形态。这种在理气关系内部的重心转换，使得程朱理学的理本论、理气动静、理气一物、理气变化、理一分殊、性即理等诸多论点受到批判。实际上，重气派的气本论在明代初期即有端倪，如胡居仁反对朱子理生气的说法，主张气在理先，理为气所生，可视为罗钦顺之学的前导。而在罗钦顺、王廷相之后，吴廷翰与提倡"时习新知"的郝敬也主张气本论。据荒木见悟的研究，郝敬在《考亭疑问》从"废《诗序》说""《易》为主卜筮之书""以《通鉴纲目》续春秋""将《大学》《中庸》两篇单行"的角度批判了朱熹的解经思想。[①] 从理气关系的倒转到解经思想的批判，恰是以气为本的明代儒者对程朱理学的理气观的批判的一种延展。

（三）朱王调和派。所谓朱王调和派，主要是指晚明时期对程朱理学与陆王心学进行调和会通的学派。在阳明心学逐渐成为明代中晚期影响广泛的儒家学说的同时，流弊亦随之逐渐凸显，特别是王畿与王艮为代表的阳明后学高扬良知之见在或现成，主张人人皆有良知的同时，缺乏能够判断人们是否真正成圣的客观性、公共性的标准，这一标准的缺失，使得心学的弊端随着心学的广泛传播而越发明显。因而，如何规范心学的泛滥之弊，成为伴随着明代心学发展的重要议题。在心学内部的批判与纠偏之外，理学家逐渐在理学与心学的比较中展开反思与批判。诸如著有《学蔀通辨》的儒者陈建，他立足程朱理学，批判朱陆早异晚同之说，揭示陆王心学阳儒阴释等。与陈建立足程朱理学批判陆王心学不同，以顾宪成、高攀龙为代表人物的晚明儒者，将程朱理学与陆王心学相调和，逐渐成为晚明理学的一种新形态。例如，顾宪成指出：

《识仁说》曰："仁者浑然与物同体"，只此一语已尽，何以又云"义礼智信皆仁也？"及观世之号为识仁者，往往务为圆融活泼，以外媚流俗，而内济其私，甚而蔑弃廉耻，决裂绳墨，闪烁回互，诳己诳人，曾不省义礼智信为何物，犹偃然自命曰"仁"，然后知程子之意远矣。性

[①] 参见［日］荒木见悟《明末清初的思想与佛教》，廖肇亨译，第33页。

第四章 焦竑与明代思潮

即理也,言不得认气质之性为性也。心即理也,言不得认血肉之心为心也。皆吃紧为人语。①

据此可知,顾宪成在谈及北宋儒者程颢的《识仁篇》时,发现了一个重要问题,即以"浑然与物同体",已足以诠释仁者之境界,为何程颢还要"画蛇添足"地强调义、礼、智、信都是仁呢?在反观当时社会上号称识仁之人的表现时,顾宪成体会到了程颢的深意所在。"浑然与物同体"固然是仁者的境界,但关于一个人是否真正通达了这种境界,则缺乏一种客观的评判标准。社会上号称识仁之人,往往致力于圆融活泼的处世方式,表面上谄媚流俗之势,暗地里却假公济私,甚至在自称的"识仁"招牌之下,进行寡廉鲜耻、决裂绳墨的勾当,却还能自欺欺人地回互辩白。由此可见,义、礼、智、信的标准非常必要。虽然义、礼、智、信并非识仁的充分条件,但却是识仁的必要条件。由此,可以反映出顾宪成对于当时心学泛滥之弊的担忧,因而他既赞成程朱理学的"性即理"之说,以避免将气质之性视为性的看法,同时又主张阳明心学的"心即理"之说,以消解将血肉之心视为心的观点。在此,顾宪成并未强化理学与心学的核心命题的对立性,反而通过"性即理"与"心即理"的差异,从"性"与"心"的角度为人之所以为人的根本进行了规范与定位,这也使"性即理"与"心即理"得以相互调和。与顾宪成类似,高攀龙以"中庸"调和理学与心学的核心概念:"此道绝非名言可形,程子名之曰'天理',阳明名之曰'良知',总不若中庸二字为尽。中者停停当当,庸者平平常常,有一毫走作,便不停当,有一毫造作,便非平常,本体如是,工夫如是。"② 在高攀龙看来,程子所言的"天理"和阳明所言的"良知"虽都是圣人之道的名称,但这种名称并不如"中庸"之名更能体现圣人之道的本体与工夫。其实,顾宪成与高攀龙不仅在理论层面调和理学与心学,在工夫层面也进行了调和。

---

① (明)黄宗羲:《东林学案一》,载《明儒学案》,沈芝盈点校,第1380页。
② (明)黄宗羲:《东林学案一》,载《明儒学案》,沈芝盈点校,第1402页。

顾宪成与高攀龙均坚持程朱理学的"格物"工夫，二人认为朱子的"格物致知说"与王阳明的"致良知"可以调和会通。例如，顾宪成认为："阳明之所谓知，即朱子之所谓物；朱子之所以格物者，即阳明之所以致知者也。"① 在此，顾宪成从概念分析的角度，将王阳明心学中的"致知"之"知"等同于朱熹"格物"之"物"，进而推论出朱熹的"格物"之说与王阳明的"致知"之说相同。就此而言，顾宪成直接将朱熹与王阳明的格物工夫与致知工夫相等同，这一做法有待商榷，不过，顾宪成这种做法恰可以反映出他在工夫论层面调和理学与心学的努力。同时，高攀龙表示："理者，心也，穷至者亦心也。但未穷至心，不可谓理，未穷至理，不可为心。"② 与顾宪成类似，高攀龙将理学之"理"与心学之"心"相等同，进而引申出格物所穷至之理亦是心，这样，程朱理学的格物穷理工夫即阳明心学对心的致知过程。可见，顾宪成、高攀龙在工夫层面倾向于将程朱理学的格物穷理等同于阳明心学之致知，从而实现在工夫层面调和理学与心学之目的。③ 这一调和论的倾向在关学大儒冯从吾之学中也有体现，他指出："学问源头，全在悟性，而戒慎恐惧，是性体之真精神；规矩准绳，是性体之真条理。于此少有出入，终是参悟未透。今日讲学，要内存戒慎恐惧，外守规矩准绳。如此才是真悟，才是真修。"④ 这种既主张内存戒慎恐惧，又强调外守规矩准绳的学问，兼具程朱理学与阳明心学的特色，与顾、高二人调和理学与心学的做法

---

① （明）顾宪成：《小心斋札记》卷七，李可心点校，中国社会科学出版社2020年版，第92页。

② （明）高攀龙：《复钱渐菴》，载《高子遗书》卷八上，清文渊阁《四库全书》补配清文津阁《四库全书》本。

③ 关于顾宪成、高攀龙对朱王的调和，可参见于化民《晚明理学与心学的合流——以东林学派和刘宗周为视角的考察》，《国学学刊》2011年第2期。于研究员将刘宗周作为晚明朱王调和派的一员，同时他也认为刘宗周的调和与东林学派的顾宪成、高攀龙不同。在此，考虑到刘宗周与东林学派的差异及其在心学殿军的地位，我们更多的将其归入晚明心学、明清儒学转向领域，并不将其视为晚明朱王调和派的一员。明代晚期的朱王调和派，除顾宪成、高攀龙二人外，还有明末清初的毛稚黄。主张"格去物欲说"的毛稚黄虽批判朱子的格物穷理说，但对朱子学却并未彻底拒斥，而是主张调和朱理学与阳明心学。具体可参见［日］荒木见悟《明末清初的思想与佛教》，廖肇亨译，第92—123页。

④ （明）冯从吾：《答高景逸同年》，载《冯恭定先生全集》，清康熙十二年重刻本。

第四章 焦竑与明代思潮

类似。①

值得注意的是，有学者并不以顾宪成、高攀龙、冯从吾等人主导的朱王调和论为晚明程朱理学的主流，而是将其区分为三种路线，即陆世仪、张履祥等人的尊朱辟王路线和顾炎武、吕留良等人的经世路线与熊赐履、李光地、陆陇其、张伯行等人的官方朱学路线。对此，郑宗义教授曾有详细的探讨，如：

> 从救正王学荡越的角度来看，明末清初宗主朱子者在谋求以朱子替代陆王的想法上是一致的。但是在怎样去替代的理论思考上，各家之间却有着颇大的分歧。其实这分歧恰好可以反映出各家所把握到的朱子学的具体内容。概略地说，按他们的分歧可以区分为三种形态。第一是纯粹以朱子的性命之学来批评王门后学，如龙溪、泰州甚至阳明良知教之非是。当然此中不免有许多曲解王学以迁就朱学的地方。然要之，他们乃是主张圣学只应讲精密的渐修工夫而不应求玄虚的顿悟。并且用朱子

---

① 相较于刘宗周，冯从吾在朱王调和问题上与顾宪成、高攀龙更为一致。同时，值得注意的是，冯从吾作为晚明关学的代表，其在调和朱王之学时，倾向于以阳明心学为主。在很大程度上，这与明代关学的主流传统并不一致。关于明代关学，米文科认为："明代及其以后的关学，就其涵义来说，已非北宋张载所创立的关学，而是指关中地区的理学。"（米文科：《薛瑄与明代关学的中兴》，《兰州学刊》2010年第12期）不过，就地域而言，Woei 指出明清的"关中"概念实际是指整个陕西。也就是说，明代关学更多的是从地域角度而言的，而非就学问传承而言，这样明代关学似乎并非传承自北宋张载的气学，而是以程朱理学为主。对此，Woei 却认为张载对明代关学虽有作用，但不明显。（Ong Chang Woei, "Zhang Zai's Legacy and the Construction of Guanxue in Ming China", *Ming Studies*, 1, 2005, pp. 58-93）同时，有学者指出明代关学发展的三个阶段，即"明代初期是关学发展的第一个阶段。这一时期的代表为三原学派，其因由三原县人王恕、王承裕父子开启而得名，马理、韩邦奇、杨爵、王之士等都是这一学派的重要人物。明代中期，'关中之学'或'关陇之学'（由河东之学传播到关中）成为关学的主体，其主要代表人物有薛敬之、吕柟等，此为明代关学发展的第二个阶段。明代中后期，冯从吾、李二曲等成为关学的主要代表人物，明代关学由此进入第三个发展阶段"，进而归纳出明代关学具有会通朱陆、敦本尚实、躬行践履、教化为本四个基本特征。[张亲霞、郑荣：《论明代关学的基本特征》，《西北大学学报》（哲学社会科学版）2008年第4期] 明代关学在前两个阶段都以程朱理学为主，到第三阶段的冯从吾则出现了偏重阳明心学的倾向。这表明，关学在晚明出现了由偏重程朱理学向偏重阳明心学的转移。此外，关于明代关学与张载之学、程朱理学及阳明心学的关系，亦可参见魏冬《韩邦奇学术特色及其关学定位——兼论明代早中期关学对张载之学的传承》，《西藏民族大学学报》（哲学社会科学版）2016年第6期；米文科《论明代关学与朱子学之关系》，《中国哲学史》2017年第4期；米文科《明代关学与阳明学之关系略论》，《孔子研究》2011年第6期；吕妙芬《明清之际的关学与张载思想的复兴：地域与跨地域因素的省思》，《中国哲学与文化》2010年第7辑。

的心性论来支持经世之学；即认为种种有关经世的知识皆属穷理之事。这一形态的代表人物当推陆世仪（桴亭，1611—1672年），张履祥（杨园，1611—1674年）亦庶几属之。第二是较轻视天道心性之说而只孜孜于发明经世之学，此盖受时代风气影响太甚的缘故。因此他们批评王学末流多著眼于祸国亡天下等外王因素的指责，对空谈心性的践履工夫问题，则仅将之简单化约至现实生活的层面上讲求一常行义之立身行己。故严格来说，他们实也不大措意朱子的理气心性思想，更遑论深有所契。其所以推崇朱子，恐怕不过是以朱子重经史主格物穷理可通向经世一面而已。顾亭林、吕留良（晚村，1629—1683年）即属这一形态的佼佼者。第三是清初政权提倡的官方朱学。此中的代表人物众多，如熊赐履（愚斋，1635—1709年）、李光地（安溪，1642—1718年）、陆陇其（稼书，1630—1692年）、张伯行（敬庵，1651—1725年）等。撇开清廷是否利用他们来示天下以尊理学之意及他们之中并非个个皆德行无亏的醇儒不谈，但既立身朝廷讲朱子学，则亦由之造成了他们看待王学荡越的态度完全迥异于前述的两种形态。首先对他们来说外王经世的问题已因肯定清朝政权而被消解掉。熊赐履便尝据孟子以薄事功，谓"孟子无一匡九合之功，而愿薄管仲不为。天下后世未闻有疑其妄、议其僭者"。此便是明证。余下的内圣践履问题，同样因清初尊奉朱学为官学而无形中等于有了定案。于是立身朝廷言朱学者遂大多相率以抨击王学为尊朱的表现，甚至有流为趋时附和之势。①

其实，郑教授对晚明程朱理学的划分可与张天杰教授的研究成果参看。张教授也指出晚明有尊朱辟王的路线，即"清初的'尊朱辟王'思潮，张履祥发其端，吕留良将其拓展，而到了陆陇其等学者则达到了高潮，最终王学式微而朱学取得了学术正统的地位"②。相较而言，张教授之论与郑教授有两点不同：一是他以张履祥、吕留良、陆陇其为代表，并未将三人分列为三种路线；

---

① 郑宗义：《明清儒学转型探析：从刘蕺山到戴东原》，第114—115页。
② 张天杰：《张履祥与清初理学的转向》，硕士学位论文，湖南大学，2009年，第144—145页。此外，亦可参见张天杰、肖永明《从张履祥、吕留良到陆陇其——清初"尊朱辟王"思潮中一条主线》，《中国哲学史》2010年第2期。

第四章 焦竑与明代思潮

二是他认为这一"尊朱辟王"路线更侧重清初，而非明末。此外，张教授也指出清代在考据学之外，其理学还有实践理学与官方理学两种形态①，这分别对应于郑教授所列的第二、三条路线。也就是说，程朱理学的这三条路线虽涉及晚明时期，但更多的应归属于清初理学的范围。对此，我们表示赞同，因为以上所列张履祥、吕留良、顾炎武等人虽生于明末，但其学术及影响主要在于清代。因而，我们以顾宪成、高攀龙、冯从吾等人代表的朱王调和论为晚明理学的主流，将以上三条路线归于清初理学的范围。

纵观明代理学，明代早期以守理派为主，明代中期以重气派为主，明代晚期以朱王调和派为主。②"理"与"气"是程朱理学的核心范畴，明代前中期的理学，正是围绕理气论而来。明代前期程朱学重"理"，在理论上基本上是对程朱理学的直接继承。此派在继承、保持程朱学说本色的同时，更加重视在日常生活中的践履，特别是朱熹的主敬说。根据此派的逻辑，程朱理学的理论本身是完善的，是成圣的正途。因而在理论上继承此程朱学说即可，无须再进行发展，这时需要做的是在实践上切身实行程朱学说。③ 与守理派不同，明代中期的重气派则打破了明代初期儒者对程朱学说的继承与推崇。在理气关系中，他们关注的重心由"理"转为"气"。对气的肯定，使得理的本体论色彩逐渐淡化，直至成为依附于气的一种条理或形式。在由明代前期的理学转向中期的气学的过程中，罗钦顺是关键人物。气学的崛起伴随着对理学的深刻批判，这种批判无疑也是明代理学的一种新形态的表现。也就是说，明代气学的发展与北宋张载的气学虽有关联，但促使其发展的并不是张

---

① 参见张天杰《张履祥与清初理学的转向》，第153页。
② 实际上，晚明时期气学亦十分兴盛，如以刘宗周、黄宗羲为代表的蕺山学派颇为重视气学，只不过气学的重心在晚明已逐渐从程朱理学转向心学。在明代气学从理学转向心学的过程中，吕坤颇为特殊。一方面，他既坚持气本论，又主张理本论，这种气本论与理本论的兼容与矛盾形成了吕坤思想的内在张力，在某种程度上，这种张力亦是晚明气学寻求转变的一种表现；另一方面，吕坤亦注重个人道德修养实践及经世的政治实践，与晚明儒学的社会化、平民化节奏一致。关于吕坤哲学与实践，可参见郑颖贞《试评吕坤的哲学思想》，《学术交流》2005年第8期；张学智《吕坤对晚明政弊的抉发及其修身之学》，《中国哲学史》2009年第1期；Joanna F. Handlin, *Action in Late Ming Thought*: *The Reorientation of Lu K'un and Other Scholar-Officials*, Berkeley, Los Angeles & London: University of California Press, 1983。
③ 对此，吕妙芬以胡居仁为例，也有相关论述。如胡居仁却在理论上十分信服朱子学，且认为朱子学对作圣工夫已开示得透彻，后之人不须于理论层次上再加探究，所须唯在反之于身的实践而已。（吕妙芬：《胡居仁与陈献章》，第144页）

载的气学，而是明代的程朱理学。明代前期的理学与明代中期的气学构成了明代理学内部的坚守与批判。在明代中期，王阳明的心学兴起，并在王畿、王艮、钱德洪、邹元标、欧阳德、罗汝芳等诸派后学弟子的阐扬与推动下遍及全国，成为明代中晚期儒学的主流。这样，处于明代晚期的程朱理学虽然在科举等官方领域是儒学正统，但随着阳明心学的发展壮大，理学逐渐退到边缘地位。此时程朱学者的目光便不再局限于理学内部的坚守与批判，而是转向调和程朱理学与阳明心学，以期借阳明心学的体验践履激活程朱理学的僵化，以程朱理学的规范渐次约束阳明心学的玄荡。①

那么，作为晚明心学的智识化新径开创者，焦竑如何看待程朱理学呢？大体上，焦竑对程朱理学的看法可分为两方面。

一方面，焦竑批判程朱理学搁置身心，失落了孔孟之旨。对此，焦竑指出：

> 宋儒如周元公、程伯子、邵尧夫、陆子静诸公，皆于道有得，仆所深服。至伊川、晦庵之学，不从性宗悟入，而以依仿形似为工，则未得孔孟微旨依归故耳。藉令学者不知学之宗趣，而以此为法，窃恐其入于乡愿而不自知也。②
>
> 孔孟之学，至宋儒而晦，盖自伊川、元晦误解格物致知，至使学者尽其精力，旁搜物理，而于一片身心反置之不讲。阳明先生始倡"良知"二字，示学者反求诸身，可谓大有功矣。③

在焦竑看来，宋代儒者中的周敦颐、程颢、邵雍、陆九渊对儒家的圣人之道有所得，自己对诸儒深切佩服。但谈及程颐、朱熹的学问，焦竑则认为程朱理学并不能真正从性宗角度由体悟而入，反而是一种依仿形似、似是而非的学问，实际上并未真正通达孔孟之学的宗旨。程朱理学并未契合圣人之学的

---

① 郑宗义教授认为："因为对王学末流引发出的内圣践履与外王经世的问题，朱子学的确能够提供一心学系统外的救正思考"（郑宗义：《明清儒学转型探析：从刘蕺山到戴东原》，第113页），由此可见，晚明的朱王调和有纠正心学之弊的维度。
② （明）焦竑：《答钱侍御》，载《澹园集》，李剑雄点校，第84页。
③ （明）焦竑：《答友人问》，载《澹园集》，李剑雄点校，第87页。

第四章 焦竑与明代思潮

宗趣,若儒者依照程朱理学进行修学践履,非但不能体认圣人之道,反而可能沦为乡愿而不自知。进而,焦竑指出,程颐与朱熹致使孔孟之学隐晦不彰,其中的主要原因在于他们误解了"格物致知",程朱即物而穷理的格物致知之说使儒者将精力用于向外的旁搜横求,却搁置了向内的身心体认。王阳明所提倡的"良知"之学,针对的正是程朱理学之弊端,扭转了这种向外驰求的为学路径,开启了向内的反求诸身的为学路径。在此,焦竑将宋代儒学分为两派:一派以接契孔孟学问宗旨为特点,以周敦颐、程颢、邵雍、陆九渊为代表,此派因对圣人之道切实有得而被焦竑推崇;另一派则是不能真正接契儒家圣人之道的程朱理学,因"不从性宗悟入""以依仿形似为工""于一片身心反置之不讲"而被焦竑视为导致孔孟之学隐晦失真的根源。在宋代儒学的范围内,焦竑将程朱理学单独列出来作为批判的对象,这既显示出焦竑对于以程朱理学的理论与工夫接契圣人之道持否定态度,又反映了焦竑在接契圣人之道问题上的心学立场。也正因此,在谈及明代儒学时,焦竑特别提倡能够使人从向外驰求转向反求诸身的王阳明,其心学在去除程朱理学之弊,接续孔孟以来的儒家道统方面具有重要的意义。就此而言,焦竑站在心学立场上对程朱理学的批判亦具有道统之争的意味。[1]

另一方面,焦竑批判程朱理学对佛学的排斥。在《焦氏笔乘》之"朱子"条引用赵大洲的观点之前,焦竑写道:

> 朱子解经不谓无功,但于圣贤大旨,未暇提掇。遇精微语,辄恐其类禅,而以他说解之。是微言妙义独禅家所有,而糟粕糠秕乃儒家物也,必不然矣。[2]

---

[1] 钱新祖教授认为,焦竑对朱熹的批判是基于左派王学流行的综合思想(syncretist thinking)。(Edward T. Ch'ien, "Chiao Hung and the Revolt against Ch'eng-Chu Orthodoxy: The Left-Wing Wang Yang-ming School as a Source of the Han Learning in the Early Ch'ing", Wm. Theodore deBary and The Conference on Seventeenth-Century Chinese Thought, *The Unfolding of Neo-Confucianism*, New York & London: Columbia University Press, 1975, p.287)在此,钱教授将焦竑的综合思想等同于左派王学,虽然焦竑与左派王学的思想在内容上均有综合的特点,但在方法上却有智识化与非智识化的区别,钱教授未区分焦竑综合思想的智识化特质。

[2] (明)焦竑:《朱子》,载《焦氏笔乘》,李剑雄点校,第178页。

在此，焦竑在批判程朱理学时延续了理学失落孔孟之旨的说法，同时，他也给出了区别于"不从性宗悟入""以依仿形似为工"的另一原因，即朱熹在解经时可以回避禅学、排斥禅学。① 在焦竑看来，朱子故意排斥以禅学作为诠释儒学"精微语"的做法，导致了将"微言妙义"归属禅家而非儒家的后果。根据前所述焦竑的三教观可知，焦竑将佛、道之学作为阐释儒家孔孟之旨的工具，原因在于作为孔孟之旨的"尽性至命"之理未被先儒阐明。因而，朱熹在解经时刻意排斥禅学的做法，在焦竑看来也是造成孔孟之旨不能彰显的重要原因。焦竑此处对程朱理学的批判，涉及其佛学，属于从三教观角度对程朱理学的批判。② 从三教观的角度看，焦竑的批判不只针对程朱理学。对于程颢斥佛的做法，焦竑指出："伯淳，宋儒之巨擘也，然其学去孔孟远矣……伯淳人品虽高，其所得者犹存意地，乃欲以生灭之见缠，测净明之性海，难以冀矣。"③ 对于其师耿定向"言圣祖佛理精深，而以程朱立教"④ 的做法，焦竑亦指出："意虽甚妙，却成两截语矣。"⑤ 与此相反，焦竑在称颂王阳明时说道："余观先生之始也，其为虑深。尝示人以器，而略于道，俾守其矩矱而不为深微之所眩。然使终于此而已，学者将苦其无所从入，而道隐矣。乃遴一二俊人，时以其上者开之，如所谓'无善无恶'者是已。"⑥ 此处

---

① 在谈及宗教调和论者（syncretist）和宗派主义者（sectarian）的关系时，Berling 以朱熹为例指出，他虽批判佛道，但在思想上也涉及佛道。进而认为，倡导三教合一的人常常要求改革异端实践，因此，宗派主义者展现了调和论的行为，反之亦然。不管在中国历史上宗教调和论者与宗派主义者的关系如何，他们并非边界清晰的反对势力（they were not clearly opposing forces）。（Judith A. Berling, *The Syncretic Religion of Lin Chao-en*, New York: Columbia University Press, 1980, p. 2）

② 钱新祖教授指出，焦竑对朱熹的批判主要集中于，朱熹因怕异端之嫌而拒绝用禅学义理阐释儒学。焦竑认为这使朱熹失掉了儒学最重要的意义。并且，焦竑认为佛学不是外来异端而是中国自身哲学传统的一部分，他认为佛学也处理性命问题，他把佛学视为阐释道的一种儒学注解。进而，钱教授认为，焦竑利用佛、道解读儒学的超言绝相的真理（ineffable truth），是一种哲学上的多元论，可以实现儒学之外的不同思想间的对话，打破了朱熹注解的垄断，这也是焦竑反对程朱理学的一种表现。（Edward T. Ch'ien, "Chiao Hung and the Revolt against Ch'eng-Chu Orthodoxy: The Left-Wing Wang Yang-ming School As a Source of the Han Learning in the Early Ch'ing", Wm. Theodore deBary and The Conference on Seventeenth-Century Chinese Thought, *The Unfolding of Neo-Confucianism*, New York & London: Columbia University Press, 1975, pp. 279 - 288）

③ （明）焦竑：《答耿师》，载《澹园集》，李剑雄点校，第 82 页。

④ （明）焦竑：《答耿师》，载《澹园集》，李剑雄点校，第 85 页。

⑤ （明）焦竑：《答耿师》，载《澹园集》，李剑雄点校，第 85 页。

⑥ （明）焦竑：《阳明先生祠堂记》，载《澹园集》，李剑雄点校，第 845 页。

第四章 焦竑与明代思潮

被王阳明遴选的"一二俊人",大体是指强调先天正心、良知本体无善无恶的王畿诸人。王畿及其弟子周汝登都深涉佛学,他们能够在王阳明之后发展出心学的向上一机,多是其借助佛学的缘故。焦竑在推崇王阳明时特别申明此点,说明他十分肯定阳明弟子借助佛学发挥儒学本有之义的做法。

这样看来,焦竑对程朱理学的看法,基本是立足于心学对理学的批判。作为泰州学派传人,焦竑对理学的批判在某种程度上具有凸显心学的效果。这样,他在视理学为失落孔孟之旨,而心学接续孔孟之旨时,也在潜移默化中加固了理学与心学间的壁垒。虽然焦竑在表面上批判程朱理学,甚至批判晚宋时期二程学说的"支离"之风,指出:"观其持论,尽性至命必本于孝悌,穷神知化豁通乎礼乐,与下学上达何异?尝令学者寻孔、颜所乐,曰:'谓有道可乐,非颜子也。'此非深于道者,孰识之?其曰'涵养须用敬,进学在致知'者,后世率执为口实,不知敬而非知,则敬为何物?知不以养,则知将奚为?此则晚宋支离之敝,于二程奚尤焉。嗟乎,君子之于学也,使天下之人身试之而可为,然后以倡则从;使后世之人知其言之不可行,然后以戒为齐。学者取此编与晚宋之说,身践而默究之,其得失必有归矣。"① 不过,就智识化的心学而言,焦竑在接续心学传承的孔孟之旨时,也主张借助佛、道义理进行智识化的阐释、解读,这可被视为焦竑在心学内部对程朱理学的一种接受。因为焦竑批判朱熹不以禅学来阐释儒学精微义,只是反对朱熹对禅学的排斥,并未反对朱熹对儒学义理的智识化的解读方式,所以焦竑虽批判朱熹,但也承认朱熹解经是有功劳的。这表明,焦竑在批判程朱理学失落孔孟之旨的同时,也潜在地接受了其智识化的诠释方式。②

探讨至此,当从焦竑的角度进行考察时,可以发现明代程朱理学的一些

---

① (明)焦竑:《程子序》,载《澹园集》,李剑雄点校,第759页。
② 对于焦竑在智识化方面受程朱理学影响的论断,郑宗义教授也有类似的看法,如"在明末士人空谈心性根本不能相应道德本心而为道德实践的环境下,朱子讲求从事于磨炼、勉强、夹持、择善固执的助缘工夫就更显出其真实意义。至于外王经世方面,明末士人始终未能反省到客观制度问题,则大多退而求广博的知识(尤其重视经史之学)以用世。很明显,这亦是强调读书穷理的朱子学的胜场。明白了这一背景,我们才能充分了解明清之际朱子学再兴的原因"(郑宗义:《明清儒学转型探析:从刘蕺山到戴东原》,第114页)。郑教授认为晚明的智识化倾向是朱子学读书穷理的胜场,但他将这种智识倾向归在外王范围内。实际上,晚明时期儒学的智识化有两个向度,一是郑教授所指出的外王向度的智识化,二是焦竑代表的内圣向度的智识化,即把智识化的方法纳入心学。虽然智识化倾向是晚明儒学的大趋势,但焦竑的智识化倾向因指向内圣方面而与当时主流的外王向度的智识化有所区别。

新动向。(1) 明代程朱学者对程朱理学展开内部批判，但并未涉及程朱理学失落孔孟之旨的维度。从明代初年信服程朱理学的曹端、薛瑄、胡居仁到明代中期的罗钦顺、王廷相，再到晚明时期主张调和理学与心学的顾宪成、高攀龙等人，他们虽然对程朱理学进行了批判与修正，但这基本上属于来自程朱理学内部的批判与修正。这与焦竑站在与理学相对的心学立场上的批判有内外之分。并且，明代程朱学者对程朱理学的不满并未使他们质疑程朱理学能否接续孔孟之旨的可能性。以陈建为例，他甚至专门著书批判陆九渊、王阳明之学混杂禅学而成为"学蔀"，致使儒家之旨、圣人之道晦暗不明。这反映出明代程朱学者虽然在理气关系等具体问题上与朱熹的说法不同，但在接契儒家道统的问题上却未对程朱理学持怀疑态度，而焦竑的怀疑态度却十分鲜明，这是明代程朱学者与焦竑的不同之处。(2) 明代程朱学者虽批判程朱理气观，但却推崇程朱的主敬等工夫，与理论上的创新相比，明代程朱学者更重视实际的修养践履。与焦竑在明代心学中悄然延续了程朱理学的相对智识化的风格不同，作为程朱理学正传的明代程朱学者们，却大都有将学术重心转向日常生活的修养工夫的倾向，这一点在胡居仁处体现得甚为明显。明代程朱学者们对修养工夫的重视，与重视修养的明代心学的发展壮大基本处于同步状态。有学者指出，儒学在从南宋到元代与明代的发展过程中，"务实"与"重视心体"的学风逐渐加强。① 这表明，随着这种重视修养践履的学风发展与阳明心学的发展壮大，明代程朱学者也在潜移默化中受到了影响。也就是说，焦竑在心学上吸取程朱理学的学术风格的同时，明代理学也在修养工夫上向心学靠拢。

总而言之，明代的心学与理学同属于基于直觉体认、切身践履的传统学问。其中，明代心学在理论与实践上极大地深化拓展了直觉体认工夫的同时，也出现了过于依赖内在直觉体认而缺乏客观约束，以致出现泛滥于狂禅的弊端，在思想与现实方面产生了一定的负面影响。为从内部进行自我修正，心学在晚明时期出现了以蕺山学派为主的诚意慎独之学与焦竑开辟的智识化新径。同时，明代的理学家最初深入贯彻、切身践履程朱理学，后来理论重心逐渐从"理"转向"气"，倒转了程朱理学中理本气末的理气关系模式，进

---

① 参见吕妙芬《胡居仁与陈献章》，第31页。

而，理学在后续的发展中逐渐与明代心学传统相调和，这与晚明心学寻求客观的、公共性的标准和约束的趋势正相契合。晚明心学的气学化与智识化即心学在晚明时期的内部修正，那么，晚明朱王调和在某种程度上可视为心学在晚明时期的外部修正。从明代心学与理学的角度看，明代义理学发展到晚明时期主要围绕着心学的修正而展开，在这一时代主题下，焦竑的心学因其智识化方法与当时基于直觉体认的内外部修正路径皆有所不同，可谓开辟了晚明心学的智识化的发展新径。其实，这一新径的开辟与焦竑深厚的考据学背景关涉甚深，焦竑的考据学也是明代考据学代表。因此，焦竑与明代考据学也是探究焦竑与明代儒学的关系的重要环节。那么，焦竑与明代考据学的关系如何呢？接下来，将进行具体探讨。

第三节　焦竑与明代考据学

对于儒学的发展历程，在潜移默化中形成了一种标签化的看法，如汉代儒学以考据训诂为主，隋唐儒学式微，宋代儒学以理学流行，明代儒学则是心学的天下，等等。实际上，这种看法在了解儒学发展史的初期阶段具有一定的作用，但随着研究的深入应逐渐淡化这种相对固化的理解。就明代而言，以王阳明为代表的心学确实占据儒学主流，但明代儒学不止于此，除一直延续的程朱理学、兴起的气学之外，以推崇汉学为主要精神的考据学可谓异军突起。对于明代考据学的兴盛，胡适曾指出："人皆知汉学盛于清代，而很少人知道这个尊崇汉儒的运动在明朝中叶已经很兴盛。"[1] 余英时将这种明代中叶以后考据学的发展，视为"明代儒学在反智识主义发展到最高峰时开始向智识主义转变的一种表示"[2]。对此，林庆彰也有类似表示："明中叶以后学者争奇炫博，考据已蔚为潮流，清乾嘉时已成为学者唯一之学术工作。故明、清可视为考据学之发达期。"[3] 实际上，考据作为一种方法，贯穿于中国传统学术的演进历程，是不可或缺的学术方法。考据学作为一种以考据方法为主

---

[1] 胡适：《费经虞与费密：清学的两个先驱者》，载欧阳哲生编《胡适文集》（3），第57页。
[2] [美]余英时：《从宋明儒学的发展论清代思想史——宋明儒学中智识主义的传统》，载《论戴震与章学诚：清代中期学术思想史研究》，生活·读书·新知三联书店2000年版，第313页。
[3] 林庆彰：《明代考据学研究》上册序言，第10页。

的学问形态，在经历汉代的鼎盛时期之后，清代又成为考据学的第二个高峰时期。追本溯源，清代考据学的发达至少可以回溯到明代中期。那么，需要注意的是，注重实证的考据学与提倡体认的心学之间差异巨大，为何考据学在心学盛行的中晚明时期逐渐兴盛？同时，焦竑作为明代考据学的一员，他的考据学与明代考据学之间是一种什么关系？这是探究焦竑与明代思潮关系时不可忽视的一个方面。当然，在探讨这些问题之前，有必要对明代考据学的概况进行介绍与说明。

一 明代考据学

既然考据学在明代中叶以来逐渐兴盛，那么，此时期的考据学的大体情况如何？在此，将从考据学的人物、考据学的内容、考据学的成因三方面对明代考据学进行概述。

(一) 明代考据学的人物

据林庆彰的研究，杨慎开创了明代中叶以来的考据之风，焦竑、梅鷟、陈耀文、胡应麟、陈第、周婴等各有擅长，方以智则集明代考据学之大成。①

杨慎，字用修，四川新都人，为首辅杨廷和之子。明武宗正德六年（1511），获殿试第一名，授任翰林院修撰。因上疏抗谏武宗，以疾罢归。明世宗嘉靖皇帝即位后复入朝。又因大礼议事件屡次上疏进谏，被明世宗贬谪到云南永昌卫，年七十二卒于此。杨慎学识广博，机警敏锐，对于考据之学颇感兴趣，在翰林院任职期间，广引《周礼》《史记》《汉书》等文献以回应武宗关于何为注张之星的问题。后来，在镇江谒见杨一清，阅其藏书，向其请教学问，受到震撼，因而更加奋力于古学。在云南期间，利用闲暇时间广览诸书，著述宏富，在诗文之外，杂著达一百多种。②

梅鷟，字鸣岐，号平埜，别号致斋，安徽旌德人。于正德八年（1513）举乡试，嘉靖二十二年（1543）任南京国子监助教，编纂《南雍志》之《经籍考》，后官至常州府通判、云南盐课司提举。梅鷟之学以考据经典为主，著

---

① 参见林庆彰《明代考据学研究》上册序言，第3—4页。
② 参见（清）张廷玉《列传第八十》，载《明史》卷一百九十二，清武英殿刻本。

述甚多,有《古易考原》《尚书考异》《尚书谱》等。①

陈耀文,字晦伯,号笔山,河南确山人。明世宗嘉靖二十九年(1550)进士,工部给事中,陕西太仆寺卿。陈耀文好古学,无所不览。明代中叶推崇博学之人,没有过于杨慎之人。陈耀文摘取杨慎之学的谬误之处,作《正杨》以辩驳,时人服膺其学之淹贯博洽。著有《经典稽疑》《正杨》《学林就正》《花草粹编》《天中记》等。②

胡应麟,字元瑞,晚年更字为明瑞,号少室山人、石羊生、芙蓉峰客、壁观子,浙江兰溪人。年少常读《古周易》《尚书》《十五国风》《檀弓》《左传》等书以及庄子、屈原、司马迁、曹植、杜甫等诸家文集。万历四年(1576)举于乡试,之后久试不第,筑室山中,藏书四万二千三百多卷,撰有《经籍会通》《四部证讹》《三坟补逸》等著作。③

陈第,字季立,号一斋,世代居住在福建连江城西的龙西铺。陈第年少颖悟,博极群书,特别喜欢谈论兵法,后被俞大猷召至幕中授以兵法,尽得其传。后来镇守古北口要地,因正直而与上官不合,遂归家读书。母亲去世后,游历名山大川。曾到南京与焦竑谈经问学,向其借书阅读,颇受焦竑音韵思想影响,撰有《毛诗古音考》《屈宋古音义》等著作。④

周婴,字方叔,福建莆田人。年少时即有才名,崇祯十三年(1640),以明经贡入京,崇祯十五年(1642),适拣选天下举贡,御赐进士,婴与焉。周婴博极群书,精通考据,撰有《远游篇》《卮林》等。⑤

方以智,字密之,安徽桐城人。崇祯庚辰年间进士,授检讨之职。李自成兵败后,方以智投奔南明朝廷,正值马士英、阮大铖乱政,于是流离岭南,因拥戴永历帝有功,授职礼部侍郎、东阁大学士,后屡诏不起,出家为僧,更名为弘智,字无可,别号药地。方以智遍通群经、子、史,天文、舆地、礼乐、律数、声音、文字、书画、医药、技勇等,均能考辨其源流、旨趣,

---

① 参见林庆彰《明代考据学研究》,第131页。
② 参见(清)万斯同《文苑传》,载《明史》卷三百八十七,清钞本。
③ 参见林庆彰《明代考据学研究》,第193—196页。
④ 参见金云铭《陈第年谱》,私立福建协和大学中国文化研究会1946年版,第1页。
⑤ 参见林庆彰《明代考据学研究》,第431页。

可谓学思广博，著有《通雅》《物理小识》《易余》等著作。[①]

在林庆彰先生所举诸人之外，明代考据学家还有王鏊、王世贞、黄佐、毛晋、范钦等人。

王鏊，字济之，江苏吴县人。明宪宗成化十年（1474）乡试，明年会试，俱为第一，廷试第三，授职翰林院编修，后历任侍讲学士、少詹事，吏部右侍郎。曾进言仿照前代科举，开博学鸿词之类的科目，收揽特殊人才，以此实现"数年之后，士类濯磨，必以通经学古为高，脱去謏闻之陋"的效果，但并未被采纳，不久便因丁忧而归家。正德年间起左侍郎，进户部尚书文渊阁大学士，加少傅兼太子太傅，因不能改变刘瑾乱政的状况而上疏致仕。王鏊学问渊博广泛，颇有识鉴，尔雅明畅，撰有《震泽长语》《姑苏志》等著作，其《性善论》一文，被王阳明称为："王公深造，世未能尽也。"[②]

王世贞，字元美，苏州太仓人，右都御史王忬之子。嘉靖二十六年（1547）进士，历任刑部主事、浙江右参政，山西按察使、广西右布政使、太仆卿、右副都御史、南京刑部尚书等职，为人直言敢谏，为严嵩父子所忌。世贞好诗与古文，与王宗沐、李先芳、吴维岳、李攀龙、梁有誉、徐中行、吴国伦等人相倡和。[③]

黄佐，字才伯，广东香山人。明武宗正德年间，黄佐举乡试第一名。明世宗嘉靖时期，考中进士，选庶吉士，授翰林院编修之职。不久，因省亲归家，途中顺便谒见王阳明，与阳明探讨知行合一之旨，相互辨难数次，阳明称赞黄佐为人直谅。后来，担任江西佥事，督学广西，以编修兼左春坊左司谏，不久晋升为侍读，执掌南京翰林院，后又召为右谕德，擢为南京国子祭

[①] 值得注意的是，中文学界往往突出杨慎考据学家的形象，以及他的考据学对晚明甚至清代的影响，然而，却很少涉及杨慎其实也是一个热心的古代文本的伪造者（an avid forger of ancient texts）。有学者指出，杨慎是一个考据与伪造兼具的人物。可参见 Adam Schorr, "Connoisseursip and the Defense Against Vulgarity: Yang Shen (1488 – 1559) and His Work", *Monumenta Serica*, 41, 1993, pp. 89 – 128。实际上，对于历史上的杨慎，我们仅能从关于他的作品和传记中获知线索，然而杨慎在传记中的形象却有很大差别，对此，Ihor Pidhainy 通过比较李贽、王世贞、钱谦益等人撰写的《明史》中记载的杨慎传记，认为传记作者根据所处的时代情境及兴趣，对杨慎的历史进行了较为不同的塑造，并非客观的历史陈述。（Ihor Pidhainy, "Lives and Legends of Yang Shen: Creating a Man for All Seasons", *Ming Studies*, 64, 2011, pp. 7 – 32）

[②] （清）张廷玉：《列传第六十九》，载《明史》卷一百八十一，清武英殿刻本。

[③] 参见（清）张廷玉《文苑三》，载《明史》卷二百八十七，清武英殿刻本。

酒。黄佐之学以程颐、朱熹为宗，著述甚多，达二百六十余卷。①

毛晋，原名凤苞，字子久，后改名为晋，字子晋，号潜在，别号汲古阁主人、阅世道人，江苏常熟人。毛晋由庠生入太学，通明好古，强记博览，建目耕楼、汲古阁等藏书楼，收藏图书八万四千多册，校刻书六百多种，五经、十七史、诗词曲本、唐宋金元别集、稗官小说等皆校雠刊刻，有《毛诗陆疏广要》《毛诗名物考》《隐湖题跋》等著作。②

范钦，字尧卿，又字安卿，号东明，嘉靖十一年（1532）进士，历任湖广随州知州，历升工部员外郎、袁州知府、江西按察副使、福建按察使、广西参政、云南右布政使、陕西左布政使、河南左布政使、南赣巡抚、右副督御史、北京兵部右侍。范钦喜爱藏书，建藏书楼"天一阁"，广收天下诸书，列为四部，撰有《天一阁集》《抚掌录》《古今谚》等著作。③

从考据学者的地域分布角度看，以上所举13人中，王鏊（江苏吴县）、王世贞（江苏太仓）、焦竑（江苏南京）、毛晋（江苏常熟）、胡应麟（浙江金华）、范钦（浙江鄞县）、梅鷟（安徽旌德）、方以智（安徽桐城）8人来自江南地区，陈第（福建连江）、周婴（福建莆田）、黄佐（广东香山）3人来自东南地区，杨慎（四川新都）1人来自西南地区，陈耀文（河南确山）1人来自北方地区。由此可见，南方地区的考据学者占比高达92.3%，明显多于北方考据学者的占比7.7%。并且，南方地区的考据学者主要集中于以江苏、浙江、安徽为主体的江南地区，占所列总人数的62%，占所列南方考据学者人数的66.7%。在某种程度上，以江南地区为中心，东南、西南及北方地区为辅翼的相对松散的考据学团体已初具规模。这种考据学团体的中心出现在江南地区并非偶然，这与江南地区富庶的经济条件、宽松的政治环境、良好的文化氛围、人才的会聚有密切关系。前文所述的中晚明时期的南京正是当时江南地区经济、政治、文化状况的一个缩影。这样看来，明代考据学既由一流学者组成，又以地域团体化的形式出现，确实可谓兴盛。同时，明

---

① 参见（清）张廷玉《文苑三》，载《明史》卷二百八十七，清武英殿刻本。
② 参见胡英《毛晋汲古阁刻书研究——兼从〈汲古阁书跋〉数跋看毛晋刻书的文学倾向》，广西师范大学，硕士学位论文，2007年。
③ 参见谢莉《范钦年谱》，兰州大学，硕士学位论文，2007年。

代考据学的兴盛，显示出汉学①在程朱理学与阳明心学遍行天下的时代的重新崛起，为清代学术的汉宋之争埋下了伏笔。

（二）明代考据学的内容

从内容上看，明代考据学涉及文字音形义、史事、官制、天文、地理、风俗礼仪、戏曲、用典、古器物、动植物、医方等方面的考订、校勘、辑佚、辨伪等方面，可谓包罗万象。以文字音义的考据为例，杨慎意识到了文字的古音与今音不同，通过引证古代文献来寻找文字的古音。比如，杨慎引用《礼记·檀弓》之"公室视丰碑，三家视桓楹"以及《唐书·艺文志》之"桓谭"作"华谭"作为证据，论证"桓"字的古音为"花"②；引用《中庸》"齐明盛服"与《黄庭经》"沐浴盛洁"，说明"盛"字即古"静"字③。在引用古代文献探究古音之外，杨慎还特别关注到音韵学中的叶音说。叶音说主张改变字音以求押韵，这种说法可以为阅读古代诗歌以及其他文献提供韵律上的和谐便利，但也有很大的隐患。从根本上看，叶音说是以今音读古字的典型理论，这种理论忽视了文字的今音与古音的差别，当以今音不能通畅、押韵地进行吟诵阅读时，人们就可以改变字音以求韵律上的和谐。这种做法虽可求得吟诵阅读上的便利，但却忽视了对文字古音的深入考察，可谓因小失大。就此而言，南宋朱熹可谓叶音说的重要拥护者，当有人向朱熹提出"先生说《诗》，率皆叶韵，得非《诗》本乐章，播诸声诗，自然叶韵，方谐律吕，其音节本如是耶"④的问题时，朱熹回答："固是如此。然古人文章亦多是叶韵。"⑤同时，朱熹还指出了叶韵的标准："叶韵，恐当以头一韵为准。且如'华'字叶音'敷'，如'有女同车'是第一句，则第二句'颜

---

① 此处所谓"汉学"，为与"宋学"相对的概念。宋学以儒者个人的主观见解为主，而汉学以学者的客观考证为主。也就是说，"汉学"即为客观的考据学，汉代、明代及清代的考据学均属汉学之列。对此，胡适在谈到清代"朴学"的名称时，也提到这一看法："'朴学'又称为'汉学'，又称为'郑学'。这些名词都不十分满人意。比较起来，'汉学'两个字虽然不妥，但很可以代表那时代的历史背景。'汉学'是对于'宋学'而言的。因为当时的学者不满意于宋代以来的性理空谈，故抬出汉儒来，想压倒宋儒的招牌。因此，我们暂时沿用这两个字。"胡适：《清代学者的治学方法》，载欧阳哲生编《胡适文集》（2），第288—289页。
② 参见（明）杨慎《古音猎要》卷二，清文渊阁《四库全书》本。
③ 参见（明）杨慎《转注古音略》卷四，清文渊阁《四库全书》本。
④ （宋）朱熹：《诗一》，载《朱子语类》，王星贤点校，第6册，2532页。
⑤ （宋）朱熹：《诗一》，载《朱子语类》，王星贤点校，第6册，2532页。

如舜华'当读作'敷'字，然后与下文'佩玉琼琚'，'洵美且都'皆叶。至如'何彼秾矣，唐棣之华'，是第一韵，则当依本音读，而下文'王姬之车'却当作尺奢反，如此方是。"① 对于朱熹推崇的叶音说，杨慎却发现了不足之处：

> 华，古音同敷。《毛诗》"隰有荷华"与"都""且"为韵，《楚辞》"采疏麻兮瑶华"，与"居疏"为韵；《周易》"枯杨生华，老妇得其士夫"；《后汉书》"仕宦当作执金吾，娶妻当时阴丽华"。此类极多，乃知古"华"字本有"敷"音，非叶也。②
>
> 曳，音裔。《易》"见舆曳，其牛掣，其人天且劓"。皆古韵，非叶音也。汉赋有"摇曳"之语，或作"摇裔"，可证"曳""裔"同音。③

在杨慎看来，"华"字的古音与"敷"字相同，当以"敷"字之音读带有"华"字的古代文献，便可以达到音律和谐的效果。例如，《诗经》之《山有扶苏》中有"山有扶苏，隰有荷华。不见子都，乃见狂且"一句，当以"华"字的今音阅读此诗，便不押韵，需要将"华"字进行极具主观性的叶音操作，才能获得押韵的效果。不过，杨慎认为，当以"华"字的古音"敷"进行阅读时，《诗经》之"华"与"都""且"相为韵，《楚辞》之"华"与"居疏"之"疏"相为韵，《周易》之"华"与"士夫"之"夫"相为韵，韵律本就和谐通畅，不需要通过叶音来求押韵。同样，"曳"字的古音与"裔"相同，当以"曳"的今音读《周易》之"见舆曳，其牛掣，其人天且劓"时，便不能押韵，而以"曳"的古音"裔"进行阅读时，"曳"与"劓"相为韵。汉赋中的"摇曳"也写作"摇裔"，亦为"曳""裔"同音增添了证据。此外，杨慎的音韵学还涉及考订上古声母、分析古代诗文韵例、转注古音等方面，开启了明代音韵考据的先声。④ 曾编辑《升庵外集》的焦竑在考据方面深受影响，进而，又影响了考据学家陈第。陈第在《屈宋古音

---

① （宋）朱熹：《诗一》，载《朱子语类》，王星贤点校，第6册，第2533页。
② （明）杨慎：《转注古音略》卷一，清文渊阁《四库全书》本。
③ （明）杨慎：《转注古音略》卷四，清文渊阁《四库全书》本。
④ 参见王金旺《杨慎古音学研究》，西北师范大学，硕士学位论文，2010年。

义》的序言中表达了对音韵考据的看法，他认为：

> 古今声音必有异也，故以今音读今，以古音读古，句读不龃于唇吻，精义自绎于天衷，确乎不可易之道也。自唐以来皆以今音读古之辞赋，一有不谐，则一曰叶，百有不谐，则百曰叶，借叶之一字，而尽该千百字之变，岂不至易而至简，然而古音亡矣。古音既亡，则昔人依永，谐声之义，泯泯于后世，不可谓非阙事也。吴才老、杨用修有志复古，著《韵补》《古音丛目》诸书，庶几卓然其不惑，然察其意，尚依违于叶音可否之间，又未尝荟萃秦汉之先，究极上古必然之韵，故其稽援虽博，终未能顿革旧习，而诗易辞赋卒不可读如故也。余少受《诗》家庭，先人木山公尝曰："叶音之说，吾终不信。以近世律绝之诗，叶者且寡乃举三百篇尽谓之叶，岂理也哉！然所从来远，未易遽明尔。竖子他日有悟，毋忘吾所欲论著矣。"余于时默识教言，若介于胸臆，故上综往古篇籍，更相触证久之，豁然自信也。独弱侯先生论与余合，抑何其寥寥乎？近有搢绅不知古音者，或告之曰马古音姥，渠乃呼从者曰："牵我姥来。"从者愕然，座客皆笑。夫用古于今人之笑也，则用今于古，古人之笑可知。故自叶音之说以来，圣贤之哑然于地下也久矣。余不得不力为之辩畅。①

据此可见，陈第特别强调今音与古音的不同，主张以今音读今字，以古音读古字，这是理解古代文献之义的不可改易之道。然而，唐代以来以今音读古代辞赋文字的做法成为主流，一旦遇到不和谐押韵之处，便改变字音以求押韵，这种叶音的做法看似简易，但却将叶音作为放之四海而皆准的绝对真理，这既忽视了今音与古音的差异，又有着令古音消亡的危险。吴棫、杨慎虽然意识到了叶音说的问题，著有《韵补》《古音丛目》等书，以期恢复古音。不过，在陈第看来，他们对叶音说的批判并不彻底，处于遵循与反对叶音说的模糊状态，同时，他们又没有考察秦汉之前的典籍文献，探究上古必然之韵的原委，虽然引证宏博，但还是没有从根本上改变诗易辞赋不可读的状况。

---

① （明）陈第：《屈宋古音义原序》，载《屈宋古音义》，中国书店 2018 年版，第 9—11 页。

在先辈木山公的教诲之下，对叶音说展开系统批判成为埋藏在心中的种子，后来在与古代典籍文献的相互佐证之中，才有所得。并且，陈第承认这种反对叶音说的观点，在焦竑处得到了认同与呼应。正是在这种反对叶音说的背景下，陈第撰写了《屈宋古音义》与《毛诗古音考》等音韵学的考据性著作。其实，文字音义的考据只是明代考据学的一隅，诸如杨慎对《诗经》《周易》《尚书》等经典文献考据辨伪、对历史地理的辨析考订，梅鷟对《尚书》的系统性考辨，陈耀文对杨慎考据成果的纠谬与改进，胡应麟对伪书的考辨、对杨慎的考据成果的修正与完善，周婴对文字、史地的考订，以及对胡应麟考据成果的订正等，构成了明代考据学的全幅图景。在很大程度上，杨慎成为明代考据学兴盛的开创性人物，开辟了明代考据学的规模，后来的考据学者多是在杨慎的考据成果的基础上进行纠偏、拓展与探索。

（三）明代考据学的成因

在了解明代考据学人物与考据学的内容之后，可知明代中晚期的考据学并非一股边缘性的势力，成为潜藏在明代中晚期广为流行的心学背后的一种逐渐兴盛的学术发展趋势。那么，考据学何以在明代中晚期逐渐兴盛呢？

余英时先生将明代考据学视为一种"智识主义"，而这种智识主义与明代心学的反智主义同时并存。他指出：

> 白沙、阳明所代表的反智主义，在明代儒学史上诚占有主导的地位。但当时持异议者亦大有人在。明代倾向于智识主义的儒者可以粗略地分为两大派：一派是在哲学立场上接近朱子者，另一派则是从事实际考证工作者。前者是在理论上肯定知识的重要性；后者则从经验中体会非博不足以言约。[①]

在此，余先生承认陈献章、王阳明所代表的心学是一种反智主义，这种反智主义的学问是明代儒学史的主流思潮。不过，心学的反智主义虽是主流，但也不能涵盖明代儒学的全部。与反智主义相对的智识主义思潮亦同时存在。

---

① ［美］余英时：《从宋明儒学的发展论清代思想史——宋明儒学中智识主义的传统》，载《论戴震与章学诚：清代中期学术思想史研究》，第301页。

在此，余先生将明代的智识主义分为两个派别，一是在哲学上接近朱熹理学的学派，二是从事考据工作的学者。接近朱熹理学的学派在理论上肯定知识的价值与意义，而从事实际考证的学者则从实际的经验中切身践履以博言约的博约一贯精神。然而，明代儒学的智识主义看似包括两个派别，实际上，这两个派别似乎并非截然分立，哲学立场上接近朱熹理学的学者并非不从事实际的考证工作，而从事实际的考证工作的学者也潜在地受到朱熹理学的影响。按余先生的看法，智识主义思潮在明代中晚期的兴盛是一种思想史发展的必然结果，因为从"尊德性"与"道问学"的角度看，"程朱与陆王的争论在'尊德性'的层次上已走到了尽头，此后的异趋则将转移到'道问学'的层次上去"①。

相较于强调思想史的内在理路的余英时先生，林庆彰先生对明代考据学兴盛原因的归纳更为具体。林庆彰将明代考据学的兴盛之因主要总结为"理学内部之要求""废学之反动""复古运动之影响""杨慎之特起""刻书业之兴盛"五个方面，他指出：

> 理学内部之要求：阳明良知之说形成之流弊，即理学中人亦已有所自觉。……此既以古本《大学》为孔门之真，则已透露义理之取舍，必得取证于经典之研究。此后理学家于《大学》之阐释甚多，如管志道、唐伯元、周从龙、邹德溥、钱一本等人，甚至宗信丰坊之伪石经《大学》，即可知理学家渴求于经典之心切矣。理学家此种以经典解决义理之争之倾向，已足见学风发展之端倪。②

> 废学之反动：当时人所以废弃古学，乃因举业之陋，与王学家之糟粕经书糅杂而成。故时人之反废学，亦以此两者为攻击之重心。……汉人之治经，以复古为职志，故特重文字训诂、典制之考订与真伪之辨，明人提倡汉学，自不可自免于文字训诂之外。故中明以后之考经者即由此入手。③

---

① [美]余英时：《从宋明儒学的发展论清代思想史——宋明儒学中智识主义的传统》，载《论戴震与章学诚：清代中期学术思想史研究》，第319页。
② 林庆彰：《明代考据学研究》，第22—23页。
③ 林庆彰：《明代考据学研究》，第23—25页。

第四章 焦竑与明代思潮

　　复古运动之影响：当时之复古运动，与理学家欲挣脱宋学而另开学风之动机，几完全相同。复古之风于考证之学，实有相当之影响。①

　　杨慎之特起：理学家王阳明之反朱学运动，风起云涌，蔚为全国之运动。其时杨慎之提倡考据，亦能鼓动风潮。杨慎为当时宰相杨廷和之子。显赫之家世，加之学识渊博，已为当时人所崇仰。……用修之考证，可以好奇炫博四字贬之，故其考证经、史、子、集之不足，又以考僻事、僻典为尚。明代考据学所以走入杂博僻异之途，用修实不能辞其咎。②

　　刻书业之兴盛：考证工作，必植基于大量之文献资料，故考证风气之兴衰，与刻书业有及密切之关系。③

不可否认，林庆彰对于明代中叶以来考据学兴盛原因的考察可谓广泛而深入。其中，"理学内部之要求""废学之反动""复古运动之影响"属于明代考据学兴盛的思想方面的原因，按余英时的看法，这三点是明代考据学兴盛的内在理路。在此，林先生所列的三点原因，看似并列关系，但并非相互独立，三者之间具有内部关联。林先生从阳明心学入手，指出阳明心学在明代中晚期的广泛发展之中，潜在地造成了一种废弃古学的为学风气，也引起了种种义理与工夫方面的争议与问题。这些争议与问题的根本解决最终落在儒家经典的文本层面。这样看来，"废学之反动"与"复古运动"都是为解决阳明心学造成的问题与争议而产生的，因而，"废学之反动"与"复古运动之影响"是在"理学内部之要求"影响下的具体原因，"理学内部之要求"则是明代考据学兴盛的根本原因。在很大程度上，将"理学内部之要求"作为明代考据学兴盛的根本原因，可以反映出林先生与余先生类似，在辨析明代考据学兴盛之因的问题时，将明代哲学发展的内在理路作为基础。进而，林先生又提出杨慎的特殊地位以及刻书业的发达等，进一步细化明代考据学的兴盛原因。归纳言之，林先生的五点原因，构成了由内而外的三个层次，即"理学内部之要求"是核心，"废学之反动"与"复古运动之影响"是核心之外的内层原因，"杨慎之特起"与"刻书业之

---

① 林庆彰：《明代考据学研究》，第25页。
② 林庆彰：《明代考据学研究》，第26—27页。
③ 林庆彰：《明代考据学研究》，第27页。

兴盛"则是外层原因。

余先生与林先生对明代考据学兴盛之因的考察可谓全面。不过，关于余、林两位先生的说法，有一点似乎可以进行商榷。余先生从"尊德性"与"道问学"的角度，主张当思想的发展在"尊德性"方面达到极限的时候，便会转向"道问学"的方面，这是明代考据学在心学鼎盛时期异军突起的原因。与此类似，林先生也强调明代考据学的根本原因在于"理学内部之要求"，即对阳明心学纠偏的理论需求。就考据学明代中叶以来的兴盛而言，这种内在理路式的原因固然有道理，但两位先生的这种说法却暗含着一个前提，即考据学是一种独立于义理学的学术形态。比如，余先生的说法揭示了明代哲学从"尊德性"的义理学向"道问学"的考据学过渡的发展趋势，但他却认为这种过渡是一种断裂的过渡，也就是说，"尊德性"的义理学与"道问学"的考据学之间没有关联，其过渡是两种不同学术形态的更替。林先生的说法也是如此，他不仅认为考据学是一种解决义理方面争端的途径，而且倾向于认为这种考据学的途径会抑制、规约阳明心学，是对阳明心学的一种反动。实际上，明代考据学与义理学之间此消彼长的对立关系并非明代哲学发展的唯一模式。相较于余、林两位先生的说法，明代考据学与义理学之间亦可以具有相辅相成、博约一贯的关系状态，至少对焦竑而言是如此。

二 焦竑与明代考据学的关系

在探讨了明代考据学的大体状况之后，那么，焦竑与明代考据学的关系如何呢？作为明代考据学阵营的代表人物之一，焦竑与明代考据学之间具有一些共同之处：（1）在考证范围方面，文字训诂、校勘、辨伪、辑佚、典故风俗、官制、史实、金石、天文地理、医方等领域是焦竑与明代考据学的共通论域；（2）在考证方法方面，汉学的例证、比较、推论等学术方法是焦竑与明代考据学的基本方法；（3）在理论体系方面，好奇炫博的学术风格、隐去考据所引文献出处的学术习惯以及零碎化的学术形态是焦竑与明代考据学的显著特点。焦竑与明代考据学的这些共同点，反映出明代中叶以来考据学虽然得以兴盛，但这种考据学尚处于未成熟的初步阶段，比如虽然考据所涉及的范围广泛，但考据的深度与精度却相对不足，考据风格也较为零散，相

第四章 焦竑与明代思潮

对缺乏系统性。这些问题与不足,并非明代考据学家刻意为之,而是考据学在明代中叶兴盛以来需要经历的必然阶段,在进入清代之后,考据学在明代考据学的基础上进入专门化、体系化的成熟阶段。

虽然明代考据学处于较为粗疏的初步阶段,但这一初步阶段也给予了明代考据学家较为宽松的学术空间。在这种较为宽松的学术空间之下,焦竑的考据学与其他明代考据学家的考据学也具有一些值得关注的差异。

(一)关于推崇汉儒。明代考据学的兴起与发展,与考据学家对汉儒的推崇密不可分。这一点可以从王鏊、郑晓的论述中获知一二:

> 汉初六经皆出秦火煨烬之末,孔壁剥蚀之余。然去古未远,尚遗孔门之旧。诸儒掇补葺,专门名家,各守其师之说。其后郑康成之徒笺注训释,不遗余力,其功不可诬也。①

> 宋儒论汉儒驳杂,讥其训诂,恐未足以服汉儒之心。宋儒取资汉儒者,十之七八。宋诸经书传注尽有不及汉儒者。②

王鏊、郑晓是明代文坛宿儒,当谈及考据学时,他们的论述多涉及汉儒,且对汉儒之学颇为肯定与推崇。这种对汉儒的肯定与推崇潜在地含有汉宋之争的思想背景。此处所谓的"汉宋之争",与清代考据学者依据汉学批判宋学的做法并不相同。明代考据学的兴起与发展,与明代理学与心学的发展有关。在注解古书时,理学与心学注重儒家圣人之道的阐发与弘扬,但具体的名物度数、训诂考据并非其所长。如前所述,随着明代义理学,尤其是心学的快速发展,学风渐趋空疏,与此相对应的是对具体知识的需求日益增强。以坊刻《四书》讲章为例,反对空谈性理,采取汉儒考据成果,重视名物训诂的风气已见于万历末年的《四书》讲章,这种风气一直延续到崇祯时期。③ 据周启荣的考证,陈禹谟在万历二十三年(1595)刊行的《经言枝指》中有专门考据《四书》名物的《四书名物备考》二十四卷,此书多引汉人著作,如

---

① (明)王鏊:《震泽长语》,载《钦定四库全书总目》第122卷,四库全书研究所整理,中华书局1997年版,第1054页。
② (明)郑晓:《经义考》,载《钦定四库全书总目》第85卷,第732页。
③ 参见周启荣《从坊刻〈四书〉讲章论明末考证学》,第65页。

《尔雅》《风俗通》《吕氏春秋》《春秋繁露》《白虎通》及谶纬之书,等等。实际上,陈书除引汉儒著作外,亦引用宋明儒者的训诂考据成果,汉人与宋明人的著作并未呈现水火不容之势,这与杨慎以来的明代考据学特色相类。因此,周启荣认为明代人的考据是一种博物式的考据,在这种考据模式中,汉学与宋学可以兼容并立,这与清代人以汉人考据反宋明之学的做法有质的不同。①

然而,在对汉儒的态度上,焦竑与明代学者略有差异。自杨慎以来的明代考据学者,虽对汉儒考据有所纠谬辨析,但大体上颇为推崇汉儒。焦竑也肯定汉儒功绩,不过,他对汉儒考据的批判修正较其他学者要深刻。例如,在《邓潜谷先生经绎序》一文中,焦竑明确表示:"汉世经术盛行而无当于身心,守陋保残,道以浸晦。"② 对此,余英时先生进行了分析:"论经术仍鄙薄汉儒,谓其'无当于身心',则犹是宋明理学家宿见,可见弱侯尚未完全放弃他的理学门庭。就这一点言,他不但不像清儒那样推崇汉代的经注,而且较之其他明代理学圈外的学者(如王鏊、郑晓、归有光、杨慎诸人)对汉儒的态度,也尚有距离。"③ 在此,余先生根据焦竑对汉儒的批评,揭示出其学问仍未脱离义理学的立场,这种义理学的立场使其在投身考据学时并不能像明代其他考据学家那样推崇汉儒,而是与汉儒之学保持一定的距离。焦竑与汉儒之学保持距离的批评态度,在焦竑的考据学成果中有具体的体现。例如,《焦氏笔乘》卷六中有《汉儒失制字之意》一条,开头便指出:"汉儒郑玄、贾逵、杜预、刘向、班固、刘熙诸人,皆号称博洽,其所训注经史,往往多不得古人制字之意。"④ 之后便以父、母、兄、弟、子、孙、男、女、姑、姊、夫、妇、妻、妾诸子的释义为例,说明诸人"率以己意牵合"⑤,并予以重新释义。平心而论,焦竑对汉儒的批判是比较严厉的。郑玄、贾逵、杜预、刘向诸人均为汉代大家,焦竑却认为他们对古人制定文字之意的理解存在根本

---

① 参见周启荣《从坊刻〈四书〉讲章论明末考证学》,第62—67页。
② (明)焦竑:《邓潜谷先生经绎序》,载《澹园集》,李剑雄点校,第759—760页。
③ [美]余英时:《从宋明儒学的发展论清代思想史——宋明儒学中智识主义的传统》,载《论戴震与章学诚:清代中期学术思想史研究》,第319页。
④ (明)焦竑:《汉儒失制字之意》,载《焦氏笔乘》,李剑雄点校,第228页。
⑤ (明)焦竑:《汉儒失制字之意》,载《焦氏笔乘》,李剑雄点校,第228页。

偏差。明代其他儒者虽也辩驳汉儒的考据成果，但尚未达到焦竑如此猛烈的程度。不仅如此，焦竑对于前人的考据成果，亦有所批判，《焦氏笔乘》中《韩诗误解字》《用修误解岁字》等条即为明证。可见，在考据学方面，焦竑并不盲目迷信前人，有自己的清醒认知与独立判断，并能够在前人的基础上有所创获。

（二）关于智识化的治学方法。考据学作为一门以追求客观知识为宗旨的学问，其注重证据的运用、分析对比、假设推论等智识化的治学方法。在运用这些方法考据时，学者们在潜移默化中便受到了智识化思维的影响。因而，这种智识化的治学方法，为焦竑与其他明代考据学家所共有。然而，与明代考据学家不同的是，焦竑将这种方法运用到义理层面。比如，在《古城答问》中记载着一段黄莘阳与焦竑之间的答问记录：

> 黄莘阳少参言："颜子殁而圣人之学亡，后世所传是子贡多闻多见一派学问，非圣学也。"先生曰："'多闻择其善者而从之，多见而识之'，是孔子所自言，岂非圣学？孔子之博学于文，正以为约礼之地。盖礼至约，非博无以通之。故曰'博学而详说之，将以反说约也'。后学泛滥支离，于身心一无干涉，自是无为己之志故耳。"①

黄莘阳的问题很有针对性，他认为颜回是孔子之学的真正继承人，承继了儒家的圣人之学，而子贡之学以多闻多见的见闻知识见长，与颜回之学有所不同。黄莘阳认为颜回之死致使儒家圣人之学失去真传，而子贡的见闻知识之学却得以传衍，不过子贡所代表的知识路径并非儒家圣人之学的真谛，不过，焦竑却依据孔子本人的论述对此观点进行了驳斥。对此，余英时先生进行了深入分析，他认为："黄莘阳之问自是明代一般儒者轻视知识的态度。焦弱侯的答语则强调两点：一、知识本为孔子所重；二、非经博文的过程便不能达到约礼的境地。以明代而论，这却是一个新的立场。在这个立场上，他已不知不觉地把'圣学'的领域扩大了：多闻博识也是儒家的旧统，固不得摒之于孔门之外。而弱侯以一个王门理学家而从事博闻考订功夫，则更可见儒家

---

① （明）焦竑：《古城答问》，载《澹园集》，李剑雄点校，第733—734页。

思想的动向。"① 在此，余先生已意识到了焦竑是以王门理学家的身份从事博闻考订之人，同时，博闻考订在焦竑之处并非与其义理学无关，在焦竑哲学中，考据学与义理学属于"博文"与"约礼"的两方面，两者相互贯通，均是儒家圣人之学的内容。故此，余先生强调："焦竑更是一个有趣的例子。在清代，他是以考证闻名的；而在明代，他却是一位理学领袖，为王门泰州一派的健者。……弱侯的例子最可以说明考证与反理学不能混为一谈。"② 余先生虽认为焦竑的考据并非意味着反理学的态度，但却主张"弱侯之兼治理学与考证，就其自身说诚不免分为两橛"③，这种说法似乎与其肯定焦竑之学的博约一贯相矛盾。其实，对于作为阳明心学的传人、兼涉佛道之学的焦竑而言，以心学为基础的义理学始终是他学术思想的重心。不过，这种学术上终极义理的呈现，不能脱离考据学的辅翼。焦竑将考据学的智识化方法引入义理学领域，对义理展开智识化的分析与诠释，开辟了心学诠释的智识化路径。这样看来，就智识化方法而言，焦竑的创新不在于这种方法的内容，而在于对其进行的创造性应用，开发出其在义理研究方面的价值。

在以明代考据学为背景对焦竑的考据学进行定位之后，可以从焦竑的角度反观明代考据学。以焦竑为出发点，可以发现明代考据学的一些特点。（1）明代考据学基本上处于一种纯粹的、汉代式的考据学状态。作为一种学术方法，考据存在于学术发展的各个时期。按照林庆彰的说法："自孔门传经以来，即有校勘、考订之事，汉儒为复兴经学，特重章句训诂。六朝时，南方说玄理，北方重训诂、考据。唐代之注疏，则合二者为一。宋人说理学外，亦重考据，如朱熹、王应麟等皆为大家。"④ 自先秦至宋，考据方法一直都存在，以汉代考据学最为突出，但汉代之后考据方法逐渐被边缘化。及至明代，由于当时较为空疏的学风，以及士人参与科举考试的现实需求，对于名物训诂的

---

① ［美］余英时：《从宋明儒学的发展论清代思想史——宋明儒学中智识主义的传统》，载《论戴震与章学诚：清代中期学术思想史研究》，第315页。
② ［美］余英时：《从宋明儒学的发展论清代思想史——宋明儒学中智识主义的传统》，载《论戴震与章学诚：清代中期学术思想史研究》，第313页。
③ ［美］余英时：《从宋明儒学的发展论清代思想史——宋明儒学中智识主义的传统》，载《论戴震与章学诚：清代中期学术思想史研究》，第319页。
④ 林庆彰：《明代考据学研究》，第589页。

具体知识的需求亦随之增长。也就是说，明代考据学的重点在于梳理、考辨、完善经验性的知识，因而形成了汉宋兼采的博物式考据风格。（2）明代考据学的批判性不强。作为一种博物式考据，明代考据学特别注重对于具体知识的搜集、辨析，主要用于澄清具体的知识点。因而，这种考据学的功用主要在于说明知识，批判性不强。比如，焦竑对汉儒的考据曾提出较为严厉的批判，但与焦竑类似的明代考据学家却寥寥无几。大部分的考据学家致力于利用汉代儒者的著作，而不是批判。究其原因，作为一门专门学术的考据学自汉代后直到明代中叶才再次兴起，上千年的间隔使得明代人再次致力于考据学时，不得不重新利用汉儒的考据成果。在这一为考据学奠基的阶段，主要的任务是尽量多的考据知识的积累，而对考据知识的批判及系统化，则是在积累阶段完成后的新阶段的任务。（3）明代考据学在义理层面的建设性不强。作为一种博物式考据，明代考据学并未达到清儒以考据成果批判宋明义理的阶段。不过，明儒的考据亦并非与义理之学毫无关涉。如前所述，焦竑将考据学的智识化方法，引入义理诠释之中，以辅翼传统的直觉体认工夫。由此可见，与清儒以考据批判义理不同，焦竑则以考据阐发义理。相较而言，焦竑是在积极、正向的层面来使用考据方法阐发义理，这是焦竑在考据与义理关系问题上与清儒的不同之处。不过，焦竑的这种做法在明代考据学家中却是个特例。相较之下，明代考据学家多将其考据局限在澄清知识、说明知识的知识层面，在探讨考据所得之知识与义理的内在关联方面阐发较少。因此，从焦竑的角度看，明代考据学在义理上的建设性不强。

总而言之，焦竑与明代考据学之间，是一种同中有异、异中有同的关系。在考据学的范围、方法与内容方面，焦竑与杨慎、陈第等明代考据学家多有重合。不过，焦竑并非一个纯粹的考据学家。在推崇汉儒方面，焦竑批判汉儒考据仅涉及知识，却无关于身心，这种对汉儒考据的批判态度为焦竑与明代考据学家划出了分界线。在明代考据学中，焦竑的特殊性在于他是以心学家的身份兼通考据学，他将考据学置于博约一贯的背景之下，强调文字训诂、名物度数等考据成果是通达儒家圣人之学的必经之路，从义理层面肯定了考据学的价值，这是焦竑对明代考据学的贡献。

第四节　焦竑与明代三教观

自佛教入华以来，儒佛道三教关系正式出现于中国哲学领域。实际上，三教关系始于"对抗"而非"合一"，如《理惑论》《弘明集》《沙门不敬王者论》等著作便显示出三教间争议的存在。儒家批判佛教、道教抛弃世俗的伦理生活，这种批判一直延续到清代[①]；佛教与道教之间的对抗等更为激烈，甚至佛教的某些法难与道士亦有关系。宋明时期，三教由对抗转向融合，"三教合一"逐渐成为当时三教关系的主流话语。比如，来自儒家的王阳明、王畿、杨起元、管志道、方以智等，道教的赵宜真、王道渊、张三丰、张宇初、陆西星等，佛教永觉元贤、云栖袾宏、紫柏真可、憨山德清、蕅益智旭等，以及林兆恩的三一教、罗清的无为教等民间宗教，都具有三教合一的倾向。[②] 此外，明代颇为流行的小说，如《西游记》《封神演义》等，

[①] 值得注意的是，儒家对佛、道的批判与排斥，并未因理论上的"三教合一说"而消失。我们可以从清代中晚期找到这一批判与排斥的影子。例如，胡适在《我的信仰》一文中记录道："我父亲是一个经学家，也是一个严守朱熹（1130—1200 年）的新儒教理学的人。他对于释道两教强烈反对。我还记得见我叔父家（那是我开蒙的学堂）的门上有一张日光晒淡了的字条，写着'僧道无缘'几个字。我后来才得知道这是我父亲所遗理学家规例的一部。"胡适：《我的信仰》，载欧阳哲生编《胡适文集》(1)，第 7 页。另外，在曹雪芹所著的《红楼梦》中，将青埂峰下的宝石带入凡尘的一僧一道在凡间是疯傻的形象，与生活富足、规矩鲜明的贾府相比反差很大；贾府的十二官在临出家前，王夫人反复询问她们是否真心愿意出家，显示出对出家的介意与担心；在栊翠庵出家的妙玉虽人空门却不能泯却凡心；四小姐贾惜春想要出家时，贾府诸人都反复规劝，并认为贾家有人出家是件很丢脸面的事，相反，贾政反复督促贾宝玉、贾环、贾兰等读书、作文、参加科举，宝玉和贾兰的中举也让贾家人甚感荣耀。同时，甄士隐的出家修道与贾宝玉、妙玉、贾惜春等人的出家给人一种空寂之感，与奢华富裕的世俗伦理生活对比鲜明。《红楼梦》中的描写在潜移默化中表现了当时社会对儒家的推崇与对佛、道的排斥，胡适的记录则反映了在清代末期儒家对普通人日常生活的统治力及其拒斥佛、道的影响力。由此可见，尽管在明代盛行儒释道三教的合一说，不过，这一说法多来自三教的精英人士或团体，在日常生活层面，对于作为生活伦理规范而被践行的儒家而言，佛、道二教始终是被排斥的对象。

[②] 明代民间宗教的兴起与三教合一思潮的背景下，以林兆恩的三一教和罗清的无为教较为著名。关于林兆恩、罗清及三一教、无为教，可参见 Judith A. Berling, *The Syncretic Religion of Lin Chao-en*, New York: Columbia University Press, 1980; Barend. J. ter Haar, *Practicing Scripture: A Lay Buddhist Movement in Late Imperial China*, Honolulu: University of Hawai'i Press, 2014. 其中，Berling 以"Syncretism"概念为起点来研究林兆恩及其三一教。实际上，对于"Syncretism"，于君方与 Berling 均注意到了此词的西方宗教文化背景，他们在以借助"Syncretism"研究云栖袾宏、林兆恩及晚明时期的（转下页注）

第四章 焦竑与明代思潮

戏剧如《新编目连救母劝善戏文》《南柯记》《彩毫记》《昙花记》等，以及《楞严经》、《华严经合论》及《太上感应篇》、《阴骘文》、功过格等善书[1]、

（接上页注②）三教融合时，都对此词进行了不同程度的重新定义或意涵延展。但是，对于这种修改 "Syncretism" 的原始定义来研究明代三教融合的做法，西方学界并不完全接受。例如，Daniel L. Overmyer 指出，Berling 对 "Syncretism" 的重新定义太宽泛，以致失去了它原本的核心意义，这样，在以这个词研究林兆恩及中国的宗教、思想史时会产生问题，不能反映实际状况。可参见 Daniel L. Overmyer, "Book Review: The Syncretic Religion of Lin Chao-en, by Judith A. Berling", *The Journal of Asian Studies*, 41 (1), 1981, pp. 95 – 96。不过，尽管西方学者对以 "Syncretism" 研究中国宗教、思想存在争议，但此词无疑是目前被国际学界广泛接受的、相对来说最佳的研究范式。同时，Haar 在系统探讨了罗清、《五部六册》及无为教的宗教实践后，认为无为教旨在回归原始的、更纯粹的佛教，因而将其定位为一种居士佛教运动 (lay buddhist movement)。实际上，作为教义的《五部六册》具有强烈的民间化、世俗化的劝化色彩，并吸收了儒道思想。也就是说，罗清的无为教已逸出佛教轨范，似乎更应被当作一种民间宗教，而非居士佛教。对于无为教，喻松青将其视为白莲教的一支，他表示："明清时期的白莲教，主要包括白莲教和罗教、黄天教、弘阳教、闻香教、圆顿教、八卦教以及它们所派生衍变的各种教派，如无为、大乘、混元、龙天、龙华、收元、清水、长生、皇极金丹、天理、清茶门、白阳、青莲、圆教等等。白莲教从元末明初开始就十分活跃，它不仅在推翻元朝统治的武装斗争中，起了重要的作用，入明以后，又活跃于民间，把反元的矛头转向反对明朝统治者。嘉靖、万历以后，其他教派纷纷出现，滋生林立，这些教派创教之初，各有特点。如罗教和禅宗相近，弘阳教和道教关系密切，其他教派中的大宗，也都有自己的特色。但总的来说，它们的教旨、信仰、教仪、经卷、组织基础、活动方式以及其他各个方面，和白莲教大致相同。"（喻松青：《明清白莲教研究》，四川人民出版社 1987 年版，第 1 页）对此，亦可参见喻松青《民间秘密宗教经卷研究》，台北：联经出版事业股份有限公司 1994 年版。此外，徐小跃教授对《五部六册》及罗清无为教的虚空观、修行观、宇宙观、本体论及其佛禅之理进行了系统研究，可参见徐小跃《罗教·佛教·禅学：罗教与〈五部六册〉揭秘》，江苏人民出版社 1999 年版。

[1] 善书即劝善之书，酒井忠夫指出："善书是三教合一的民间思想产物，其中所宣扬的劝善惩恶的终极目的在于支持理想化的专制权力，这也是民间儒教道德的具体体现。"［［日］酒井忠夫：《中国善书研究》（修订版），刘岳兵等译，江苏人民出版社 2010 年版，第 234 页］何锡蓉认为，明清之际流行的善书主要有《感应篇》、《阴骘文》和功过格三类，且这三类源于道教。(何锡蓉：《佛学与中国哲学的双向建构》，上海社会科学院出版社 2004 年版，第 331 页) 在这三类善书中，以袁黄及其功过格最为著名。酒井忠夫认为，袁黄的善书信仰是三教合一思潮与个人体验的结果，而 "其功过格应当是当时所流行的佛教家功过格在民间流通的一种形式"。进而，他强调 "中国佛教自古以来就存在着功过实践的意识，在明末新佛教中这种意识表现得最为强烈，以至于可以将在佛信仰实践中流行的功过格作为其时代的特征" ［［日］酒井忠夫：《中国善书研究》（修订版），刘岳兵等译，第 326 页］。在此，他以云栖祩宏的《自知录》为晚明佛教功过格的代表。同时，Brokaw 也认为功过格流行于晚明三教合一的背景下，云谷与袁黄对功过格进行了改造，使得功过格不局限于某个教派，而更具有广泛性、包容性，且以当世的善报来取代遥远的来世善报。不过，虽然功过格是佛教的云谷传给袁黄，但袁黄是使功过格流行的主要人物。此外，酒井忠夫曾提及云栖祩宏的善书思想，对此于君方更为具体地探讨了祩宏的善书及三教思想。关于晚明善书、功过格、袁黄及云栖祩宏的善书思想，亦可参见 Cynthia Joanne Brokaw, *The Ledgers of Merit and Demerit: Social Change and Moral Order in Late Imperial China*, Princeton, N. J.: Princetion University Press, 1991; Cynthia Joanne Brokaw, "Yüan Huang (1533 – 1606) and The Ledgers of Merit and Demerit", *Harvard Journal of Asiatic Studies*, 47 (1), 1987, pp. 137 – 195; Chun-fang Yu, *The Renewal of Buddhism in China: Chu-hung and the Late Ming Synthesis*, New York: Columbia University Press, 1981; 王月清：《中国佛教劝善书初探》，《佛学研究》1999 年。

宝卷①，亦对三教合一有所助益。那么，明代的三教观是一种什么状况？焦竑与明代三教观之间的关系如何呢？

一　明代三教观

"三教合一"成为明代三教观的主要理论。明太祖朱元璋"于斯三教，除仲尼之道祖尧舜，率三王，删诗制典，万世永赖。其佛仙之幽灵，暗助王纲，益世无穷"②的论断，为明代的三教合一理论提供了官方的政治保障。③那么，儒释道三教如何论述"三教合一"呢？源自儒释道三教的"三教合一"理论又有何特点？在此，将进行具体探讨。

（一）儒家的三教合一

"三教合一"是明代儒家三教观的主流观点。王阳明曾以厅堂来比喻三教之间的关系：

> 圣人尽性至命。何物不具？何待兼取？二氏之用，皆我之用。即吾尽性至命中完养此身，谓之仙。即吾尽性至命中不染世累，谓之佛。但后世儒者不见圣学之全，故与二氏成二见耳。譬之厅堂，三间共为一厅。儒者不知皆吾所用。见佛氏则割左边一间与之。见老氏则割右边一间与之。而己则自处中间。皆举一而废百也。圣人与天地民物同体。儒、佛、

---

① Overmyer 认为宝卷是民间宗教的经典，包含民间宗教的教义及仪式等内容，16—17 世纪是宝卷的主要形成时期，因而他选取了明至清初的 34 种宝卷进行了系统研究。具体可参见 Daniel L. Overmyer, *Precious Volumes*: *An Introduction to Chinese Sectarian Scriptures from the Sixteenth and Seventeenth Centuries*, Cambridge, Mass., and London: Harvard University Press, 1999。

② （明）朱元璋：《三教论》，载《明太祖集》，胡士萼点校，黄山书社 1991 年版，第 215 页。

③ 对于明太祖朱元璋的三教观，学界已有相关研究。如有学者探讨了朱元璋对老子、佛陀的看法，及对三教合一的推崇，然而，作为帝王的朱元璋多将佛、道二教及其三教观置于国家治理的政治视阈中。(John D. Langlois, Jr. & Sun K'O - K'uan, "Three Teachings Syncretism and the Thought of Ming T'ai-tsu", *Harvard Journal of Asiatic Studies*, 43（1），1983, pp. 97 - 139) 在很大程度上，明太祖的三教观为明代三教合一思潮的兴盛奠定了较为鲜明的政治基调。这一点在晚明心学领域表现得颇为明显。晚明心学者有推尊明太祖的风气，刘增光认为这种推尊主要表现在三教合一、孝悌与礼法、心学与道统三方面，杨起元、管志道为此潮流的代表人物。他认为，晚明心学者推尊明太祖，旨在将明太祖"再造"为圣王符号，并为自己的学说提供政治合法性。可参见刘增光《寻求权威与秩序的统一——以晚明阳明学之"明太祖情结"为中心的分析》，《文史哲》2017 年第 1 期。由此可见，明太祖在明初时期对三教合一作出的政治肯定，在某种程度上为晚明时期的三教合一思潮提供了政治保障。

第四章　焦竑与明代思潮

老庄皆吾之用。是之谓大道。二氏自私其身。是之谓小道。[①]

可见，王阳明认为儒家圣人能够达到尽性至命的境界，处于这种境界的圣人可以与天地同流，化育万物，因而儒家圣人之体可以兼摄佛教、道教之用。在王阳明看来，在尽性至命中完养此身即道教之仙；在尽性至命中不染世累即佛教之佛。进而，王阳明批判了儒者将佛教之厅归于佛教，将道教之厅归于道教的割裂做法，这反而孤立了作为中间之厅的儒家。这表明，王阳明提倡三教合一，但这种三教合一是以儒家为根基的三教合一，与其说是三教的合一，不如说是将佛道二教之用收摄于儒家。实际上，王阳明的三教合一是以佛道二教让渡其独立性与本位性，从而居于儒家的屋檐之下的以儒家统摄佛道二教。这也反映出，王阳明的三教合一仍带有较为强烈的批判佛道二教的色彩。阳明以儒家为主的三教合一说为其弟子王畿所继承与发展，对于三教合一，王畿认为："吾儒未尝不说虚，不说寂，不说微，不说密，此是千圣相传之秘藏。从此悟入，乃是范围三教宗旨。自圣学不明，后儒反将千圣精义让与佛氏，才涉空寂，便以为异学，不肯承当。不知佛氏所说，本是吾儒大路。反欲借路而入，亦可哀也。先师良知之学，乃三教之灵枢。于此悟入，不以一毫知识参乎其间，彼将帖然归化。所谓经正而邪慝自无，非可以口舌争也。"[②] 在此，王畿延续了王阳明的三教合一说，特别强调"虚""寂""微""密"本是儒家往圣相传的精义，亦是范围三教的宗旨。后世儒者将这种圣人精义归于佛教，反而主张借助佛学诠释儒学，这是未能真正领悟儒学的表现。进而，王畿将王阳明的良知作为统摄三教的"灵枢"，进一步巩固了王阳明以儒为主、佛道为辅的三教合一模式。

王畿之学深受佛道二教的影响，往往给人一种越出儒家本位而归于佛道的印象。然而，从三教观的角度看，王畿之学虽然与佛道之学颇为相似，但却仍在阳明心学的路径上，其学之僭越并非在于吸收佛道之学，而是在于将王阳明心学进一步推至更为究竟的先天境地。在很大程度上，这种先天境地的纯粹性淡化甚至掩盖了王畿之学的儒学本色。与王畿不同，部分涉及佛道

---

① （明）王阳明：《年谱三》，载《王阳明全集》，谢廷杰辑刊，下册，第1120页。
② （明）王畿：《三山丽泽录》，载《王畿集》，吴震编校整理，第15页。

二教的儒者虽主张三教合一，但未明确强调儒学本位，而是更加凸显三教的一致。例如，李贽"儒、道、释之学，一也，以其初皆期于闻道也"①的论断，揭示出三教之学皆以闻道为诉求，从问道角度看，三教之学为一。与此类似，提倡"以西来之意合圣宗，而以东鲁之矩收二氏"②的管志道强调："我圣祖揽二氏以通儒，而各理其条贯。以儒治儒，以释治释，以老治老，与其相参，而不与其相滥，此宪章之所在也。教理不得不圆，教体不得不方。见欲圆，即以仲尼之圆，圆宋儒之方，而使儒不碍释，释不碍儒，极而至于事事无碍，以通并育并行之辙；矩欲方，亦以仲尼之方，方近儒之圆，而使儒不滥释，释不滥儒，推而及于法法不滥，以持不害不悖之衡。"③由此可见，管志道主张理圆体方的三教合一观。一方面，从教理的角度以儒家之圆收摄宋儒之方，以达到义理层面的儒释无碍甚至事事无碍的状态；另一方面，从教体角度强调儒家的规矩边界，以此划清儒释之间的界限。最终，这种理圆体方的三教合一观可以贯通儒家《中庸》所言的"万物并育而不相害，道并行而不相悖"的境界。

（二）道教的三教合一

明代道教主要分为正一道与全真道两大派别，正一道以张宇初为代表，全真道以张三丰、王道渊等为代表。在三教观方面，无论是正一道，还是全真道，都趋向于三教合一。对此，有学者认为此时的道教对儒学与佛教的吸收进入了全面融会贯通的阶段，道教的三教合一思想已然成型。④

明代正一道代表人物张宇初，在三教观问题上，提出了三教合一的理论。他指出：

> 天地之道，其为物不二，在孔孟曰仁义，在释迦曰圆觉，在庄列曰虚无，在荀杨曰权衡，在班马曰文词，流而为千工百艺，不离寸心，特

---

① （明）李贽：《三教归儒说》，载《焚书 续焚书》，夏剑钦校点，第356页。
② （明）管志道：《问辨牍·亨集·答焦翰撰漪园丈书》，载四库全书存目丛书编纂委员会编《四库全书存目丛书·子部》，齐鲁书社1995年版，第87册，第681页。
③ （明）钱谦益：《湖广提刑按察司金事晋阶朝列大夫管公行状》，载《牧斋初学集》，钱曾笺注，钱仲联标校，上海古籍出版社2009年版，中册，第1259页。
④ 参见唐大潮《宋元明道教"三教合一"思想的发展理路》，《世界宗教研究》2006年第1期。

第四章　焦竑与明代思潮

殊途同归，万殊一本也。①

由此可见，张宇初将"天地之道"视为超越一切教化的根源，是一种"为物不二"的存在。这种"天地之道"渗透于各家各派之中，诸如儒家的仁义，佛教的圆觉，道家的虚无，荀子、扬雄的权衡，班固、马融的文词等，皆是天地之道的流布体现。就此而言，张宇初的三教观有两点值得注意。第一，张宇初的三教观是以道教为本位的三教观，"天地之道"是道教哲学体系与修养系统的核心概念与根本范畴。张宇初将"天地之道"置于三教的对立面，"天地之道"为隐，三教为显，这种隐显关系亦是一种体用关系，以"天地之道"为体，三教为"天地之道"的具体发用。第二，张宇初以道教为本位的三教观，并不局限于儒释道三教，而是进一步拓展到荀、扬、班、马等千工百艺领域，这是对三教合一的一种更为彻底的表达，借此更加深化"天地之道"的本源性。张宇初的三教合一观得到了全真道人士的呼应，与正一道的三教观类似，明代全真道的张三丰与王道渊也主张基于"道"的三教合一说。例如：

尝学览百家，理综三教，并知三教之同此一道也。儒离此道不成儒，佛离此道不成佛，仙离此道不成仙。②

道曰金丹，儒曰太极，释曰玄珠，剖三教之道，本来同祖。心存至德，性悟真如，阖辟机关，抽添运用，返照回光复本初。……仙儒佛，派殊而理一，到底同途。③

张三丰自述学览百家之学与三教之理，同时，知晓三教虽有儒释道的不同，但相同的是三教均有此"道"。儒离了此"道"便不能成为儒，佛离了此"道"便不能成为佛，仙离了此"道"便不能成为仙，"道"成为儒释道三教存在不可或缺的根本。全真道的王道渊也认为道教的"金丹"、儒家的"太极"与佛教的"玄珠"，虽然名称有别，但是三教之道却一致，本来同源、同

---

① （明）张宇初：《灵宝炼度普说》，载《岘泉集》卷四，清文渊阁《四库全书》本。
② （明）张三丰：《大道论》，载李涵虚编《三丰全集》，宗教文化出版社2013年版，第143页。
③ （明）王道渊：《还真集》卷下，载《正统道藏》太玄部。

— 219 —

途。正一道与全真道是明代道教的两大道教流派，虽然两派在道教理论与实践方面各有侧重，但在三教观方面却颇为一致。因为三教观涉及的并不是道教内部的派系之争，而是道教与儒佛二教的关系，所以无论是正一道的张宇初，还是全真道的张三丰和王道渊，均赞同三教合一之说，但却潜在地将"道"作为三教的本源。表面上看，道教也是被置于与儒佛二教的同等地位，然而，作为三教本源的"道"却是道教的核心观念，这种三教合一观仍未脱离道教本位。

（三）佛教的三教合一

佛教在明代得到了较为长足的发展，各宗派均有不同程度的复兴状况，尤其在晚明时期，佛教与儒道二教的理论交流以及人物往来非常频繁，相互之间的融通更为深入。在此背景之下，三教合一也成为佛教在三教观方面的主流观点。例如，晚明有四大高僧云栖袾宏、紫柏真可、憨山德清、蕅益智旭[1]，均主张三教合一说：

> 理无二致，而深浅历然。深浅虽殊，而同归一理。此所以为"三教一家"也，非漫无分别之谓也。[2]

> 儒也，释也，老也，皆名焉而已，非实也。实也者，心也；心也者，

---

[1] 当提及明代佛教时，最受瞩目者莫过于袾宏、真可、德清、智旭四大高僧，实际上，四大高僧并不能完全反映明代佛教，尤其是晚明佛教的状况。四大高僧似乎并不具有明确的传承，而明代佛教，尤其是禅宗在晚明有"复兴"的盛况，其中临济宗成为禅门正统，密云圆悟及其弟子汉月法藏、费隐通容、木陈道忞、破山海明等禅师在晚明亦占有非常重要的地位，且与清代禅宗及佛教具有密切关系。同时，中村元将明代佛教称为"庶民佛教"，他认为："按历来之见解，皆指明代佛教几无一顾价值，若单就教学方面而言，明代三百年的佛学发展或可如此批评。然若转就当时佛教如何弘布于社会，及时人如何实践之观点以言'明代之庶民宗教'，则彼虽属外来宗教，实已同化于中国内部，呈后世所见之佛教实态。"［日］中村元等：《中国佛教发展史》（上），余万居译，天华出版事业股份有限公司1984年版，第476页。也就是说，明代佛教是一种义理上无甚创新，但在社会层面和宗教实践层面有深入发展的佛教形态。这一点在晚明禅宗处反映得颇为明显。此外，陈垣特别指出晚明佛教在滇黔地区十分兴盛，原因主要在于佛教复兴之波动、僧徒开辟之能力与中原丧乱之影响三方面。关于晚明佛教的发展状况，可参见 Jiang Wu, *Orthodoxy, Controversy and the Transformation of Chan Buddhism in Seventeenth-Century China*, PhD dissertation, Harvard University, USA, 2002；陈垣《明季滇黔佛教考（附宗教史论著八种）》，河北教育出版社2000年版。

[2] （明）袾宏：《三教一家》，载《莲池大师全集》，张景岗注解，华夏出版社2011年版，下册，第210页。

所以能儒能佛能老者也。①

大道之在人心，古今唯此一理，非佛祖、圣贤所得私也。统乎至异，汇乎至同，非儒、释、老所能局也。②

若以三界唯心、万法唯识而观，不独三教本来一理，无有一事一法不从此心之所建立。而若平等法界而观，不独三圣本来一体，无有一人一物不是毗卢遮那海印三昧威神所现。③

云栖袾宏将三教合一表述为"三教一家"，在承认儒释道三教之间"理无二致"的同时，也指出三教之间的深浅有别。实际上，此处暗示佛教之学深邃，儒道之学浅显的分判，此即以佛教为本位的三教合一观的体现。紫柏真可将儒释道视为称谓三教之"名"，而非儒释道三教之"实"。与此类似，蕅益智旭也认为"大道之中爱人心"是三教共有之理。就此而言，紫柏真可与蕅益智旭的三教合一观似乎没有明确地以佛教为本位，不过，事实上并非如此。无论是紫柏真可，还是蕅益智旭，他们的三教合一观都重视"心"。比如，紫柏真可认为作为三教之"实"的是"心"，此"心"是能够成就儒、释、老三教之根本。如果仅是谈及"心"，似乎难以断定其学派归属，不过，憨山德清进一步从"三界唯心""万法唯识"的角度，点明了此"心"是佛教之"心"，此佛教之"心"是三教之一理。就此而言，晚明的四大高僧虽均主张三教合一，说法上各有特色，但其三教合一并非没有宗派归属，而是立足于佛教本位的三教合一。

此外，林兆恩创立的三一教、罗清创立的无为教等民间宗教，以及功过格、善书、宝卷等，颇受儒释道三教影响，也主张"三教合一"。比如，林兆恩指出："孔子、老子、释迦为万世而生，以开心学之源，而天下之道，亦未始不同归而致一矣。"④ 与此类似，罗清在三教观方面也表示："一僧一道一

---

① （明）真可：《长松茹退》，载《紫柏老人集》卷五，天启七年释三炬刻本。
② （明）智旭：《儒释宗传窃议（有序）》，载《灵峰宗论》，孔宏点校，北京图书馆出版社2005年版，第330页。
③ （明）德清：《观老庄影响论》，载《憨山老人梦游集》卷三十上，清顺治十七年毛褒等刻本。
④ （明）林兆恩：《能言距杨墨者》，载《林子三教正宗统论》，宗教文化出版社2016年版，下册，第760页。

儒缘，同入心空及第禅。似水流源沧溟瀁，日月星辰共一天。本来大道原无二，奈缘偏执别谈玄。了心更许何谁论，三教原来总一般。"① 以林兆恩②、罗清为代表的明代民间宗教较为充分地吸收了儒释道三教的思想与规范，是三教合一理论在民间的具体推广与实践，有助于民间社会的移风易俗、改过迁善。同样，在明代社会层面颇为流行的功过格，也有三教合一的印记，如："心者，万善之源，而百行之所由出也。儒曰正心，道曰存心，释曰明心，心正则不乱，心存则不放，心明则不蔽，三教一理也。"③ 以"心"作为三教之本源，由此贯通儒家的正心、道教的存心、佛教的明心，由此而达到不乱、不放、不蔽的境界，在呈现三教一理的同时，有助于民间社会的改善与教化。

以上探讨呈现了明代三教观的大致情况，经过比较分析，可以发现明代三教观的如下特点。

第一，以直觉体认为主要工夫进路。之前曾提及，明代三教观以直觉体认为主，不过，当时主要是以儒家的三教观为背景下的定义。在此，可将论域扩展至儒释道三教以及政治、民间维度，以期尽可能地展现明代三教观的宏观状态。明代的儒家、道教、佛教作为三教观的"当事人"，更倾向于保留相互间的差异，主要致力于三教间的融合，从而通达超越三教具体形态的终极真理。在某种程度上，三教合一类似于一种使三教通达终极真理的"工具"或"必经形式"。也就是说，这种终极真理是三教追求的终极目标。这种目标产生于三教的理论与实践背景中，与三教以直觉体认为工夫路径类似，三教合一所指向的终

---

① （明）罗清：《破不论在家出家辟支佛品第一》，载《五部六册·破邪显证钥匙卷》，明嘉靖版。

② 林兆恩的三一教虽是一种民间宗教，但仍以儒家思想为归宿。例如，在从不同角度考察了林兆恩之后，酒井忠夫表示："在思想上，他以三教归儒宗孔为中心，具有正统儒教的社会思想，以及排斥民心的儒家合理主义的思想。从三教归儒的实践内容来看，他的门弟遍布各个阶层，其中包括了作为明末社会变动的结果而产生的新兴的各阶层读书人。他的艮背心法，通过这些集结在其门下的读书人集团而得以实践，并且在民间以疗病法的形式而被接受。由于其三教合一思想及其集团在性格与实践方面所体现出来的异端性，以至于将之与被视为明末儒者之异端的李贽的方式相提并论，而被当作异端之双璧。"［日］酒井忠夫：《中国善书研究》（修订版），刘岳兵等译，第272页。同时，Judith A. Berling 从"综合"（Syncretism）的视角研究林兆恩，她也认为林兆恩受王阳明及泰州学派三教合一的影响，并且林兆恩的心法是佛道的图像与技术，与根基性的儒家目标和世界观的融合。（Judith A. Berling, *The Syncretic Religion of Lin Chao-en*, New York: Columbia University Press, 1980, pp. 46 – 55）这样看来，林兆恩的三一教虽具有异端性，但这种异端性不足以使其完全逸出儒家范围。在某种程度上，这种异端性来自其运动的宗教性，而这种宗教性又是对儒家思想的一种民间宗教化。也就是说，林兆恩虽是民间宗教人物，但仍可归为儒家范围。

③ 袁啸波编：《孚佑帝君求心篇》，载《民间劝善书》，上海古籍出版社1995年版，第34页。

极真理亦基于直觉体认的工夫路径。当将视野越出三教"当事人"的范围,扩展到"政治"与"民间"层面时,将会发现:政治层面的三教合一所发挥得更多的是政治上的保障作用,其直觉体认的色彩相对较浅;民间层面则更注重直觉体认的实际践行,如罗清的无为教在晚明颇为流行,其宗教经典《五部六册》主要是以教化性的、实践性的宗教话语,促使普通民众在生活中践行教义。这样看来,政治层面的三教合一因偏重政策性,而缺乏实践性,民间层面的三教合一则因偏重实践性,而缺乏理论性。大体上,前者不太注重直觉体认工夫,后者过于注重直觉体认工夫。不过,相较于三教"当事人"的直觉体认式的三教合一,政治与民间层面的三教合一则处于较为边缘的地位。①

魏月萍在梳理了王阳明、王畿、周海门、管志道、焦竑等人的三教合一后,认为中晚明的三教观经历了由"良知"主宰到以"孔矩"为规范融合的转变,这一转变表明部分阳明后学超越了以良知为主导的思想模式另寻出路,而晚明时期回归孔孟的思潮正是这种寻找出路的尝试的一种表现。② 儒家三教观在中晚明时期逐渐走向规范融合的演变历程,在某种程度上亦是此时明代三教观的一种反映。尽管明代三教观后期走向规范化,对客观性、公共性标准的需求增大,但这种新兴需求的发展程度并不足以在短时间内改变明代三教观的根本立场,也就是说,明代三教观主要以直觉体认为工夫路径,这一点并未被晚明的"孔矩"潮流及反三教合一势力动摇。

第二,以各自宗教立场为依归。明代三教观以三教一理为尚,追求超越三教具体形态的终极真理,这种真理虽具有本体性、绝对性与永恒性等性质。不过,这种真理虽是终极存在,但它的呈现却有赖于站在儒释道三教立场上的具体的人。当与人相关时,人所扮演的社会宗教角色便会在无形中渗透到

---

① 对于政治与民间信仰层面的三教混融,中村元曾述一例,可资参考:"嘉靖十八年十二月三日,日僧天龙寺山内智妙院策彦和尚以大内氏主持之贸易船团团长,于赴北京中途,往访镇江金山龙游禅寺。大雄宝殿奉祀主像释迦牟尼如来,须弥坛上中央奉安'皇帝万万岁'木牌,其左右奉置'皇后齐年''太子千秋'之碑。此外,随处供奉十六罗汉、观音、文殊、普贤菩萨、达摩大师、百丈怀海、卢舍那佛等像;以及护卫扬子江航路安全之神'敕封晏公平浪位'木牌,左右挂着'有性非性非有非无''无身是身是无是有'对联。山麓有祭祀道教神祇之朝阳阁、紫阳洞与银山书院。以上所述出自策彦游记中之片段。由此一佛教道场即可见出三教混融杂然之态。"[日]中村元等:《中国佛教发展史》(上),余万居译,第486页。

② 参见魏月萍《从"良知"到"孔矩":论阳明后学三教合一观之衍变》,《中国哲学史》2008年第4期。

这种本无宗派归属的终极真理中,即三教人士往往从自身角度进行研究,最终以自己所属的宗教为最高追求。作为结果,终极真理便有了或儒,或道,或佛的宗教性依归。例如,在儒家方面,王阳明虽提倡三教合一,但其三教合一是以儒家为本位的三教合一,将佛道二教视为儒家之"体"的"用"。对此,杜维明也认为王阳明的援佛入儒旨在加强儒家传统。① 同时,王畿虽然深涉佛道,但仍以"良知"为"三教之灵枢""范围三教宗旨",将三教观保持在其师王阳明的轨范之内,这是儒者在三教观上以儒为归的主流路径。与深涉佛道却仍以其师之学为轨范的王畿不同,同样深涉佛道的管志道则模糊了三教合一的儒家本位,而是强调三教合一不能抹杀的儒释道各教之"矩",在某种程度上这是对以儒家为本位的三教合一说的一种补充。在道教方面,张三丰与张宇初等人"儒离此道不成儒,佛离此道不成佛,仙离此道不成仙"和"天地之道,其为物不二,在孔孟曰仁义,在释迦曰圆觉,在庄列曰虚无"的说法,虽表达的是三教合一,但以"道"这一道教概念来指称三教合一的终极真理,无形中反映了崇道抑儒佛的心理。在佛教方面,憨山德清以"三界唯心、万法唯识"与"平等法界"为视阈,来说明"三教本来一理"及"三圣本来一体"等思想,并认为"无有一人一物不是毗卢遮那海印三昧威神所现",这种三教观明显以佛教为依归。② 同时,李通玄及《华严经合论》《楞严经》在明代的流行,在某种程度上亦表明三教融合具有佛教背景。③

就此而言,我们会发现一个有意思的现象:明代三教观本致力于消解三

---

① 参见 Wei-ming Tu, *Neo-Confucian Thought in Action: Wang Yangming's Youth* (1472 – 1509), Berkeley: University of California Press, 1976, p. 43。

② 关于憨山德清的三教观研究,可参见蔡金昌《憨山大师的三教会通思想》,文津出版社2006年版。

③ 荒木见悟指出:"李通玄在明代声誉绝高,可以知道是由于与禅者的体验息息相关的缘故,《合论》比《疏钞》更受士大夫欢迎另外一个可能的原因是:澄观让佛教与儒道二者对决争持的意识过于浓厚,与此相对,李通玄毋宁是包含了儒释会通的可能性。"([日]荒木见悟:《明末清初的思想与佛教》,廖肇亨译,第84页)可见,在明代,李通玄的《华严经合论》比澄观的《疏钞》更为流行的原因,除了《合论》更简练外,还涉及三教融合的维度。李通玄的《合论》倾向于宗教融合,与明代三教合一的趋势相应,因而更为流行。不过,李通玄《合论》的宗教融合更多的是以佛教为立场的。同样,具有融合特色的《楞严经》在明代也颇为流行,曾凤仪"今《楞严》盈书肆"的说法便是一个例证。此外,可参见[日]荒木见悟《明代楞严经的流行》(上),《人生杂志》1993年第123期;[日]荒木见悟《明代楞严经的流行》(中),《人生杂志》1993年第124期;[日]荒木见悟《明代楞严经的流行》(下),《人生杂志》1993年第125期。

第四章 焦竑与明代思潮

教间的界限，使三教实现最彻底的融合，三教一理或三教一贯，正是这种努力的实现。不过，从逻辑上看，在实现了三教间的彻底融合之后，三教人士又将各自的宗教立场渗透到三教观中。这样看来，在三教彻底融合的同时，三教间的壁垒也更加坚固。也就是说，三教彻底融合的同时，其内部也存在着一股加深三教壁垒的对抗力量。①

值得注意的是，在倡导三教合一的思潮之下，亦出现了反三教合一的势力。前面提到，明代三教合一思潮中存在着三教融合与固化壁垒的内在张力。从逻辑上看，随着这种内在张力的发展，三教间的壁垒加剧，当壁垒固化到一定程度时，便会打破三教间融合与固化的张力平衡，从而导向对三教融合的批判。这一点主要体现在儒家领域，以高攀龙为代表。高攀龙曾给管志道写长信批判"三教合一说"：

> 窃窥先生大旨，要在统一三教。所以统一三教，为欲度尽众生，此是先生愿力。其他种种法门，皆由此起用。盖先生实见得毗卢性海本共一家，而三教圣人原无二性分吾儒分。二氏总是妄生分别，反使大道自限藩篱，故拈出群龙无首，破道统之说，使素王不得独擅其尊；拈出敦化川流，示遍那全体，见儒教不过三流之一，刱溯太极于无极之旨，欲学者从此悟虚空法界之体，不然终落仪象五行。立圣体、仁体二宗，见宣圣元公而下，儒者不过究竟仁体，犹未窥见头颅。先生牍中大义数十，此其最著也。盖先生于佛氏之学，可谓精诣其体而大弘其用者矣。然于圣人之道，终有不合。攀龙自奉教以来，虚参实体久矣，决不敢以口耳之间，求异于长者，但微细体勘，儒释源头相似而实非。佛氏浑沦空体真仿佛太极，而实非圣人之太极；得无所得真彷佛中庸，而实非圣人之中庸。此处最难下语，最未易信。除是尽置佛学，反求诸六经，切证诸日用，另开眼界，另作思维，自然见之，见则不独。路径夐殊，直是源流各别。说者曰："儒释体同而用异"，是大不然。道本无体，体本无朕，

---

① 值得注意的是，释圣严指出："三教同源论的内容，其实仅及孟、老庄、释迦的同源之说，尤其是在道教，是单指道家的哲学思想，并非意指包含民间信仰的道术方士整体性的道教。"（释圣严：《明末中国佛教之研究》，台北：台湾学生书局1988年版，第37页）在某种程度上，由此亦可看出，三教一贯论背后潜藏的三教壁垒。

只就用处见之。由其用处如是，所以知其本体如是。试看儒佛用处何如，便可默识其体。故三教之异，非其川流之别，实是敦化之殊。非二本也，此一理耳。圣人体之，凡民由之，异端背之。然既曰一理，何以有此异端？亦是此理中合有此端？盖天地间对待之理，有阳便有阴，有昼便有夜，有明便有暗，有中国便有四夷，有吾儒便有二氏。佛氏之教，阴教也。观其生于西方，宗于夷狄，所言皆鬼神之事，槩可见矣。自古阳分中，极治之世，何尝有佛氏来？阳极盛，则阴生三代之时，世界已属阴分，至孔子之时，吾道大明，其盛已极，而佛老遂并生于其间，追后世运益下，圣道益衰，惑于祸福，佛老司教各以其类也。然阳全阴半，故圣人之道通于幽明，而二氏之学不可以治世，又其分定矣。其在今日将奈何？曰："使之各得其所而已。"儒宗孔，释宗佛，道宗老，斯不害不悖之义。先生所谓祖述仲尼，宪章圣祖之实也，何则儒者自应诵法孔子？孔子道无亏欠，本不须二氏帮补，圣祖所以不废二氏，不过以其阴翊王度，使其徒各守其教，亦未尝合之使一也。故儒者辟之，扶阳抑阴之人事也。其次分之，观于阴阳消长之天运也。而先生乃以统合三教为今日经纶天下之大经，岂其然乎？抑尝熟玩先生之书而思得其故矣。人之于道，犹足之于路，只分歧处一步左右，以后便各成路径。原夫先生从明哲悟入，以趋大觉之体，追后读《华严》见性，益契无倚之旨，至于儒者六籍，皆先生悟后印证故，究竟只成佛门见解观。先生以神武不杀、飞龙大人、至圣至诚、过此以往未之或知之类，隐隐皆推重如来。而所谓乾元，所谓太极，所谓敦化，隐隐皆指毗卢性海，盖所见无非是物也。至于尊崇儒矩，排斥狂禅，亦不过谓世法宜然，而窥先生之意，实以一切圣贤皆是逆流菩萨，本无三教，惟是一乘耳。故攀龙谓先生之学，全体大用总归佛门，而后之信先生者，必以牟尼之旨；疑先生者，必以仲尼之道。龙谬承先生之教，使推敲其说，以决千古疑，信此是先生体道虚怀，龙何人敢于此伏而思之？先生既以赤心俯询，龙何敢不直心仰答，如前缕缕。盖是千古同然之疑，幸当先生之世以明决之，学者幸甚。①

---

① （明）高攀龙：《与管东溟二》，载《高子遗书》卷八上，清文渊阁《四库全书》补配清文津阁《四库全书》本。

据此可知，高攀龙对管志道三教合一的批判可分为三个方面：一是"儒释源头相似而实非"，即佛教的"浑沦空体"与儒家太极相似但不是太极，佛教的"得无所得"与儒家中庸类似但不是中庸；二是批判儒佛体同用异，"道本无体，体本无朕，只就用处见之"，主张三教的差别在于"敦化之殊"；三是视佛道为异端，即从"天地间对待之理"的角度，将儒家视为正统，将佛道视为与儒家对立的异端。因此，高攀龙得出"先生之学，全体大用总归佛门"的结论。在第二点中，管志道的三教观以儒为归宿，但高攀龙却说他的三教观"总归佛门"，这里似乎存在着矛盾。实际上，高攀龙这一论断主要源自管志道运用了很多佛教的言论、说法，但他忽视了管志道对"孔矩"的强调。在很大程度上，管志道对佛道之学的深涉，属于融通三教的必要步骤，而在统一三教的最后阶段，他坚持"理圆矩方"的原则，以儒家之矩规摄二教。因此，管志道在三教观上应是以儒为归宿。

此外，晚明反三教合一的人物还有利玛窦。他将"三教合一"视为一身三首的"三函教"，批判三教合一的说法具有逻辑缺陷，亦指出宗教实践层面的"三教合一"会造成信心薄弱的后果。利玛窦的批判有两点值得注意。一是他将"三教合一"视为建立一种含摄儒释道三教的新宗教。实际上，明代"三教合一"思潮虽鼎盛，但并没有建立一种含摄三个宗教的新宗教的意图，在第二点中提及的三教"以各自宗教立场为依归"正可以消解这种建立新宗教的可能。这样看来，利玛窦的逻辑、实践角度的批判虽有道理，但却立足于对明代"三教合一"误解的基础上，因此弱化了两条批判的力度。二是相较于来自儒家阵营的高攀龙而言，利玛窦并不隶属于儒释道三教，也就是说，利玛窦对"三教合一"的批判不是三教内部的一种反省式批判，而是来自一种西方异质宗教的批判。利玛窦立足基督教传统进行批判，不可避免地具有分化儒释道三教，抑制佛道以传教的目的。因此，利玛窦可视为明代反三教合一的一个特例。

二　焦竑与明代三教观的关系

明代以直觉体认为工夫进路的三教合一为主流，席卷社会各个领域。在梳理了明代三教观的概况之后，可以将关注焦点回到主题上来，即焦竑与明代三教观的关系如何？

（一）在内容方面，延续了三教一贯的明代三教观主流形态。李焯然指出：

"焦竑为求明于道而摆脱门户之见，华夷之别，体认'无佛无儒'的境界，可说是一种非常博大的思想家胸襟。不要说'无佛无儒'，就是次一层的'佛等于儒'，已比前人所提的'三教合一'来得彻底。盖'三教合一'是致力于三分的糅合，希望共处为一，然其中不无主次。"① 按李教授的说法，焦竑的三教观应属于"三教会通"②，且高于明代的"三教合一说"。实际上，焦竑在三教观上追求超越门户、华夷，以通达"无佛无儒"的主张，并不比前人三教合一说更彻底。恰恰相反，焦竑的三教观在内容上继承了明代三教观的主流说法。③ 同时，余英时"焦竑确实是晚明'三教合一'运动的积极参与者，但其绝大多数调和论思想是衍生的，尤其是受王畿的影响"④，"一旦在哲学层面上肯定王畿为晚明时期'三教合一'的重要策源地，我们便不难发现，焦竑调和论毫无原创性"⑤ 的论断也说明，焦竑在三教观的内容上不具备原创性⑥。这样

---

① 李焯然：《焦竑之三教观》，载《明史散论》，第 139 页。

② 邓志峰首提"会通"一词概括阳明后学诸发展形态中的一脉。（邓志峰：《王学与晚明的师道复兴运动》，社会科学文献出版社 2004 年版，第 301—305 页）不过，刘海滨认为邓对会通的界定过于关注个人解脱的一面，忽视了会通入世与经世的一面。因而他提出了新的"王学会通派"的定义："所谓王学会通派，是指王门后学中公开倡导会通三教的一个思想派别，他们可能来自不同的地域或具有不同的思想渊源，但却具有共同的思想宗旨，其宗旨可以用王畿的一句话概括：'度脱生死，会通世出世法'。"（刘海滨：《焦竑与晚明会通思潮》，第 3 页）进而，刘海滨将焦竑的三教观视为王学会通派的典型。此外，黄熹也认为焦竑是"晚明主张三教会通的主要人物之一"，并指出"学以复性"是焦竑会通三教的前提，而"尽性至命"是会通三教的关键。（黄熹：《焦竑三教会通思想的理论依据》，《中国文化研究》2005 年第 4 期）

③ 此外，北方王门穆孔晖有"性中无分，别想何佛何老"的说法。这表明，"性"作为一种超越三教的终极状态，并非焦竑的创新，而是当时人们的一种共同理解。北方王门较为薄弱，连北方王门人士都具有这种看法，可见这一观点在当时颇为流行。

④ Ying-shih Yu, "The Intellectual World of Chiao Hung Revisited: A Review Article", *Ming Studies*, 25, 1988, p. 39.

⑤ Ying-shih Yu, "The Intellectual World of Chiao Hung Revisited: A Review Article", *Ming Studies*, p. 36.

⑥ 余英时的说法可以说明焦竑在内容上继承了明代三教观的说法，但这种三教观是为儒佛道乃至民间宗教共同提倡的主流的三教观，并不局限于王畿一人。也就是说，焦竑在三教观内容上确实不具备原创性，但这并不代表焦竑一定是受王畿的影响。其实，在三教观上，焦竑在自己的著作中很少引用王畿有关"三教合一"的论述。纵观《澹园集》《焦氏笔乘》《老子翼》《庄子翼》乃至四部《精解评林》等焦竑主要的理论著作，很难找到他引用王畿"三教合一"论的证据。其中，仅《楞严经精解评林》引王畿的《释教总论》作序，此篇文字专论佛教之发展历程，只在论及汉代时，批评了汉儒"不知佛氏所谓虚寂本吾儒之故物"。也就是说，焦竑既在学术路径上不同于王畿，又很少引用王畿"三教合一"的论述。尽管王畿将"三教合一"论推向极致，但焦竑的三教观并不一定是受王畿的影响。

第四章 焦竑与明代思潮

看来,"三教一贯"的三教观并非焦竑的创新,而是对明代三教观的承继,这是焦竑与明代三教观的一个共同点。

当然,焦竑与明代三教观的共同点不止于此。焦竑以孔子为圣人典范,以佛道义理之学为阐释工具,以儒学圣人理想为依归的三教观,与当时儒佛道人士各以自己的宗教立场为依归的倾向一致。并且,焦竑与明代反三教合一的趋势亦有关联,前曾提及,焦竑亦曾批判"三教合一"的说法。与同样反三教合一的高攀龙相较,可以发现一个有趣的现象:焦竑与高攀龙虽都反对"三教合一说",但却存在很大差别,即焦竑批判"三教合一",是因为阳明心学人士的三教观不是"三教合一";高攀龙批判"三教合一",是因为阳明心学人士的三教观是"三教合一"。

(二)在方法方面,智识化方法成为三教观的新方法。焦竑将佛道义理之学作为阐释工具,客观呈现这种三教融贯境界,这种境界之所以能摆脱个人直觉体认的含混性,使得人人可以通达,主要得益于焦竑在方法上的改变。这一点可以从焦竑与紫柏真可的对比中看出,作为佛教领域三教合一论的提倡者,紫柏真可与焦竑类似,也注重读儒道之书,以此来诠释三教合一①,即"既曰事事无碍,即以梵语释华严亦可,华言释梵语亦可;以世间书释出世间书亦可,以出世间书释世间书亦可"。由此可知,真可与焦竑都注重名实关系及读书,并以其余两教之学来诠释本教,按此说法,真可应亦属于晚明智识化的代表。实则不然,三教观并非紫柏真可之学的核心,他根本上属于直觉体认派。也就是说,仅有名实关系及读书、三教互释,并不足以使真可摆脱直觉体认工夫,以真正成就智识化。焦竑的智识化风格确实是以名实关系等为伏笔,但更重要的是焦竑深涉考据学,长期地考据活动使其逐渐养成了智识化的思维方式,这种根深蒂固的智识化方法使焦竑从名实关系的角度对三教关系问题进行了分析,他指出"三教合一"的提法执着于"三"与"一",因而并非对三教一贯之道的恰当表述。由此可见,智识化是焦竑在方法上有别于明代三教观之处。

相较于明代三教观的直觉体认法,智识化方法实质上是以语言为载体,

---

① 关于紫柏真可与三教合一的研究,可参见张学智《从紫柏真可看明代佛教的融通趋势》,《世界宗教研究》1999年第1期。此外,洪修平对真可及明代三教合一亦有深入论述,参见洪修平《中国佛教与儒道思想》,宗教文化出版社2004年版,第227—240页。

语言作为一种为人类共享的公共工具，它既是人类行动的依据，又是人类思想的承载。当人从语言的角度来思考问题，语言的公共性、工具性则可以弥补直觉体认的私人性、不确定性，作为结果，三教融贯的境界这种主观的感受性问题便转变为客观的知识性问题。焦竑借助智识化方法为天下人提供了通达三教融贯境界的公共道路。从效果上看，这种新方法亦使中国传统哲学中的三教观问题拥有了一种相对标准化的方法，这种方法在以直觉体认为主要途径的时代虽然并未占据主流，但却为三教观问题，乃至中国传统哲学的发展提供了一种新的方法，开辟了一个新的可能。

（三）在影响方面，对明清思想界由心学到考据的智识化转向具有一定的影响作用。焦竑身处的晚明时期是一个重要的学术转向时期。在明代，心学、禅学、净土宗、道教等可谓风行天下，这些从直觉体认角度提倡三教融合的派别到了清代却突然沉寂。清代以朴学考据为人人推崇的主要学问，而对尽性至命等直觉体认的根本问题关注较少。① 对此，Berling 指出，宗教融合运动的鼎盛始于明代中期，但到了清代，由于缺乏精英人士支持宗教融合、对心学的背离、学者群体的内在反思以及清政府的外在限制（乾隆下令禁止南方的三教运动），这些因素使得三教合一难以为继。到 18 世纪，三教合一如同"性"一般，不会在有教养的社会中被提及，三教合一并非主要的宗教趋势，大的文化背景也不支持宗教间的互动。②

从三教观在清代的沉寂可知，伴随着明清鼎革，思想界也出现从以直觉体认工夫的学问到知识考据的转向，这是一个极其重要的转变。那么，这种

---

① 明清儒学转向在某种程度上造成了明代直觉体认之学与清代知识考据之学的断裂。实际上，明清儒学之间虽有重心的不同，却处于同一种消解精英文化与世俗文化界限的文化背景下。对此，于君方通过对妙善观音与白衣观音的深入分析，指出明清时期的观音崇拜已经消解了性别与阶级的界限。同时认为精英文化与世俗文化也不再是分析明清宗教状况的适宜术语。(Chun-fang Yu, "The Cult of Kuan-yin in Ming-Ch'ing China: A Case of Confucianization of Buddhism?" Irene Bloom and Joshua A. Fogel ed., *Meeting of minds: intellectual and religious interaction in East Asian traditions of thought*, New York: Columbia University Press, 1997, pp. 144 – 174) 于教授虽专论明清佛教，但在某种程度上这也是对明清文化思想状况的一种揭示。就是说，明清儒学转向处于一种全社会整体的文化背景下，即晚明时期阳明讲会、讲学使明学文化群体兴起，这种阳明心学群体在清代逐渐被以江南地区为主的考据学群体取代。

② 参见 Judith A. Berling, "When They Go Their Separate Ways: the Collapse of the Unitary Vision of Chinese Religion in the Earlier Ch'ing", Irene Bloom and Joshua A. Fogel ed., *Meeting of minds: intellectual and religious interaction in East Asian traditions of thought*, New York: Columbia University Press, 1997, pp. 209 – 237。

第四章　焦竑与明代思潮

巨变是如何在明清之际发生的呢？在此，不得不提及焦竑，直觉体认与知识考据虽然是两种截然不同的思想风格，但晚明已出现兼及这两个领域的学者，焦竑正是代表人物之一。[①] 然而，对于焦竑的良知与考据，余英时认为处于"两橛"状态[②]，实际上，焦竑的学术非但不两橛，反而相辅相成。因为他虽关注考据，但并非如清代学者那样完全投身于纯粹考据，他的核心问题始终是以道自任的成圣问题。为解决此问题，焦竑从考据学中吸收了智识化学术态度，将此智识化的态度运用于心学传统，这样智识化的方法注入了以直觉体认为工夫的心学体系。作为结果，心学在直觉体认基础上开启了智识化的历程，显示了学者们对儒学义理、方法与境界客观化的渴望，这一渴望逐渐转变为清代学者对知识考据全身心的投入。虽然清代学者深入考据，但考据实际上并非终极目的，而是替代传统的直觉体认法，将心学问题智识化的过程，诸如清代中期之戴震以及晚清之康有为等，均显示出以考据求义理的倾向。这表明，由明入清，中国哲学的根本问题始终存在，发生转变的是方法论，即由直觉体认过渡为知识考据。在这一转变中，兼及两面的焦竑无疑具有典范意义。

本章小结

本章以焦竑为坐标考察明代思潮，主要探讨焦竑与明代义理学、考据学与三教观的关系。

在"焦竑与明代义理学"方面，阐述了明代义理学以心学和理学为主，心学分为以王阳明及其后学为代表的阳明心学，以黄绾、李材、王时槐、刘

[①] 对于焦竑哲学的兼容性，李焯然教授曾有说明，他指出："焦竑的思想，代表了学术思想由晚明心性之学转向清初考据学的过渡，所以在他的思想中便同时出现了心学和实学的倾向。他虽受阳明学说的熏陶而成长，而他也是阳明学说的信徒，但他开始觉察到王学发展的日趋偏歪，所以他提出'博学''实践'，希望对王学末流之弊加以救正。"（李焯然：《焦竑之三教观》，载《明史散论》，第122页）

[②] 对于焦竑学术的"两橛"状态，余英时先生指出："在心性之学方面，弱侯实可说是一结束人物。此与其在博学考订方面之为一开创人物，适成为有趣之对照。但他自己并不觉得其学之分为两橛，有何内在矛盾。此正是象征'尊德性'之境既穷不得不转向'道问学'一途也。"（[美]余英时：《从宋明儒学的发展论清代思想史——宋明儒学中智识主义的传统》，载《论戴震与章学诚：清代中期学术思想史研究》，第315页）

宗周等为代表的心学流派，以陈献章、湛若水为代表的心学流派三种形态；明代理学分为以曹端、薛瑄、胡居仁为主的明代初期守理派，以罗钦顺、王廷相为主的明代中期重气派，以顾宪成、高攀龙、冯从吾为主的明代晚期朱王调和派。焦竑继承直觉体认的心学立场与传统，批判程朱理学失落孔孟之旨，且有支离之弊，这与明代程朱学者的自我反思以及转向日常践履、体认涵养的修养工夫较为一致。也就是说，心学与理学都重视直觉体认工夫，不过，心学发展至晚明，出现了完全依赖直觉体认而缺乏客观判断标准的弊端。出现心气二元之学是心学内部的自我修正，而朱王调和派的出现是心学的外部修正。焦竑将智识化的认知方法引入直觉体认工夫境域，提出了兼具直觉体认与智识认知的方法论，与明代心学内、外修正路径不同，在吸收心学、理学的同时，开创了明代心学的智识化新径。

在"焦竑与明代考据学"方面，揭示了明代考据学推崇汉儒，采用注重证据、分析对比、假设推论的智识化治学方法。不过，明代考据学属于较为零散的、广博的汉学考据，尚未达到清儒以考据学批判、建构义理学的阶段。就此而言，焦竑在考据学的汉学基础、零散、广博的考据风格等方面与明代考据学较为一致，不过，焦竑的考据学并非纯粹的知识考索，而是将考据学融入义理学范围，焦竑由"知识考据"转进到"义理考据"，使考据学成为博约一贯的圣人境界的"博文"部分，这是焦竑与明代考据学的不同之处。

在"焦竑与明代三教观"方面，通过儒释道三教、政治以及民间等多维度考察，明代三教合一思潮以直觉体认为工夫，虽追求超越三教的终极真理，但仍有或儒，或道，或佛的宗派依归。同时，反三教合一势力的出现，反映了明代三教合一思潮中三教融合与固化壁垒的内在张力。在此背景下，焦竑既延续了明代超越三教形态的三教观，又通过三教之学的"互释"将智识化的诠释方法引入三教观，由此他反对执着于"三"与"一"的"三教合一"的提法，主张"三教一贯"。智识化的三教观使焦竑得以客观呈现三教一贯，有助于避免仅依赖直觉体认工夫而导致三教观方面的含混性、不透明性。

第五章 焦竑与清代学术

当提及焦竑时,"明清儒学转向"这一标签似乎已成为其标志之一。诚然,焦竑确实对于明清儒学转向具有重要影响,对此,我们将在下一章进行详细讨论。不过,值得注意的是,对于常被视为明清儒学转向重要人物的焦竑,学界往往多关注其与明代思想的互动关系,而其与清代学术的关系则探讨较少,且多局限于考据学方面。① 这样,我们不禁要问:既然焦竑对明清儒学转向有重要影响,那么他对清代学术的影响如何呢?这种影响仅限于考据学吗?为回应此问题,我们将对焦竑与清代学术的关系进行尝试性的探讨。当提及清代学术时,考据学无疑是清代学术给人的最大印象。虽然考据学确是清代学术的主要部分,但并不是清代学术的全部。其实,作为一种新的学术方法而出现的考据学,其丰硕、系统的考据成果在某种程度上掩盖了清代学术的全貌。除考据外,清代学者对于理学、心学、礼学②亦有探讨,晚清更是以春秋公羊为核心的今文经学为盛,同时,佛道二教亦有所发展。

在此,我们将延续焦竑与明代思潮的问题脉络,以焦竑为坐标,来看待

---

① 焦竑常被视为清代考据学的明代肇始者之一,如"以朴学名世者,若杨慎、焦竑、陈第,学皆通核,均治古音。杨氏有《转注古音略》,焦氏《笔乘》有《古诗无叶音》说,皆远在顾亭林治古音之前,而陈氏《毛诗古音考序》,自谓列本证旁证二条,本证者《诗》自相证,旁证者,采之他书,二者俱无,则宛转以审其因,参伍以谐其韵。其据古求证之法,又已先顾亭林而为之矣。他若梅鷟《古文尚书考异》,实阎百诗辨证伪《书》之先驱,方以智《通雅》,亦后来考核精详之前导。揭斯数事,自可反隅。然则清代朴学,乃沿明代之余波,亦无不可"(张舜徽:《清人笔记条辨》,中华书局1986年版,第373页)。

② 对于清代礼学,王家俭认为:"在清代经学发展过程中,礼学经世思想一直是学术思想的主流",并将礼学在清代的发展分为清初、清中与清晚期三个阶段,其中,"一为清初时期,顾炎武所揭橥的'经学及理学'之说,力主通经致用、明道救世,是为清代礼学经世思想之始。二为清代中叶乾、嘉之世,凌廷堪所倡的'以礼代理'之说,以为戴派礼学的代表。由于凌氏将顾炎武的'经学即理学'修正为'以礼代理',明显地将礼学在经学中的地位大为提高,而使经学等同于理学"(王家俭:《清代礼学的复兴与经世礼学思想的流变》,《汉学研究》2007年第1期)。

清代学术的发展概况。具体言之，主要分为三个方面。（1）焦竑与清代义理学。清代学者虽重考据，但其对义理学并非漠不关心。恰恰相反，清代考据学的兴起与鼎盛，从根源上看正有其深刻的义理学背景。那么，为阳明心学开辟出发展新径的焦竑，与清代义理学关系如何呢？（2）焦竑与清代考据学。焦竑与清代学术最大的共同之处在于考据，那么焦竑的考据与清代的考据在方法、范围、意图上是否相同呢？（3）焦竑与清代三教观。焦竑在内容上继承了明代三教观的三教一贯说，但在方法上却有智识化的创新。三教观问题在清代亦有延续，那么，在这一问题上，焦竑对清代学者是否具有影响呢？

第一节　清代前中期的南京

梁启超曾将清代学术分为启蒙、全盛、蜕分三期，简言之，清初之启蒙派承晚明心学极盛而弊之后，顾炎武、胡渭、阎若璩开其端，颜元、李塨等主实学，黄宗羲、万斯同等倡实学，王锡阐、梅文鼎等研天文历算，学风渐由心学而归经学、实学。清中期之全盛派以考据学风行天下，惠栋、戴震、段玉裁、王念孙、王引之为代表，立足经学，旁及音韵、史学、典章制度、水地、金石、校勘、辑佚等领域。至晚清之蜕分期则转向春秋公羊之今文经学，以常州学派及康有为、梁启超为代表。此为清代学术之概况。① 不过，当聚焦于焦竑与清代学术关系的探讨时，我们将仅涉及焦竑与清代前中期学术的关系。这是因为清代前中期学术还维持在较为纯粹的学术思想领域，与宋明思想关系密切，而到清晚期兴盛的今文经学则偏重政治维度②，从常州学派

---

① 参见（清）梁启超《清代学术概论》，朱维铮校订，第5—9页。
② 对于晚清之学术，钱穆曾有深刻批判，他指出晚清今文经学旨在以经学来压制政治，以春秋公羊学来表达政治诉求，但他认为这种学术丧失了清代前中期学术本有的考据与义理精神，丧失了学术种子。例如，他表示："道咸以下，清代部族政权之淫威，已渐崩溃，学者开始从逃避人事转回到预闻人事。但他们自然不甘于贵时王之制度。那时新史学并未建立，而经学积业则依然尚盛，因此道咸时代的清儒，遂不免仍要借助于经学权威用来指导当前之人事。此一趋向，恰与乾嘉相反。乾嘉只求解放，现在则求树立。他们想借经学权威来裁制一切，此乃乾嘉诸儒内心所不取，抑且深所反对者。但道咸诸儒终于走上了这路。总之，清代学术，曲折迂回，始终未获一条正当的直路，亦由此可见"，"道咸诸儒要凭经学权威来指导当前，换言之，即是要把先圣遗言来压抑时王制度也。这一要求，逼得清儒对经学的兴趣集中到《春秋》，尤其是公羊家。因为他们有'非常异义可怪之论'，有微言大义，可资借题发挥，有改制、变法等明白主张，有对人事褒贬之条例。本来此等都应向史学中耐心（转下页注）

第五章　焦竑与清代学术

提倡春秋公羊学，到后来的今文经学大师康有为、其弟子梁启超，因提倡今文经学而投身政治改革，可见端倪。此外，晚清太平天国运动、西方列强入侵等政治事件亦使得学术趋向于政治。故与本题关系较浅，仅将讨论范围限制于清代前中期。①在探讨焦竑与清代学术的关系之前，有必要了解一下清代前中期的政治、经济与文化状况。在此，以清代前中期的南京为中心进行简要介绍。

（一）在政治方面，明清鼎革以来，南京所在的江南地区在政治方面出现了两个新面貌：一是南明弘光政权的建立与衰败，二是明代两京制瓦解后江南政治形态的重塑。一般认为，明代的结束以崇祯帝于1644年自尽为标志，其实，崇祯帝的去世并不意味着明朝在整个中国的陷落，明朝的统治在中国南方依然存续与更迭。顾诚先生认为："南明的历史应该从甲申三月十九日北京被大顺军攻克、崇祯朝廷覆亡开始。这是因为朝廷虽然覆亡，明朝政权仍然控制着江南半壁江山。"②也就是说，崇祯朝廷覆亡的1644年，亦是清朝顺治帝的顺治元年，从清朝皇帝纪元的角度看，在清朝定鼎北京之时，江南地区仍处于明朝势力的统治之下。南京作为明代留都，保留了政府机构的官员设置以及军事力量，在崇祯帝自尽，其子未能逃出北京的情况下，福王朱由崧在惠王朱常润、桂王朱常瀛、潞王朱常淓这些候选人中胜出，在南京被拥立为帝，次年改元为弘光元年。不过，在诸派党争与清军围战的内外部原因之下，朱由崧于弘光元年被俘。南明的弘光政权存续仅一年左右，这种内忧外患的状况却成为江南地区政治形势的缩影。在弘光政权覆亡之后，南明政权退出江南地区，逐渐转移到更为南部的福建、广东、广西等地。

在弘光政权覆亡之后，南京以及江南地区的政治形态进行了重塑。顺治

（接上页注②）觅取，晚明遗老曾由此意向，惜乎中途折入乾嘉经学，退避到古典研讨中去，未克尽其能事。现在则即以古典为堡垒，对时王制度开门出击。因此晚清公羊今文学派外貌极为守旧，内心极激进，此非从学术思想之源泉处深细追寻，不易明也"，"但此是一条夹缝中之死路，既非乾嘉学派所理想，亦非浙东史学派之意见。考据、义理，两俱无当。心性、身世，内外落空。既不能说是'实事求是'，亦不能说是'经世致用'。清儒到道咸以下，学术走入歧道，早无前程。又经太平天国一番摧残，学术种子刮地净尽，正待后人全部的更生。而同时西学东渐，挟其万丈狂涛，席卷囊括，使人无可阻遏，乃亦无可吸取。一时措手不及，内部的虚空加上了外部的动荡，于是乃有晚清之维新运动"。（钱穆：《略说乾嘉清儒思想》，载《钱宾四先生全集》，第22册，第16—17页）

① 关于清代前中期的历史分期，大体是清代前期是顺治（1643—1661年），清中期是康雍乾嘉（1661—1820年）。

② 顾诚：《南明史》，中国青年出版社1997年版，第1页。

二年（1645），清廷正式下令将南京应天府改名为"江宁府"，原设的府尹改为知府，由此，南京由明代陪都降格为省会。同时，除掌印指挥、管屯指挥暂留之外，其余指挥皆裁去。顺治三年（1646），清廷采纳洪承畴建议，将户部、兵部与工部之外的南京各部院衙门裁去，所留三部需由北京三部中派遣满汉侍郎各一名，驻扎于此，协同经理事务。但是，清朝当局鉴于江宁重要的战略地位，仍将其视为东南地区的军事中心，并在此地驻扎了八旗和绿营重兵。① 随着清廷在政治上实现大一统，政权由巩固到稳定，出现了康熙、雍正、乾隆三朝盛世的局面。不过，以夷治夏的政治身份难免会使清代政权存在一些担忧。因而，在政治安定的大局下，清朝统治者又倾向于加强政策上的管控，诸如清代初年江南地区发生的丁酉科场案、哭庙案、通海案、奏销案等大案，不仅导致众多士绅功名被革，而且多人因涉案而殒身，这从身体、钱财乃至心理层面给予了江南人士沉重的打击，以至于改变了晚明以来东林学派议论时事的学风，促使学者将精力集中于远离政治的考据学方面。② 就此而言，兴文字狱对学术思想进行钳制，成为促成清代考据学鼎盛的政治背景。③

（二）在经济方面，南京经历了从清代初年的低谷到清代中期复兴的两个阶段。明清之际，江南地区战乱频繁，社会动荡不堪。虽然清廷占领南京之后，维持了较为稳定的社会局面，但是南京由陪都降为省会江宁，使其失去了维系经济繁华状况的政治基础。同时，清代初年对汉人实行的高压政策，不仅造成了政治上的肃杀氛围，也制约了南京社会经济的发展。④ 不过，虽然

---

① 参见夏维中、张铁宝、王刚等编著，南京市地方志编纂委员会办公室编《南京通史·清代卷》，南京出版社2014年版，第11—22页。

② 参见夏维中、张铁宝、王刚等编著，南京市地方志编纂委员会办公室编《南京通史·清代卷》，第38页。

③ 清代考据学兴起的原因很多，清代在政治上对思想的压制，如文字狱，仅是促成清代考据学鼎盛的一种外因。对于那种将清代考据学兴起之因归于清代文字狱的说法，艾尔曼认为："相对于前代而言，清代对士大夫的压制显然为人夸大了。把考据学派的兴起归因于清朝文化压制政策的说法，忽略了前代出现过类似政治环境的事实。"进而，他表示"清代文禁是政治性的，很少涉及思想学术领域"（[美]艾尔曼：《从理学到朴学——中华帝国晚期思想与社会变化面面观》，赵刚译，江苏人民出版社1995年版，第10—11页）。清代学者投身考据学，文字狱等政治因素虽不能说没有影响，但却不是决定性影响。在余英时看来，在政治压制的外因之外，应探求"内在理路"。

④ 参见夏维中、张铁宝、王刚等编著，南京市地方志编纂委员会办公室编《南京通史·清代卷》，第38页。

清代初年的战乱与高压对南京的经济发展造成了一定的困难,但随着清廷的统治趋于稳定,加之江南地区得天独厚的交通区位优势、地理气候条件等,使得南京经济在清代中期得以恢复、发展。对此,有学者认为:"随着三藩告平,台湾统一,南京同其他江南城市一样,经济由逐渐恢复到稳步发展,达到了封建经济的鼎盛阶段。"① 清代中期,南京经济的兴盛首先表现在人口的大量增加上。据范金民推算,清代初年南京的城市在籍人口约 8 万左右,到嘉庆年间南京的城市人口发展到了 110 万,已经超过明代万历年间全盛时期的人口数量。② 人口的大量增加既反映出清代中期南京社会的稳定、经济的复苏,又为南京各行各业提供了充足的人才,为南京农业、手工业、商业等行业的发展提供了人力资源基础。

在农业方面,南京所处的江南地区,土地肥沃,河流众多,降水充分,适宜稻、棉、桑等农作物的种植。在清廷开垦田地、兴修水利等政策下,南京农业在明代农业的基础上有了进一步的发展。同时,手工业、商业、对外贸易等经济活动亦有长足的发展。对此,方行指出:"从明代中叶至清代中叶,江南地区手工业、商业和服务业以及城镇经济均有长足发展。这是农业劳动转移,农村剩余劳动力由农业向非农业转移,由农村向城镇转移的过程,也是劳动力市场开发和配置劳动力资源的过程。清代乾隆间,江南地区的城市和大小市镇达五六百个以上,手工业、商业和服务业的各种行业数以百计。"③ 也就是说,清代前中期在经济上处于稳步上升的发展阶段。其中,以富庶的江南地区最具代表性。之前讨论明代社会状况时已提到,与晚明整体经济不振的状况不同的是,江南地区的经济发展良好,成为晚明经济的主要支撑,而这一状况亦延续到清代前中期。江南地区拥有长江、运河、湖泊、入海口构成的水陆交通网,便利的交通使得江南成为商业贸易、人才会聚的中心,食盐、手工业品、粮食、书籍等则是往来贸易的主要商品,南京、杭州、苏州、扬州等城市仍保持着晚明以来的大都市地位。同时,得天独厚的

---

① 范金民:《清前期南京经济略论》,载《国计民生:明清社会经济研究》,福建人民出版社 2008 年版,第 465—466 页。
② 范金民:《清前期南京经济略论》,载《国计民生:明清社会经济研究》,第 466—467 页。
③ 方行:《清代前期江南市镇的劳动力市场》,载《清代经济论稿》,天津古籍出版社 2010 年版,第 167 页。

自然条件，使得江南地区也成为著名的鱼米之乡，稻米、茶叶、水果等物产丰富，农业发达。这样看来，南京以及江南地区自晚明至清代始终属于经济最为富庶的地区。

（三）在文化方面，南京延续了晚明以来的文化中心的地位，成为江南文化的重镇。明代中期以来，随着作为经济中心的北京逐渐失势，以南京为主的江南地区成为支撑明代中晚期的经济中心。加之距离作为政治中心的北京较远、水陆交通便利、文化氛围浓厚等优势条件，使得南京成为聚拢文人雅士的强力引擎，焦竑便是明代南京文化的代表性人物。进入清代，南京所在的江南地区在文化方面有了进一步的发展。从科举角度看，据沈登苗的统计，清代江苏的进士分布状况为江宁府进士 244 名，苏州府进士 661 名，松江府进士 259 名，常州府进士 666 名，镇江府进士 283 名，淮安府进士 122 名，扬州府进士 362 名，徐州府进士 21 名，太仓、海州、通州三个直隶州以及直隶厅的进士共 315 名，共计 2933 名进士。清代浙江进士的分布状况为杭州府进士 896 名，嘉兴府进士 508 名，湖州府进士 387 名，宁波府进士 238 名，绍兴府进士 515 名，台州府进士 38 名，金华府进士 84 名，衢州府进士 34 名，严州府进士 52 名，温州府进士 36 名，处州府进士 11 名，直隶厅进士 4 名，共计 2803 名进士。① 清代科举的进士分布呈现出南多北少的状况，仅江苏的进士人数就多达 2933 名，其中江宁府进士为 244 名。大批进士出生在南京以及江南地区，可以反映出此地教育程度水平高，文化氛围极为浓厚，又有区域化、团体化的特点。

在发达的文化环境下，南京以及江南地区人才辈出，成为清代学者的主要活动地区。例如，顾炎武、戴震、章学诚、惠栋、段玉裁、王念孙、王引之、焦循、阮元、钱大昕等清代第一流的学者均为江南人士，这些学者不仅在地域上同属江南地区，而且在学术风格上也大多以考据学为特色，如顾炎武对音韵的考据、戴震对名物制度的考据、段玉裁的文字训诂、王念孙与王引之父子对经典文献的考据、焦循对易学的考据等，皆是清代考据学的代表。也就是说，清代学者已经走出了晚明时期关于心性天理的静坐与空谈，逐渐从智识化的角度去考据圣贤经典、名物度数等方面，以期获得对圣人之道的

---

① 参见沈登苗《清代全国县级进士的分布》，《社会科学论坛》2020 年第 1 期。

真切认识与理解。从学术角度看，清代学者重视考据学方法，在系统深入地钻研考据学的同时，亦以考据学方法求义理。因此，清代的考据学者在某种程度上也是义理学家。在清代前中期，学术上占主流的考据学与义理学，均出自江南地区的学者之手。在艾尔曼看来，江南地区的学者已经形成了一个学术共同体，这个学术共同体是由考据学者构成的共同体。这一学术共同体的出现，与清代江南地区发达的经济文化相吻合。①

作为晚明泰州学派后劲人物，焦竑出生、成长、受教、讲学、著述，主要在以南京为中心的江南地区。从文化地域上看，他与清代前中期的主要学者同处于一个共同的社会文化环境，这是探讨焦竑与清代前中期学术关系的历史背景。

第二节　焦竑与清代义理学

清代学术以考据学最为著名，但考据学并非清代学术之全部。在考据学及其方法的迅猛发展与广泛应用的时代背景下，清代前中期的儒者对于宋明以来的道学问题亦有所关注。对此，冯友兰先生在《中国哲学史》中曾指出，"至于清代，一时之风尚，转向于所谓汉学。所谓汉学家者，以为宋明道学所讲之经学，乃混佛老见解者。故欲知孔孟圣贤之道之真意义，则须求之于汉人之经说"②，"盖此时代之汉学家若讲及所谓义理之学，其所讨论之问题，如理、气、性、命等，仍是宋明道学家所提出之问题。其所依据之经典，如《论语》《孟子》《大学》《中庸》等，仍是宋明道学家所提出之四书也。就此方面言，则所谓汉学家，若讲及所谓义理之学，仍是宋明道学家之继续者。汉学家之贡献，在于对于宋明道学家之问题，能予以较不同的解答；对于宋明道学家所依经典，能予以较不同的解释。然即此较不同的解释，明末清初之道学家，已略提出，汉学家所讲义理之学，乃照此方向，继续发展者。由此言之，汉

---

① 对此，可参见［美］艾尔曼《从理学到朴学——中华帝国晚期思想与社会变化面面观》，赵刚译，第6—9页。同时，王坚指出，江南考据学派的产生与皇权调控江南地区，顾及边疆地区的科举政策有关，这种政策使得很多江南士人仕途受阻，从而转向考据学。具体可参见王坚《皇权调控与士人转向：清代江南考据学派成因新论》，《南京大学学报》（哲学·人文科学·社会科学）2016年第4期。

② 冯友兰：《中国哲学史》（下），载《三松堂全集》第3卷，第384页。

学家之义理之学,表面上虽为反道学,而实则系一部分道学之继续发展也"①。

清初颜元从批判"气质性恶"延伸到对程朱理学理、气、格物致知、居敬涵养等方面的系统批判,其弟子李塨以考据学方法将颜元的实学思想注疏到《大学》《中庸》《论语》《孟子》以及《周易》等儒家经典之中。到了清代中期,作为第一流考据学者的戴震以考据学方法辨析儒家义理,建构了有别于程朱的"气化即道"的哲学体系,激发了清代义理学的新动态。此外,在考据学方法探求儒家新义理的路径之外,方东树、李光地、王懋竑、姚鼐等人严厉批判清儒专以训诂考据研究儒学,严分汉宋之学的做法,与戴震所代表的以考据通义理的学派相抗衡。因此,在探讨焦竑与清代前中期义理学的关系之前,有必要对此时期的义理学进行简要梳理。大体上,关于清代前中期义理学的概况,由表5-1可见:

表5-1　　　　　　　　　　清代前中期义理学概况

派别	方法	代表人物	主要思想		其余人物
新义理派	非考据	颜元	1."理气俱是天道"的理气一体论;2."性形俱是天命",天命之性即气质之性;3.驳朱子天命之性与气质之性二分及气质之性为恶之因之说,认为性恶来自"引蔽习染"	倡导践行三事六府六德六行六艺等实学②	陆世仪③、张履祥、王源、程廷祚、恽皋闻等	李塨

---

① 冯友兰:《中国哲学史》(下),载《三松堂全集》第3卷,第384—385页。
② 颜元曾在给陆世仪的信中阐述其著《存学编》的实学思想:"著《存学》一编,申明尧舜周孔三事六府六德六行六艺之道,大旨明道不在诗书章句,学不在颖悟诵读,而期如孔子博文约礼,身实学之,身实习之,终身不懈者。"(清)颜元:《颜元集》,王星贤、张芥尘、郭征点校,中华书局1987年版,第48页。
③ 在第四章第一节中曾提及清初理学的三种路线,其中,陆世仪、张履祥、吕留良、陆陇其都提倡实学,注重践行,与颜元实学类似。以陆世仪为例,他曾开列书单"十年诵读:《小学》《四书》《五经》《周礼》《大极通书西铭》《纲目》《古文》《古诗》《名家歌诀》。十年讲贯:《四书》《五经》《周礼》《性理》《纲目》《本朝事实》《本朝典礼》《本朝律令》《文献通考》《大学衍义、衍义补》《天文书》《地理书》《水利农田书》《兵法书》《古文》《古诗》。十年涉猎:《四书》《五经》《周礼》《诸儒语录》《二十一史》《本朝实录及典礼律令诸书》《诸家经济类书》《诸家兵法》《诸家古文》《诸家诗》"。(清)陆世仪:《陆桴亭思辨录辑要》,中华书局1985年版。这一书单具有明显的实学倾向。同时,冯友兰先生认为"桴亭所著《思辨录》,对于兵农礼乐政制,俱有研究,与习斋同。而习斋亦讲正心诚意,与桴亭亦同"。冯友兰:《中国哲学史》(下),载《三松堂全集》第3卷,(转下页注)

第五章　焦竑与清代学术

续表

派别	方法	代表人物	主要思想	其余人物
新义理派	考据	戴震	1. 阴阳五行即道的气本论，主张理在气中，以"生生之条理"来阐释"理"；2. 区分理与意见，以心之同然为理，反对宋儒以理为本体的理本论	1. 以血气心知为性之实体，反对宋儒以人之性为太极之众理的说法；2. 强调性与才之别①；3. 人之血气心知之性具有欲、情、知三种功能，三者之失（私、偏、蔽）为恶之起源；4. 人性为自然，善为必然，人可由自然至必然，以尽天地人物之道	顾炎武、阎若璩等
旧义理派	非考据	方东树	严厉批判清儒专以训诂考据研究儒学，严分汉宋之学	推尊宋儒之学，亦肯定汉儒功绩	熊赐履、张伯行、李光地、李绂、王懋竑、姚鼐、程晋芳、彭绍升②、翁方纲等
新旧义理折衷派	考据	阮元	秉承戴震以来的考据方法，通过对字的字源学考据，而探寻义理，如《性命古训》	肯定朱熹"讲理精实"，肯定宋儒之学，并未在严格划分汉宋界限③	焦循、凌廷堪等

（接上页注③）第387页。由此可推知清初理学在某种程度上可视为颜元实学的逻辑先导。不过，在对待程朱学的态度上，双方却有差别，陆世仪等人主张尊朱辟王，如梁启超指出"王学反动，其第一步则返于程朱，自然之数也。……专标程朱宗旨以树一学派，而品格可尊者，最初有张杨园、陆桴亭，继起则陆稼书、王白田"。（清）梁启超：《中国近三百年学术史》，第113页。而颜元则进一步反对程朱学，这是颜元之学较清初理学更为激进之处。此处从实学的角度看，故将陆世仪与张履祥列于此；而从程朱学角度看，陆张二人亦可列于旧义理派。

① 关于性、才之别，戴震认为："气化生人生物，据其限于所分而言谓之命，据其为人物之本始而言谓之性，据其体质而言谓之才。由成性各殊，故才质亦殊。才质者，性之所呈也；舍才质安睹所谓性哉！"（清）戴震：《孟子字义疏证》，何文光整理，中华书局1961年版，第39页。

② 冯友兰认为彭绍升是陆王派的道学家。他若是陆王派，则与方东树有所不同。可参见冯友兰《中国哲学史史料学》，载《三松堂全集》第6卷，第440页。

③ 对此，钱穆指出："芸台晚年书东莞陈氏学蔀通辨后云：'朱子中年讲理，固已精实，晚年讲礼，尤耐繁难，诚有见理必出于礼也。'此虽偏重'礼'字立说，然谓朱子中年讲理精实，其意与东原远歧。江郑堂经义目录有孟子字义疏证，而清经解不收，仅刻己论论孟论仁、性命古训诸篇，雕菰集中屡赞东原疏证，挈经集无之。若自此点言，似芸台识东原不如里堂之深。然两人皆不守汉、宋壁垒则一也。"钱穆认为阮元在学术上承袭了戴震以考据求义理的说法，如"芸台讲学，颇师承东原，守以古训发明义理之意"，但他认为阮元并未严格划分汉宋之别，而是有调和汉宋之意，即"芸台颇主求义理，故渐成汉宋兼采之风"。可参见钱穆《中国近三百年学术史》（二），载《钱宾四先生全集》，第17册，第618—631页。

余英时先生曾在探讨戴震之学时将清代义理学分为新旧两派①，在此，我们细化了这一划分方式，并加入以阮元为代表的新旧义理折衷派，以完善清代前中期义理学的基本框架。从这一简要勾勒中，可以发现三派之间存在着义理上的承续与发展的关系。具体言之，新义理派中的颜元于清初首倡气化论哲学与习行实践的工夫论②，颜元的这种新义理在很大程度上被清中期的戴震承袭，如戴震关于"理""性""道"等关键哲学概念的解读几乎与颜李学派如出一辙，不过戴学在理论上显然比颜李之学细密成熟。③ 而关于颜李学派

---

① 余英时先生在《戴东原与清代考证学风》中，以戴震之学为新义理派，同时指出反对戴震之义理的有两派，除以朱筠、钱大昕为代表的纯考据派外，另一派正是以姚鼐、程晋芳、彭绍升、翁方纲为代表的旧义理派，即程朱理学派。可参见 [美] 余英时《戴东原与清代考证学风》，载《论戴震与章学诚：清代中期学术思想史研究》，第108—115页。

② 对于颜李学派，胡适将其定位为一种"反对理学的哲学"，进而指出"他们说气质是性，通行是道，条理是理；说人欲不当排斥，而静坐式的主敬是无用的；说格物在于'犯手实做其事'，而知识在于实习实行；说学在于习行，而道在于实用（三物，三事），——这也是一种新理学了"。胡适：《戴东原的哲学》，载欧阳哲生编《胡适文集》（7），第244页。这直接肯定了颜李学派的新义理学地位。此外，杜维明对颜元进行了多视角的定位：从对抗程朱理学复活儒学真正的修养方法的角度看，颜元是一个"革命者"；从脱离猜想的谬论回归具体伦物世界以道德地规范自身的角度看，颜元是一个"具有科学精神的人"；从抨击消极实践倡导积极参与的礼仪主义的角度看，颜元是一个"行动者"；从强调实践且要求人的时间有效性角度看，颜元是一个"坚定的实用主义者"；从强调人的物性（physical nature）是自我实现的必要工具的角度看，颜元是一个"现实主义者"（realsit）。参见 Wei-ming Tu, "Yen Yuan: Inner Experience to Lived Concreteness", Wm. Theodore deBary and The Conference on Seventeenth-Century Chinese Thought, *The Unfolding of Neo-Confucianism*, New York & London: Columbia University Press, 1975, pp. 511-541. 从胡适与杜维明的论述中，均可看出颜元之学的创新性所在。

③ 关于颜李学派与戴震在义理上的承续关系，学术界已有相关探讨。例如，冯友兰认为："颜、李及东原，皆反宋学，而其所攻击辩论者，多及理学家，而鲜及心学家。在颜、李及东原或以为心学之近禅，乃不可掩之事实；理学则'弥近理而大乱真'，故须辟之。就吾人观之，则颜、李及东原对于理、气及性、形之见解，乃与蕺山、梨洲，有相同处。蕺山、梨洲为心学之继续。盖颜、李、东原在此方面之主张，与心学较相近也。"冯友兰：《中国哲学史》（下），载《三松堂全集》第3卷，第410页。冯先生从颜李与戴震之学的内容即其与心学关系的角度判定出双方的相似性。胡适则直接表示"戴氏在哲学史上的最大贡献：他的'理'论。戴氏论性即是气质之性，与颜元同；他论'道犹行也'，与李塨同；不过他说得比他们更精密，发挥得比他们更明白，组织得比他们更有条理，更成系统。戴氏说'理'，也不是他个人的创获。李塨和程廷祚都是说理即是文理，条理"。胡适：《戴东原的哲学》，载欧阳哲生编《胡适文集》（7），第265页。由此可见，颜李学派与戴震在义理上的一致性。此外，亦可参见胡适《戴东原在中国哲学史上的位置》，载严云受编《胡适学术代表作》（中卷），安徽教育出版社2007年版，第70—74页；胡适《颜习斋哲学及其与程朱陆王之异同》，载严云受编《胡适学术代表作》（中卷），安徽教育出版社2007年版，第464—469页。

第五章 焦竑与清代学术

与戴震之间的沟通问题，胡适认为程廷祚是关键人物。程廷祚确实为双方的接触提供了现实可能性①，但也不能忽视李塨的作用。李塨作为颜元的大弟子，他虽坚持其师的实学精神，但在现实中却受毛奇龄等江南学者考据风气的影响，走上了以考据方法求实学义理之路。也就是说，颜李学派与戴震在义理上的承续关系实际上存在着方法论上的习行与考据的差异，而李塨的学术正表明新义理派从颜元习行工夫到戴震考据方法间的一种方法论转移。此为新义理派从清初到清中期的发展。②

新义理派发展到戴震已臻于顶峰。对于戴震的学术，章学诚有着清晰的认识，他指出，"凡戴君所学，深通训诂，先于名物制度而得其所以然，将以明道也。时人方贵博雅考订，见其训诂名物有合时好，以谓戴之绝诣在此。及戴著《论性》《原善》诸篇，于天人理气，实有发前人所未发者，时人则谓空说义理，可以无作，是固不知戴学者矣"③。戴震基于考据学建立了以气为本的、带有科学精神的新义理学④，这种新义理学与程朱理学相抵触，因而

---

① 胡适指出颜李学派与戴震发生接触的中介人物正是颜李学派的江南弟子程廷祚，他说"我们看他的这两部哲学书——《孟子字义疏证》和《原善》——不能不疑心他曾受着颜李学派的影响。……我个人推测起来，戴学与颜学的媒介似乎是程廷祚"[胡适：《戴东原的哲学》，载欧阳哲生编《胡适文集》(7)，第250页]。胡适举了程廷祚与戴震可能有接触的相关证据，程廷祚的发现，为戴震接受颜李学派的影响提供了现实可能性，这也正与颜望在《颜氏学记》中认为戴震受颜元影响的说法相应。关于程廷祚，具体可见胡适《颜习斋哲学及其与程朱陆王之异同》，载严云受编《胡适学术代表作》(中卷)，第428—463页。

② 张丽珠教授区分了"学术典范"与"思想典范"，并认为清代的学术典范是考据学，其思想典范则是建立在考据学上的新义理学。在此，我们认可张教授的判断，清代以戴震为代表的新义理学的确是以考据方法建构新义理的学问。不过，我们也认为，在考据学的主流之外，清初以颜元为代表的实学也是清代新义理学的一部分，因为其与宋明新儒学思想有质的不同。相关研究可参见张丽珠《清代义理学新貌》，台北：里仁书局1999年版；张丽珠《清代新义理学——传统与现代的交会》，台北：里仁书局2003年版；张丽珠《清代义理学转型》，台北：里仁书局2006年版。此外，关于清代新义理学亦可参见吴通福《清代新义理观之研究》，江西人民出版社2007年版。

③ (清)章学诚：《文史通义》，刘公纯校点，上海古籍出版社1956年版，第57页。

④ 清初学术以习行与考据为两大趋势，这两大趋势在清中期的戴震身上得以融合为一种以考据方法建构的新义理学体系，从这一角度看，戴震之学可谓新义理派的顶峰。胡适对此曾有说明："反玄学的运动，在破坏的方面，居然能转移风气，使人渐渐地瞧不起宋明的理学。在建设的方面，这个大运动也有两种趋势。一面是注重实用，一面是注重经学：用实用来补救空疏，用经学来代替理学。前者可用颜李学派作代表，后者可用顾炎武等代代表。从颜李学派产出一种新哲学的基础。从顾炎武以下的经学里产生一种新的做学问的方法。戴东原的哲学便是这两方面的结婚的产儿。"胡适：《戴东原的哲学》，载欧阳哲生编《胡适文集》(7)，第240—241页。并且，关于戴震之学的科学（转下页注）

激起了坚守程朱理学的旧义理派的强烈反抗。其实，秉承程朱理学的清代儒者始终存在，如官方理学代表熊赐履、张伯行、李光地[①]等，以及张履祥、孙奇逢、张尔岐、李绂、姚鼐、程晋芳、翁方纲等均属于清代程朱理学人物，只不过清代前中期的实学、考据学发展太过迅猛，势头太强，秉承程朱理学的人在义理上又疏于创新、据守传统，且基本未采纳流行的考据方法，因而逐渐被边缘化。但是，旧义理派的这一边缘化境况到方东树则有所转变。方东树著有《汉学商兑》一书，此书肯定训诂考据的价值，但反对汉学家以考据方法来"辟宋儒，攻朱子"，顾炎武、阎若璩、毛奇龄、万斯同、惠栋、戴震、钱大昕、段玉裁、焦循、阮元、凌廷堪等人皆在批判之列。他总结出汉学家

（接上页注④）精神，胡适在论及戴震"事物之理，必就事物剖析至微，而后理得"的说法时，指出："戴氏这样说理，最可以代表那个时代的科学精神。"胡适：《戴东原的哲学》，载欧阳哲生编《胡适文集》（7），第272页。在胡适看来，清代经学有历史的眼光、工具的发明、归纳的研究、证据的注重四个特点。胡适：《戴东原的哲学》，载欧阳哲生编《胡适文集》（7），第245页。这四个特点在胡适看来具有明显的科学性。同时，艾尔曼指出"汉学家对西方实证科学的兴趣是他们追求客观性知识的关键因素"，这也暗示戴学的科学性与西方科学技术的传入似乎不无关系。（[美]艾尔曼：《从理学到朴学——中华帝国晚期思想与社会变化面面观》，赵刚译，第28页）此外，艾尔曼也提到戴学还具有政治意义，他认为："清代学术既有经世目的，也有政治影响。它们认为，只有重构真实的墨子或历史的孔子，清除佛、道教义对诗、书、礼的污损，才能建立简史的义理根基，以此批评、摒弃、取代官方支持的理学思想体系，这种行动本身即具有政治性。戴震（1724—1777年）社会批判学说的惊人影响为西方汉学界长期忽略，他以《孟子》为批评武器，建立哲学体系，与朱子（1130—1200年）正统学说相抗衡，这具有重要政治意义。因为《孟子》毕竟存在维护反抗权利和民本的思想。"（[美]艾尔曼：《从理学到朴学——中华帝国晚期思想与社会变化面面观》，赵刚译，第13页）同样，薛虹也认识到了这一点，她认为"戴震的反宋明理学不仅是由于学术上的分歧，而进行单纯的理论斗争。他之所以激烈地抨击宋明理学，是针对现实生活中的清代的封建专制的反动统治的"（薛虹：《戴东原的政治思想》，载白寿彝主编《清史国际学术讨论会论文集》，辽宁人民出版社1990年版，第604页）。

① 对于李光地，狄百瑞将他视为促成清代官方正统形成的最重要人物，即清代官方儒学的代表人物。（Wm. Theodore deBary, *The Message of the Mind in Neo-Confucianism*, New York: Columbia University Press, 1989, p.175）不过，有学者通过研究李光地的《中庸》与《大学》诠释后认为，李光地虽然是公认的朱学信徒，但他的经典诠释也有偏离朱子之处，即他在诠释中吸收了颇具心学色彩的性善论，在某种程度上有融摄心学的倾向。可参见 On-cho Ng, "Negotiating the Boundary between Hermeneutics and Philosophy in Early Ch'ing Ch'eng-Chu Confucianism: Li Kuang-ti's (1642-1718) study of the Doctrine of the Mean (Chung-yung) and Great Learning (Ta-hsueh)", Kai-wing Chow, On-cho Ng, and John B. Henderson ed., *Imagining Boundaries: Changing Confucian Doctrines, Texts, and Hermeneutics*, Albany: State University of New York Press, 1999, pp.165-193. 实际上，李光地的情况并非个例，同为清代理学名臣的汤斌，亦有在理学中融摄心学的倾向。史革新：《"廉吏"汤斌理学思想略议》，《郑州大学学报》（哲学社会科学版）2008年第6期。由此看来，承自明代心学大潮之后的清初理学，虽极力尊朱，但也不能彻底撇清与心学的关系，这是正常现象。我们不能因为这些清代理学名臣与心学有些许联系，便否认其理学地位。大体上看，李光地、汤斌等人始终是坚持以程朱理学为正统的。

第五章 焦竑与清代学术

批判宋学之处在于标榜门户纷争、言心性理堕于心学禅学、高谈性命束书不观三个方面,并予以驳斥。同时,他认为以汉学考据并不能契入宋学义理,反而有"以文害辞,以辞害意,弃心而任目"[1],"反之身己心行,推之民人家国,了无益处"[2] 的危害。大体上看,方东树此书并未在理论上有所创新,其意义更多的在于此书维护宋学、反击汉学的立场。并且,此书出现于清代中期汉学极盛的时代,更显出清代旧义理派在遭遇汉学家重重"围剿"之下的奋起反抗,在艾尔曼看来,此书正是"清代江南宋学受学术范式转变冲击的例证"[3]。不过,虽然方东树的反击多有迂旧之处,但他"针砭汉学家处,却多切中其病"[4],在某种程度上暴露了盛极时代的汉学考据潜藏的弊端。作为清代汉宋之争最激烈的反应,这也让后来的儒者们逐渐认识到汉学、宋学的利弊。因而方东树之后,清代义理学逐渐转入调和汉宋之学的新旧义理折衷派的阶段。[5]

新旧义理折衷派以阮元为代表。阮元是清代经学的大师。位高权重的他创办了学海堂书院,编撰《皇清经解》,为清代经学、考据学成就的一大总

---

[1] (清)方东树:《仪卫轩集》,清同治七年李鸿章刻本。
[2] (清)方东树:《汉学商兑》,漆永祥点校,凤凰出版社2016年版,第276页。
[3] [美]艾尔曼:《从理学到朴学——中华帝国晚期思想与社会变化面面观》,赵刚译,第43页。此外,艾尔曼提到方东树在向阮元进呈《汉学商兑》时附有一封书信,除批判汉学家的考据之外,还指出考据方法的兴盛应为大量外国人在广州带来的混乱局面负责。([美]艾尔曼:《从理学到朴学——中华帝国晚期思想与社会变化面面观》,赵刚译,第168页)值得注意的是,有学者指出,方东树的《汉学商兑》除与江藩的《汉学师承记》《宋学渊源记》关系密切外,与阮元的《儒林传稿》亦有关联,或者说,《儒林传稿》亦是《汉学商兑》的批判对象。(戚学民:《〈汉学商兑〉与〈儒林传稿〉》,《学术研究》2010年第7期)也就是说,阮元虽属新旧义理折衷派,但仍受到批判,可见方东树维护旧义理之力,以及旧义理受到的颠覆之深。
[4] (清)梁启超:《清代学术概论》,朱维铮校订,第103页。
[5] 梁启超认为,清代汉宋调和论的出现受到方东树的影响。对此,他表示"方东树之《汉学商兑》,却为清代一极有价值之书。其书成于嘉庆间,正值正统派炙手可热之时,奋然与抗,亦一种革命事业也。其书为宋学辩护者,固多迂旧,其针砭汉学家处,却多切中其病,就中指斥言'汉易'者之矫诬,及言典章制度之莫衷一是,尤为知言。此后治汉学者欲调和汉宋,如阮元著《性命古训》,陈澧著《汉儒通义》,谓汉儒亦言理学,其《东塾读书记》中有《朱子》一卷,谓朱子亦言考证,盖颇受此书之反响云"。(清)梁启超:《清代学术概论》,朱维铮校订,第103页。同时,艾尔曼也指出"对理学合理性的重新肯定,也并不是要全然摒弃考据方法和技巧。人们试图折衷汉、宋之学,这种公开的折衷倾向是向汉学挑战的重要成果之一"([美]艾尔曼:《从理学到朴学——中华帝国晚期思想与社会变化面面观》,赵刚译,第171页),由此可见方东树《汉学商兑》的影响。

结。在学术渊源上，阮元基本是沿袭戴震以来的以训诂求考据的学术路径，例如他论"性""仁"等儒学概念，常常考据到古字源层面，以恢复本义。这一点也可从其"圣贤之道存于经，经非诂不明"①的说法中窥见，因此钱穆先生有"芸台讲学，颇师承东原，守以古训发明义理之意"②的论断。但是，受方东树《汉学商兑》影响，阮元虽承袭戴震的学术路径，但在学术上与戴震并非同类。戴震以新义理严厉批判宋儒之学，但阮元却并未严分汉宋壁垒③，而是主张"圣人之道，譬若宫墙，文字训诂，其门径也"④，"圣贤之言，不但深远者非训诂不明，即浅近者亦非训诂不明"⑤，可见阮元已开始转向探求考据与义理之间的关系，调和汉宋之意已较为明显，因而他可被视为新旧义理折衷派的标志性人物。⑥据此，《清儒学案》给予阮元"论学宗旨在实事求是，自经史、小学、历算、舆地、金石、辞章，巨细无所不包，尤以发明大义为主"⑦的评价，确有道理。值得注意的是，胡适曾将阮元视为自戴震以来的"新理学时期"的代表人物，他认为受戴震影响，阮元等经学家也开始渐渐哲学化。⑧按胡适的说法，阮元似乎与戴学同类，实际上，胡适似乎

---

① （清）阮元：《揅经室集》，邓经元点校，中华书局1993年版，第547页。
② 钱穆：《中国近三百年学术史》（二），载《钱宾四先生全集》，第17册，第618页。
③ 此点引自钱穆先生，钱先生有言："东原当日力诋宋儒，而其后承东原之风而起者如芸台、如里堂，其言义理，皆不能为孔孟与宋儒间造一严格之壁垒。"［钱穆：《中国近三百年学术史》（二），载《钱宾四先生全集》，第17册，第631页］
④ （清）阮元：《揅经室集》，邓经元点校，第37页。
⑤ （清）阮元：《揅经室集》，邓经元点校，第253页。
⑥ 艾尔曼曾指出阮元是汉宋折衷的标志，他表示"对理学合理性的重新肯定，也并不是要全然摒弃考据方法和技巧。人们试图折衷汉、宋之学，这种公开的折衷倾向是向汉学挑战的重要成果之一。考证学派仍广为人知，但是，它仅凭自身很难为自己辩护。阮元在去世前最后10年，逐渐重视义理之学，这是19世纪儒家话语转向汉宋折衷的又一标志"（［美］艾尔曼：《从理学到朴学——中华帝国晚期思想与社会变化面面观》，赵刚译，第171页）。同时，王章涛也认为："阮元、焦循、凌廷堪则与'二王'有别，他们虽不是戴震的弟子，但却远绍清初顾炎武、黄宗羲，近承戴震，把戴震未能确认亦未及传给弟子的义理之学，竟跳跃式地传承过来，得到创造性的发展。同时在通经致用、经世致用上开拓出一片新天地。"（王章涛：《阮元评传》，广陵书社2004年版，第237页）
⑦ 杨向奎：《清儒学案新编》，齐鲁书社1994年版，第5册，第379页。
⑧ 对此，胡适表示："反对戴学的人固然不少，但戴学的影响却渐渐发展，使清朝中叶的学术史起一种重大的变化。什么变化呢？这时期的经学家渐渐倾向于哲学化了。凌廷堪、焦循、阮元很可疑代表这个倾向。他们的学说虽然都不算戴学的真传，然而他们都想在经学上建立他们的哲学思想，这一点不能不说是戴学的影响。……从戴震到阮元是清朝思想史上的一个新时期；这个时期，我们可以叫做'新理学时期'。"胡适：《戴东原的哲学》，载欧阳哲生编《胡适文集》（7），第329页。

第五章 焦竑与清代学术

只看到了阮元等后学以考据求义理的学术路径与戴震类似，但忽视了阮元等人对宋学的肯定态度，而这一点是戴震所不能接受的。由此看来，阮元确实可以被当作新理学时期的人物，但他是新旧义理折衷派的代表，不全是戴学的信徒。

从新义理派、旧义理派及折衷派的发展来看，这一承续发展的过程在某种程度上似乎符合"正、反、合"的辩证发展过程。从清代新义理派的崛起①，到旧义理派的反击，再到新旧义理折衷派的出现，清代前中期的义理学经历了一个按照自身发展逻辑由对立到融合的过程。那么，回到主题，焦竑与清代义理学的关系如何呢？在此，我们将焦竑与清代前中期义理学作一比较，见表5-2：

表5-2　　　　　　　　焦竑与清代前中期义理学的比较

			焦竑	
			相同点	不同点
清代	新义理派	非考据方法 颜元	焦竑与颜元之学似乎无共同点，但颜元弟子李塨采用考据方法，这与焦竑之学类似	焦竑以考据阐发心学义理，反对程朱理学 颜元反宋学，以实行恢复儒家原始义理
		考据方法 戴震	采用考据法	焦竑以考据阐发心学义理，反对程朱理学 戴震以考据建构智识化的新义理
	旧义理派	非考据方法 方东树	直觉体认法	焦竑采用考据法，方东树未采用考据法 焦竑阐发心学义理，反对程朱理学 方东树维护宋学义理
	新旧义理折衷派	考据方法 阮元	采用考据法	焦竑阐发心学义理，反对程朱理学 阮元肯定宋学义理

据此表格，通过对比焦竑与清代前中期的义理学，可知两点。

---

① 此处以颜李学派为清初新义理派的代表，很多我们传统上划归为晚明思想家的学者，如黄宗羲、王夫之等与颜元几乎生活于同一时代。虽然黄、王等人更多归属于明代义理学，颜李更多归属于清代义理学，但在反宋明新儒学上，他们的立场是大致相同的。对此，成中英指出，在形而上学与道德哲学的反二元的自然主义框架下，王夫之、颜元、李塨、黄宗羲、陈确、李二曲、方以智这些哲学家在不同程度上都反对宋明新儒学。Chung-Ying Cheng, "Reason, Substance, and Human Desires in Seventeenth-Century Neo-Confucianism", in Wm. Theodore deBary and The Conference on Seventeenth-Century Chinese Thought ed., *The Unfolding of Neo-Confucianism*, New York & London: Columbia University Press, 1975, pp. 469–509.

（1）从方法角度看，焦竑与清代义理学中新义理派的戴震与新旧义理折衷派的阮元均采用考据法。颜元虽属新义理派，但他并未采用考据法，在方法论上难以与焦竑有共同之处，不过，其弟子李塨及后传弟子程廷祚等人均受时代风气影响而采用考据法。在以上所列三派中，唯有方东树未采用考据法，方氏属于与新义理派相抗衡的旧义理派，在维护旧义理方面，焦竑与方东树对作为旧义理传统方法的直觉体认工夫有所延续，这似乎是二者在方法上的相同点。

（2）从义理角度看，焦竑将从考据中吸收智识化的学术态度融入心学，从而形成智识化的心学形态。不过，尽管焦竑的心学与明代心学有明显的不同，但他所维护、阐发的仍是王阳明以来的心学义理，因此仍属于心学范围。这一点在清代前中期的义理学中鲜有承继。不仅颜元、戴震等人转向以气论为基础的新义理，成为与宋明义理学相反的新义理派，而且连旧义理派的方东树等人维护的亦是宋学，而不是心学。承此两派之后的阮元等人的折衷仍维持在调和汉宋之争的范围内，基本不涉及心学。在很大程度上，清代儒者在义理方面的创造与明代心学基本无涉，他们更多关注的是宋学，尤其是程朱理学。这样看来，焦竑在心学上的成就似乎对清代前中期的义理学无甚影响。不过，从另一方面看，焦竑在阐发心学时，对程朱理学有所批判。就反宋学而言，焦竑与新义理派的颜元、戴震等人则有共同之处。然而，焦竑批判程朱理学，如认为其格物致知是"使学者尽其精力，旁搜物理，而于一片身心反置不讲"[①]，指出"伊川、晦庵之学，不从性宗悟入，而以依仿形似为工，则未得孔孟为之依归故耳"[②] 等说法，都是站在心学立场上反宋学，与颜元、戴震等人以气论为本的反宋学仍有所差异。由此看来，焦竑开创的智识化的心学这一新径，似乎对清代前中期义理学的影响并不大。

讨论至此，冯友兰先生的一个说法很值得注意。冯先生在论及颜元、李塨、戴震反宋学而未及心学这一现象时，提出了一个新说法：

> 颜、李及东原，皆反宋学，而其所攻击辩论者，多及理学家，而鲜

[①] （明）焦竑：《答友人问》，载《澹园集》，李剑雄点校，第87页。
[②] （明）焦竑：《答钱侍御》，载《澹园集》，李剑雄点校，第84页。

及心学家。在颜、李及东原或以为心学之近禅,乃不可掩之事实;理学则"弥近理而大乱真",故须辟之。就吾人观之,则颜、李及东原对于理、气及性、形之见解,乃与蕺山、梨洲有相同处。蕺山、梨洲为心学之继续。盖颜、李、东原在此方面之主张,与心学较相近也。①

在认识到颜、李、戴反宋学但鲜及心学的事实后,冯先生给出了两种解释。从颜、李、戴的当事人立场看,心学近禅或已是不争的事实,而理学还受尊崇,故此三人将批判的矛头指向宋代理学。进而,冯先生给出了自己的看法,三人之所以不批判心学是因为他们在理、气、性、形这些哲学问题上的见解与心学相近,与宋代理学相对立,故此才批判理学。若冯先生的说法成立,是否心学派的焦竑对接近心学的颜李学派及戴震亦有影响呢?其实,冯先生认定三人与心学有关,关键在于刘宗周、黄宗羲师徒。其实,刘、黄师徒虽属于心学人物,但他们已在心学中融摄了气学成分,形成了"盈天地间一气""盈天地间皆心"的心气二元论②,这样看来,颜李学派、戴震在气学上的传承确实很可能受蕺山学派的影响。不过,晚明的蕺山学派融摄了心学与气学,已突破心学的范围,包含了向气学转向的可能,故可与清代新义理派接契。但是,焦竑智识化心学的新径,虽吸收了智识化的学术态度,但在根本精神上仍是阳明以来传承的心学,并未融摄气学。这样看来,冯先生的说法虽成立,但对焦竑与清代义理学的关系不构成影响。

---

① 冯友兰:《中国哲学史》(下),载《三松堂全集》第3卷,第410页。
② 刘宗周、黄宗羲师徒之学以心学为主,对此,蔡家和表示:"黄宗羲亦能肯定程朱学,但仍以心学为尊,以阳明为正;黄宗羲师承于蕺山,而蕺山视心学为学问的大头脑。"(蔡家和:《王阳明与黄梨洲"心体说"之会合可能》,《哲学与文化》2018年第4期)同时,刘宗周之学也有深刻的气学色彩,如"盈天地间一气而已矣。有气斯有数,有数斯有象,有象斯有名,有名斯有物,有物斯有性,有性斯有道,故道其后起也。而求道者,辄求之未始有气之先,以为道生气,则道亦何物也,而遂能生气乎?"(明)黄宗羲:《蕺山学案》,载《明儒学案》,沈芝盈点校,第1520页。这种气学观点对其弟子黄宗羲影响甚大,黄氏提出"盈天地间皆气"与"盈天地间皆心",在很大程度上正导源于刘宗周。不过,吴光也指出"黄宗羲的哲学思想不全来自师说,也不尽同于师说。他较之刘宗周,经历的变故更大,读书更多,见闻更广,视野更阔,因而思索更深,成就更大"(吴光:《论黄宗羲的学术成就》,载白寿彝主编《清史国际学术讨论会论文集》,第574页)。此外,关于刘宗周、黄宗羲的气学思想,可参见衷尔钜《蕺山学派哲学思想》,山东教育出版社1993年版;何俊、尹晓宁《刘宗周与蕺山学派》,中国人民大学出版社2009年版。

总体来看，进入清代前中期，儒学的主题便围绕在汉学与宋学之间，鲜及心学。尽管清代新义理派与明末蕺山学派的心学相近，但这一相近主要源于蕺山学派的气学向度，而非心学。就心学而言，焦竑智识化的心学这一新径对清代前中期义理学可谓影响甚微。

第三节 焦竑与清代考据学

由明至清，晚明时期泛滥激荡的狂禅之说，由虚转实为清初的实学与乾嘉考据学。从方法论的角度看，以直觉体认工夫为主的修养方法，逐渐为以求真为宗旨的考据学方法所取代，成为清代学者普遍接受并广泛应用的治学方法。相较于直觉体认工夫的神秘性、主观性，考据学方法具有客观性与科学性。胡适曾专门探讨清儒的治学方法，他将清代考据学可分为文字学、训诂学、校勘学与考订学四个部分，尽管清儒的考据学方法有些琐碎，但却包含着科学的精神。实际上，考据学方法具有"大胆的假设"和"小心的求证"两种因素。"假设不大胆，不能有新发明。证据不充足，不能使人信仰。"[①] 此外，他在评述《东西文化及其哲学》时，也表达了类似的看法，宋学是从中古宗教里滚出来的，程颐、朱熹一派认定格物致知的基本方法。大胆地疑古，小心地考证，十分明显地表示一种"严刻的理智态度，走科学的路"。这个风气一开，中间虽有陆、王的反科学的有力运动，终不能阻止这个乐学的路重现而大盛于最近的三百年。这三百年的学术，自顾炎武、阎若璩以至于戴震、崔述、王念孙、王引之，以至于孙诒让、章炳麟，我们决不能不说是"严刻的理智态度，走科学的路"[②]。在具有科学精神的考据学方法的助力下，清代中期的乾嘉汉学家们将此方法发挥到极致，文字、音韵、辨伪、校勘、辑佚、目录、版本、金石、名物典制、天文历算、职官舆地等方面均为考据学的领域。

在探讨焦竑与清代前中期考据学的关系之前，有必要对清代前中期的考据学进行简要梳理。大体上，关于清代前中期考据学的情况，见表5-3：

[①] 胡适：《清代学者的治学方法》，载欧阳哲生编《胡适文集》（2），第288—301页。
[②] 胡适：《读梁漱溟先生的〈东西文化及其哲学〉》，载欧阳哲生编《胡适文集》（3），第195页。

第五章　焦竑与清代学术

表5-3　　　　　　　　　　　清代前中期考据学概况

	人物	考据著作（文字、音韵、辨伪、校勘、辑佚、目录、版本、金石、名物典制、天文历算、职官舆地）
清代前期	顾炎武	《音论》《易音》《诗本音》《古音表》《日知录》《天下郡国利病书》《肇域志》等
	黄宗羲	《易学象数论》《明儒学案》《宋元学案》《行朝录》《校水经注》《春秋日食历》《历代甲子考》《今水经》《四明山志》等
	陆世仪	《春秋考》《思辨录集要》《淘河议》《决排脱》《建闸议》等
	费经虞	《古音拾遗》《字学》《四书广训》《毛诗广义》《雅伦》等
	费密	《尚书说》《周礼注论》《太极图记》《古史正》《历代纪年》《史记补笺》等
	阎若璩	《尚书古文疏证》《孟子生卒年月考》《重校困学纪闻》《四书释地》《四书释地续》《四书释地又续》等
	胡渭	《易图明辨》《洪范正论》《禹贡锥指》等
	江永	《古韵标准》《音学辨微》《周礼疑义举要》《礼书纲目》《春秋地理考实》等
	毛奇龄	《古今通韵》《春秋毛氏传》《太极图说遗议》《四书改错》《河图洛书原舛》《湘湖水利志》等
	万斯同	《明史稿》《历代史表》《昆仑河源考》等
	姚际恒	《古今伪书考》《诗经通论》《尚书通论》《好古堂书目》等
	顾祖禹	《读史方舆纪要》
	刘献廷	《新韵谱》《广阳杂记》《秦边九卫图》《楚水图记》等
	王锡阐	《历说》《历策》《大统历法启蒙》
	梅文鼎	《勿庵历算书目》《历学疑问》《五星管见》
清代中期	惠栋	《九经古义》《易汉学》《古文尚书考》等
	戴震	《声韵考》《声类表》《校水经注》《算经十书》《仪方言疏证》《尔雅文字考》《礼集释》《考工记图注》《经雅》《记冠冕》《原象》《历问》《古历考》《勾股割圆记》《策算》《周髀算经》《九章算术》《海岛算经》《水地记》《直隶河渠书》等
	全祖望	《句余土音》《经书问答》《古今通史年表》《七校水经注》《天一阁碑目》《汉书地理志稽疑》等
	钱大昕	《声类》《十驾斋养新录》《元史艺文志》《金石文字目录》《潜研堂文集》《三统术衍》《算经答问》等
	段玉裁	《说文解字注》《六书音韵表》《诗经小学》《古文尚书撰异》《周礼汉读考》《毛诗故训传定本》《经韵楼集》等
	王念孙	《古韵谱》《广雅疏证》《读书杂志》《导河议》《河源纪略》等

续表

人物		考据著作（文字、音韵、辨伪、校勘、辑佚、目录、版本、金石、名物典制、天文历算、职官舆地）
清代中期	王引之	《经传释词》《字典考证》《春秋名字解诂》《经义述闻》等
	阮元	《研经室集》《经籍纂诂》《皇清经解》《浙江通志》《广东通志》《畴人传》《十三经校勘记》《焦山书藏书目》《山左金石志》《两浙金石志》等
	章学诚	《文史通义》《和州志》《永清县志》《亳州志》《湖北通志》《校雠通义》《瀞云楼书目》等
其余著述		《类音》（潘耒），《说文义证》（桂馥），《释名疏证》，《尚书集注音疏》（江声），《说文声系》（姚文田），《尔雅正义》（邵晋涵），《易通释》、《易图略》、《论语通释》（焦循），《仪礼图》（张惠言），《礼经释例》（凌廷堪），《乡党图考》（江永），《左海经辨》（陈寿祺），《通艺录》（程瑶田），《晚书订疑》（程廷祚），《毛诗后笺》（胡承珙），《仪礼郑注句读》（张尔岐），《周官辨非》（万斯大）等《读通鉴论》、《宋论》（王夫之），《廿二史考异》（赵翼），《十七史商榷》（王鸣盛），《宋史艺文志补》（倪灿），《补宋书刑法志食货志》（郝懿行），《义门读书记》（何焯），《群书拾补》（卢文弨），《思适斋文集》（顾广圻），《士礼居题跋》（黄丕烈），《经籍跋文》（陈鳣），《通德遗书》（孔广林辑），《金文最》（张金吾辑），《日下旧闻》（朱彝尊），《两汉金石志》，《粤金石略》（翁方纲），《石经考异》（杭世骏）等《李氏遗书》（李锐），《董方立遗书》（董祐诚），《少广正负术内篇》（孔广森），《弧矢算术细草》，《勾股算术细草》，《方程新术草》（李锐），《论水利书》（张履祥），《水经注释》，《水经注刊误》，《直隶河渠志》（赵一清），《历代地理沿革表》（陈芳绩），《乾隆府厅州县图志》（洪亮吉），《汉书地理志校本》（汪远孙），《汉书地理志补注》（吴卓信），《汉志水道疏证》（洪颐煊）等

清代前中期的考据学著作丰富，名家辈出，简单枚举难免挂一漏万，故此表旨在大体勾勒、呈现这一时期的考据学状况。具体言之，清代前期与中期虽都以考据学为特色，但却有所不同。清代前期诸考据学家多生于明末，身处明末清初这一朝代更迭的巨变时代，明代阳明学的巨大影响仍然在这些明末清初学者身上有潜移默化的影响，不过他们对于宋明义理学不再是一味地接受与顺承，而是开始反思、检讨，因而逐渐产生经世之实学倾向。①

---

① 张履祥、颜元等人之学便是对明代思潮进行反思而产生的实学。例如，张履祥承自其师刘宗周注重道德实践的风格，由王返朱，力求在实际生活中实现儒家六经之义。而颜元则根据自身实际经历认为古代的"三事""三物"等才是真正的儒学的结论，因此摆脱程朱理学传统，彻底走向实学。可参见陈海红《"井牧六经俱耕耘"的张履祥实学》，《浙江社会科学》2013 年第 3 期；（转下页注）

第五章 焦竑与清代学术

考据学正是清初学者寻求突破的一个新方向。对于清初儒者，钱穆先生认为他们兼具道德、经济、学问三者，具有厉实行、济实用的倾向。① 这表明，考据学在清初是作为实学的一部分出现的，而这种实学与反思宋明义理学以寻求经世的新方向有密切关系。不过，这一情况在清代中期发生了转变。考据学在乾嘉时期达到鼎盛阶段，显现出社会化和专业化的趋势。② 如表5-3中所列清中期诸儒，其考据学成果在音韵训诂、校勘辨伪、版本目录、天文历算、金石③舆地④等方面已具有非常专门且深入的研究，且以标准的学术著作的形式呈现，此为专业化的方面。同时，乾嘉考据学的惠、戴、钱

（接上页注①）Jui-Sung Yang, *A New Interpretation of Yen Yuan（1635 – 1704）and Early Ch'ing Confucianism in North China*, PhD dissertation, University of California Los Angeles, USA, 1997, pp. 94 – 119. 实际上，明末清初实学的兴起，反思明代思潮仅是学术发展的内因，同时，一些学者注意到，此时期的实学与西方科学技术的传入有关，如方以智的实学。关于这方面的研究，可参见杨爱东《东传科学与明末清初实学思潮——以方以智的实学思想为中心》，博士学位论文，山东大学，2014年；杨爱东《明末清初东传科学与实学思潮关系研究的回顾与展望》，《自然辩证法通讯》2014年第3期。

① 钱穆先生认为："言神州学风者，莫尚于清初。上承宋明理学之绪，下启乾嘉朴学之端。有理学家之躬行实践，而无其空疏；有朴学家之博闻广览，而无其琐碎。宋明诸儒，专重为人之道，而乾嘉诸儒则只讲读书之法。道德、经济、学问，兼而有之，惟清初诸儒而已。言其环境，正值国家颠覆，中原陆沉，创巨痛深，莫可告语。故一时魁杰，其心思气力，莫不一注于学问，以为守先待后之想。而其律己持躬，刻苦卓励，坚贞不拔之概，尤足为百世所仰慕。要而言之，则'厉实行''济实用'之二语，概足以尽之也。"（钱穆：《述清初诸儒之学》，载《钱宾四先生全集》，第22册，第1页）

② 对于乾嘉考据学的社会化与专业化，漆永祥指出："乾嘉时期，随着书院的兴盛和学术的日渐普及，在全社会范围内形成了学术文化兴盛和受人重视的氛围，从朝廷、官府、商贾道士大夫家庭都提倡和重视学术，而江南诸省乃至全国，书院林立，藏书楼甚多，又提供了良好的治学环境和读书条件，举家治学、师弟相授、友朋切磋、书札往来成为常见的学术授受与交流手段。因此，学术已不再是朝堂、国学或书院所专有，而是呈现出社会化与专门化的现象，江南各地，尤其如此。"（漆永祥：《乾嘉考据学研究》，中国社会科学出版社1998年版，第288页）

③ 对于清代金石学的复兴，有学者认为"最主要的原因是清王朝最高统治者的提倡"，"清王朝乾隆年间编纂的内府藏品结集《西清古鉴》《续鉴》甲编和乙编、《宁寿鉴古》等几部著名的大型金石著录，推动了金石学研究的再度复兴。……由于清初执政者对金石学的大力提倡，再加上清初学者对'文字狱'的余悸未消和乾嘉考据学派的兴起，所以金石学又逐渐发展起来了"（王宇信、方光华、李健超：《中国近代史学学术史》，中国社会科学出版社1996年版，第375页）。

④ 在很大程度上，清代地理学鼎盛的源头可以追溯到晚明时期。对此，李约瑟特别强调了徐霞客的重要性。他认为"在明末最称发达的另一领域则为地理学，其时方志出版正如雨后春笋。最伟大的旅行家徐霞客耗费毕生时间，对于那时实际上仍是模糊不清的中国西部和西南部的浩大区域加以考察"。[英] 李约瑟：《中国之科学与文明》（一），陈立夫等译，台北：台湾商务印书馆1971年版，第277页。

三派①，其弟子、同好可谓遍及天下，于考据上有成就者甚多，此为社会化的方面。可见，从清代前期到中期，考据学逐渐由与宋明义理学有关的实学之一部，而逐渐发展为求知性的、纯粹的专业化考据。②

当探讨清代考据学时，焦竑作为晚明考据学的一员常会在追溯清代考据学源头时被提及。这种说法确有道理，因为焦竑在考据学上与清代前中期的儒者确有共同之处。（1）在考据范围上，焦竑与清儒都涉及文字、音韵、训诂、校勘、辑佚、目录、金石、方志等方面。这表明双方在考据的广度上基本一致，在某种程度上可以说，清儒的考据学规模在焦竑处已基本具备，清儒的考据延续了焦竑以来的考据学规模。（2）在考据方法上，焦竑与清儒都采用归纳法、对比法等，如焦竑在辨析古音、考据字意时常引用多条具体例证以说明问题，得出结论。这一方式被清儒沿用，如从清初的顾炎武到清中期的戴震、王念孙、王引之等考据学家，在进行考据时会引用几十甚至上百条例证以说明问题。例如，王引之在《经传释词》中引用了《易·系辞传》《玉藻》《后汉书·李法传》《文选·东京赋》《广雅》《晋语》等数十条证据来解释"与"字③，顾炎武的《音学五书》则列举了百余条证据来说明"服"字的古音④。这表明，考据作为一种求真、求实的方法，其科学精神从焦竑到清儒并未有所改变。（3）在考据的具体理论上，焦竑对清儒有所启发。以音韵学为例，焦竑在读《诗经》时撰写了一条名为"古诗无叶音"考据笔记以反驳历来的叶音说。他举出"下""服""降""泽"四字，四字的古音分别

---

① 三派的划分，主要采纳了漆永祥的看法，他在《乾嘉考据学研究》中将乾嘉考据学主要划分为惠、戴、钱三派。具体言之，惠派以惠栋为首，包括惠士奇、惠栋、沈彤、江声、余萧客、王鸣盛、王昶、卢文弨、顾广圻、臧庸、江藩等；戴派以戴震为首，包括江永、金榜、洪榜、程瑶田、段玉裁、任大椿、孔广森、王念孙、王引之、陈奂、胡匡衷、胡培翚、胡承珙、郝懿行、汪中、焦循、李惇、贾田祖、刘台拱、凌廷堪、阮元等；钱派以钱大昕为首，包括钱大昭、钱塘、钱坫、钱东垣、钱绎、钱侗、钱东壁、钱东塾、邵晋涵、洪亮吉、孙星衍、朱骏声、张澍、邢澍、李锐、夏文焘、钮树玉等。（漆永祥：《乾嘉考据学研究》，第126—128页）

② 值得注意的是，尽管考据学在乾嘉时期的鼎盛之后有所退化，但考据作为一种学术方法，仍被学者们沿用下来，直到晚清时期的康有为著《新学伪经考》《孔子改制考》，仍采用考据的学术形式，以表明其学说的真理性。清末民初，考据方法依然存在，如学者们大量整理古典文献的"整理国故"运动，甚至胡适所著《中国哲学史大纲》这类哲学史著作，均具有清代考据的遗风。

③ 参见（清）王引之《经传释词》，湖南师范大学中文系古汉语研究室校点，岳麓书社1985年版，第1—5页。

④ 参见（清）顾炎武《音学五书》，清文渊阁《四库全书》本。

第五章 焦竑与清代学术

为"虎""迫""攻""铎",以四字古音来读《诗经》,与上下韵相应,并不需要叶音,但以这四字的今韵来读,则需要叶音。但焦竑仅有此想法,其好友陈第进一步将此说发扬光大,写成《毛诗古音考》《屈宋古音义》等音韵学著作,因而成为清代音韵学的先导。[①] 顾炎武《音学五书》亦论及"古诗无叶音",但只论及陈第,并未提及焦竑。[②] 阎若璩指出了顾炎武的疏漏,将"古诗无叶音"之说更正为焦竑所创,并对此说十分推崇,认为"大有裨益韵学",由此可见焦竑对清代音韵学的影响。[③] (4) 从考据与义理的关系来看,

---

[①] 对于叶音说以及焦竑、陈第的贡献,李焯然有一总结,现引于此以示其中委曲:"明朝以前对于古今词汇语音的研究,早有如《尔雅》《广雅》等专著,然而其间因古今时代演变所产生的词汇及读音变化问题,毕竟尚是一知半解。所以六朝时代学者读古书时感到用韵有不和谐的地方,便不加深思地把某字改读为某音,称之为'叶韵''叶句'或'合韵',而且认为古人也是如此以求和谐。其实都是没有意识到历史是不断的前进,而古今语音也会发生变化的道理。这种风气到唐代中叶以后更加盛行起来,甚至于臆改古人文字以求叶韵。就是到了宋代,吴棫的《韵补》、郑庠的《诗古音辨》,还是以叶韵为基础。语音随时而变的启示,至明中叶以后,焦竑提出今日的语音与古代的语音不同,才正式确立。然而,焦竑虽然提出叶韵古音之说,建立语言的历史观念,但他的研究主力,并不在音韵之学上,所以他只有理论架构,而未尝予以具体发挥。陈第最大的贡献,便是把焦竑的理论发扬光大,他的《毛诗古音考》《屈宋古音义》《读诗拙言》,把焦竑的理论付诸实践,使近世古音学的规模灿然大备。陈第重申'时有古今,地有南北',确立了'字有更革,音有转移'的观念,可谓把焦竑之说发挥至极点,为后来清代学者的研究,节省了不少工夫。"(李焯然:《焦竑与陈第——明末清初古音学研究的两位启导者》,载《明史散论》,第151页)

[②] 李约瑟在论及古音韵学时,也仅及陈第,未及焦竑。他认为:"中国学术界,自宋以来,其主要的工作之一便是恢复古诗的音韵,如《诗经》者是。学者们知道用现在的字音去读古诗是行不通的,但他们却没有信心去说明古代音值的真象。中国人民经过几乎二千多年的变迁和扰攘,字的意义虽然仍属稳定,但语音已经有了很大变化。陈第于公元一六〇六年刊行《毛诗古音考》,可以说是采用归纳法建立起'语音学'(science of phonology)之第一个人。……陈第的学问由一位不愿出任满清政府官吏的宿儒顾炎武为之继续。当时另一位同样伟大的人物阎若璩,由于对《书经》的一部分之确实性,施以大胆的攻击,因而在中国把语言学建立起来。"[英]李约瑟:《中国之科学与文明》(一),陈立夫等译,第275页。

[③] 对"古诗无叶音说",阎若璩肯定此为焦竑所创,并对此说颇为推崇。具体言之,如"又按《音学五书》言,古诗无叶音。载陈第季ží《序言》颇详,尚未及焦氏竑《笔乘》一段。余劝东海公补入,诺而未行。书已刊布,今补于此,亦大有裨益韵学云。《笔乘》曰,诗有古韵今韵。古韵久不传,学者于《毛诗》《离骚》,皆以今韵读之。其有不合,则强为之音,曰:'此叶也。'予意不然,如'驺虞',一虞也,既音牙而叶葭与豝,又音五红反而叶蓬与豵;'好仇',一仇也,既音求而叶鸠与洲,又音渠之反而叶逑。如此则东亦可音西,南亦可音北,上亦可音下,前亦可音后,凡字皆无正呼,凡诗皆无正叶矣,岂理也哉?如下,今在祃押,而古皆作虎音:《击鼓》云'于林之下',上韵为'爰居爰处';《凯风》云'在浚之下',下韵为'母氏劳苦';《大雅·绵》'至于岐下',上韵为'率西水浒'之类也。服,今在屋押,而古皆作迫音:《关雎》云'寤寐思服',下韵'辗转反侧';(转下页注)

焦竑认为考据对发明义理关系甚大。仍以音韵为例，他认为"古韵不明，致使《诗》不可读；《诗》不可读，而正得失、动天地、感鬼神之教，或几于废，此不可谓之细事也"①，也就是说，如果不能准确把握字音，便可能失去对圣贤经典真义的理解，因而"韵之于经，所关若浅显"②。焦竑这种论断

(接上页注③)《有狐》云'之子无服'，上韵为'在彼淇侧'；《骚经》'非时俗之所服'，下韵为'依彭咸之遗则'；《大戴记》：《孝昭冠辞》'始加昭明之元服'，下韵'崇积文武之宠德'之类也。降，今在绛押，而古皆作攻音：《草虫》云'我心则降'，下韵为'忧心忡忡'；《骚经》'惟庚寅吾以降'，上韵为'朕皇考曰伯庸'之类也。泽，今在陌押，而古皆作铎音：《无衣》云'与子同泽'，下韵为'与子偕作'；《郊特牲》'草木归其泽'，上韵为'水归其壑，昆虫无作'之类也。此等不可殚举。使非古韵而自以意叶之，则下何皆音虎，服何皆音迫，降何皆音攻，泽何皆音铎，而无一字作他音者耶？《离骚》、汉、魏去诗人不远，故其用韵皆同。世儒徒以耳目所不逮，而凿空傅会，良可叹矣。予儿朗生五岁，时方诵《国风》，问曰：然则'驺虞''好仇'当作何音？语曰：葭与豝为一韵，蓬与豵为一韵，于'吁嗟乎驺虞'一句，自为余音，不必叶也。如'麟之趾'，趾与子为韵，'麟之定'，定与姓为韵。'于嗟麟兮'一句，亦不必叶也。《殷其雷》《黍离》《北门》章末语不入韵，皆此例也。《兔罝》，仇与逵同韵，盖逵，古一音求。王粲《从军诗》'鸡鸣达四境，黍稷盈原畴，馆宅充廛里，士女满庄馗'。馗即逵，九交之道也。不知逵亦音求，而改仇为渠之反以叶之，迁就之曲说也。愚按，惟逵古音求，说非是。盖逵虽亦作馗，不比馗有二音，止音葵。经文未尝作馗，岂容读入尤韵。毛氏先舒引《汉书》，赵幽王歌为'王饿死兮谁者怜之，吕氏绝理兮托天报仇'，云仇可与之叶，自亦可与逵叶。证朱子音为独得也"。（清）阎若璩：《尚书古文疏证》，第499—503页。"呜呼，始为叶音之说者谁欤？其亦可谓之不识字也矣。字有古音，以今音绳之，祇觉其扞格不合。犹语有北音，以南音绳之，扞格犹故也。人知南北之音系乎地，不知古今之音系乎时。地隔数十百里，音即变易，而谓时历数千百载，音犹一律，尚得谓之通人乎哉。曷始乎。始则自后周，有沈重者，音《毛诗》，于'南'字下曰协句，宜乃林反。陆德明从而和之。籀于《汉》，善于《选》，亦各曰合韵、协韵。自时厥后，滔滔不返。朱子作传注，益习为固然，几无一不可叶者。音之亡，久矣。天牖其衷，音学复明，发端于明之焦氏、陈氏，大备于近日柴氏、毛氏、顾氏之书。试取所未及者言之，《谷梁传》云，吴谓善伊谓稻缓。今吴人无此音也。《唐韵》云，韩灭，子孙分散，江淮间音以韩为何字，随音变，遂为何氏。今江淮间无此音也。《吕氏春秋》云，君呿而不全，所言者莒也。高诱《注》，呿开，全闭。颜之推谓，北人之音多以举莒为矩，惟季季节云，齐桓公与管仲在台上谋伐莒，东郭牙望桓公口开而不闭，故知所言者莒也。然则，莒矩必不同呼，此为知音矣。及予与莒州人遇，叩其乡贯，呼莒为俱雨切不为居许切，则音之变也。然犹可诿曰，此方言也。请证以《离骚》，洪兴祖本于'多艰夕替'之下，引徐铉曰，古之字音多与今异，如皂亦音香，乃亦音仍，盖古今失传，不可详究。如艰与替之类，亦应叶，但失其传耳。予谓此即古音也。然又可诿曰，《楚辞》辞楚，故讹韵实繁。更证以三百篇，三百篇'风'字凡六见，皆在侵韵内。今吾乡山西人读风犹作方愔反，不作方戎反，正颜之推所谓北方其辞多古语是也。予独怪朱子于《九歌•国殇》'雄'与'凌'韵云，今闽人有谓雄为形者，正古之遗声。夫既知为古之遗声，不因以悟其余，而仍其下注曰雄叶音形，抑独何哉。"（清）阎若璩：《尚书古文疏证》，第507—509页。值得注意的是，胡适在论及清儒的考据方法时，特指出清儒攻击"不懂古音，用后世的音来读古代的韵文，硬改古音为'叶音'"之说。胡适：《清代学者的治学方法》，载欧阳哲生编《胡适文集》(2)，第289页。不过，这也从侧面表明，清代学者将焦竑的"古诗无叶音说"视为一种重要理论，并在具体的考据中进行应用，可见焦竑此说对清儒的影响。

① （明）焦竑：《毛诗古音考序》，载《澹园集》，李剑雄点校，第128页。
② （明）焦竑：《毛诗古音考序》，载《澹园集》，李剑雄点校，第128页。

第五章　焦竑与清代学术

亦被清儒继承，或者说，考据以明经正是清儒致力于考据的目的之一。如戴震"由文字以通乎语言，由语言以通乎古圣贤之心志"①，钱大昕"常谓六经者，圣人之言，因其言以求其义，则必自训诂始"②，以及《四库提要》"说经主于明义理，然不得其文字训诂，则义理自何而推"等说法，基本可以反映出清儒主张以考据求义理的心态。而这一点在某种程度上亦可谓受到焦竑的影响。③

从以上诸点来看，焦竑的考据学对清儒确有启发、先导之功，这也是学术界认定焦竑对清代考据有影响的原因所在。④ 不过，这种论断在很大程度上是基于焦竑与清儒在考据上的相似或相同之处，反而忽视了双方考据学的差异。实际上，只有对焦竑与清儒在考据上的异同有全面了解，才能够对双方的关系进行有说服力的评判。那么，双方在考据学上的差异如何呢？

（1）从考据的范围上看，虽然焦竑与清儒有很多共同之处，但也存在一些相异之处。比如，焦竑在考据上还涉及佛道、医方、戏曲等方面，尤其对佛道二教的考据，是清儒考据所不及的。同样，清儒的考据有一重要领域是天文历算与舆地，这是焦竑在考据上略有涉及但远不及清儒之处。天文历算

---

① （清）戴震：《古经解钩沉序》，载《戴震文集》，赵玉新点校，中华书局1980年版，第146页。

② （清）钱大昕：《臧玉琳〈经义杂识〉序》，载《潜研堂文集》卷二十四，清嘉庆十一年刻本。

③ 值得注意的是，焦竑与清儒在考据上虽有共同之处，但按艾尔曼的说法，双方的考据却存在着"业余性研究"与"专业化研究""职业化研究"的区别。（［美］艾尔曼：《从理学到朴学——中华帝国晚期思想与社会变化面面观》，赵刚译，第48—70页）在某种程度上，对清儒来说，他们认识到的不是焦竑等前辈儒者考据学的正面价值，反而批判其考据粗疏。例如，王鸣盛以目录学为例指出："目录之学，学中第一要紧事，必从此问途，方能得其门而入。然此事非苦学精究，质之良师，未易明也。自宋之晁公武而下，迄明之焦弱侯一辈人，皆学识未高，未足剖判古书之真伪是非，辨其本之佳恶，校其伪谬也。"（清）王鸣盛：《十七史商榷》，黄曙辉点校，上海书店出版社2005年版，第1页。

④ 对于明代考据对清代考据学派形成的作用，艾尔曼曾有说明："明朝晚期，对于考据学自我觉醒的潜意识出现了，人们开始追求新的学术方法，只有这种方法，才会使考据学成为一种具有自足性的学术话语。明代许多学者的研究和著述充满了个人主义，有时甚至是英雄主义精神，他们醉心于尚未开拓或研究的知识领域。当时，一些学者已开始致力于小学这一为许多人遗忘的领域，逐步形成共同研究领域和通行的学术话语，这种发展趋势是考据学派形成的必要条件。明代考证学者作为新学术话语的开创者，在一定程度上，为考据学赢得了某种相对于其他知识领域的独立性，这使后来的学者有可能在他们开拓的基础上进行研究。"（［美］艾尔曼：《从理学到朴学——中华帝国晚期思想与社会变化面面观》，赵刚译，第31页）

与舆地考据之所以在清代兴盛，除与追求准确理解儒家经典的意图外①，在某种程度上与清儒科学意识的发展有关。因为这种考据学问具有自然科学的向度，可以与西方传入的自然科学相契合。② 传教士来华以及与西方交流的增多，西方的自然科学知识也随之入华。清代天文历算与舆地之学的发展与中西交流不无关系。③ 同时，清代在和外国交往过程中，难免涉及疆域等实际的地理问

---

① 天文历算、舆地之学与儒家经典密切相关，对这些学问的了解与否也关系着能否对儒学经典的本义进行准确把握。例如，阎若璩曾著有《四书释地》一书，原因在于"解《四书》者昧于地理，往往致乖经义"，因而才"撰《释地》一卷，凡五十七条；复撼所未尽为《释地续》一卷，因牵连而及人名凡八十条；复因地理、人名而及物类、训诂、典制一百六十三条，谓之《又续》；其他解释经义者又得一百二十六条，谓之《三续》。总以《释地》为名，从其朔也。大抵事必求其根柢，言必求其依据，旁参互证，多所贯通"。参见（清）阎若璩《四书释地》，清皇清经解本。由此可见，清代地理学与儒家经学之间存在一定的联系。

② 艾尔曼在研究清代考据学时，特别提到了清代科学意识的兴起。他发现"清代朴学家以天文、数学、水利、地理等实用课题补充其经典考证。约翰·韩德森（John Henderson）指出，17世纪的汉族士大夫认为，应把科学技术和儒学结合起来。18世纪的考据学者比20世纪的历史学家更清楚，不通晓儒家经典中的天文历算内容，就会妨碍对儒学传统的研究"（［美］艾尔曼：《从理学到朴学——中华帝国晚期思想与社会变化面面观》，赵刚译，第10页）。此外，通过对晚明思想家借助《禹贡》注解的中国传统地理观念回应来自欧洲的地理与宇宙论的过程，Qiong Zhang 认为晚明思想家并非简单接纳来自欧洲的真理，而是通过自己的经典传统来为其重新阐释。(Qiong Zhang, *Making the New World Their Own: Chinese Encounters with Jesuit Science in the Age of Discovery*, Leiden: Brill, 2015) 也就是说，晚明及清代地理学的发展在很大程度上与传教士带来的科学知识有关。

③ 有学者指出，传教士将西方的文化、科学精神引入中国文化的历程在晚明时期已开始。利玛窦及其他传教士有西方学术训练，具备柏拉图的形而上学、亚里士多德的自然哲学、逻辑、天主教神学及科学的学术素养，在他们与儒家文化接触时，并不是一种"文化和解"（cultural accommodation）而是一种"智识殖民"（intellectual colonialism）。(Qiong Zhang, *Cultural Accommodation or Intellectual Colonization? A Reinterpretation of the Jesuit Approach to Confucianism during the Late Sixteenth and Early Seventeenth Centuries*, PhD dissertation, Harvard University, USA, 1996.) 这种"智识殖民"主要体现在两方面。(1) 在哲学方面，传教士将西方天主教神学及希腊哲学引入儒家经典诠释。对此，刘耘华指出明末清初传教士诠释儒家经典有四个基本立场，即传教士的神学思想，传教士之行为规范与道德世界以及传教士之天体观、世界观、时空观，传教士引入的希腊哲学思想。（刘耘华：《诠释的圆环——明末清初传教士对儒家经典的解释及其本土回应》，北京大学出版社2005年版，第41—64页）(2) 在科学方面，传教士以科学为手段向中国传播天主教义，在很大程度上引发了人们的科学兴趣，促进了科学的发展。例如，顾长声指出"传教士采用的另一手段，就是介绍西方科学亦达到在宫廷立足和传教的目的。利玛窦初到肇庆，就介绍数学、地理、天文等方面的知识引起人们的好奇，然后取得接近的机会结交朋友，转而论证天主教义，引人入教。他到了北京之后，继续采用介绍和翻译西方科学知识结交朝廷王公大臣"（顾长声：《传教士与近代中国》，上海人民出版社1981年版，第7页）。同时，从明朝的角度看，"明朝如站在传统的排外主义立场，虽然并不欢迎耶稣会士的天主教；但是他们作为传道方法的西方科学文明，却是农本主义社会国家的中国所绝对需要的。因为传教士身上兼备了天主教教义和天文历算等科学知识。……明朝默许天主教传道的结果，因而天主教势力日渐扩张，耶稣会士包办了钦天监方面的要职"（冯作民编译：《清康乾两帝与天主教传教史》，全史书局1975年版，第10页）。由此可见，传教士在晚明时期已为中国输入智识化的科学精神，这一"智识殖民"与清代考据精神相合，有助于清代学者的科学意识的培养及考据学的发展。

第五章 焦竑与清代学术

题,可见舆地学是清代儒者经世的一个重要领域,亦即考据与经世相结合的重要领域。而这种地理问题的需求在某种程度上也激发了清代舆地学的发展。①

(2) 从考据的形态上看,除《俗书刊误》外,焦竑的考据主要以笔记的方式展现,以《焦氏笔乘》为代表。焦竑的主要考据学成就皆出于此书,但此书并不是围绕某一个主题、对象进行的深入考据,而是以条列笔记的形式来记录他本人的考据成果以及摘录他认可的他人考据成果。这样看来,焦竑的考据虽很具有启发性,但在呈现形态上较为零散,不系统。相反,清儒的考据则克服了焦竑的不足,他们考据的特点恰是专门化与系统化。例如,王念孙的《读书杂志》校勘训诂了《管子》《墨子》《荀子》等诸子学著作与《战国策》《史记》等史学著作,王引之的《经义述闻》则多校勘训诂《周易》《尚书》《毛诗》《周官》《礼记》等经学著作。可见,高邮王氏父子对古代的经、史、子等经典著作进行了非常系统又专门的校勘训诂研究,这也正是清代考据学特色的一个反映。此外,阎若璩对《古文尚书》的考据、戴震对音韵的考据、段玉裁的《说文解字注》等,均是专门化、系统化的考据学研究。相较于焦竑笔记式的考据,清儒的考据更为深入,更为成熟。在胡适看来:"凡成一种科学的学问,必有一个系统,决不是一些零碎堆砌的知识。"② 这说明,清代考据学已脱离了焦竑那种零散式、无目的的考据状态,

---

① 对此,梁启超亦有类似的论述:"因研究《汉书·地理志》,牵连及于《汉书·西域传》,是为古地理学进至边徼及域外地理学之媒介。边徼地理学之兴,盖缘满洲崛起东北,入主中原。康乾两朝,用兵西陲,辟地万里。幅员式廓,既感周知之必需,交通频繁,复觉研求之有借。故东自关外三省,北自内外蒙古,西自青海、新疆、卫藏,渐为学者兴味所集,域外地理学之兴,自晚明西土东来,始知'九州之外复有九州'。而竺古者犹疑其诞。海禁大开,交涉多故,渐感于知彼知己之不可已,于是谈瀛之客,颇出于士大夫间矣。盖道光中叶以后,地理学之趋向一变,其中心盖由古而趋今,由内而趋外。"(清)梁启超:《中国近三百年学术史》,第360—361页。同时,胡适在其父胡传的传记中曾提到,胡传因清朝与列强签订不平等条约而研究地理问题,曾去东北地区作实际的地理考察。不过,值得注意的是,清代地理学的兴盛,在某种程度上与晚明的时代状况亦有关联。根据 Du Yongtao 的研究,明代出现了《寰宇通志》《天下舆地图》《皇舆考》《皇明地理述》《山河舆地考》《寰宇分合志》《大明一统名胜志》《古今舆地图》等数十部地理总志,并且,这些地理总志的出版在晚明时期达到高峰。从历史发展角度看,晚明地理学的发展与清代地理学恰好相契,这样,我们可以将清代地理学的兴盛追溯到晚明时期。不过,对于焦竑而言,地理学是一门专门学问,他尚未有深入涉及。(关于晚明地理总志的相关研究,可参见 Du Yongtao, "Literati and Spatial Order: A Preliminary Study of Comprehensive Gazetteers in the Late Ming", *Ming Studies*, 66, 2012, pp. 16—43。)

② 胡适:《清代学者的治学方法》,载欧阳哲生编《胡适文集》(2),第288—302页。

考据的专门化、系统化在很大程度上已使清代考据学具有很强的科学性。[1]

（3）从对汉儒的态度上看，焦竑虽重视汉儒考据，但他并不拘守汉儒之说，对汉儒也有所批判。例如，《焦氏笔乘》有条笔记名为《汉儒失制字之意》，他认为郑玄、贾逵、杜预、刘向、班固、刘熙等人的经史解读失掉了古人制定文字的原意。为说明这一论断，焦竑列举出汉儒对父、母、兄、弟、子、孙、男、女、姑、姊、夫、妇、妻、妾十四字的解读，经分析，他认为这些解读均为"以己意牵合"的主观联想，忽视了古人制字"命名立义，固简而易尽"的原则。焦竑所举人物均为汉代经学考据大师，这些大师尚不能理解字意，更遑论其他汉代儒者了。由此可见，焦竑并不迷信汉儒考据权威。但是，就清儒而言，尽管戴震、钱大昕、王念孙、王引之等人亦反对囿于汉儒之说，但仍有一部分清儒十分推崇汉儒的考据。比如，相较于焦竑的《汉儒失制字之意》，惠栋提出"宋儒不识字"[2]，旨在批判宋儒不重视考据。此外，王鸣盛、江声、余萧客、江藩、金榜、胡承珙、陈奂、孙星衍、洪亮吉等人亦力主汉儒权威[3]。乾嘉时期惠、戴、钱三派中皆有人崇尚汉儒，足以表明清儒对汉儒的崇拜程度，这是清儒与焦竑考据的不同之处。[4]

---

[1] 对于清代考据学，胡适指出"音韵学自从顾炎武、江永、戴震、钱大昕、段玉裁、王念孙直到章炳麟、黄侃研究古音的分部，声音的通转，不但分析更细密了并且系统条理也更清楚明白了。训诂学用文字假借声类通转文法条例三项作中心，也自成系统。校勘学的头绪纷繁，很不容易寻出一些通则来。但清代的校勘学却真有条理系统，故成一种科学。我们试看王念孙《读〈淮南子〉杂志》的《后序》，说他订正《淮南子》共九百余条，推求'致误之由'，可得六十四条通则。这一篇一万二千字的空前长序（《读书杂志》九之二十二）真可算是校勘学的科学方法论。又如俞樾的《古书疑义举例》的五、六、七，三卷也提出许多校勘学的通则，也可算是校勘学的方法论"［胡适:《清代学者的治学方法》，载欧阳哲生编《胡适文集》（2），第302页］。胡适将清代考据学视为一种具有严密条理系统的科学，以科学来类比考据，足以见出清代考据学的严谨与成熟。

[2] （清）惠栋:《松崖笔记》，清道光二年文照堂刻本。

[3] 漆永祥:《乾嘉考据学研究》，第304页。

[4] 关于乾嘉考据学者宗汉儒的原因，有汉儒"去古未远"之说。对此，阮元认为"两汉经学所当尊行者，为其去圣贤最近，而二氏之说尚未起也"。（清）江藩:《国朝汉学师承记》，钟哲整理，中华书局1983年版，第1页。现代学者胡适也指出"清代学者所以推崇汉儒，只是因为汉儒'去古未远'，比较后代的宋明臆说为更可信任。这个态度是历史的态度。宋明儒者的毛病在于缺乏历史的态度。他们的思想富于自由创造的成分，确有古人所不曾道过的；但他们不认这是他们自己的创见，却偏要说这是古经的真义。这并不是他们有心作伪欺人，只是缺乏历史的眼光，不知不觉地把他们自己的创见误认作千余年前孔子孟子的真谛。后来他们的经说既成了学术思想界的无上权威，后人无法可以推翻他们。只有从历史上立脚，指出宋明儒者生当千余年之后，万不能推翻那'去古未远'（转下页注）

— 260 —

第五章 焦竑与清代学术

（4）从考据与义理的关系上看，对汉儒考据虽推崇但不迷信的焦竑，更倾向于把考据还原为一种体悟良知、理解心学的手段。比如，在论及罗汝芳常言的"赤子之心"时，焦竑明确地肯定了小学工夫的作用，他表示："盖赤子之心，人所有也，而意见牿之，利欲贼之，非所自有也。葆其所自有而祛其所本无，则小学者固蒙养之正鹄，而圣功之先鞭也，其可忽诸！"① 这表明，焦竑将考据视为一种有助于理解心学、实现成圣理想的必要工夫。也就是说，焦竑将考据置于宋明义理学的范围内，强调考据的积极作用。同时，焦竑也从考据学中吸取了智识化的态度，融入对阳明心学义理的理解，形成了智识化的心学这一独特进路。相较于焦竑，清儒对于考据与义理的关系，主要有三种态度：一是以考据反对宋明义理学，如顾炎武"经学即理学"②、阎若璩对古文尚书的考辨等；二是纯粹的考据，如清儒对音韵、训诂、校勘、辨伪、金石、目录、版本、天文、舆地、历算等方面的求知性考据，这是乾嘉考据学的主流形态；三是以考据求新义理，如戴震借助考据来建构有别于宋明儒的新义理，即"由考核以通乎性与天道"③。戴震面对着与宋明儒同样的"性与天道"的问题，但他却走了一条考据的、科学的路来建构其义理学，从而有别于宋明诸儒。从焦竑的角度看，他虽重视考据，但未以考据来反对宋明义理学，而是用来支持、辅翼它，这是焦竑与清儒第一类态度的区别。④ 同

（接上页注④）的汉儒的权威。清代的汉学运动的真意义在此"。胡适：《费经虞与费密：清学的两个先驱者》，载欧阳哲生编《胡适文集》（3），第57页。相较于胡适的说法，漆永祥具体指出三点原因："第一，取法汉儒重小学训诂与名物典制之学的传统；第二，汉儒学有所承，其说多得其实；第三，力主汉儒实事求是之旨。"（漆永祥：《乾嘉考据学研究》，第28—32页）

① （明）焦竑：《刻小学序》，载《澹园集》，李剑雄点校，第757页。
② 周可真教授将顾炎武的思想定位为一种"新仁学"，这是一种以"仁"为核心反映"礼"在资本主义萌芽下损益的伦理思想，他更多的从经世、社会改革的角度来看待顾炎武反理学的"仁道"思想。在论及顾炎武的实证精神时，他更多的从伦理的角度来阐释顾炎武的实证精神，将其知识观视为与伦理实践有关的知识，而非一种客观的知识，故而他将顾炎武向原始儒学的复归视为一种形式上的复归。可参见周可真《明清之际新仁学——顾炎武思想研究》，中国大百科全书出版社2006年版。在此处，我们认为顾炎武更多的是从客观的知识考据的角度来反理学，似乎从伦理实践的角度难以分辨顾炎武与宋明儒者的不同。
③ （清）段玉裁：《戴东原集序》，载《戴震集》，汤志钧校点，上海古籍出版社1980年版，第452页。
④ 在论及考据与义理的关系时，余英时认为："考证方法和反理学并无必然关系，在清代如此，在明代亦如此。"（［美］余英时：《从宋明儒学的发展论清代思想史——宋明儒学中智（转下页注）

— 261 —

时，焦竑亦非完全追求纯粹的考据，其考据学与义理学有密切关系，因而与第二类态度不同。就第三类态度而言，焦竑与戴震看似均以考据求义理，但二者所求的义理却有本质区别，即焦竑以考据来阐发宋明儒直觉体认式的"性与天道"，而戴震却以考据来追求智识化的"性与天道"。究其原因，焦竑虽重考据，但把考据学置于心学的范围内，但戴震则未坚守此心学底线，他把考据学作为一种新方法，突破了其焦竑心学的背景预设，以建构有别于宋明儒学的新义理。①

由此可见，焦竑在考据学上确实有启发清儒之功，但这种先导作用不宜夸大，原因在于焦竑与清儒虽都主张考据，但他们的考据并非与义理处于"两橛"状态，反而是在或积极，或消极的意义上对义理学的发展起着作用。

（接上页注④）识主义的传统》，载《论戴震与章学诚：清代中期学术思想史研究》，第312页）进而，他以焦竑为例进行说明："焦竑（1540—1620年）更是一个有趣的例子。在清代，他是以考证闻名的；而在明代，他却是一位理学领袖，为王门泰州一派的健者。……弱侯的例子最可以说明考证与反理学不能混为一谈。"（［美］余英时：《从宋明儒学的发展论清代思想史——宋明儒学中智识主义的传统》，载《论戴震与章学诚：清代中期学术思想史研究》，第313页）焦竑的例子确实可以说明考据方法与反理学不存在必然关系，但这至多只能表示，在明代情况如此。然而，清代则不然。清儒在初期有见于晚明心学之弊，便致力于实学，注重以考据反对明代心学，到乾嘉时期更是以考据进而反对程朱理学，这足以说明清儒者并未有维护宋明义理学的预设，他们将考据作为可信的方法来求知、求义理，确具有反理学的意味。

① 在论及明末至清代的考据学时，余英时提出儒家内部有一由"尊德性"到"道问学"的内在转向，并认为这是儒家智识主义的兴起。例如，他认为"清代考证学，从思想史的观点说，尚有更深一层的涵义，即儒学由'尊德性'的层次转入'道问学'的层次。这一转变，我们可以称它作'儒家智识主义'（Confucian Intellectualism）的兴起"（［美］余英时：《儒家智识主义的兴起——从清初到戴东原》，载《论戴震与章学诚：清代中期学术思想史研究》，第20页）。"认识了清代经学考证背后所隐藏的儒家智识主义的动力，辨明了从理学到考证学的转变其实乃是儒学由'尊德性'折入'道问学'的一个内在发展历程，我们才能够确切地把握到戴东原和章实斋在清代学术史上的重大意义。"（［美］余英时：《儒家智识主义的兴起——从清初到戴东原》，载《论戴震与章学诚——清代中期学术思想史研究》，第23页）不否认这种说法的可信性，因为从考据的角度看，焦竑的考据与清代前中期的考据确有很多相似之处，并且有很多先于清儒的观点，对清儒有很大启发，在音韵等方面甚至对清儒考据有超始之功。不过，就考据与义理而言，焦竑和清儒有很大不同，清儒基本上是以考据为方法，或是直接批判、摒弃宋明义理，或是以考据求新义理，但焦竑却以考据维护、阐发宋明之义理。就此而言，焦竑以考据求义理的做法可视为宋明学者维护其义理的最后努力，因为他已在方法上跨出了传统的直觉体认法，而采用智识化的考据法，即清儒的方法。焦竑仍是在心学范围内使用考据学，但他并未将考据的直接成果作为心学的辅翼，而是吸收考据学的知性态度，融入心学，形成智识化的心学。与焦竑不同的是，清代儒者打破了焦竑坚守心学底线，主张以考据的直接成果来反对或是革新传统的心性义理。这样，焦竑由考据而形成的智识化的心学，到清儒处则转变成了一种被摒弃的义理学，不管是纯考据家，还是戴震式的以考据求义理。

以往学术界更多的关注焦竑在考据学上对清儒的正面影响，在某种程度上忽视了作为心学家的焦竑，其在考据学上与清儒的区别。① 至此，焦竑与清代义理学、考据学的关系已厘清，那么，焦竑与清代三教观的关系如何呢？接下来，我们将对此进行具体探讨。

第四节　焦竑与清代三教观

从明太祖的《三教论》到晚明风行天下的"三教合一"运动，儒、佛、道三教在明代逐渐开启深入融合的历程。发展至晚明时期，儒家之王畿、周汝登、管志道、陶望龄，佛教之袾宏、真可、德清、智旭，道教之赵宜真、王道渊、张三丰、张宇初，民间宗教之林兆恩、罗清等均主张"三教合一"。在此，作为晚明泰州学派后劲，深涉佛、道之学的焦竑，并未置身事外，他反对"三教合一"的提法，在智识化心学的视阈中，他在"三教互释"的基础上提倡一种超越三教具体形态的、智识化的"三教会通"，即"三教一贯"，这将晚明时期的三教关系在义理方面推到极致。然而，随着明清巨变的到来，政治、社会、生活、思想等方面均受到不同程度的影响，三教关系领域亦受波及。那么，在儒、佛、道仍然存续、发展的清代前中期，三教之间的关系如何呢？从三教观角度看，焦竑是否对清代三教观有所影响呢？

一　清代三教观

相较于儒释道在晚明时期的发展与融合，三教在清代前中期进入了一个

---

① 在此，艾尔曼有一说法值得注意，他指出，"18世纪的考据学尽管成为一种脱离政治的学术研究，但是它在学术领域崇尚的自主意识，在一定程度上仍与泰州学派思想主张分不开的"和"泰州学派激越的批判意识在当时即产生了深远的影响，它在为世拒斥时，已为江南未来的思想研究奠定了基础。后来，批判精神又复兴了，成为清学的基本特点。考证方法尽管代替了更为广泛的批判意识，但是，明确考证学的发展在相当程度上要归功于晚明削弱正统权威的批判精神"（［美］艾尔曼：《从理学到朴学——中华帝国晚期思想与社会变化面面观》，赵刚译，第30页）。这表明，在艾尔曼看来，清代考据学的发展与泰州学派的自主意识、批判意识有关，他所指的泰州学派主要是李贽等具有批判精神的泰州学派人士，并非焦竑这种以考据见长的泰州学派学者。尽管如此，泰州学派对清代考据学的启发意义，更加深了焦竑与清代考据学的关系，因为焦竑既秉承着泰州学派一贯的自主意识和批判精神，又进行着广泛的考据工作，这样看来，他比其他泰州学派人士在对清代考据学的影响上似乎更为深远。

新的发展阶段。就儒家而言，颜元、李塨为代表的颜李学派，以驳斥气质性恶为切入点，展开了对程朱理学以及阳明心学的批判，进而，从"实做其事"的角度重新解读《大学》格物致知之旨，建构了实学色彩的儒学理论。顾炎武、阎若璩等人物在音韵、辨伪等方面出力甚多，振起了清代初年的实学与考据学思潮。随着以惠栋、江声、余萧客等为代表的惠派，以及以戴震、金榜、程瑶田、凌廷堪、段玉裁、王念孙、任大椿、孔广森等为代表的戴派的出现，使考据学在清代中期达到鼎盛。实学与考据学皆有反理学的倾向，与这种反理学思想在清代前中期逐渐达到高潮不同，儒者在社会生活层面仍以程朱理学为正统。就佛教而言，禅宗、净土宗、华严宗、天台宗以及藏传佛教在清代前中期均有所发展，其中，禅宗与净土宗影响较大，为清代清中期佛教的主流。禅宗以临济宗的天童、盘山二系，曹洞宗的寿昌、云门二支较为兴盛。[①] 净土宗则有省庵、行策、彻悟、瑞安、悟开、古昆等僧人。同时，居士佛教的兴起亦是清代佛教的重要方面，涌现出了宋文森、毕奇、周梦颜、彭绍升、罗有高、汪缙、钱伊庵、裕恩、张师诚等著名居士。就道教而言，全真道与正一道在清代前中期的发展处于式微状态，尽管王常月振兴了全真道龙门派，但也无法扭转道教在清代前中期的发展颓势，道教在清代风光不再。三教的发展状况为清代三教观的形成提供了思想背景，在此，将对清代的三教观进行简要介绍。

就清代儒家的三教观而言，清代初年以来的实学与考据学思潮的影响，反理学成为学术主流趋势，其中，反理学潮流的重要依据之一，便是以往的理学涉及佛道之学，已不纯然为儒学。因此，挺立儒学地位，恢复儒学面貌成为清代儒者的渴求，在此背景下，划清儒家与佛道二教的界限显得尤为必要。清初颜元所著的《四存编》之《存人编》有《唤迷途》一文，分别对"不识字与住持云游等僧道""参禅悟道、登高座发偈律的僧人与谈清净、炼丹火、希飞升的道士""西域真番僧者""名儒而心佛者""儒名而心禅者"进行劝慰呼唤，以期这些人迷途知返。[②] 在此文的"第五唤"中，颜元对三教归一之说进行了直接批判：

[①] 参见邱高兴《一枝独秀：清代禅宗隆兴》，辽宁人民出版社1997年版，第3页。
[②] 参见（清）颜元《存人编》，载《习斋四存编》，陈居渊导读，上海古籍出版社2020年版，第185—213页。

第五章 焦竑与清代学术

我们现为天朝人,放着我天朝圣人的道不遵,我天朝皇上的法不遵,却奉西番燃灯佛,这就不是了。我们愚民,只可做庄稼,做买卖,孝父母,敬尊长,守王法,存良心,便是本等,胡讲甚么心性?我们书上说"率性之谓道",这子臣弟友便是率性来的,你孝父母便是为子的心性,你敬尊长便是为弟的心性。你们锄田的人,胡讲甚么心性?胡说甚么归一?大凡邪教人都说三教归一或万法归一。莫道别的归不得一,只我儒道祭自己的祖父,自家宅神,你们好祭西番死和尚,这归一不归一?要说一是性,你们把率性的子臣都不知,却尊他不忠不孝的佛,还归甚么一?要说一是空,越发不是了。只看我唤参禅悟道僧道的便醒的了,不必重叙。只你们要各人散去,务农,做生意,莫聚会胡说,便是好人。①

由此可知,颜元主张应遵循天朝圣人之道、天朝皇帝之法,人们种庄稼、做买卖、孝父母、敬尊长、守王法、存良心即可,不必过多讲求心性问题以及三教归一问题。因为在生活中实际地去做孝父母的行为便是为人子的心性体现,实际地去做敬尊长的行为便是为人弟的心性,不必空谈心性。进一步看,在三教归一的问题上也是如此,儒道人士祭祀自己的祖父、自家的宅神,佛教祭祀的是西方佛祖,从祭祀的角度看三教并未归一。如果说三教所归之"一"是性,那么,儒者连忠臣孝子之事都不知,却尊崇不讲儒家忠孝的佛,这也不是归于性的做法。所以,颜元主张人们应在生活中实做其事,切勿空谈论。作为清初实学的代表人物,颜元的儒家本位极为明显,这不仅表现在他对儒家学说的极力提倡与切身实践,而且也体现在他对程朱理学空谈性理,不"实做其事"的批判方面。对于程朱理学能否准确把握儒学本来面目都有所怀疑的颜元,在三教观方面更是将儒家与佛道二教分割开来,反对明代以来颇为流行的三教归一的看法。值得注意的是,在晚明时期,并非只有佛道人物主张三教合一,很多儒者也认同三教合一,加之心学在晚明的广泛传播与民间宗教、劝善运动以及佛道影响等因素,三教合一成为时代思潮的主题。不过,随着明清鼎革,以颜元为代表的清初儒者一反晚明时期儒者的三教合一论,而是坚决将儒家与佛道二教区分开来,并从儒家伦理、生活经验等角

---

① (清)颜元:《存人编》,载《习斋四存编》,陈居渊导读,第212页。

度对倾心于佛道二教的迷途中人进行劝说。也就是说，颜元将佛道二教视为迷途的做法，带有强烈地贬低与批判的色彩，这是一个非常值得注意的信号，标志着清代儒者开始走出明代以来的三教合一论，这种走出不是反对"三教合一"的提法，而是反对儒家与佛道二教之间合一的可能性。在此背景下，颜元在批判佛教与道教中的僧道人士之余，也特别批判了儒家内部的"名儒而心佛者""儒名而心禅者"。这反映出颜元在三教观问题上回归了儒家本位，这种回归是不带有援佛道入儒的回归，而是在否定三教合一论基础上的回归。

就清代佛教的三教观而言，清代的佛教徒并未采取清代儒者否定三教合一的做法，仍推崇三教合一的观点，其中，儒佛之间的会通成为清代佛教徒的三教观的重要方面。比如，清代著名居士彭绍升，法名际清，著有《一乘决疑论》，自述早年习儒排佛之经历，后来读宋明诸如论学之书，稍识孔孟学脉，最为服膺程颢、陆九渊、王阳明、高攀龙之学。四位先生之学与佛学可以相互印证，进而以华严一乘法统摄儒佛之学，达到世出世间圆融无碍的境界，在此背景下，儒家的圣人被视为佛教菩萨的方便示现。[1] 彭绍升是江苏长洲人，不仅本人高中乾隆二十六年（1761）辛巳科殿试第二甲，赐进士出身，其先人彭定求更高中康熙十五年（1676）丙辰科状元，父亲彭启丰也高中雍正五年（1727）丁未科状元。就此看来，彭绍升可谓家学渊源深厚，因而其由儒到佛的兴趣转向在清代三教观方面颇具意义。彭绍升早年受儒学影响深刻而有排佛之论，反映出清代儒家与佛教的界限十分明确，当转向佛教之后，彭绍升则从佛教学说入手主动调和儒佛关系，这表明，清代佛教徒在三教观方面并未走以儒家为本位区分三教的道路，而是延续了明代以来的三教合一的路径。例如，在三教观问题上，清代的祖源超溟禅师不仅辩驳了孔子的"攻乎异端"之说，而且以"门"为喻诠释了三教一体的思想：

> 儒云："孔圣攻乎异端之说，岂不是佛老二教乎？"师曰："孔子若以老子为异端，又有问礼于老聃之叹。若以佛为异端，当时佛法未至。孔子因见春秋之时，贤者太过，愚者不及，俱失中道，故曰异端。后儒借

---

[1] 参见（清）彭际清《一乘决疑论》，载［日］河村照孝编集《卍新纂大日本续藏经》，第58册，第704b页。

第五章　焦竑与清代学术

谤佛老二教，其说支离，大不通耳。"①

儒云："如何谓三教体一？"师曰："若门体一，释教见性，道家养性，儒门尽性。入门虽殊，归源无二。"②

清代儒家开始走出晚明以来三教合一的思潮，在凸显儒家本位的同时，佛道二教往往被视为异端而被贬抑。在此背景之下，如何消解来自儒家的"异端"指责，成为佛教徒调和儒佛乃至三教关系的重要问题。对此，祖源超溟否定了孔子所谓的"异端"指的是道教与佛教，如果孔子认为道教为异端，便与孔子向老聃问礼之事相矛盾，而如果孔子认为佛教为异端，更为不可能，因为在孔子之时佛教尚未传入中国。进而，祖源超溟主张孔子的"异端"主要指的是春秋之时贤者与愚者的过与不及之弊端。将佛道二教视为异端，是后世儒者进行诽谤的支离之辞，并非孔子本意。在此，祖源超溟从历史的角度诠释了"异端"概念，将对佛道的"异端"指责从孔子转移到后儒身上，进而批判后儒的说法支离不通，以期消解佛道二教在清代儒者眼中的"异端"形象。在祖源超溟看来，佛道二教不但并非异端，而且与儒家是一体不二的关系，如同三教入门途径虽分为见性、养性与尽性三种，但所入之门却是一体，归源无二。祖源超溟虽然承认三教之间存在差异，但这种差异并未大到否定三教一体的程度。实际上，无论是作为居士的彭绍升，还是作为禅师的祖源超溟，他们调和三教的做法恰是清代佛教徒在三教观问题上的缩影。

就清代道教的三教观而言，与佛教徒的做法类似，道教徒也以调和三教关系为主，这既是清代道教在理论方面不断圆融的标志，似乎又是在逐渐衰微的形势下的一种必然选择。例如，清代全真龙门派的代表人物王常月主张"三教祖师，有普渡之慈心"③，肯认儒释道三教祖师均有普度众生之慈心。虽然三教对于教法有所不同，诸如在称谓"真灵"时，"在释谓之妙明真性，

---

① （清）祖源超溟：《万法归心录》第 1 卷，载［日］河村照孝编集《卍新纂大日本续藏经》，第 65 册，第 402b 页。
② （清）祖源超溟：《万法归心录》第 1 卷，载［日］河村照孝编集《卍新纂大日本续藏经》，第 65 册，第 403c 页。
③ （清）王常月：《龙门心法》，载胡道静等主编《藏外道书》，巴蜀书社 1992 年版，第 6 册，第 768 页。

在儒谓之明德,在道谓之元神,又谓之祖气"①,但是"三教圣人,大藏经典,万法千门,诸天妙用,三万六千种道,八万四千法门,恒河沙数菩萨,无鞅数众金仙,皆不能出此清净定慧,无为妙法"②,将儒释道三教收摄于"清净定慧""无为妙法"。所谓"清净定慧""无为妙法"是王常月倡导的修炼方法,通过行持中级三百大戒而入定生慧,定慧相互生发,可以进入众妙之门。③ 可见,王常月提倡的三教合一说将所合之"一"最终归于道教。进而,龙门派传人闵一得系统论述了吕洞宾的医世说,以阐发其三教合一思想。对此,他指出:"三尼者,孔子、如来、老子也。《心印集经》曰:青尼致中,仲尼时中,牟尼空中。……吕祖师之统儒释道以宣教。天所命也,是以宝诰亦称为三教之师。医世说乃三教之精蕴。"④ "时中""空中"与"致中"分别是孔子、如来与老子的医世教法,虽然各有侧重,但可以看出儒家、佛教、道教皆不离"中"的宗旨,这是三教合一之处。同时,闵一得也将三教合一落实到道教本位,他认为:

  太始之初,道立于一……人物得其灵明之理而为性,得其屈伸之气而为命。万物皆在性命之中。性命皆在真一之中。性命之外无道,性命之外无教。三教同出于一也。儒尽性以立命,释见性而度命,道成性以复命。儒贯一,释皈一,道得一……儒家之道,至于位天地,育万物,所过者化,所存者神;释家之道,至于无住相布施,四维上下虚空福德,不可思量;道家之道,至于万物作而不辞,生而不恃,为而不有,功成而不居。其宗旨,皆无为而济世。岂舍己而从事于世哉。有生以来,人我同此一性,同此一命,即同此一道。形隔而气通,气通则性命通。极天之所覆,地之所载,皆一气呼吸之所通。道在我则我为之宰,其始,一物不有;其终,一物不遗。而其妙万物也,乃一物不有。斯道也,何道也,真一之道也。成己成物,皆道中之事。万物各正性命,而后道之

---

① (清)王常月:《龙门心法》,载胡道静等主编《藏外道书》,第6册,第742页。
② (清)王常月:《龙门心法》,载胡道静等主编《藏外道书》,第6册,第743页。
③ 参见张钦《论王常月的修炼思想》,《宗教学研究》2005年第4期。
④ (清)闵一得:《吕祖师三尼医世说述》,载胡道静等主编《藏外道书》,第10册,第348页。

量于是乎全。遗世独立，不可以言道。此医世之说所由来也。①

据此可知，闵一得主张三教同出于一的原因在于，万物都是性命之中的万物，而性命又都在真一之中，真一之一即太始之初道所立之一。这样，道成了三教合一的根源。在道的根源之下，三教对于性命各有不同的处理方式。尽性以立命的儒家贯通此一，故而儒家之道是天地位、万物育的大化流行之教；佛教是见性以度命皈依此一，故而佛教之道是无住相布施、虚空福德不可思量之道；道教是成性以复命得到此一，故而道教之道是生而不恃、为而不有、功成而不居之道。三教之道皆是无为而济世的医世思想的体现。从相关论述来看，闵一得的三教合一说颇具儒学色彩，诸如将儒学的"理""气""成己成物""各正性命"等说法，与其"道"论相结合，是一种相互成就的过程，不仅道教之道由此渗透到宇宙人生的各个层面，而且与宇宙人生的深度融合也避免了道的遗世独立的孤悬状态。此外，闵一得的三教合一思想也体现在其对"心"的理解方面，他将心视为在人之宰、至灵之物以及天地元气的元一，此心"其大无外，其小无内，在道曰道心，在佛曰佛心，在儒曰天心，原非指夫肉团之心也。肉团之心，但能生血而已"②。与道类似，心在三教的不同教法中有不同的显示，不过，虽有道心、佛心与天心的不同，但从根源上看，三教之心皆天地元气之元一的呈现。大体上看，王常月、闵一得的三教合一思想在清代道教并非个例，诸如柳华阳、刘一明、娄近垣、李西月等全真龙门派道士，以及伍柳派、正一派道士均有三教一源、本同枝异之说。

探讨至此，已初步揭示清代三教观的大体状况。归纳言之，清代三教观具有三个特点。

（1）在清代初年，受晚明三教合一风潮的影响，佛道二教人士基本上主张三教合一论。然而，这种状况在儒家则有不同。儒家自明末清初开始的反理学运动打破了宋明新儒学的权威，到清代中期考据学鼎盛，儒者多投身考

---

① （清）闵一得：《吕祖师三尼医世说述》，载胡道静等主编《藏外道书》，第10册，第346—347页。

② （清）闵一得：《栖云山悟元子修真辩难参证》，载胡道静等主编《藏外道书》，第10册，第248页。

据训诂的文献整理之中，一方面在回归经学的同时，也加强了儒者的儒家本位意识，对佛道多有排斥批判；另一方面，考据学的兴盛，以及对宋明新儒学的批判，在很大程度上使与宋明新儒学关系密切的"三教关系"问题随之被搁置。此时的儒者除站在儒家正统的地位批判佛道以外，对于佛道并非没有肯定，不过，这种肯定多源于佛道经典的考据学价值。① 也就是说，此时的儒者在对待佛道二教时，基本上采用的是在宗教层面进行排斥，在义理层面进行利用的策略。因此，他们并未坚持明末清初以来的三教合一之说。进入清代之后，与儒学得到大体尊崇的状况不同，佛道二教的发展相对缓慢，因而，与儒者极力撇清与佛道二教关系的做法不同，清代的佛道人士仍坚持着明末清初以来的三教合一之说，诸如佛教僧人为霖道霈、觉浪道盛、祖源超溟以及居士彭绍升等，道教的王常月、闵一得等人均有三教合一的相关论述。并且，在儒者潜心考据、排斥佛道的状况下，佛道人士反而增强了对三教合一的提倡力度，这也从侧面揭示了清代三教之间以儒学为尊、佛道为翼的格局。清代儒家独尊，佛道不愿与儒家对立，强调三教合一亦成为佛道二教维持自身发展的一种方式。

（2）清代三教与帝王的关系密切相关。入关以来，清廷逐渐认识到儒学有治国安邦之用，自皇太极起便重视儒士，推崇儒学，这一点为后世的顺治、康熙、雍正、乾隆、嘉庆诸帝所沿袭，加之《四库全书》等大型书籍的编纂，儒家独尊的地位逐渐巩固。就佛教而言，清代帝王起初崇信藏传佛教，自顺治起才开始涉及禅宗。② 康熙则对佛教有所排斥与批评，不仅坦言"朕十岁

---

① 漆永祥将乾嘉考据学者对佛道的态度定位为"排斥释道，视如仇雠"，在《乾嘉考据学研究》的第一章第四节对此有所论述。进而，他认为乾嘉学者只在劝善示戒、佛寺道观的社会文化功能、佛道典籍的考据价值三方面肯定佛道。（漆永祥：《乾嘉考据学研究》，第317页）同时，他也提到了乾嘉学者排斥佛道的弊端，值得参考："第一，儒家之学自汉末以来即受释道之学的交互影响，宋明以来更甚，漠视这种影响而治儒学史，不可能得到客观公允的结论，例如戴震、钱大昕等人以反切创始于汉末孙炎而不承认受佛经切音的影响就是一个非常明显的例证。第二，由于不重释道，故释道典藏的整理、考订与研究便远逊于儒籍，或割裂卷帙，或任其湮没，除《四库全书》外，考据学家很少有人真正投入精力去整理与研究释道二藏。"（漆永祥：《乾嘉考据学研究》，第318页）

② 对此，忽滑谷快天指出："自满清之兴起，太祖、太宗，皆不知禅道之为何，至世祖开始染指宗乘。玉林通琇、木陈道忞赴京为帝所师事，其门下亦开法上都。"（[日]忽滑谷快天：《中国禅学思想史》，朱谦之译，上海古籍出版社2002年版，第849页）实际上，明王朝对藏传佛教亦十分重视，封赏喇嘛，但据洪修平教授研究，这主要源自明王朝的政治需求。（参见洪修平《中国佛教文化历程》，江苏教育出版社2005年版，第244页）这样看来，明朝统治者虽重视藏传佛教，但与清朝统治者崇信藏传佛教存在差异。

时,一喇嘛来朝,提起西方佛法,朕即面辟其谬,彼竟语塞。盖朕生来便厌闻此种也"①,又曾告知熊赐履"朕生来不好仙佛,所以向来尔讲辟异端,崇正学,朕一闻便信,更无摇惑"②。与康熙不同,雍正是清代与佛教关系最深切的帝王,他契悟禅宗,著有《御制拣魔辨异录》,并以帝王权威干涉清初僧诤,打击汉月法藏一系。这一系列做法,对佛教产生了重要影响。就道教而言,清代帝王基本上不崇信道教,道教在清代基本上处于一种边缘化的地位。但雍正是个特例,他亲近道士娄近垣,对炼丹颇感兴趣,在他的《御选语录》中还收录了道士张伯端的《悟真篇》,这些行为基本可以反映雍正对道教的态度。总之,从帝王与三教观的角度看,与佛道关系最深的雍正无疑是清代最具代表性的帝王。实际上,雍正对三教关系有很多论述,如"世言儒佛道三教各有所宗,究之三教之用虽殊,而其体则一"③,"朕以持三教之论,亦惟得其平而已矣。能得其平,则外略形迹之异,内证性理之同,而知三教初无异旨,无非欲仁同归于善"④,"后世或以日月星比三教,谓某为日,谓某为月,谓某为星。朕意不必如此作拘碍之见,但于日月星之本同一光处,喻三教之异用而同体可也"⑤ 等,这些说法基本指向同体异用、三教同源的三教一贯论。

(3)就终极归向而言,清代佛道二教与雍正的三教一贯论并不相同。清代佛道的三教一贯论有各以佛道为归的倾向,即佛教主张以佛理为归,道教主张以道为归。具体言之,为霖道霈认为"凡四书五经中,无一句一字,不是佛法中第一义谛也"⑥;觉浪道盛提出"三教之道,原本自同"⑦,"三皈五戒,孔门亦有,但未标示与人耳。《中庸》'天命之谓性'即'皈依佛'也;

---

① 徐尚定标点:《康熙起居注》,东方出版社2014年版,第1册,第114页。
② 徐尚定标点:《康熙起居注》,第1册,第112页。
③ 故宫博物院:《文献丛编·清世宗关于佛学之谕旨》,北京图书馆出版社2008年版,第6a页。
④ 故宫博物院:《文献丛编·清世宗关于佛学之谕旨》,第6a页。
⑤ (清)世宗皇帝制:《御制拣魔辨异录》第1卷,载[日]河村照孝编集《卍新纂大日本续藏经》,第65册,第191a页。
⑥ (明)为霖道霈:《为霖禅师云山法会录》,载[日]河村照孝编集《卍新纂大日本续藏经》,第72册,第680b页。
⑦ (明)觉浪道盛:《天界觉浪道盛禅师全录》,清康熙十九年刊本。

'率性之谓道',即'皈依法'也;'修道之谓教',即'皈依僧'也"①;彭绍升主张"莲华经云:十方佛土中,唯有一乘法,无二亦无三,除佛方便说,但以假名字,引道于众生。予读孔氏书,得其密意,以易系无方中庸无倚之旨,游于华严藏海,世出世间,圆融无碍。始知此土圣人,多是大权菩萨,方便示现"②,这些论述均显示出佛教人士三教一贯论的佛理归向。道教方面,王常月主张"这三教圣人,大藏经典;万法千门,诸天妙用;三万六千种道,八万四千法门;恒河沙数菩萨,无轶数众金仙。皆不能出此清净定慧,无为妙法。大众,最上无上,大乘上品,至真妙道,生天生地、生人生物,皆从清净而来"③,李西月认为,"夫三教者,吾道之三柱。分而为三,合而为一者也。道不能分,无变化,道不能合,无统宗。是故以三柱立其极"④,"性命双修,此本成仙作佛为圣之大旨"⑤,诸道士的论述也表明其三教一贯论以道为归。然而,与佛道不同的是,雍正的三教一贯论则超越了三教具体形态,不存在某教的具体归向,这一点可从雍正的相关论述中看出。究其原因,佛道二教作为三教关系的主体,其三教观不可避免地会偏向以自身义理为依归的倾向,这一点沿袭自明代以来的佛道二教的三教观,并且这种带有偏向的三教一贯论,亦具有判教的意味。⑥而雍正作为帝王虽崇信佛教,但这只涉及个人信仰层面,雍正本身并不是三教中的成员,他的三教合一论虽依佛理而透悟,但又超越三教的具体形态,不必以某教为归宿。

实际上,清代的三教观并未出现理论上的创新,因为这种三教合一说在

---

① (明)觉浪道盛:《天界觉浪道盛禅师全录》,清康熙十九年刊本。值得注意的是,有学者否定觉浪道盛的三教观以佛为归,而是以儒为归。从此段论述可看出,道盛倾向于以佛理来诠释、调和儒学,在很大程度上,这是一种以佛为归的表现。关于觉浪道盛三教观以儒为归的论述,可参见宋健《道盛"三教并弘"思想论述》,《吉林师范大学学报》(人文社会科学版)2013年第4期。

② (清)彭际清:《一乘决疑论》,载[日]河村照孝编集《卍新纂大日本续藏经》,第58册,第704b页。

③ (明)王常月:《龙门心法》,载胡道静等主编《藏外道书》,第6册,第743页。

④ (清)李西月:《道窍谈》,载胡道静等主编《藏外道书》,第26册,第609页。

⑤ (清)李西月:《道窍谈》,载胡道静等主编《藏外道书》,第26册,第609页。

⑥ 李霞在探讨明代佛教的"三教合一"论时指出:"明代佛教三教合一说的一个突出特点是并非平等地看待三教,而是表现出了扬佛教而抑儒道的门户之见。"李霞:《论明代佛教的三教合一说》,《安徽大学学报》(哲学社会科学版)2000年第5期。其实,这种带有判教倾向的三教合一论,并非佛教专利,道教亦有此倾向。清代佛道二教基本上继承了明代佛道三教观的判教倾向。

晚明时期已达到理论顶峰，没有再进展的余地。所以，三教观对于清代而言，基本上体现为是否沿袭晚明三教合一说的问题。这样看来，除儒者排斥佛道、忽视三教关系问题外，佛道二教则自明末清初至清中期始终坚持着三教合一说。这一论断也得到了清代帝王，如雍正的肯定。这表明，晚明的三教合一说的遗风基本上在清代的佛道二教乃至帝王方面得以延续，在儒家处却出现断裂。

二 焦竑与清代三教观的关系

在厘清了清代三教观的状况以及特点之后，需要思考的是焦竑与清代三教观之间是什么关系？在此，可将焦竑三教观与清代三教观进行异同比较，如表5-4所见：

表5-4　　　　　　　　　焦竑与清代三教观的比较

明代	相同点	不同点	清代
焦竑	考据的智识化方法	焦竑主张三教一贯论；清儒消解三教关系问题	儒家
	超越三教具体形态的三教一贯论	焦竑采用智识化方法；雍正采用传统的直觉体认、宗教实践法	帝王雍正
	仅在三教一贯论的精神上一致	1. 方法上：焦竑采用智识化方法，清代佛教人士采用传统的直觉体认/宗教实践法；2. 内容上：焦竑的主张超越三教的具体形态，清代佛教则以佛理为归	佛教
	仅在三教一贯论的精神上一致	1. 方法上：焦竑采用智识化方法，清代道教人士采用传统的直觉体认/宗教实践法；2. 内容上：焦竑的主张超越三教的具体形态，清代道教则以道为归	道教

大体上，表5-4呈现了焦竑三教观与清代三教观的异同关系，对此，可以作出三点分析。

（1）从焦竑与清儒的比较可知，双方的共同点主要在于智识化的考据方法。不过，有趣的是焦竑与清儒同样运用考据方法进行研究，但在三教观问题上却走向了极为不同的两极。焦竑借助由考据而来的智识化方法引入佛道二教之理论，来阐发儒家圣人所罕言之精义，这是从正向的、积极的角度来运用考据方法助力其三教一贯论。与此相对，清儒虽然在学术研究上继承了考据方法，但却多借此方法批判佛道二教，在贬低佛道的过程中凸显儒家的优势地位，这是在反向的、负面的意义上来运用考据方法，产生了瓦解三教合一思想的后果。（2）焦竑与雍正在三教一贯论上最为相契，他们都倡导一种超越三教具体形态的三教一贯论，这在晚明及清代的三教观中较为鲜见。不过，二人达成这种理论共识所运用的方法却有所不同。焦竑采用了一种来自考据学的智识化的分析方法，也就是说，焦竑是从智识化的角度援引佛道之学诠释儒学，提倡三教一贯。然而，雍正虽是帝王，但却潜心宗教体验与修证，对自己的佛学体悟与修为颇为自信，以至于亲自撰写《御制拣魔辨异录》，介入密云圆悟与汉月法藏之间的禅宗论争，也就是说，雍正的三教一贯论主要来自直觉体认与宗教实践。（3）焦竑与清代佛道二教仅在主张三教一贯的精神主旨上有类似性。如前所言，清代佛道二教的三教观各以佛道为依归，这种在终极归向上的偏向，使得佛道二教的三教观并不彻底，且带有判教意味。反观焦竑，他的三教一贯论超越了三教的具体形态，而归于一种超越性、本体性的存在，这种说法并未带有明显的判教色彩。因此，焦竑与清代佛道二教仅在三教一贯的精神主旨方面有类似性，这种类似性背后隐藏着思想上的差异。

这样看来，焦竑对清代三教观的影响呈现出分化态势。焦竑的三教观导源于其智识化的心学这一新形态，因而形成了一种智识化的三教一贯论。这种三教观继承了明代三教一贯论的超越向度，但采用的是来自新兴的考据学的智识化方法，而非传统的直觉体认或宗教实践的方法。时至清代，焦竑的三教观则被分化地继承了，如雍正继承了超越三教具体形态的方面，而未及智识化的方法；儒者继承了考据学智识化的方法论精神，但消解了三教一贯论。同时，清代佛道二教在三教观上仍沿袭明代以来的传统，受焦竑的影响较小。可见，焦竑在三教观上对清代的影响虽呈现分化态势，但这种影响似乎仅局限在儒家、帝王的范围内，并未波及佛道二教。

本章小结

本章以焦竑为核心反观清代学术，主要探讨焦竑与清代义理学、考据学与三教观的关系。

在"焦竑与清代义理学"方面，清代前中期的义理学形成了以颜元、戴

第五章　焦竑与清代学术

震为主的新义理派，以方东树、李光地为主的旧义理派，以阮元为主的新旧义理折衷派。从方法上看，焦竑心学的智识化方法与清代李塨、戴震、阮元等学者以考据通义理的治学方法相同。不过，方法论层面的相同并未保障义理方面的一致。从义理上看，焦竑兼具直觉体认与智识认知的心学，虽与以直觉体认为工夫的心学有别，但其立场与诉求仍属心学范围。清儒颜元、戴震等人转向以气论为主的新义理，旧义理派的方东树等人维护的是宋学，阮元的折衷调和亦聚焦汉宋之争。这样看来，心学已不为清儒所关注，焦竑的心学对清代义理学影响甚微。

在"焦竑与清代考据学"方面，焦竑在文字、音韵、训诂、校勘、辑佚、目录、金石、方志等方面的考据，为清儒所继承与发展。在焦竑零散、广博的考据基础上，清儒的考据学方法更为专业、细致，考据学的知识也更为专门化与系统化。在考据学与义理学的关系方面，焦竑"古诗无叶音"的考据，为陈第《毛诗古音考》提供了灵感，成为清代音韵学的先导，也为探究圣贤经典的本义提供了理论依据。戴震"由文字以通乎语言，由语言以通乎古圣贤之心志"的治学路径，颇受焦竑影响。不过，焦竑与清儒虽主张以考据通义理，但焦竑将考据学收摄到心学范围，使其成为实现博约一贯的圣人境界的必要环节，戴震却未坚守心学底线，将考据视为一种纯粹的智识化方法，以建构有别于心学的新义理。

在"焦竑与清代三教观"方面，焦竑的智识化三教观在清代被分化地继承。以彭绍升、雍正、王常月、闵一得等为代表的佛道修行派虽延续了三教观超越三教形态的观点，但未采纳智识化方法；清儒虽采纳了智识化方法，但多借此方法来批判宋儒，排斥佛道，反而消解了三教关系问题。总体上看，焦竑对清代学术的义理学、考据学、三教观均有影响，但影响力有限。

总而言之，清代前中期的学术虽以考据学见长，但在义理学与三教观上亦有所延续发展。在简要勾勒清代学术概况之后，我们将焦竑与清代学术进行了比较：一方面，焦竑对清代前中期学术的影响并不只局限于考据学领域，其与清代义理学及三教观亦存在着较为复杂的内在联系；另一方面，焦竑对清代前中期学术的诸方面虽有影响，但这种影响并不是那种全面性的巨大影响。当我们对古代哲学家进行研究时，往往习惯于将研究对象的作用"夸大"，将其学术影响力进行大力推展，在某种程度上，这不可避免地会带有作者个人的主观情感因素。反观焦竑,我们承认他对清代学术具有影响,但不主张过分夸大其影响力,而是在具体考察的基础上,以期澄清他与清代学术的关系,同时厘定其对清代学术影响的限度。也就是说,焦竑对清代学术的义理学、考据学、三教观均有影响,但其影响力却是有限的。不过,虽然影响力有限,但由于与明清儒学的义理学、考据学与三教观均有关联,焦竑却可以成为考察明清儒学转向的一位关键人物。

第六章　焦竑与明清儒学转向

当谈及明清儒学转向时，学者们往往会提及焦竑。如余英时认为："在心性之学方面，弱侯实可说是一结束人物。此与其在博学考订方面之为一开创人物，适成为有趣之对照。但他自己并不觉得其学之分为两橛，有何内在矛盾。此正是象征'尊德性'之境既穷，不得不转向'道问学'一途也。"[1] 李焯然也指出："焦竑的思想，代表了学术思想由晚明心性之学转向清初考据学的过渡，所以在他的思想中便同时出现了心学和实学的倾向。"[2] 可见，当前学界基本上将焦竑视为明清儒学转向的典型人物。不可否认，焦竑的学问确实与心学、考据学有关，但仅仅因此就判定焦竑促进儒学由心学转向考据学，由"尊德性"转向"道问学"，这一点倒有商榷的余地。

一方面，心学与考据学在焦竑处并非"两橛"的存在，他以考据学的智识化态度纳入心学，形成了独特的智识化心学，此为心学的发展新径。实际上，焦竑这一新径在明清儒学中属于特例，它与明清儒学相关，但又有本质的不同，这一点在探讨焦竑与明代思潮、清代学术时已有论述。也就是说，我们承认焦竑在明清儒学转向中起了作用，但这种作用应有所限制，不宜夸大，夸大则有失真的危险。另一方面，学界常将明代心学与清代考据学视为

---

[1] ［美］余英时：《从宋明儒学的发展论清代思想史——宋明儒学中智识主义的传统》，载《论戴震与章学诚：清代中期学术思想史研究》，第315页。

[2] 李焯然：《焦竑之三教观》，载《明史散论》，第121—122页。

转向的两端，并置焦竑于其中。① 在某种程度上，这种仅以心学与考据学来定义明清儒学转向的做法有些狭隘。这是因为明代儒学不仅有心学，清代儒学不只是考据学，义理学、考据学及三教观均为明清儒学所共有。并且，"尊德性"的心学与"道问学"的考据学之间差别甚大，以焦竑为转折点直接由明代心学转到清代考据学的可能性较小。

在此，我们肯定焦竑在明清儒学转向中的作用，但不采用由心学直接到考据学的转向路径，而是将此路径一分为三，即焦竑与明清义理学转向、焦竑与明清考据学转向、焦竑与明清三教观转向。具体来说，焦竑在转向中的意义在于，他一人汇集了义理学、考据学、三教观这三条明清儒学的转向路径。在这三条转向路径中，明清儒学各有消长，如心学在明清义理学转向中失落，考据学在明清考据学转向中兴起等，这才造成了明清儒学转向是由"尊德性"的心学转向"道问学"的考据学的印象。实际上，这种转向是明清儒学三条转向路径同时并进的一种综合体现，并非由明代心学直接过渡到清代考据学。②

第一节 焦竑与明清义理学转向

从义理学的角度看，明代儒学以阳明心学为主体，清代儒学以气学为主体。实际上，气学自北宋张载以来便已出现，明代气学并未断绝，如明代中期罗钦顺、王廷相以程朱理学为根基的气学，明代晚期刘宗周、黄宗羲以阳明心学为根基的气学。清代以戴震为代表的气学则是一种建立在考据方法上的分析的、智识化的气学。由此可以归纳出明清义理学的两个重要方面：一

---

① 钱新祖教授认为，焦竑的心学开出了考据学。他叙述了焦竑的学术逻辑：借助佛道之学阐释"道"，同时在思想上建立了一种多元论，强调了个体的独立与心灵的自主，这样的逻辑结果有两个，一是对程朱正统的批判，一是提倡对经典的语言分析。这样看来，他认为焦竑的考据学是在借助佛道之学阐释心学的过程中开出的。（Edward T. Ch'ien, "Chiao Hung and the Revolt against Ch'eng-Chu Orthodoxy: The Left-Wing Wang Yang-ming School As a Source of the Han Learning in the Early Ch'ing", Wm. Theodore deBary and The Conference on Seventeenth-Century Chinese Thought, *The Unfolding of Neo-Confucianism*, New York & London: Columbia University Press, 1975, p. 296）对此，我的理解正相反，焦竑的考据是独立的，他把考据学的智识化态度应用于心学，以佛道之学阐释"道"的智识化心学是考据学应用的结果，而非考据学出现的原因。

② 就儒学而言，它在明清两代大体上实现了三种转向：一是在学术形态上，由直觉体认型的儒家义理学转变为知识考据型的儒家义理；二是在学术话语上，由非智识化的心学话语转变为智识化的考据学话语；三是在学术形式上，由儒者个体化、零碎化的践履体验转变为学者团体化、系统化的研究求证。

第六章 焦竑与明清儒学转向

是气学在明清一直存在，并呈现出以程朱理学、阳明心学、考据学为根基的不同形态；二是心学主要存在于明代，而清代义理学以气学为主。这样看来，明清儒学的义理学转向是一个心学逐渐消解于气学的过程。①

那么，焦竑在这一义理学转向的过程中的位置为何呢？晚明时期，心学已经接近发展的极限，开始寻求新的突破。这种突破一方面表现为气学向度，另一方面表现为智识向度。清代气学可分为清初颜李学派的气学与清中期戴震的气学。颜李学派在倡导以习行为特色的原始儒学时，又从气学角度阐释儒学义理，反击程朱理学。在很大程度上，颜李学派的气学基本上被戴震吸收并使之成熟完善，因而我们以戴震为清代气学的代表人物。他以智识化的考据学为方法来重新阐释儒学义理，形成了智识化的气学新义理。也就是说，清代气学在很大程度上是晚明心学两种新向度的综合。其中，心学的气学向度是由明代中期以罗钦顺、王廷相为代表的程朱理学的气学发展而来的，这是自北宋以来气学一贯发展脉络的延续。与明代气学的理学或心学的根基不同，清代学术以考据学为根本，以反理学、反心学为潮流，这在某种程度上亦影响到清代气学，使得清代气学脱离了程朱理学或阳明心学的传统根基，而转向智识化的考据学。焦竑的意义正在于此。

作为泰州学派的传人，焦竑延续了自阳明以来的心学精神。但是，身处晚明时代的他，并未完全遵循直觉体认的传统心学进路，而是根据自己的学术兴趣和特点，将其根深蒂固的智识化的学术态度纳入心学领域，形成了一种兼具直觉体认与智识认知的心学。这种心学形态突破了王阳明以来以直觉体认的心学传统，开启了智识化的新向度，可谓开创了心学的新径。这一新径的开创，虽有焦竑个人因素的偶然成分在，但仍是晚明心学寻求突破的一种表现，且是有别于刘宗周、黄宗羲等人将心学导向气学的一种新突破。② 因

---

① 值得注意的是，郑宗义教授特别指出官方朱学在明清儒学转向中的作用。他认为："在明末以降一片反天道心性的声音中，官方朱学乃不啻是现实上宋明儒学可据守的最后壁垒。"（郑宗义：《明清儒学转型探析：从刘蕺山到戴东原》，第115页）这样看来，官方朱学的衰落代表着宋明儒学彻底消解于清代气学。

② 将心学导向气学，在很大程度上是刘宗周开创的一种义理上的新突破，黄宗羲继承发扬了这一点。黄宗羲在义理上基本沿袭了其师刘宗周的思想，个人的义理创新并不多。虽然义理创新未能越出其师的轨范，但黄宗羲在外王层面的创新则在政治、教育乃至个人自由等方面颇有影响。对此，狄百瑞从批判帝国规范、推崇英雄主义和教育三个方面来定位、赞扬黄宗羲在新儒家自由思想上的贡献。可参见 Wm. Theodore deBary, *The Liberal Tradition in China*, New York: Columbia University Press, 1983, pp. 81-90。

此，焦竑在某种程度上为清代气学的智识化提供了关键一环。若没有焦竑的心学新径，清代气学承接的气学也许仅仅是自刘、黄等人而来的心学式的气学，这种气学仅在理论内容上与戴震的气学有共鸣，因为它并未逸出以直觉体认为工夫的传统心学范围，与戴震智识化的气学之间有质的不同。焦竑正提供了这一智识化的因素。由此看来，清代学者在反对明代心学时，潜在地接受了心学在晚明时期发展出的气学与智识化的两种新向度，并在清代中期得以创造性地融合。这样看来，焦竑是明清义理学转向中不可或缺的一环。

探讨至此，我们基本可以把握明清义理学的基本脉络，也可以清楚地了解焦竑在这一转向过程中的位置。不过，关于焦竑与明清义理学转向，仍有一些问题需要进行补充说明。

（1）焦竑在明清义理学转向中的作用。作为常被视为明清儒学转向的典型人物，焦竑在转向中的作用往往被一带而过，少有具体的探讨。其实，明清儒学转向作为儒学发展史上的一个重大转变，并非某一个儒者的功绩所致。除焦竑外，刘宗周、黄宗羲、方以智、王夫之、顾炎武乃至佛教之大师、道教之高道，以及政治、社会、经济、心态等方面的变化，都是促成这一转向的原因。若按之前学界将焦竑定位为明清转向人物的做法来看，这由心学直接过渡到考据学的转向路径，在某种程度上有将焦竑的作用同化于晚明其他儒者的可能，因为顾炎武、黄宗羲等人皆有此种转向作用，这样便忽视了焦竑转向作用的独特性。就顾炎武而言，他虽力主考据，提倡"经学即理学"，但他反对心学①，也并未继承气学，而是走向了经学。这样，顾炎武虽涉及考据这一智识向度，但他并未融入心学、气学这一义理脉络，因而不列入明清义理学转向之中。而主张融合心学与气学的黄宗羲虽也涉及考据，但他的考据却并未纳入心学，而是秉承其师刘宗周的治学路径将气学纳入心学。刘宗

---

① 对于理学，顾炎武认为："理学之名，自宋人始有之。古之所谓理学，经学也，非数十年不能通也。故曰：君子之于《春秋》，没身而已矣。今之所谓理学，禅学也，不取之五经而但资之语录，校诸帖括之文而尤易也。"（清）顾炎武：《顾亭林诗文集》，华忱之点校，第58页。钱穆就此认为，顾炎武的反理学实际是反对心学，并不是反对程朱理学。他指出："经学就是理学，要读经才有理学，舍掉经学就没有理学了。粗看这话好像只要讲经学不要讲理学，顾亭林是处在反理学的态度。这样说最多讲对了一半。因为顾亭林《日知录》里讲得很详细，宋朝、元朝都有经学，所以那个时候也有理学。明朝人没有经学了，有什么理学呢？不讲经学的理学，只有明朝，王学不能叫理学。顾亭林是这样的意思。他是反王学，不是反理学。"（钱穆：《素书楼经学大要》，载《钱宾四先生全集》，第52册，第850—851页）

周是晚明心学的殿军,黄宗羲在心学上也并未逸出明代心学的范畴。而考据学与心学在黄宗羲处实为一种"两橛"的状态,这样,黄宗羲在转向中的作用便局限在提供气学的方面,并不涉及提供考据学的智识向度。与顾、黄二人不同,焦竑一方面涉及考据学,另一方面将考据学的智识化方法纳入心学,形成了智识化心学的新径,这是焦竑有别于晚明诸儒之处。因此,焦竑才能够在明清义理学转向中脱颖而出,提供智识化这一关键向度。

(2)焦竑在明清义理学转向中作用的限度。对于焦竑在明清义理学转向中起到的关键作用,我们给予了肯定。不过,这并不意味着可以将焦竑推为这一转向过程的决定性人物,或认为其起到了决定性的作用。在此,我们需要明确焦竑在义理学转向作用上的限度。就明清义理学转向而言,其大体趋势是心学消解于气学,即明代心学的没落与清代新气学的兴起。从焦竑的角度看,他的心学新径并不应为明代心学的没落负责。具体言之,心学在晚明时期已出现种种弊端,其实这是心学在义理与实践上发展至极将要破裂之状。心学的没落除明清巨变的社会历史因素、明末清初儒者的反思批判[①]之外,心学自身发展至极亦是重要的内部因素。相较而言,焦竑将智识化方法纳入心学以开启心学智识化的做法,非但与心学的没落无关,反而是为心学的存在与发展寻求一种新的突破。只不过这种新突破刚出现一个萌芽,便在明清巨变的时代夭折了。这样看来,焦竑的转向作用并不在于心学没落的方面,而主要在于清代新气学的兴起。也就是说,焦竑在明清义理学中的转向作用主要限定在清代气学方面,即他为戴震的新气学提供了一个智识化的新向度,而这是刘宗周、黄宗羲及以往的气学所不具有的。

(3)清代旧义理在转向中的位置。在探讨焦竑与清代义理学关系时提到,

---

① 胡适曾提到明末清初的反玄学运动,他表示:"中国近世哲学的遗风,起于北宋,盛于南宋,中兴于明朝的中叶,到了清朝,忽然消歇了。清朝初年,虽然紧接晚明,已截然成了一个新的时代了。自顾炎武以下,凡是第一流的人才,都趋向作学问的一条路上去了;哲学的门庭大有冷落的景况。接近朱熹一脉的学者,如顾炎武,如阎若璩,都成了考证学的开山祖师。接近王守仁一派的,如黄宗羲自命为刘宗周的传人,如毛奇龄自命为得王学别传,也都专注在史学与经学上去了。北方特起的颜元、李塨一派,虽然自成一个系统,其实只是一种强有力的'反玄学'的革命;固然给中国近世思想史开了一条新路,然而宋明理学却因此更倒霉了。这种'反玄学'的运动是很普遍的。顾炎武、黄宗羲、黄宗炎、阎若璩、毛奇龄、姚际恒、胡渭,都是这个大运动的一分子,不过个人专力攻击的方向稍有不同罢了。"胡适:《戴东原的哲学》,载欧阳哲生编《胡适文集》(7),第239页。

清代义理学除戴震所代表的新义理外,还有方东树为代表的旧义理,及阮元的新旧义理折衷论。那么,这些派别所代表的清代义理学是否需要融入明清义理学转向中呢?对此,我们有必要进行具体分析。有见于乾嘉考据学者以考据批判程朱理学的状况,方东树挺身而出维护程朱理学。其实方东树在义理上并无新的创见,他的意义在汉宋之争的情境中才能得以彰显,即他造成乾嘉考据学的一种反动,为鼎盛期的考据学下一转语。① 由此看来,方东树既没有上接明代心学的余绪,也没有涉及清代气学的脉络,而是仅就戴震等考据学家批判程朱这一点进行抗争,维护宋代旧义理。可见,他与明清义理学由心学转向气学这一历程之间并不存在直接联系。就阮元为代表的新旧义理折衷派而言,此派之新来自吸纳考据学方法,此派之旧来自肯定程朱旧义理。这表明,阮元的新旧义理折衷派与方东树的旧义理派基本上站在同一立场,差别在于阮元等人继承了考据这一清代主流的学术方法。这样,阮元的新旧义理折衷派亦与明清义理学转向这一历程无甚关系。因此,方东树的旧义理派与阮元的新旧义理折衷派均不纳入明清义理学转向的讨论中。

讨论至此,焦竑与明清义理学转向之间的关系已基本厘清,焦竑在义理转向中的作用已基本确定。那么,焦竑与明清考据学转向的关系如何呢?接下来,我们将进行具体探讨。

---

① 梁启超描述了清代汉宋之争的情况,如:"宋明理学极敝,然后清学兴。清学既兴,治理学者渐不复能成军。其在启蒙期,犹为程、朱、陆、王守残垒者,有孙奇逢、李中孚、刁包、张履祥、张尔岐、陆陇其、陆世仪诸人,皆尚名节厉实行,粹然纯儒,然皆硁硁自守,所学遂不克光大。同时有汤斌、李光地、魏象枢、魏裔介辈,亦治宋学……时清学壁垒未立,诸大师著述谈说,往往出入汉宋,则亦相忘于道术而已。乾隆之初,惠、戴崛起,汉帜大张,畴昔以宋学鸣者,颇无颜色。时则有方苞者,名位略以斌、光地等,尊汉学,笃谨能躬行,而又好为文。……蓃屡为文诋汉学破碎,而方东树《汉学商兑》,遍诋阎、胡、惠、戴所学,不遗余力。自是两派始交恶。"(清)梁启超:《清代学术概论》,朱维铮校订,第101—103页。进而,钱穆揭示出汉宋之争中宋学的重要性,如"治近代学术者当何自始?曰:必始于宋。何以当始于宋?曰:近世揭橥汉学之名以与宋学敌,不知宋学,则无以平汉宋之是非。且言汉学渊源者,必溯诸晚明诸遗老。然其时如夏峰、梨洲、二曲、船山、桴亭、亭林、蒿菴、习斋,一世魁儒耆硕,靡不寝馈于宋学。继此而降,如恕谷、望溪、穆堂、谢山乃至慎修诸人,皆于宋学有深契悟。而于时已及乾隆。汉学之名,始稍稍起。而汉学诸家之高下浅深,亦往往视其所得于宋学之高下浅深以为判。道咸以下,则汉宋兼采之说渐盛,抑且多尊宋贬汉,对乾嘉为平反者。故不识宋学,即无以识近代也"。钱穆:《中国近三百年学术史》(一),载《钱宾四先生全集》,第16册,第1—2页。由此可见方东树在清代学术发展中的重要性,他站在汉学的对立面,为汉学独盛到汉宋调和间下了一转语。

第二节　焦竑与明清考据学转向

陈垣先生有云"明季心学盛而考证兴"①，考据学虽在清代乾嘉时期达到鼎盛，但其兴起之端可追溯至明代中叶。② 大体上看，明清考据学的发展是一个由个体考据到团体考据，由零散考据到系统考据，由笔记式考据到专著式考据的逐渐成熟的过程。具体来看，这一考据学发展历程可分为三个阶段：（1）明代阶段，以杨慎、何良俊③、王鏊、黄佐、梅鷟、陈耀文、胡应麟、王世贞、焦竑、陈第、周婴、毛晋、范钦等人为代表，此阶段的考据具有个人化、零散化的特点；（2）明末清初阶段，以顾炎武、黄宗羲、方以智、费经虞、费密、阎若璩、胡渭、张尔歧、臧琳、朱彝尊、毛奇龄、万斯同、惠周惕等人为代表，此阶段的考据已开始呈现由明代个体化、零散化向清中期团体化、系统化考据过渡的特征；（3）清中期阶段，以江永、戴震、惠栋、钱大昕、沈彤、江声、余萧客、江藩、王鸣盛、段玉裁、王念孙、王引之、

---

① 陈垣：《明季滇黔佛教考（附宗教史论著八种）》，第 303 页。
② 关于明代中叶考据学兴起之因，姜广辉认为涉及内外两种条件："考据学之所以在明中叶兴起，文化积累的知识真确性追求和需要是其内在原因，而当时社会商品经济发展所带动的刻书业和藏书业的发达是其外在条件。而清初考据学与乾嘉考据学不过是明代考据学的延续和发展。"同时，对于乾嘉考据学的鼎盛原因，姜广辉认为考据学在乾嘉时期达到鼎盛的原因在于清廷（主要是康雍乾三朝）统治方略的铁腕主导。（姜广辉：《乾嘉考据学成因诸问题再探讨》，《哲学研究》2008 年第 11 期）王俊义、黄爱平提出乾嘉考据学起因主要在于"康乾盛世"。（王俊义、黄爱平：《清代学术与文化》，辽宁教育出版社 1993 年版，第 265—285 页）值得注意的是，艾尔曼提出清代考据学秉承了晚明泰州学派的独立精神与批判意识，他指出"泰州学派高扬的独立精神，并未因为后人对其政治社会一段学说的猛烈攻击而销声匿迹。与之相近的自主意识仍然是考据学话语的重要特色。18 世纪的考据学尽管成为一种脱离政治的学术研究，但是它在学术领域崇尚的自主意识，在一定程度上仍是与泰州学派思想主张分不开的"。同时，"泰州学派激越的批判意识在当时即产生了深远的影响，它在为世拒斥时，已为江南未来的思想研究奠定了基础。后来，批判精神又复兴了，成为清学的基本特点。考证方法尽管代替了更为广泛的批判意识，但是，明确考证学的发展在相当程度上要归功于晚明削弱正统权威的批判精神"（[美]艾尔曼：《从理学到朴学——中华帝国晚期思想与社会变化面观》，赵刚译，第 30 页）。
③ 何良俊（1506—1573 年）是明代中期的人物，他提倡博学读书，主张恢复汉唐训诂传注，批判儒者空谈性理与科举俗学。可参见龚鹏程《经学、复古、博雅及其他》，载《晚明思潮》，第 291—301 页。在龚鹏程看来，何良俊是一个值得注意却被忽视的人物。因此，我们将何良俊与杨慎等考据学家并列，以显示明代中期以来的博学、复古之风。

程瑶田、金榜、洪榜、汪绂、孔广森、凌廷堪、阮元等人为代表,此阶段的考据已进入团体化、系统化的成熟状态。①

大体上看,明清考据学的发展基本呈快速上升态势,很快便发展为风行全国的新的学术类型与治学方法。那么,在这一考据学发展的大潮中,焦竑的位置如何呢?兴起于明代中叶的考据学在焦竑之前已有所积累与发展,尤其"记诵之博,著作之富"堪称明代第一的杨慎的出现,对焦竑影响颇深。焦竑不但勤力搜集杨慎的著作编刻《升庵外集》,亦常引用杨慎的考据学成果,两人在考据学范围上也颇为相似,且涉猎广泛。焦竑在考据学上主要受到杨慎的影响,这种影响遍及其考据的各个方面。在某种程度上可以说,焦竑在考据上基本承袭自杨慎,其考据学创新也是在杨慎考据学影响下的一种新发展。同时,杨慎是明代考据学的代表人物,因此焦竑与杨慎的密切关系,便成为他与明代考据学的关联的缩影。② 相比于对杨慎考据学的"全盘接受"③,焦竑的考据学在清代的影响则相对集中,主要体现在音韵学与天文历算两方面。

(一)焦竑与明清音韵学。音韵学是清代考据学中极为重要、极为系统成

---

① 关于明末至清代的考据学发展,古今学界已有论及,如:"以智崛起崇祯中,考据精核,迥出其上,风气既开,国初顾炎武、阎若璩、朱彝尊等沿波而起,始一扫悬揣之空谈。"(清)永瑢:《杂家类三》,载《四库全书总目》第119卷,清乾隆武英殿刻本。"《通雅》一书尤为学者所称道,四库馆臣至谓其开顾炎武、阎若璩、朱彝尊辈考证之先河。"[美]余英时:《方以智晚节考》,生活·读书·新知三联书店2004年版,第2页。"在学术方面,考据学更是承自黄宗羲、顾炎武、阎若璩、张尔歧、胡渭、臧琳、惠周惕等人之学,至乾嘉时期达到全盛。"(漆永祥:《乾嘉考据学研究》,第293页)艾尔曼指出:"到1750年,继新儒学而起的清代知识分子业已变成一个世俗性学术团体的成员,这个团体鼓励严格的富有创造性的文献考证,还为之提供生活保障作为学术奖励。与其理学先辈相反,清代学者崇尚严密的考证、谨严的分析,广泛的搜集古代文物、历史文件与文本保存的客观证据,以具体史实、版本及历史事件的考证取代了新儒学视为首要任务的道德价值研究和论证。"([美]艾尔曼:《从理学到朴学——中华帝国晚期思想与社会变化面面观》,赵刚译,第5页)以上各种论断,都不同程度地反映了清代考据的团体化特征。

② 关于焦竑与杨慎在考据学上的关系,余英时先生表示"新儒家学说在晚明仅为集中智识趋向之一种,特别是16世纪出现了以杨慎(1488—1559年)、陈耀文、梅鷟、郑晓(1499—1566年)、陈第(1541—1617年)为代表的'考证学'。在考证学、词源学、音韵学的研究上,焦竑得益于杨慎颇多"(Ying-shih Yu, "The Intellectual World of Chiao Hung Revisited: A Review Article", *Ming Studies*, 25, 1988, p.49)。亦可参见韩伟《杨慎对焦竑之影响考释》,《古籍整理研究学刊》2013年第2期。

③ 这里的"全盘接受"是指焦竑在考据学上基本上沿袭了杨慎的风格。但值得注意的是,焦竑亦对杨慎考据的错误、缺漏之处进行了纠正与补充。如《焦氏笔乘》中载有《用修误解岁字》《英公用修有闻见字书目其未备者辄疏于此》等条,即为例证。可见,他对杨慎的考据并非一味地尊崇。

熟的一个领域。清代音韵学肇始于顾炎武,他著有包括《音论》《诗本音》《易音》《唐韵正》《古音表》在内的《音学五书》影响甚大。与顾炎武类似,阎若璩在《尚书古文疏证》中也深入讨论了音韵问题。自此之后,音韵学便成为清代学者的一项重要学术工作,如费经虞著《古音拾遗》,江永著《古韵标准》《音学辨微》《四声切韵表》,毛奇龄著《古今通韵》,刘献廷著《新韵谱》,至戴震著《声韵考》《声类表》等而集大成,此后段玉裁著《六书音韵表》《说文解字注》,王念孙有《古韵谱》等。可见,清代音韵学自顾炎武之后逐渐进入大规模、系统化的大发展时期,直到清代中期以戴震为首的乾嘉学派而达到鼎盛。

追本溯源,顾炎武的音韵学从何而来呢?这不得不提"古诗无叶音说",清代音韵学之发达,在很大程度上始于此说。例如,当谈及作为清代考据学四大学问之一的音韵学时,胡适正以此说为清代音韵学的发端之论。[1] 清代学者的"古诗无叶音说",始于顾炎武的《音学五书》中,但此说并非顾氏所创。之前的探讨中曾提及,晚明陈第著有《毛诗古音考》阐发此说,顾炎武遂将此说归为陈第首倡,阎若璩指出了顾炎武的疏漏,认为此说实为焦竑所创,陈第之作大体上是焦竑思想的系统演绎。[2] 胡适曾有"顾炎武的导师是陈第"[3] 的说法,将陈第视为清代音韵学的明代启发者。在此,胡适同顾炎武一样也没有注意到焦竑,若按阎若璩将"古诗无叶音说"的发明权由陈第归还焦竑来说,焦竑无疑是清代音韵学的根本源头。当我们循着明清音韵学的发展脉络来看,焦竑的地位便会更加清晰:明代杨慎的音韵考证启发了焦竑,

---

[1] 胡适在谈到清代考据学起源时,提到考据学者攻击的四个问题("随意改古书的文字""不懂古音""增字解经"与"望文生义"),对这些问题的批判逐渐形成了清代考据学的基本格局。其中,"不懂古音"是说"用后世的音来读古代的韵文,硬改古音为'叶音'",这正是焦竑"古诗无叶音说"的看法。胡适:《清代学者的治学方法》,载欧阳哲生编《胡适文集》(2),第289页。这样,按胡适的看法,焦竑正是清代音韵学的源头。

[2] 对于陈第的音韵学贡献,李焯然总结为:"陈第在古音学上最大的功绩,是阐明语音乃随时间、地域之不同而变迁。他以诗韵本身去证实古时叶韵,韵有定界,字有本音,原本都是谐协,无须随文改读。"(李焯然:《焦竑与陈第——明末清初古音学研究的两位启导者》,载《明史散论》,第143页)

[3] 胡适认为陈第在音韵学上是顾炎武的导师,他指出:"中国这三百年的朴学成立于顾炎武同阎若璩;顾炎武的导师是陈第,阎若璩的先锋是梅鷟。陈第作《毛诗古音考》(1601—1606年),注重证据;每个古音有'本证',有'旁证';本证是《毛诗》中的证据,旁证是引别种古书来证《毛诗》。如他考'服'字古音'逼',共举了本证十四条,旁证十条。顾炎武的《诗本音》同《唐韵正》都用同样的方法。《诗本音》于'服'字下举了三十二条证据,《唐韵正》于'服'字下举了一百六十二条证据。"胡适:《治学的方法与材料》,载欧阳哲生编《胡适文集》(4),第106页。

焦竑在读书思考中发现了"古诗无叶音"的原则,受焦竑启发陈第撰写了专著《毛诗古音考》,顾炎武、阎若璩等清初学者受陈第启发而研究音韵学,到清代中期音韵学逐渐发展为一门系统化、专门化的学问。

值得注意的是,明清音韵学在发展中还存在一个"质变"的过渡。就音韵学而言,其重要性不仅局限于考订、厘清文字音韵的知识层面,它本身有着深刻的义理关涉。中国最初并没有文字,诸如神话传说、圣贤义理等,均为口传心授,如《论语》并非孔子所写,多是他在与弟子或他人的交流过程中被记录、汇集而成的。也就是说,自古以来的各种圣贤经典,在最初口传心授时只有音没有字,当听者将所听到的内容记录下来时,可能产生一些问题。比如,同一音有不同的字形,用不同的字来记录同一个音时,可能会对义理理解造成影响,如《论语》中"五十以学易可以无大过"中是"易"还是"亦"的问题,正出于此。另一种情况是,记录者听到的音和使用的字都是当时的古音、古字,随着时代的发展、民族的迁徙,字的音、形也在发生着改变。① 这样当后人以后世的字形、字义来探求圣贤经典的本义时,难免会发生错误。字的读音不同,则字义不同,对圣贤义理的理解便不同。若要准确理解圣贤经典,便要弄清楚字义,若要知道字义,则需要确定字的古音。大体上,这就是音韵学的来源。②

自焦竑以来,如顾炎武、阎若璩等人均坚守着音韵学的义理关涉。焦竑

---

① 对于字的今古音区别,阎若璩曾有说明:"字有古音,与后代颇不同。如《皋陶歌》'明'音'芒',与'良''康'为韵。《五子之歌》其一,两'下'字音'户','马'音'姥',与'予'为韵。其四'有'音'以',与祀为韵,皆古音也。此伪作古文者,幸其生于魏晋之间,去古未远,尚知此。等若浸降而下,并此亦弗识矣。"(清)阎若璩:《尚书古文疏证》,第475页。

② 对于古韵学的来源及叶音问题,梁启超曾作出说明:"古韵学怎样来历呢?他们讨论的是那几桩问题呢?稍有常识的人,总应该知道现行的《佩文韵府》,把一切字分隶于一百零六个韵。(上下平声合三十,上声二十九,去声三十,入声十七)韵府本于南宋的《礼部韵略》。(《韵略》一百零七部,比《韵府》多一部)《韵略》本于唐的《广韵》。《广韵》却是分为二百零六部,现在韵书最古而最完备的莫如《广韵》。所以研究此学都以《广韵》为出发点。为什么由二百零六变为一百零七?这是唐宋后音变的问题,古韵家懒得管他。《广韵》二百零六部分得对不对?这是唐音的问题,古韵家也懒得管它。他们所讨论者,专在三代秦汉时候韵之分部如何。古书中如《易经》《诗经》《楚辞》《老子》等几乎全书都协韵,然而拿《广韵》和《韵略》比对起来,却十有九并不同韵。宋以来儒者,没有法子解释这缘故,只好说是'借叶'(本不同韵,勉强借来叶的)清儒以为漫无范围的乱借乱叶,岂不是等于无韵吗?所以他们反对此说,一定要找出古人用韵的规律来,换句话说,就是想编一部'古佩文韵府'。"(清)梁启超:《中国近三百年学术史》,第239页。

提出："古韵不明，致使《诗》不可读；《诗》不可读，而正得失、动天地、感鬼神之教，或几于废，此不可谓之细事也。"① 与此类似，顾炎武也表示："综古音为十部，为《古音表》二卷，自是而六经之文乃可读，其他诸子之书，离合有之，而不甚远也。天之未丧斯文，必有圣人复起，举今日之音而还诸淳古者。"② 这种说法表明焦竑、顾炎武等晚明至清初的学者所提倡的对音韵的考据学研究仍在义理学的范围内，并非纯粹的为知识而知识的考据学探索。③ 但是，这一情况到清代中期的江永则发生了改变。艾尔曼指出，江永抛弃了顾炎武、阎若璩以来将训诂考据视为义理实践的一部分的看法，而将音韵学视为一种纯粹的学术课题，而非通达义理目标的途径。④ 也就是说，江永消解了音韵学的义理关涉，使音韵学成了一门专门的知识学问。作为戴震的老师，江永对音韵学的改造显得特别有意义。江永之后的考据学者，如戴震、段玉裁、王念孙等人的音韵学研究便不具有焦竑、顾炎武、阎若璩等人的义理考量。可见，自明末清初至清代中期，音韵学虽一脉相承地发展，但却存在着一个消解音韵考据的义理关涉的"质变"。不过，虽有此"质变"，并不影响焦竑的清代音韵学开山的地位。

（二）焦竑与明清天文历算。就清代考据学而言，天文历算无疑是发展迅速且成熟的一个领域。明末清初的顾炎武、黄宗羲均涉及天文历算，如顾氏《日知录》中有关于天文历算的记载，黄氏则著有《春秋日食历》《历代甲子考》等专书。此后王锡阐、梅文鼎专攻此学，王氏著有《大统历法启蒙》《历表》《西历启蒙》《历说》《历策》等著作，梅氏著有《古今历法通考》《历学疑问》《勿庵历算书目》《七政》《五星管见》《方程论》《勾股举隅》

---

① （明）焦竑：《毛诗古音考序》，载《澹园集》，李剑雄点校，第128页。
② （清）顾炎武：《古诗用韵之法》，载《日知录》卷二十一，清乾隆刻本。
③ 对此，艾尔曼以阎若璩为例也提到了这一点，他认为："推尊朱熹是阎若璩《尚书》考证的重要特点。他曾这样论述过朱子学术观点对自己的影响：'吾以为此书，不过从朱子引而伸之，触类而长之耳。'从许多方面看，阎若璩及同时代的其他一些学者都试图把内容广泛的考证研究纳入理学体系。"（［美］艾尔曼：《从理学到朴学——中华帝国晚期思想与社会变化面面观》，赵刚译，第28页）
④ 对此，艾尔曼指出"18世纪，程朱博学精神的崇尚者江永（1681—1762年）比17世纪的阎若璩和顾炎武走得更远。他彻底抛弃顾、阎从前代沿袭的把训诂学研究视为义理实践一部分的观点。江永声称，古音韵研究只是一项趣味盎然的学术课题，而不是实现一种理想化社会政治目标的途径，这就在考据学界实现了一种关键性的观念转变。在这一转变中，训诂音韵逐步成为18世纪大多数考据学者高度重视的精密学科"（［美］艾尔曼：《从理学到朴学——中华帝国晚期思想与社会变化面面观》，赵刚译，第23页）。

等著作，二人一方面介绍西方天文历法及数学知识，另一方面主张将西方天文历学成果和方法纳入传统历学研究以求革新。① 此后，江永亦著有天文历算著作《翼梅》八卷，在梅文鼎的基础上对天文学和数学作进一步阐发。江永的弟子戴震著有《筹算》《勾股割圆记》《周髀北极璇玑四游解》，撰写《续通志》的《天文略》，校订《周髀算经》《孙子算经》《张丘建算经》《夏侯阳算经》《海岛算经》等书。戴震的出现标志着清代天文历算学进入鼎盛阶段，很多考据学者都涉及此学，如钱大昕、孔广森、王念孙等。

天文历算包括天文学与数学，这两门学问在清朝大有发展，主要有两方面原因：一是传统天文学与数学在晚明时期的发展，二是西方传教士传入的新的天文学与数学知识的激发。这样，清代天文历算学的源头可追溯到晚明的徐光启与利玛窦。徐光启是晚明著名科学家，精通天文历算、农政水利等学，他著有《测量异同》《勾股义》《宜垦令》《农书草稿》《北耕录》《农政全书》《简平仪说》《平浑图说》《日晷图说》《崇祯历书》等。同时，他广泛结交西方传教士，与利玛窦关系深厚，与他合作翻译了《几何原本》《测量法义》②，此外，他与郭居静、罗如望、熊三拔、毕方济等传教士相熟，亦与他们合作翻译《泰西水法》《灵言蠡勺》等书。值得特别关注的是徐光启的《崇祯历书》。由于明代所沿用《大统历》推算失准，故徐光启得到官方认可与传教士合修天文历法，此书中引入了西方天文学中圆形地球、经纬度、星

---

① 有学者指出，梅文鼎的数学研究对清代义理学亦有影响，如艾尔曼引述约翰·韩德森的说法："梅文鼎在17世纪重新协调自然哲学与数学研究时，已把'理'归纳为借助数学推衍即可把握的实体，并因此改变了'理'的内涵，不再把它看作是宋明理学神秘性的'教条'。在清代从象数学向数学科学转变中，数学在儒学话语中的运用出现根本性变化。梅文鼎认为数学是对收集数字材料的演绎过程，它可被用来研究'理'的内涵。"（[美]艾尔曼：《从理学到朴学——中华帝国晚期思想与社会变化面面观》，赵刚译，第126页）

② 艾尔曼引述宫崎的观点，认为晚明儒家经典本位意识的兴起与利玛窦有关。他认为："利玛窦等耶稣会士与儒家兴起的经典本位意识关系密切。利玛窦试图区分儒家本义与理学的'唯理主义'理论。他重视早期儒家的经典注释，轻视朱熹及其他理学的经典传注，这种倾向极为明显。他试图使中国学者相信，朱子的道德形而上学不是儒学原有的主要内容，其主张不符合儒学宗旨。利玛窦和他的支持者坚信，儒家早期学说和天主教教义本来是完全一致的，后来，因为被掺入佛道学说才与天主教出现分歧。利玛窦指出：'在我看来，五个多世纪之前兴起的哲学偶像尽管仍然受士大夫的崇拜，但其吸引力日渐衰弱。我们应竭尽全力抵制这种学术，这不仅基于理性的原因，还因为，其全部学说有悖于古代圣人所阐发的义理。'经典考证成为复古要求的中心课题。"（[美]艾尔曼：《从理学到朴学——中华帝国晚期思想与社会变化面面观》，赵刚译，第34页）

第六章 焦竑与明清儒学转向

等概念及球面、平面的三角公式等数学计算方法，因而成为中西天文学、数学合璧的典范著作。可见，天文历算这门学问在晚明已结合西方天文学、数学知识有了长足的发展，清代学者治天文历算基本上延续了晚明以来融摄西方天文学、数学知识的路径。这样看来，晚明徐光启、利玛窦等的合作为清代天文历算的发达奠定了基础。[①]

在将清代天文历算的源头追溯到徐光启、利玛窦之后，我们必须提及焦竑。焦竑与徐光启、利玛窦均有关系。徐光启是焦竑的学生，擅长考据的焦竑已处于心学发展的极限，其学术虽根在心学，但智识化的程度已较为明显。作为弟子的徐光启在智识化上比焦竑走得更远，他在继承发展其师考据学智识化倾向时，显然已经消解了心学的根基，跨出了心学的范围，进入一种纯粹的智识的科学追求之中。[②] 同时，焦竑与利玛窦亦有交往。利玛窦到南京时

[①] 关于徐光启与西方基督教信仰、基督教文本、佛教、数学、历法、政治、士绅等方面的研究，可参见 Catherine Jami, Peter M. Engelfriet & Gregory Blue, *Statecraft and intellectual renewal in late Ming China: the cross-cultural synthesis of Xu Guangqi (1562–1633)*, Leiden, Boston: Brill, 2001; Yu Liu, "The Complexities of a New Faith: Xu Guangqi's Acceptance of Christianity", *Journal of Religious History*, 37 (2), 2013, p.228; 王静《晚明儒学与科学的互动——以徐光启实学思想的建构为中心》，博士学位论文，山东大学，2018 年；王东生《徐光启：科学、宗教与儒学的奇异融合》，硕士学位论文，山东大学，2007 年。

[②] 何俊教授对崇尚科学的徐光启为何大力赞扬逃禅佞佛的焦竑颇为不解，在分析徐光启的赞词后，他认为徐光启对焦竑的赞扬没有实质内容，这种赞扬不能代表二人思想一致，只是徐光启报答焦竑当年对自己科举上的知遇之恩。(何俊：《西学与晚明思想的裂变》，上海人民出版社 2013 年版，第 125—126 页) 不否认徐光启对焦竑的赞文有报答师恩或夸大的成分，但似乎也不能完全否定二人思想上的内在关联。这种关联主要体现在两方面。(1) 心学上的关联，对此，樊洪业指出："焦竑驳斥程颢的辟佛言论时，曾说'以天地万物皆我心之所造，故真空即妙有'，这与徐光启的'无心斯无所不通'是多么相近。从黄体仁到焦竑，他们之所以器重徐光启，应是与徐光启的'心学'功底密切相关的。"(樊洪业：《耶稣会士与中国科学》，中国人民大学出版社 1992 年版，第 98 页) (2) 实学上的关联，徐光启认为："《周礼》三物，德性为先，下至礼乐射御书数，亦皆是有用之学。若今之时文，直是无用。"(明) 徐光启：《徐光启诗文集》，载李天纲、朱维铮主编《徐光启全集》，第 9 册，第 260 页。这种说法表明徐光启已经意识到经世致用的有用之学的重要性，他对《周礼》三物及六艺的提倡，与清初颜元正相契合。同时，有学者指出，晚明的很多思想家离开流行的阳明心学，反对形而上学的他们转向了积极、实用的思想视角，在某种程度上这是一种异质性转向，这一转向以徐光启为代表。可参见 Carsun Chang, *The Development of Neo-Confucian Thought (Volume Two)*, New York: Bookman Associates, 1962, p.184。也就是说，徐光启有良好的心学功底，但作为晚明科学的代表人物，他在科学上追求得更多的是一种纯粹科学，这已经脱离了晚明心学的范围。可见，从思想发展角度看，徐光启这种较为成熟的科学追求很难在晚明心学的大背景下立刻产生，他的出现在很大程度上标志着晚明智识化精神的逐渐成熟，而其师焦竑正是晚明心学智识化的重要人物。从智识化的角度看，焦竑与徐光启亦具有深刻的内在关联。

曾与焦竑见过面，焦竑也读过利玛窦的著作。① 不过，焦竑在学术上虽具有智识化倾向，但这种倾向仍未超出其心学范围，也就是说，焦竑虽与利玛窦有所接触，但他受利玛窦的科学影响及他对利玛窦的影响并不深。西方科学技术直到利玛窦与焦竑弟子徐光启的交往合作中才得以充分发挥，并对当时产生影响。② 这样，从与西方传教士交往的角度看，焦竑之前的杨慎则基本没有接触西方传教士的经历，焦竑虽有接触但所受影响不深，焦竑弟子徐光启与西方传教士广泛接触，合作翻译西方科学著作，编著《崇祯历书》，树立了中西科学融合的榜样③，清代学者在天文历算方面则延续了徐光启、利玛窦以来的中西结合的

---

① 对此，艾尔曼指出："焦竑似乎接触过利玛窦（1552—1610 年）翻译的拉丁文法著作。陈第小学研究似乎受过西方影响，这反映出焦竑与西方文化的联系。"（[美] 艾尔曼：《从理学到朴学——中华帝国晚期思想与社会变化面面观》，赵刚译，第 149 页）

② 艾尔曼提出徐光启对晚明复社学者的智识化具有影响，他认为："复古意识和经学本位意识渗透到晚明清初的复古运动。这种知识走向不仅代表着新的知识领域和对古典的新解释，而且是思想领域的重要变革。早期考据学在摒弃理学思辨方法后，为重建古典传统，倾心回归对之有用的上古文献。复社的一些成员就知识问题提出新的理论，许多与复社有关的士人都直接或间接地受到徐光启的影响，徐光启（1562—1633 年）是著名学者、官僚，曾和利玛窦合作翻译过许多西方数学、水利、天文、地理学著作。"（[美] 艾尔曼：《从理学到朴学——中华帝国晚期思想与社会变化面面观》，赵刚译，第 33 页）

③ 与徐光启同时的晚明科学家，著名者还有李之藻（1656—1630 年），李之藻精于数学、天文历学、地理学等科学，他与利玛窦翻译《浑盖通宪图说》《同文算指》等著作，与徐光启翻译《几何原本》，并参与徐光启主持的历法修订。同时，他也与徐光启一样，接受基督教义。这样看来，李之藻在晚明科学及与基督教的关系上，与徐光启大同小异。关于李之藻对中西文化的综合作用，可参见 Yuen-Sang Leung, "Towards a hyphenated Identity: Li Zhizao's Search for a Confucian-Christian Synthesis", *Monumenta Serica*, 39, 1990 - 1991, pp. 115 - 130。不过，李之藻没有徐光启影响大，亦不如其阳明心学背景深厚，故此以徐光启为明代科学的儒家代表人物。而从儒者信仰基督教的角度看，除徐光启、李之藻外，晚明时期著名者还有杨廷筠（1557—1627 年），不过，与徐、李二人不同的是，杨廷筠更关注基督教的教义，而非传教士的科学技术。对于明末基督教学者的新儒家，钟鸣旦将其分为三类："（1）宗教前程与精神修养（这方面的特征是对经验中至高存在的回应）；（2）伦理道德的实质与实学（基督徒的道德观也与这种至高存在的观念相连，他们相信一切道德标准都是来自天主，而不是取决于'良知'，但它却是'实质的'和'客观的'）；（3）政治才能和科学兴趣（要强调读书，但读书主要在于'经世致用'）。……这三方面都是明末基督徒学者的特色，根据他们对这三方面的不同偏重，我们可以将他们分成三类。他们有些对天学实用的方面非常有兴趣，徐光启、李之藻、孙元化是个中佼佼者，他们写过很多关于西洋科学的作品，虽然也写过一些宗教性的文章，但他们最感兴趣的，还是科学。至于第二类学者，他们最注重的是基督教的道德观，王征就是一位主张实用的伦理学家……另一位是韩霖……最后一类以回应为主，像杨廷筠那样，主要是对至高存在的回应。"（[比利时] 钟鸣旦：《杨廷筠：明末天主教儒者》，圣神研究中心1987 年版，第257—258 页）此外，关于杨廷筠与基督教、天主信仰的关系，可参见 Yu-Yin Cheng, "Changing Cosmology, Changing Perspectives on History and Politics: Christianity and Yang Tingyun's Reflections on China", *Journal of World History*, 24 (3), 2013, pp. 499 - 537; Yu Liu, "The Religiosity of a Former Confucian - Buddhist: The Catholic Faith of Yang Tingyun", *Journal of the History of Ideas*, 73 (1), 2012, pp. 25 - 46。

第六章 焦竑与明清儒学转向

治学路径，尽管他们有复古倾向，但仍引入西方天文学、数学成就，促成了清代天文历算的发达兴盛①。这样看来，焦竑基本可以作为明清天文历算的学术源头。

讨论至此，我们大体可以把握焦竑在明清考据学转向中的位置。在由明到清的历史进程中，考据学也由个体化、零散化向团体化、系统化转变，并在清中期的乾嘉时代达到顶峰。就焦竑而言，他的考据追求范围上的博与广，虽偶有惊人的创见但不精深。受杨慎影响颇巨的焦竑在风格上与明中叶以来的考据基本吻合，但同时也表明他在明代考据学中的地位并不突出。焦竑考据学的影响主要体现在清代，尤其集中于音韵学与天文历算两方面。在音韵学上，焦竑首倡的"古诗无叶音"一说很大程度开启了清代儒者关注、研究音韵学的端绪；而天文历算上的突破主要由其弟子徐光启与传教士利玛窦等人来实现。② 这样看

---

① 对此，艾尔曼表示："在18世纪的江南学术界，自然科学和文献考证的关系不断加强，这是对耶稣会士译介的欧洲科学传统的回应。对传统天算学的实证研究显示出儒学在实证科学领域贡献的深度和复杂性。"（［美］艾尔曼：《从理学到朴学——中华帝国晚期思想与社会变化面面观》，赵刚译，第56页）"戴震、钱大昕、阮元受复古主义观念的影响，简单地把西方天文历算的技术特征纳入儒学框架之中，同时也批评西方科学。席文指出：阮元并非像那些缺乏闲暇悉心读其著述的论者所揣测的那样，试图贬低西方天文学。恰恰相反，他正提供一种使其研究合法化的神秘说法。他没有把西方天算知识视为外来奇巧，而是看作可与传统经典融为一体的知识体系，不论其表达方式如何陌生，也不管其中掺杂着许多外国传播者孱入的极难以接受的非科学观点。耶稣会在天文数学领域提出的挑战受到清代江南学者的认真对待，其影响波及考据学的其他领域。钱大昕认为它开拓了儒学研究的视域，是对几个世纪以来重视道德、哲学玄谈偏向的纠正。"（［美］艾尔曼：《从理学到朴学——中华帝国晚期思想与社会变化面面观》，赵刚译，第57—58页）可见，清代学者对西方科学的立场较为复杂，一方面他们吸收西方天文学等科学成果，另一方面又想维护传统科学的地位。同时，清代学者也认识到，西方科学的传入对于反对玄学空谈、促进考据实证具有积极意义。

② 值得注意的是，利玛窦对晚明的影响并非只限于科学方面，利玛窦的目的在于传播天主教，科学是有助于他传教的工具。Yu Liu通过考察利玛窦的《交友论》《天主实义》与《二十五言》及其与瞿太素、徐光启、李之藻、杨廷筠等人的关系，认为利玛窦虽然与中国友人保持很好的关系，但未能使他们相信他的宗教观与世界观。（Yu Liu, *Harmonious Disagreement: Matteo Ricci and His Closest Chinese Friends*, New York, Bern: Peter Lang, 2015）同时，从传教士的角度看，利玛窦对儒学多有批判，与儒士之间也存在着一些争议和紧张。可参见孙尚杨《基督教与明末儒学》，东方出版社1994年版。在某种程度上，这种争议与紧张似乎与利玛窦等西方传教士对"新儒学"的理解有关，按张晓林的说法："新儒学（Neo-Confucianism）最初由17世纪在中国的耶稣会士的思路而来，他们把时儒看作孔子学说（Confucianism）的退化形式……在17世纪传教士的用法里，这一术语（新儒学、新儒家）只是指程朱学派及其追随者和他们的理学。利子熟悉朱学派，在《天主实义》中提到朱子和二程（程颐）的名字，但他甚少了解陆王学派。所以，新儒家或新儒学，在利子即17世纪耶稣会士的用法里，不包括陆王学派及其心学。"（张晓林：《天主实义与中国学统——文化互动与诠释》，学林出版社2005年版，第158—159页）晚明新儒学以阳明心学为主，但利玛窦理解的新儒学却不包括阳明学派，也许这是引发利玛窦与儒学冲突的根本因素之一。

来，焦竑可被视为明清考据学中音韵学与天文历算这两门学问的理论源头。

总体来看，我们承认崇尚考据学的焦竑在明清考据学转向中具有影响作用，但并未将焦竑的作用推到极致。而是在具体比较、分析焦竑与明清考据学的关系后，确定焦竑的影响主要限于音韵学与天文历算两个方面。在明确了焦竑在明清义理学与考据学转向中的作用后，他与明清三教观转向的关系如何呢？接下来，我们将进行具体探讨。

第三节　焦竑与明清三教观转向

自佛教入华以来，儒佛道三教形成鼎足之势，历经延续千年发展的三教在互动中逐渐融合。① 时至明代，随着心学、禅学以及道教的发展，三教间的融合在晚明渐趋鼎盛。此时，三教一贯论成了被儒佛道乃至当时社会广泛认可的三教关系模式。② 不过，这种广泛的认可度并未持续太久。随着明清朝代更迭的到来，历经社会巨变的清代思想界抛弃了明代人对玄妙义理的热衷与

---

① 在三教观语境中，儒家被当作宗教，以儒家为宗教可以追溯到晚清康有为的《孔子改制考》及其孔教运动，在实际生活中除将儒家宗教化的运动外，当代学界对于儒家是否为宗教仍有争议。可参见张志刚《"儒教之争"反思——从争论线索、焦点问题到方法论探讨》，《文史哲》2015 年第 3 期。对于儒教问题，学界已逐渐弱化将儒家视为儒教的刚性视角，转而探讨儒家的宗教性，如李晨阳在谈及儒家宗教性时认为，儒家与其他宗教一样，一方面通过信仰建构了终极（ultimate）；另一方面回应了生命意义的问题，赋予人类生活以意义。(Chenyang Li, The Tao Encounters the West: Explorations in Comparative Philosophy, Albany: State University of New York Press, 1999, pp. 143 - 144) 同时，张祥龙教授提出了一个介于儒教与儒家宗教性之间的中行路线的儒教视角，即建立儒家文化生态保护区。(张祥龙：《重建儒教的危险、必要与中行路线》，《现代哲学》2007 年第 1 期) 儒教、儒家宗教性与儒家保护区这三种路径大体上构成了当前学界儒教问题的谱系。以儒家为宗教确实是一个有待探讨的论断，但在三教观的语境中，笔者将暂且搁置关于儒教的争论，而将儒家视为与佛道二教并列的一种"宗教"。

② 从个人信仰角度看，三教一贯论为个人同时信仰三教提供了理论支撑，在某种程度上，三教一贯论是通过弱化三教的差别、强化三教的一贯来为个人信仰三教提供合理性的。这样看来，三教一贯论似乎潜在地表明，个人只能信仰一种宗教，不能同时信仰多种宗教。不过，这种论证模式在当代学界有所变化，如李晨阳在解释个人何以信三教时认为，三教占据生命的不同维度，具有不同的功用，生命维度的多样化使得同一个人具有了兼容三教的可能，也就是说，多样化的宗教参与源于个人存在维度的多样。(Chenyang Li, The Tao Encounters the West: Explorations in Comparative Philosophy, Albany: State University of New York Press, 1999, p. 152) 对于个人信仰三教的问题，李晨阳并未将解决的关键放在弱化三教差别上，而是转向挖掘个人的多样维度。就个人信仰不同宗教而言，相较于以往的三教一贯论，李晨阳的说法似乎更具有解释力，尤其在中国人信仰的宗教不再只局限于儒佛道的当代语境中。

追求，反而投身一种客观的、智识的知识探求中。明清学术思想的巨大转变对于清代人的三教观亦有所影响。清代人对明代人三教合一思潮的广泛认可，在某种程度上可以说他们对明代的三教合一思潮在不同方面进行了继承，就此而言，清代的三教观较之明代三教观更为复杂。

那么，明清三教观转向的具体脉络如何呢？焦竑在明清三教观的转向中处于什么位置呢？为回应这些问题，有必要先对明清三教观转向进行简要梳理，见图6-1：

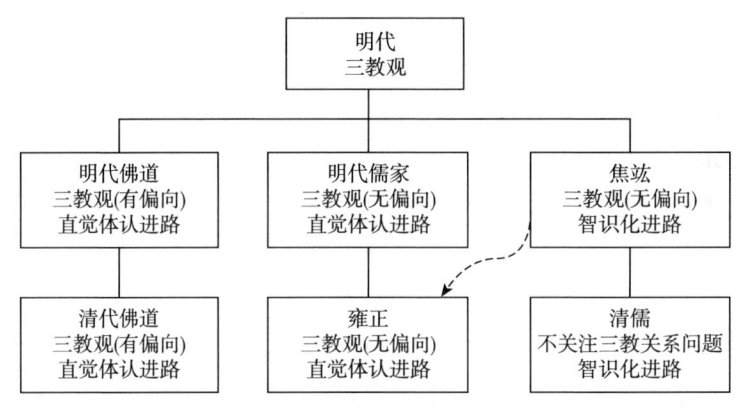

```
                      明代
                     三教观
        ┌──────────────┼──────────────┐
    明代佛道         明代儒家           焦竑
  三教观(有偏向)    三教观(无偏向)    三教观(无偏向)
   直觉体认进路     直觉体认进路      智识化进路
        │              │ ↖              │
        │              │   ╲            │
    清代佛道           雍正            清儒
  三教观(有偏向)    三教观(无偏向)  不关注三教关系问题
   直觉体认进路     直觉体认进路      智识化进路
```

图 6-1　明清三教观的转向

这一图示基本呈现了明清三教观转向及焦竑在其中的位置，据此可知。

（1）从方法上看，焦竑在明清三教观转向中处于边缘化的位置。在明代，儒家以强调直觉体认的心学为主流，禅宗、净土、华严等佛教宗派与正一道、全真道亦主张直觉体认的传统进路。这表明，明代三教观主要建构在直觉体认的方法上。反观焦竑，他在三教观问题上采用的智识化方法可谓特立独行。大体上看，明代儒佛道三教并未有从智识化的角度来理解三教观的情况。也就是说，在方法论层面焦竑与明代三教观并不相契，在某种程度上可视为明代三教观在方法上的一种歧出。虽然在明代未得到响应，但焦竑智识化的方法在清代却成为儒者主流的治学方法。然而，清代儒者虽然继承并发展了这种智识化方法，但他们并未将此方法应用于三教观问题，而是沿着智识化的方向走向了纯粹的知识问题。构成清代学者的这种问题意识因素很多，如反理学的社会心态、政治上的文字狱、西方科学技术的传入以及学者认识到考据的重要性等。不过，就清代三教观而言，清代学者却以智识化的方法消解

— 293 —

了三教观的问题。这表明，作为一种应用于三教观问题的新方法，这种智识化方法似乎仅在焦竑处昙花一现，进入清代后，只有儒者秉承了这种新方法，但他们却不再探求三教观这种问题。这样，从方法论的角度看，焦竑在对明清三教观转向的影响甚微，因此处于边缘地位。

（2）从内容上看，焦竑与明代儒家的三教观基本一致，并对清代三教观有所影响。明代三教观大体上都属于三教一贯论，不过，这一共同"口号"下的具体内容却不尽相同。就儒家而言，程朱理学在明代虽有所延续发展，但关注三教问题、倡导三教一贯论最具代表性的当数阳明心学一脉。自王阳明开创心学以来，便常伴有禅学之嫌。① 在王阳明之后，王畿、罗汝芳、周汝登、赵大洲、管志道等心学后劲更深入三教关系问题，他们根据自身的心学体证及佛道修养经验而倡导三教一贯论。这种三教一贯论并没有明显的儒家痕迹，更倾向于超越三教具体形态的一种终极境界。然而，明代心学的这种三教一贯论并未被清代前中期的儒者继承，目前可知清代持有此种三教观的代表人物便是雍正。雍正深涉儒佛道三教，有所证悟，他根据自身的实际体验而提倡三教一贯，这与明代心学三教观的立场基本相同。同时，明清佛道的三教一贯论基本得以延续，并未出现儒家三教观的断裂情况。不过佛道虽主张三教一贯论，但他们所谓的一贯并不是超越三教具体形态的一贯，而是各以佛道为终极归宿的三教一贯。这是一种带有判教性质的三教观，是一种有偏向的三教一贯论，与焦竑的三教观无论在方法上还是立场上均不同。换

---

① 通过比较孟子与王阳明在人性、善恶、修养工夫及圣人观方面，Ivanhoe 认为王阳明与孟子在心学上的不同，很大程度上在于王阳明之学具有佛学背景。具体可参见 Philip J. Ivanhoe, *Ethics in the Confucian Tradition: The Thought of Mengzi and Wang Yangming* (Second Edition), Indianapolis, Cambridge: Hackett Publishing Company, Inc., 2002。同样，释圣严也认为："所谓阳明学，是比宋儒更进步的新学派。而且，他们扬弃了宋儒的程朱色彩，重新归宗于禅宗如来禅思想，与儒教理念相结合的一种新思潮。"（释圣严：《明末中国佛教之研究》，第18页）可见，他在阳明心学与程朱理学的对比中，认为阳明心学具有佛教禅宗的向度。对于佛教对中国思想文化的影响力，赖永海教授曾作一归纳，可供参考："中国古代的学术、文化，在思维形式方面，确实深受佛教的影响。其一，中国古代传统学术思维模式的由'天人合一'而走向'心性本体论'，是以佛教的'真如本体论'为契机的；其二，中国古代政治伦理哲学在修行方法上的由'尽心、知性、则知天'而走上注重'发明本心''体悟本体'的道路，是以佛教的'反本归极'的思维模式为媒介的；其三，作为中国古代文化冠冕的诗、书、画所以特别注重'意境''气韵'，其中一个重要原因，是深受佛教注重'顿悟'的思维方式的影响。"（赖永海：《中国佛教与哲学》，宗教文化出版社2004年版，第28页）

第六章 焦竑与明清儒学转向

言之,焦竑在明清三教观转向中的作用并不涉及佛道二教,实际上仅在于儒家方面。明代儒者与清代雍正均倡导超越三教具体形态的三教一贯论,焦竑参与其中。就此而言,焦竑可被视为此种无偏向的三教一贯论转向中的一员,不过,需要注意的是,明儒与雍正在三教观上大体上一致,而焦竑则在方法论上与他们相异。

焦竑的三教观是其智识化的心学在三教关系问题上的一种反映。这种智识化的三教观虽在立场上与明代儒者的三教观相同,但这种新方法的应用却使焦竑自别于明代儒者阵营。明清更迭后,雍正虽主张无偏向的三教一贯论,但他采用的是传统的直觉体认进路并非焦竑的智识化方法,而采用智识化方法的清儒却不再关心三教观问题。可见,焦竑的智识化进路的、无偏向的三教一贯论并未在明清两代得到响应,他在三教观上的影响远不及他在义理学、考据学转向上的影响。也就是说,焦竑在明清三教观转向中处于边缘地位。

在某种程度上,焦竑在明清三教观转向中的边缘地位,亦反映出三教观问题在清代的衰落。就明代思想界而言,三教观无疑是其中避不开的重要问题,在很大程度上,三教一贯的宗教融合论也是明代儒释道三教在自身思想演进至极后寻求进一步发展的途径之一。然而,时至清代,由于政治、社会、心态的变化,西方科学技术的传入及实学、气学思想进入成熟阶段,作为明代义理学的附庸三教观问题亦随明代以直觉体认为工夫进路的义理学的衰落而衰落。因此,清代思想界并不太关注三教观问题,这与清代学者漠视明代义理学如出一辙。当然,这主要是从清代儒家的角度看。作为三教观的另外两个"当事人",佛教和道教与儒家不同,它们的三教观似乎并未因明清巨变而被完全颠覆,即清代的佛道二教仍大体上延续着明代以来的各以佛道为归宿的三教一贯论。在很大程度上,这并不能作为说明三教观仍是清代思想界核心问题的证据。因为佛道二教作为实体性的宗教,具有一种内在的恒定性,即它们可以不随时代的变化而保持自身宗教的教义及仪轨的恒定。在某种程度上,正因这种内在恒定性,才使得儒者在晚明遁入佛门以保持自身追求成为可能。不过,就三教观而言,依靠佛道二教的宗教恒定性而维持的三教合一论,多属于一种对前人三教观在消极意义上的维持,也就是说,三教观在清代整体呈衰落态势,儒家因不具有这种实体性宗教的内在恒定性作为屏障而直接抛弃了三教观问题,佛道则因这一屏障而延缓了三教观问题的衰落速度。这样看来，三教观问题在清代思想界处于边缘地位，随之焦竑在这一问题上的影响力更加边缘化。

归纳言之，焦竑在明清义理学、考据学及三教观转向上的影响作用已基本厘清。在梳理的过程中，我们既肯定焦竑的影响力，又承认他的影响力具有一定的限度。在分别叙述了焦竑与明清儒学转向这三方面的具体关系后，那么，从明清儒学转向的整体上看，焦竑应该处于什么位置呢？接下来，将对此进行具体探讨。

综论：焦竑与明清儒学转向

在中国哲学史上，明清儒学转向无疑是一个重大问题。[①] 在很大程度上，这一转向标志着中国传统哲学的一种"断裂"与"革新"。"断裂"来自宋明以来的心性儒学遭到批判与抛弃，取而代之的是一种智识取向的新学术；"革新"来自方法的更新，宋明以来的儒者倡导切身体证、静坐居敬等修养的直觉体认方法，清代学者则奉行整理文献、训诂考据的智识化方法。方法的革新与问题意识的断裂基本上已成为明清儒学转向的主旋律。在主旋律的背景下，顾炎武、黄宗羲、方以智等人常被视为转向的中坚人物，不可否认他们在转向中的重要地位，不过在接契明清儒学方面他们也存在着一些不足，如有的儒者可以接契明代心学但智识化不强，如黄宗羲[②]；有的儒者长于考据，对清代考据学深有影响，却不能接契明代心学，如顾炎武、方以智。这样，焦竑的独特性便凸显出来，他既可以接契明代心学传统，又颇推崇考据学，并将考据学的智识化精神纳入心学，这与清代初年以考据求义理的途径正相契合。这样看来，焦竑可以

[①] 吴疆教授指出，明清转向中佛教的作用处于被忽视的地位。他认为，佛教的作用不仅表现在明遗民加入佛教，还表现在佛教僧人成为关键的政治人物（key political players），很重要的一个事件是隐元隆琦东渡日本。隐元隆琦在日本建立黄檗宗，这是中国禅宗在16世纪晚期复兴的结果。并且，这一事件深植于17世纪中国的社会政治变迁，明清换代与持续的中国移民社群正是隐元隆琦东渡日本的背景。可参见 Jiang Wu, "Leaving for the Rising Sun: The Historical Background of Yinyuan Longqi's Migration to Japan in 1654", *Asia Major*, 17 (2), 2004, pp. 89 – 120. 吴教授的说法确有道理，在明清转向的过程中，佛教不可忽视，特别是将禅宗传到日本，开拓东亚视角的转向人物隐元隆琦。不过，在此我们主要探讨焦竑与儒学在明清的转向，明清的佛教及其具体的传教实践因与主题关系较浅，故暂不涉及。

[②] 黄宗羲亦擅长考据，不过他的心学与考据学基本处于"两橛"状态，他的心学开出的是气学方向，并非将考据学的智识化方向纳入心学。

第六章 焦竑与明清儒学转向

较好地接契明清儒学，因此他在转向中的位置值得深入研究。

那么，焦竑在明清儒学转向中的位置如何呢？明清儒学转向的问题可细化为义理学转向、考据学转向与三教观转向三方面。从这三方面看，焦竑处于明清儒学转向的核心地位。这种核心地位表现为三点。

（一）契合性。这种契合性表现在两方面，一是焦竑以泰州后劲的身份可上接明代心学传统，下有陈第、徐光启等人可接契清代考据学、实学传统；二是焦竑对明清儒学转向的具体内容有实实在在的影响，即在明清义理由心学转向气学、明清考据学由个人零散化转向团体系统化，及三教观的断裂与延续等问题上，焦竑都参与其中，并起到了不同程度的过渡作用。也就是说，焦竑的这种契合性与明清儒学转向的义理学、考据学及三教观正相衔接，而这是顾炎武、黄宗羲、方以智等转向人物所不具备的条件。

（二）分化性。作为明清儒学转向人物，焦竑的作用呈现分化形态，也就是说，他在义理学、考据学与三教观转向方面的影响不尽相同。具体来说，焦竑在义理学转向与三教观转向中的主要影响在于提供了智识化的方法，而在考据学转向中他的主要影响在于启发了音韵学与天文历算两门学问。这样来看，焦竑在义理学与三教观转向上的影响在于方法，而对考据学转向的影响则在于内容。之所以出现这一差异，是因为清代学者的考据方法与焦竑的智识化方法一致，焦竑的方法被同化因而不能在方法上影响考据学，反而他在考据学内容上的突破为清代考据开启了新领域。此外，有意思的是，焦竑在义理学与三教观转向上的影响虽都在于智识化方法，但这一方法却起到了不同的作用。在义理学转向方面，焦竑的智识化方法为戴震智识化气学提供了关键因素，这类似一种正向的、积极的影响。而在三教观转向方面，接受智识化方法的清儒却消解了三教观的问题意识，造成了一种近乎反向的、消极的影响。

（三）有限性。焦竑虽处于明清儒学转向的核心位置，但并不意味着他对这一转向起到决定性作用。明清儒学转向作为中国哲学形态、学术话语的一种断裂式发展，并不是仅仅由某个人便可做到的。实际上，这一转向涉及明清政统的更迭、社会民族的变迁、士人心态的变化、西方文明的传入、宗教与政治的关联等方面，单就儒学内部而言，除焦竑外，明末清初在心学、理学、气学、考据学中不断突围的诸大师，如顾炎武、黄宗羲、方以智、王夫之、张履祥、颜元、孙奇逢、李颙等均在明清儒学转向中发挥了不同程度的作用。也就是说，我们肯定焦竑的核心位置，他提倡兼具直觉体认与智识认知的智识化的心学形态，这一心学新径虽然昙花一现，但是对于明清儒学转向却具有深远影响。不过，我们还需承认，这种智识化的心学新径虽将焦竑推到了明清儒学转向的核心位置，但由于这种以心学本体、工夫与境界为宗旨的智识化心学的新径未被清代儒者继承发扬，因此焦竑的心学影响有限。这种影响主要表现于为儒学的发展提供方向性的指引，而这种指引的落实主要由晚明到清中期的儒者共同参与完成。

整体上看，明清儒学转向并非由明代心学向清代考据学直接过渡的"单线转向"，而是包含两条路线：一是明清义理学由心学转向气学；二是明清考据学由以考据辅翼心学转向以考据反对心学。由心学到考据学的明清儒学转向正是这两条转向路径相合的结果。焦竑之学恰好使明清儒学的义理与考据两条独立平行的转向路径交汇于晚明，实现了心学与考据学之间的重心转移。在厘清了焦竑在明清儒学转向中的核心地位之后，我们有必要对学界当前较为流行的明清儒学转向说进行探讨。如前所述，关于明清儒学转向，学界大体上有两种主流看法。

第一，理学反动说。此说认为清代实学、考据学等儒学新形态的兴起是对宋明以来的玄学义理的反动。梁启超、胡适、陈垣、冯友兰、钱穆、余英时等都主张此说，但他们的论述却有所不同。其中，梁启超、胡适、陈垣都直接强调了清代学术对宋明理学的反动。比如，梁启超提出："明季道学反动，学风自然要由蹈空而变为核实——由主观的推向而变为客观的考察。"[①] 胡适指出："反理学运动有两个方面：（1）打倒（破坏）。打倒太极图等等迷信的理学——黄宗炎、毛奇龄等。打倒谈心说性等等玄谈——费密、颜元等。打倒一切武断的，不近人情的人生观——颜元、戴震、袁枚等。（2）建设。建设求知识学问的方法——顾炎武、戴震、崔述等。建设新哲学——颜元、戴震等。"[②] 陈垣认为："明季心学盛而考证兴，宗门昌而义学起，人皆知空言面壁，不立语文，不足以相慑也，故儒释之学，同时丕变，问学与德性并重，相反而实相成焉。"[③] 相较于以上诸学者直言清儒对宋明儒的反动，赵尔巽、

[①]（清）梁启超：《中国近三百年学术史》，第20页。
[②] 胡适：《几个反理学的思想家》，载欧阳哲生编《胡适文集》（4），第65页。
[③] 陈垣：《明季滇黔佛教考（附宗教史论著八种）》，第303页。

第六章　焦竑与明清儒学转向

钱穆与余英时更强调明清儒学在转向中的连续性，比如，赵尔巽主编的《清史稿》认为清代学术"崇宋学之性道，而以汉儒经义实之"①。钱穆主张："清代经学，亦依然沿续宋元以来，而不过切磋琢磨益精益纯而已。理学本包孕经学为再生，则清代乾嘉经学考据之盛，亦理学进展中应有之一节目。"②余英时进一步以儒家"尊德性"与"道问学"两传统此消彼长来论述明清转向的内在理路，认为这一转向是由反智识主义向智识主义的过渡③，深化了钱穆的看法。对此，吴震教授曾将梁启超、胡适的反动说归为明清儒学转向的"断裂"型理论，而钱穆、余英时则是"连续"型理论的代表，其实，此处的"断裂"与"连续"是就同一转向历程的不同立场的描述，梁、胡从消极方面来看，钱、余则从积极方面来讲，所谓"断裂说"与"连续说"并非两种不相兼容的理论。④

第二，蕺山学派为明清儒学转向的核心。明末清初的蕺山学派由刘宗周

---

① （清）赵尔巽主编：《列传二百六十七》，载《清史稿》卷四百八十，中华民国十七年清史馆本。
② 钱穆：《清儒学案序目》，载《钱宾四先生全集》，第 22 册，第 590 页。
③ 对此，余英时的相关论述如下："明中叶以后考证学的萌芽究竟可以说明什么问题？从思想史的角度看，它是明代儒学在反智识主义发展到最高峰时开始向智识主义转变的一种表示。前面已说过，就儒学内在的发展说，'尊德性'之境至王学末流已穷，而'道问学'之流在明代则始终不畅。双方争持之际，虽是前者占绝对上风，但'道问学'一派中人所提出'取证于经书'的主张却是一有力的挑战，使对方无法完全置之不理。而另一方面，'尊德性'一派的儒者为了要说明'古圣相传只此心'，也多少要涉及原始儒学经典的整理问题。在这种情形之下，除非儒学能定德性之一尊，或安于五经四书大全之功令，否则回到孔子的博文之教，对儒学的下一步发展来说，似乎是势所必至的事。明中叶以后考证的兴起便正是相应这一发展而来。"（［美］余英时：《从宋明儒学的发展论清代思想史——宋明儒学中智识主义的传统》，载《论戴震与章学诚：清代中期学术思想史研究》，第 313—314 页）"清初学术由虚入实，顾（亭林）黄（梨洲）王（船山）三大儒'道问学'之立场益坚。亭林引《论语》'博学于文，行己有耻'之言为教，显已歧知识与道德为二。推其教至于极端，则'道问学'之分量尚不免要超过'尊德性'。"（［美］余英时：《儒家智识主义的兴起——从清初到戴东原》，载《论戴震与章学诚——清代中期学术思想史研究》，第 21 页）
④ 吴震总结明清思想转向的六种学说，包括丘为君《清代思想史"研究典范"的形成、特质与义涵》所探讨的梁启超与胡适的"理学反动说"、钱穆的"每转益进说"、余英时的"内在理路说"，又加上了日本岛田虔次的"挫折说"、山井涌的"经世学风说"，张显清、辛冠洁、葛荣晋、陈鼓应的"实学思潮说"。吴震把这六说分为"断裂"与"连续"两种类型，"理学反动说""挫折说"是断裂形态，其余四说是连续形态。吴震认为明清在宗教文化层面有连续性，这种连续性指明清士大夫在生活实践及信仰领域存在着连续而非断裂的思想状态，即他们在学问上是汉学，在生活上却遵循宋学。［吴震：《从"宋明"到"明清"——就儒学与宗教的关系看明清思想的连续性》，《复旦学报》（社会科学版）2010 年第 1 期］

开创，其三大弟子张履祥、陈确、黄宗羲继之。目前，学界有一种观点是将蕺山学派视为明清儒学转向的核心，如张天杰在《蕺山学派与明清学术转型》中认为刘宗周的哲学有纠正王学流弊，调和朱王矛盾，兼涉考据的特点。此后他的弟子张履祥在践履的基础上尊朱反王，开辟清初新朱学；陈确批判宋儒，攻击了宋明玄学；而黄宗羲则注重经史，开辟了浙东新史学。① 此说颇为典型，基本上呈现了以蕺山学派为明清儒学转向中心的看法。② 追本溯源，持此论者将明清儒学转向的过程定位为由晚明王学转向明末清初的朱学，再由清初的朱学转到清代中期的考据学。以此来看，明清儒学转向的中枢在于明末清初兴起的朱子学，尤其蕺山学派的张履祥正是此时期朱子学的倡导者。此外，黄宗羲也影响了清代经世之风及新史学的形成。

此外，对于明清儒学转向，还有一些说法，如艾尔曼、魏长宝从学术话语转向角度进行论述③，范金民从士人行为的角度作出提示④，黄敦兵从士商互动的角度进行探讨⑤，胡适从明末宦官专权、农民起义角度进行揭示⑥，郑宗义从哲学角度展开研究⑦等。

---

① 参见张天杰《蕺山学派与明清学术转型》，中国社会科学出版社2014年版。
② 关于蕺山学派与明清儒学转向的研究，亦可参见吴保传《社会与学术：黄宗羲与明清学术思想史的转型》，博士学位论文，西北大学，2010年；王坚《明清学术转换的桥梁与清初学术主流：论清初新理学》，《文史哲》2017年第6期；张天杰、肖永明《从张履祥、吕留良到陆陇其——清初"尊朱辟王"思潮中一条主线》，《中国哲学史》2010年第2期；林国标《清初朱子学研究：对一种经世理学的解读》，湖南人民出版社2004年版。
③ 参见魏长宝《明清之际的学术话语转型与儒学的转折》，《江汉论坛》2005年第10期。
④ 参见范金民《鼎革与变迁：明清之际江南士人行为方式的转向》，《清华大学学报》（哲学社会科学版）2010年第2期。
⑤ 参见黄敦兵《通俗文学创作的文人化与明清儒学转向》，《湖北经济学院学报》2015年第4期。
⑥ 胡适指出："李闯张献忠承客氏魏忠贤之后，屠杀了几百万生民，倾覆了明朝的天下，同时也冰冷了五百年的玄学热。"[胡适：《费经虞与费密：清学的两个先驱者》，载欧阳哲生编《胡适文集》(3)，第72页] 在此，胡适从历史事实出发，强调明末的宦官专权与农民起义为促进明清儒学由虚向实的转向提供了历史条件。
⑦ 郑宗义认为"由于缺乏哲学思想分疏的眼光，明清思想在思想史的研究中遂长期被视为一断裂的过程：即从对宋明儒学的反对折入经世考据之途，且由知得出清初学术不带有任何义理成分的错误印象。殊不知若我们能深入到宋明儒学内部的义理讨论来考查，便将可清楚发现明清之际儒学的变动转型，其间实有着千丝万缕的连续发展的一面。用本书的观点说，即是一从道德形上学到达情遂欲哲学的步步演化的历程"。(郑宗义：《明清儒学转型探析：从刘蕺山到戴东原》，第13页)"明清之际宋明儒道德形上学的转型，若综括而言，可谓变现为一形上心灵的萎缩；对一切形上本体论（转下页注）

第六章　焦竑与明清儒学转向

明清儒学转向是一个重大的哲学课题，亦是历史课题。这一课题涉及政治、经济、文化、哲学、历史、儒者、心态等因素，以上学者的研究都揭示了明清儒学转向的不同维度。大体上看，明清儒学转向基本上是一个儒学由反智识化向智识化过渡的过程，心学、理学、考据学、经史学等均涉及其中。那么，我们对焦竑的定位与这些转向理论是否冲突呢？根据之前义理学、考据学、三教观的研究，焦竑被置于明清儒学转向的核心位置，这种论断与梁启超、胡适等人的"理学反动说"并不冲突，因为焦竑的智识化心学形态恰在明代心学内部产生一种反动。同样，以焦竑为明清儒学转向的核心人物，与学术话语转向、士人行为、士商互动等转向理论亦无冲突，在某种程度上这些理论都或多或少地可以为焦竑的核心地位提供理论支撑。在此，值得探讨的是以蕺山学派为明清儒学转向中心的这种说法。不可否认，蕺山学派在明清儒学转向中扮演了重要角色，但此派的核心地位是基于"王学—朱学—考据学"的转向模式。就此模式而言，蕺山学派仅与反王学、倡朱学有关，而与清代中期考据学的鼎盛关系不大，因为倡导朱学的张履祥注重践履，不重考据，而涉及考据的黄宗羲却并未将考据纳入其义理学，考据学仅为一种学术附属的存在。况且，我们之前曾有说明，明清儒学转向并非由义理学到考据学的单线转向，而包括义理学转向、考据学转向、三教观转向这三条转向路径。坚持蕺山学派为明清儒学转向中心的说法，在很大程度上将义理学转向与考据学转向合而论之了。若从义理学、考据学与三教观的三条转向路径而论，蕺山学派的核心地位则不及焦竑。也就是说，相较于蕺山学派，焦竑更是明清儒学转向的中心。①

（接上页注⑦）说的厌恶。析而论之，则见于反对义理之性与气质之性的区分；主张性善则气情才亦善；将恶归罪于经验意义的'习'；反对天理与人欲的二分，认为应从人欲的恰好处求天理。这种强烈厌恶心性与天理底超越义、形上义、本体义，转而注重形下的气质才情与人欲的想法，在明末清初确乎是渐渐形成一迥异于宋明儒道德形而上学的新典范。此新典范我们可称之为一达情遂欲的哲学思想。"（郑宗义：《明清儒学转型探析：从刘蕺山到戴东原》，第172页）

① 林聪舜认为："明清之际的儒家思想，在外观上表现为对宋明理学的批判，与对经世致用之学的重视，形成气势磅礴的经世学风。但明清之际儒家思想最值得重视之处，尤在于它在很多层面表现出来突破儒学传统，并具有近代性格的成就。"（林聪舜：《明清之际儒家思想的变迁与发展》，《明史研究通讯》1986年第1期）就焦竑而言，他的智识化方法在明清义理学、考据学、三教观方面均有影响，且其智识化的心学新径颇具近代性格。因此，就明清儒学转向而言，焦竑是一个不可忽视的中心人物。

对于焦竑，余英时强调："只有通过明代哲学、考证学、文学者三种平行的智识趋向，才能充分理解作为新儒学思想家、'考证'学者以及笔记作者的焦竑。尽管这三个领域有关联，但其中每一个领域都清楚地显示出其独立性。而与明清的时代精神相关联的这三种智识趋向是一个过于宏大的综合，实非焦竑一人之力所能确立，但正如帕尔默所言，焦竑的'敏感灵魂'清楚地记录了那个时代。"① 余先生以哲学、考据学、文学三者来定位焦竑，虽与以义理学、考据学、三教观论述焦竑小有差异，但他暗示出的明清儒学转向并非单线性这一点，却与我们不谋而合。虽然焦竑身处明清儒学转向的中心，但面对这一"过于宏大的综合"，他的确影响有限，这一点是我们必须承认的。因为焦竑在明清儒学转向中的核心地位根源于他的智识化的心学，然而这一心学的新径仅仅是昙花一现，没有得到清儒的继承与发展。

不过，如果从更加宏观、长远的角度来看，我们也许会发现焦竑哲学的价值。晚明来华的传教士利玛窦曾写道："中国所熟习的唯一较高深的哲理科学就是道德哲学，但在这方面他们由于引入了错误似乎非但没有把事情弄明白，反倒弄糊涂了。他们没有逻辑规则的概念，因而处理伦理学的某些教诫时毫不考虑这一课题各个分支相互的内在联系。在他们那里，伦理学这门科学只是他们在理性之光的指引下所达到的一系列混乱的格言和推论。"② 可见，具有西方宗教、哲学与科学背景的利玛窦已经意识到中国哲学缺乏逻辑的问题，实际上，这正是中国哲学现代化、国际化所必须克服的难题。自晚清以来，与西方传教士来华传播西学不同，中国人开始主动留学海外，并将西方的逻辑、哲学、科学等与中国传统哲学文化相融合。其中，在哲学领域影响最大的留学生，当数毕业于哥伦比亚大学哲学系的胡适与冯友兰。胡适的《中国哲学史大纲》开启了依照西方哲学模式建构中国哲学的新时代，冯友兰进而从西方哲学问题出发，以逻辑分析为方法结合中国传统哲学资源，创立

---

① Ying-shih Yu, "The Intellectual World of Chiao Hung Revisited: A Review Article", *Ming Studies*, 25, 1988, p. 50.

② ［意］利玛窦、金尼阁：《利玛窦中国札记》，何高济、王遵仲、李申等译，第31页。

第六章 焦竑与明清儒学转向

了新理学,为中国传统哲学的逻辑化、现代化作了重要尝试。①

在很大程度上,胡适与冯友兰为中国哲学奠定了现代哲学的基础,而这一基础的奠定主要得益于逻辑方法。对此,冯友兰曾说:"中国哲学的方法将来会变吗?这就是说,新的中国哲学将不再把自己限于'用直觉得到的概念'吗?肯定地说,它会变的,它没有任何理由不该变。事实上,它已经在变。"②从中国哲学的现代发展来看,逻辑方法的引入已成为必然,未来的问题在于我们如何运用逻辑方法来呈现中国传统哲学的特质。就此而言,未来中国哲学的方向很可能是"智识化的心学"。所谓"智识化",即引入逻辑分析作为建构哲学的方法,所谓"心学",即中国传统哲学直觉体认的特质与境界。在

---

① 当前国内中国哲学界基本上采用"以西释中"的阐释模式。一方面因为作为现代学科、学术的中国哲学起步才一百年,相较于成熟的西方哲学还处于建构阶段,故有必要借助西方哲学理论对中国哲学文本、思想进行阐释;另一方面,胡适、冯友兰、牟宗三、唐君毅、张君劢、侯外庐、张岱年、任继愈等学界前辈均采用以西释中的学术路径,并取得了丰硕成果,为后人树立了榜样。关于"以西释中",李承贵教授多有阐发,并将其定位为使中国哲学更新完善的基本途径之一。可参见李承贵《"以西释中"衡论》,《天津社会科学》2016 年第 6 期;李承贵《"以西释中"仍是中国哲学更新完善的基本途径之一》,《学术界》2017 年第 2 期。值得注意的是,"以西释中"主要是从中国学者角度而言,对于西方学者而言,他们在哲学探讨中也很需要来自中国哲学的视角。例如,Hans Lenk 认为,如果注意从语言结构的角度深入细致地研究中国哲学经典文本,那么会开启认识论的多个方面,这将高度关涉认识论、语言哲学、分析方法论、本体论及范畴分析的最新探讨。这种研究可能会提供一种非常重要的替代性例子,从而导致笛卡尔二元论的认识论帝国主义、语法上主客分离的夸大哲学相关性、对传统的事实—价值问题的强调,以及实在与表象的不同这些理论的让位。(Hans Lenk, "Introduction: If Aristotle Had Spoken and Wittgenstein Known Chinese…" Hans Lenk & Gregor Paul ed., *Epistemological Issues in Classical Chinese Philosophy*, Albany: State University of New York Press, 1993, pp. 4 - 5)当代西方哲学的发展已发展到非常专门、细化的程度,在很大程度上,在同一种思路、方法上很难再产生重大转折、突破,而异质性的中国哲学也许可为西方哲学提供一种新的视角与方法。以知识论为例,Gettier 提出"被确证的真信念是知识"这一论断的反例,推翻了西方延续千年的知识界定,此后为回应 Gettier 问题出现了种种知识证明,但都以失败告终。后来 Timothy Williamson 发现,以信念为基本单位来解释知识不可能找到满足构成充分必要条件的附加条件,因而他跳出了以信念解释知识的传统思路,主张知识优先(knowledge first),以知识为基本单位来解释信念等其他概念。参见 Edmund L. Gettier, "Is Justified True Belief Knowledge?" *Analysis*, 23 (6), 1963, pp. 121 - 123;Timothy Williamson, *Knowledge and its Limits*, Oxford: Oxford University Press, 2000。Williamson 看似解决了知识界定的问题,但实际上他回避了 Gettier 关于何为知识的问题。何为知识至今仍是一个悬而未决的问题,在此我们可以尝试从中国哲学的知识界定角度来回应 Gettier 问题或探讨 Williamson 的知识优先及其知行关系论的合理性。也就是说,在未来中国哲学的发展中,我们在坚持"以西释中"的同时,也可以尝试"以中释西"的学术新途。

② 冯友兰:《中国哲学简史》,载《三松堂全集》第 6 卷,第 29 页。

某种程度上,这是焦竑以智识化精神呈现心学境界的做法在现代哲学意义上的重现。由此看来,焦竑的这一心学新径,虽未得到清儒的认同,但似乎却可以与近现代的中国哲学遥相呼应,预示出中国哲学未来发展的方向。①

---

① 中国哲学一直存在一个"合法性"的问题,对此中国学者已有十分详尽的探讨,从多角度论证了中国哲学的合法性。不过,中国学者似乎很少涉及西方学者对中国哲学合法性的质疑,即使有涉及,也多限于黑格尔的观点。实际上,康德、胡塞尔、海德格尔、德里达等都曾认为中国古代思想不是哲学。当前西方学界仍基本上未将中国哲学作为哲学看待。西方大学的哲学系以逻辑、形而上学、科学技术哲学、认识论、宗教哲学、政治哲学等分类,在这一分类框架下难以有中国哲学的位置,因而西方研究中国哲学的机构为东亚系或汉学系。例如,比利时鲁汶大学的 Carine Defoort 便从欧洲大学机构设置,以及 "Chinese Philosophy" "Sensitivity" 等角度质疑 "中国哲学" 的合法性,可参见 Carine Defoort, " 'Chinese Philosophy' at European Universities: A Threefold Utopia", *Philosophy East and West*, 67 (4), 2017, pp. 1049 – 1080; Carine Defoort, "Is 'Chinese Philosophy' a Proper Name? A Response to Rein Raud", *Philosophy East and West*, 56 (4), 2006, pp. 625 – 660; Carine Defoort, "Is Three Such a Thing as Chinese Philosophy? Arguments of an Implicit Debate", *Philosophy East and West*, 51 (3), 2001, pp. 393 – 413。以往关于中国哲学合法性的争论,基本上是围绕由先秦至清代的中国哲学是否属于哲学而言。我们认为,与其争论以往的中国哲学是否属于哲学这一没有确定答案的"形而上学"问题,不如致力于当代乃至未来的中国哲学的哲学建设。当中国学者面对真正的哲学问题,作出自己的思考,中国哲学合法性的质疑也就不攻自破了。

参考文献

一　中文文献

（一）古籍

（后秦）鸠摩罗什译，僧肇注：《维摩诘所说经》，黑龙江人民出版社 1994 年版。

（汉）许慎：《说文解字》，清文渊阁《四库全书》本。

（魏）王弼注，楼宇烈校释：《老子道德经注校释》，中华书局 2008 年版。

（唐）般剌蜜帝译：《大佛顶如来密因修证了义诸菩萨万行首楞严经》，载《大正新修大藏经》，东京：大藏出版株式会社 1988 年版，第 19 册。

（宋）朱熹：《四书章句集注》，中华书局 1983 年版。

（宋）朱熹：《朱子语类》，王星贤点校，中华书局 2020 年版。

（宋）朱熹：《周易本义》，中国书店 1994 年版。

（宋）朱熹：《朱熹集》，郭齐、尹波点校，四川教育出版社 1996 年版。

（宋）洪迈：《容斋随笔》，穆公校点，上海古籍出版社 2015 年版。

（明）传灯：《性善恶论》，载［日］河村照孝编集《卍新纂大日本续藏经》，东京：株式会社国书刊行会 1975—1989 年版，第 57 册。

（明）陈第：《毛诗古音考》，康瑞琮点校，中华书局 1988 年版。

（明）陈第：《屈宋古音义》，中国书店 2018 年版。

（明）德清：《憨山老人梦游集》，清顺治十七年毛褒等刻本。

（明）方以智：《青原志略》，张永义校注，华夏出版社 2012 年版。

（明）冯从吾：《冯恭定先生全集》，清康熙十二年重刻本。

（明）郝敬：《实习新知》，庄严文化据中国社科院藏明万历崇祯见郝洪范刻山草堂集增修本影印 1997 年版。

（明）高攀龙：《高子遗书》，清文渊阁《四库全书》补配清文津阁《四库全书》本。

（明）葛寅亮：《金陵玄观志》，中华民国二十六年陶风楼影印明刻本。

（明）顾起元：《客座赘语》，吴福林点校，南京出版社 2009 年版。

（明）顾宪成：《小心斋札记》，李可心点校，中国社会科学出版社 2020 年版。

（明）管志道：《问辨牍》，载四库全书存目丛书编纂委员会编《四库全书存目丛书》子部，齐鲁书社 1995 年版，第 87 册。

（明）胡宏：《胡宏集》，吴仁华点校，中华书局 1987 年版。

（明）胡居仁：《居业录》，正谊堂全书本。

（明）胡应麟：《少室山房笔丛》，上海书店出版社 2009 年版。

（明）黄绾：《明道编》，嘉靖二十六年刻本。

（明）黄汝亨：《寓林集》，明天启四年刻本。

（明）黄宗羲：《明儒学案》，沈芝盈点校，中华书局 1985 年版。

（明）焦竑：《焦氏笔乘》，李剑雄点校，中华书局 2008 年版。

（明）焦竑：《澹园集》，李剑雄点校，中华书局 1999 年版。

（明）焦竑：《焦氏四书讲录》，明万历刻本。

（明）焦竑：《俗书刊误》，清文渊阁《四库全书》本。

（明）焦竑：《老子翼》，毕沅辑，中华书局 1985 年版。

（明）焦竑：《庄子翼》，清文渊阁《四库全书》本。

（明）焦竑：《易筌》，中国科学院图书馆藏万历刻本。

（明）焦竑：《阴符经解》，中华书局 1991 年版。

（明）焦竑：《楞伽经精解评林》，载［日］河村照孝编集《卍新纂大日本续藏经》，东京：株式会社国书刊行会 1975—1989 年版，第 18 册。

（明）焦竑：《楞严经精解评林》，载［日］河村照孝编集《卍新纂大日本续藏经》，东京：株式会社国书刊行会 1975—1989 年版，第 15 册。

（明）觉浪道盛：《天界觉浪道盛禅师全录》，清康熙十九年刊本。

（明）李贽：《焚书 续焚书》，夏剑钦校点，岳麓书社 1990 年版。

（明）林兆恩：《林子三教正宗统论》，宗教文化出版社 2016 年版。

（明）陆西星：《金丹大旨图》，载胡道静等主编《藏外道书》，巴蜀书社 1994

年版。

（明）罗清：《五部六册》，明嘉靖版。

（明）钱谦益：《牧斋初学集》，钱曾笺注，钱仲联标校，上海古籍出版社 2009 年版。

（明）沈德符：《万历野获编》，黎欣点校，文化艺术出版社 1998 年版。

（明）王鏊：《震泽长语》，载《钦定四库全书总目》第 122 卷，四库全书研究所整理，中华书局 1997 年版。

（明）王道渊：《还真集》，载《正统道藏》太玄部。

（明）王畿：《王畿集》，吴震编校整理，凤凰出版社 2007 年版。

（明）王时槐：《王时槐集》，钱明、程海霞编校，上海古籍出版社 2020 年版。

（明）王阳明：《王阳明全集》，谢廷杰辑刊，中央编译出版社 2014 年版。

（明）汪道昆：《太函集》，明万历刻本。

（明）为霖道霈：《为霖禅师云山法会录》，载［日］河村照孝编集《卍新纂大日本续藏经》，东京：株式会社国书刊行会 1975—1989 年版，第 72 册。

（明）薛瑄：《薛文清公读书录》，丛书集成初编。

（明）杨起元：《证学编》，万历四十五年余永宁刻本。

（明）杨慎：《古音猎要》，清文渊阁《四库全书》本。

（明）杨慎：《转注古音略》，清文渊阁《四库全书》本。

（明）袁宗道：《袁伯修小品》，赵伯陶选注，文化艺术出版社 1996 年版。

（明）袁中道：《袁小修小品》，李寿和选注，文化艺术出版社 1996 年版。

（明）袁宏道：《袁中郎小品》，熊礼汇选注，文化艺术出版社 1996 年版。

（明）永觉元贤：《永觉元贤禅师广录》，载［日］河村照孝编集《卍新纂大日本续藏经》，东京：株式会社国书刊行会 1975—1989 年版，第 72 册。

（明）湛若水：《甘泉文集》，清同治五年刻本。

（明）赵宜真：《原阳子法语》，载《正统道藏》，艺文印书馆 1977 年版。

（明）张三丰：《三丰全集》，李涵虚编，宗教文化出版社 2013 年版。

（明）张宇初：《岘泉集》，清文渊阁《四库全书》本。

（明）真可：《紫柏老人集》，天启七年释三炬刻本。

（明）郑晓：《经义考》，载《钦定四库全书总目》第 85 卷，四库全书研究所整理，中华书局 1997 年版。

（明）智旭：《灵峰宗论》，孔宏点校，国家图书馆出版社 2005 年版。

（明）智旭：《大乘起信论裂纲疏》，北京八大处灵光寺 1997 年版。

（明）袾宏：《莲池大师全集》，张景岗注解，上海古籍出版社 2011 年版。

（明）朱元璋：《明太祖集》，胡士萼点校，黄山书社 1991 年版。

（清）戴震：《戴震集》，汤志钧校点，上海古籍出版社 1980 年版。

（清）戴震：《戴震文集》，赵玉新点校，中华书局 1980 年版。

（清）戴震：《孟子字义疏证》，何文光整理，中华书局 1961 年版。

（清）方东树：《仪卫轩集》，清同治七年李鸿章刻本。

（清）方东树：《汉学商兑》，漆永祥点校，凤凰出版社 2016 年版。

（清）顾炎武：《顾亭林诗文集》，华忱之点校，中华书局 1959 年版。

（清）顾炎武：《音学五书》，清文渊阁《四库全书》本。

（清）顾炎武：《日知录》，清乾隆刻本。

（清）惠栋：《松崖笔记》，清道光二年文照堂刻本。

（清）江藩：《经解入门》，广文书局 1997 年版。

（清）江藩：《国朝汉学师承记》，钟哲整理，中华书局 1983 年版。

（清）纪昀等：《钦定四库全书总目》，四库全书研究所整理，中华书局 1997 年版。

（清）李西月：《道窍谈》，载胡道静主编《藏外道书》，巴蜀书社 1994 年版，第 26 册。

（清）刘宝楠：《论语正义》，河北人民出版社 1988 年版。

（清）陆世仪：《陆桴亭思辨录辑要》，中华书局 1985 年版。

（清）梁启超：《清代学术概论》，朱维铮校订，中华书局 2010 年版。

（清）梁启超：《中国近三百年学术史》，团结出版社 2006 年版。

（清）闵一得：《吕祖师三尼医世说述》，载胡道静等主编《藏外道书》，巴蜀书社 1992 年版，第 10 册。

（清）闵一得：《栖云山悟元子修真辩难参证》，载胡道静等主编《藏外道书》，巴蜀书社 1992 年版，第 10 册。

（清）彭绍升：《居士传》，赵嗣沧点校，成都古籍书店 2000 年版。

（清）彭际清：《一乘决疑论》，载［日］河村照孝编集《卍新纂大日本续藏经》，东京：株式会社国书刊行会 1975—1989 年版，第 58 册。

参考文献

（清）钱大昕：《潜研堂文集》，清嘉庆十一年刻本。

（清）阮元：《揅经室集》，邓经元点校，中华书局1993年版。

（清）阮元：《揅经室集·续集》，载《续修四库全书》，上海古籍出版社1995年版。

（清）世宗皇帝制：《御制拣魔辨异录》，载［日］河村照孝编集《卍新纂大日本续藏经》，东京：株式会社国书刊行会1975—1989年版，第65册。

（清）万斯同：《明史》，清钞本。

（清）王常月：《龙门心法》，载胡道静等主编《藏外道书》，巴蜀书社1992年版，第6册。

（清）王鸣盛：《十七史商榷》，黄曙辉点校，上海书店出版社2005年版。

（清）汪士铎等纂，赵佑宸、蒋启勋修：《续纂江宁府志》，江苏古籍出版社1991年版。

（清）王引之：《经传释词》，湖南师范大学中文系古汉语研究室校点，岳麓书社1985年版。

（清）王引之：《经义述闻》，中国训诂学研究会主编，江苏古籍出版社1985年版。

（清）吴敬梓：《儒林外史》，时代文艺出版社2001年版。

（清）阎若璩：《尚书古文疏证》，上海古籍出版社1987年版。

（清）阎若璩：《四书释地》，清皇清经解本。

（清）颜元：《颜元集》，王星贤、张芥尘、郭征点校，中华书局1987年版。

（清）颜元：《习斋四存编》，陈居渊导读，上海古籍出版社2020年版。

（清）叶昌炽：《藏书纪事诗》，王锷、伏亚鹏点校，燕山出版社2008年版。

（清）永瑢：《四库全书总目》，清乾隆武英殿刻本。

（清）余宾硕：《金陵览古》，上海古籍出版社1983年版。

（清）张履祥：《杨园先生全集》，清同治十年刻重订杨园先生全集本。

（清）张廷玉：《明史》，清武英殿刻本。

（清）章学诚：《文史通义》，刘公纯标点，上海古籍出版社1956年版。

（清）赵尔巽主编：《清史稿》，中华民国十七年清史馆本。

（清）祖源超溟：《万法归心录》，载［日］河村照孝编集《卍新纂大日本续藏经》，东京：株式会社国书刊行会1975—1989年版，第65册。

陈祝生主编：《王心斋全集》，江苏教育出版社 2001 年版。
故宫博物院：《清世宗关于佛学之谕旨》，北京图书馆出版社 2008 年版。
李天纲、朱维铮主编：《徐光启全集》，上海古籍出版社 2010 年版。
徐尚定标点：《康熙起居注》，东方出版社 2014 年版。
［意］利玛窦、金尼阁：《利玛窦中国札记》，何高济、王遵仲、李申等译，中华书局 1983 年版。
［意］利玛窦：《天主实义今注》，［法］梅谦立注，谭杰校勘，商务印书馆 2014 年版。
［意］利玛窦：《利玛窦书信集》，文铮译，商务印书馆 2018 年版。

（二）专著

白新良：《明清书院研究》，故宫出版社 2012 年版。
蔡金昌：《憨山大师的三教会通思想》，文津出版社 2006 年版。
蔡仁厚：《新儒家的精神方向》，台北：台湾学生书局 1982 年版。
曹础基：《庄子浅注》，中华书局 2000 年版。
陈来：《宋明理学》，华东师范大学出版社 2004 年版。
陈来：《有无之境——王阳明哲学的精神》，人民出版社 1991 年版。
陈来：《中国近世思想史研究》，生活·读书·新知三联书店 2010 年版。
陈荣捷：《传习录详注集评》，台北：台湾学生书局 1983 年版。
陈永革：《晚明佛教思想研究》，宗教文化出版社 2007 年版。
陈永革：《阳明学派与晚明佛教》，中国人民大学出版社 2009 年版。
陈垣：《明季滇黔佛教考（附宗教史论著八种）》，河北教育出版社 2000 年版。
邓志峰：《王学与晚明的师道复兴运动》，社会科学文献出版社 2004 年版。
樊洪业：《耶稣会士与中国科学》，中国人民大学出版社 1992 年版。
冯友兰：《新理学》，载《三松堂全集》第 4 卷，河南人民出版社 2001 年版。
冯友兰：《一种人生观》，载《三松堂全集》第 2 卷，河南人民出版社 2001 年版。
冯友兰：《中国哲学简史》，载《三松堂全集》第 6 卷，河南人民出版社 2001 年版。
冯友兰：《中国哲学史》（下），载《三松堂全集》第 3 卷，河南人民出版社 2001 年版。

参考文献

冯友兰：《中国哲学史史料学》，载《三松堂全集》第6卷，河南人民出版社2001年版。

冯友兰：《中国哲学中之神秘主义》，载《三松堂全集》第11卷，河南人民出版社2001年版。

冯作民编译：《清康乾两帝与天主教传教史》（修订三版），全史书局1975年版。

傅伟勋：《从西方哲学到禅佛教："哲学与宗教"一集》，台北：东大图书股份有限公司1986年版。

高令印、乐爱国：《王廷相评传》，南京大学出版社1998年版。

顾长声：《传教士与近代中国》，上海人民出版社1981年版。

顾诚：《南明史》，中国青年出版社1997年版。

何俊、尹晓宁编著：《刘宗周与蕺山学派》，中国人民大学出版社2009年版。

何俊：《西学与晚明思想的裂变》，上海人民出版社2013年版。

何锡蓉：《佛学与中国哲学的双向建构》，上海社会科学院出版社2004年版。

何孝荣：《明代南京寺院研究》，紫禁城出版社2013年版。

洪谦：《维也纳学派哲学》，商务印书馆1989年版。

洪修平：《中国佛教文化历程》，江苏教育出版社2005年版。

洪修平：《中国佛教与儒道思想》，宗教文化出版社2004年版。

胡发贵：《罗钦顺评传》，南京大学出版社2001年版。

胡适：《中国哲学史大纲》，上海古籍出版社1997年版。

嵇文甫：《晚明思想史论》，东方出版社1996年版。

金云铭：《陈第年谱》，私立福建协和大学中国文化研究会1946年版。

赖永海：《中国佛教与哲学》，宗教文化出版社2004年版。

赖永海：《中国佛性论》，江苏人民出版社2010年版。

李剑雄：《焦竑评传》，南京大学出版社1998年版。

梁家勉原编，李天纲增补：《增补徐光启年谱》，上海古籍出版社2020年版。

林国标：《清初朱子学研究：对一种经世理学的解读》，湖南人民出版社2004年版。

林庆彰：《明代考据学研究》，华东师范大学出版社2015年版。

刘耘华：《诠释的圆环——明末清初传教士对儒家经典的解释及其本土回应》，

北京大学出版社 2005 年版。

陆永胜：《心·学·政——明代黔中王学思想研究》，中华书局 2016 年版。

吕妙芬：《胡居仁与陈献章》，文津出版社 1996 年版。

吕妙芬：《阳明学士人社群——历史、思想与实践》，北京师范大学出版社 2017 年版。

梅新林：《中国古代文学地理形态与演变》，复旦大学出版社 2006 年版。

明孝陵博物馆：《明初南京五十三年》，东南大学出版社 2018 年版。

牟宗三：《从陆象山到刘蕺山》，载《牟宗三先生全集》，台北：联经出版事业股份有限公司 2003 年版，第 8 册。

牟宗三：《佛性与般若》，吉林出版集团有限责任公司 2010 年版。

南京市地方志编纂委员会办公室编，范金民编著：《南京通史·明代卷》，南京出版社 2012 年版。

潘桂明、吴忠伟：《中国天台宗通史》，江苏古籍出版社 2001 年版。

庞天佑：《考据学研究》，新疆大学出版社 1994 年版。

彭国翔：《良知学的展开——王龙溪与中晚明阳明学》，生活·读书·新知三联书店 2005 年版。

漆永祥：《乾嘉考据学研究》，中国社会科学出版社 1998 年版。

钱穆：《宋明理学概述》，台北：台湾学生书局 1977 年版。

钱穆：《素书楼经学大要》，载《钱宾四先生全集》，台北：联经出版事业股份有限公司 1998 年版，第 52 册。

钱穆：《中国近三百年学术史》（一），载《钱宾四先生全集》，台北：联经出版事业股份有限公司 1998 年版，第 16 册。

钱穆：《中国近三百年学术史》（二），载《钱宾四先生全集》，台北：联经出版事业股份有限公司 1998 年版，第 17 册。

邱高兴：《一枝独秀：清代禅宗隆兴》，辽宁人民出版社 1997 年版。

容肇祖：《明代思想史》，齐鲁书社 1992 年版。

沈文华：《内丹生命哲学研究》，东方出版社 2006 年版。

释圣严：《明末中国佛教之研究》，台北：台湾学生书局 1988 年版。

孙尚杨：《基督教与明末儒学》，东方出版社 1994 年版。

孙尚扬：《明末天主教与儒学的互动：一种思想史的视角》，宗教文化出版社

参考文献

2013 年版。

唐君毅：《中国哲学原论原教篇》，《唐君毅先生全集》卷 19，台北：台湾学生书局 1984 年版。

王俊义、黄爱平：《清代学术与文化》，辽宁教育出版社 1993 年版。

王宇信、方光华、李健超：《中国近代史学学术史》，中国社会科学出版社 1996 年版。

王章涛：《阮元评传》，广陵书社 2004 年版。

吴恩荣：《明代科举士子备考研究》，光明日报出版社 2020 年版。

吴通福：《清代新义理观之研究》，江西人民出版社 2007 年版。

吴震：《明末清初劝善运动思想研究》，上海人民出版社 2016 年修订版。

吴震：《泰州学派研究》，中国人民大学出版社 2009 年版。

吴震：《阳明后学研究》，上海人民出版社 2016 年版。

夏维中、张铁宝、王刚等编著，南京市地方志编纂委员会办公室编：《南京通史·清代卷》，南京出版社 2014 年版。

徐小跃：《罗教·佛教·禅学：罗教与〈五部六册〉揭秘》，江苏人民出版社 1999 年版。

杨国荣：《王学通论——从王阳明到熊十力》，华东师范大学出版社 2003 年版。

杨向奎：《清儒学案新编》，齐鲁书社 1994 年版。

余嘉锡：《目录学发微》，巴蜀书社 1992 年版。

余嘉锡：《古书通例》，上海古籍出版社 1985 年版。

喻松青：《民间秘密宗教经卷研究》，台北：联经出版事业股份有限公司 1994 年版。

喻松青：《明清白莲教研究》，四川人民出版社 1987 年版。

袁啸波编：《民间劝善书》，上海古籍出版社 1995 年版。

曾亦：《本体与工夫：湖湘学派研究》，上海人民出版社 2007 年版。

张岱年、汤一介、庞朴主编：《中华国学·史学卷》，新世界出版社 2006 年版。

张岱年：《中国哲学大纲》，商务印书馆 2015 年版。

张丽珠：《清代新义理学——传统与现代的交会》，台北：里仁书局 2003 年版。

张丽珠：《清代义理学新貌》，台北：里仁书局 1999 年版。

张丽珠：《清代义理学转型》，台北：里仁书局 2006 年版。

张舜徽：《中国文献学》，中州书画出版社 1982 年版。

张舜徽：《清人笔记条辨》，中华书局 1986 年版。

张晓林：《天主实义与中国学统——文化互动与诠释》，学林出版社 2005 年版。

张学智：《明代哲学史》，北京大学出版社 2000 年版。

章太炎：《国学讲演录》，华东师范大学出版社 1995 年版。

章太炎：《国故论衡》，河北教育出版社 1996 年版。

郑宗义：《明清儒学转型探析：从刘蕺山到戴东原》，香港中文大学出版社 2000 年版。

衷尔钜：《蕺山学派哲学思想》，山东教育出版社 1993 年版。

周可真：《明清之际新仁学——顾炎武思想研究》，中国大百科全书出版社 2006 年版。

［比利时］钟鸣旦：《杨廷筠：明末天主教儒者》，圣神研究中心 1987 年版。

［德］鲁道夫·卡尔那普：《世界的逻辑构造》，陈启伟译，上海译文出版社 1999 年版。

［德］鲁道夫·卡尔纳普：《哲学和逻辑句法》，傅季重译，上海人民出版社 1962 年版。

［加］卜正民：《为权力祈祷：佛教与晚明中国士绅社会的形成》，张华译，江苏人民出版社 2005 年版。

［美］艾尔曼：《从理学到朴学——中华帝国晚期思想与社会变化面面观》，赵刚译，江苏人民出版社 1995 年版。

［美］陈荣捷：《传习录拾遗》，载《王阳明传习录详注集评》，台北：台湾学生书局 1983 年版。

［美］钱新祖：《焦竑与晚明新儒思想的重构》，宋家复译，东方出版中心 2017 年版。

［美］威廉·詹姆士：《宗教经验之种种——人性之研究》，唐钺译，商务印书馆 2002 年版。

［美］余英时：《方以智晚节考》（增订版），生活·读书·新知三联书店 2004 年版。

［美］余英时：《论戴震与章学诚：清代中期学术思想史研究》，生活·读

书·新知三联书店 2000 年版。

［美］余英时：《人文与理性的中国》，程嫩生等译，上海古籍出版社 2007 年版。

［美］约翰·杜威：《确定性的寻求——关于知行关系的研究》，傅统先译，上海人民出版社 2005 年版。

［日］冈田武彦：《王阳明与明末儒学》，吴光等译，上海古籍出版社 2000 年版。

［日］忽滑谷快天：《中国禅学思想史》，朱谦之译，上海古籍出版社 2002 年版。

［日］荒木见悟：《明末清初的思想与佛教》，廖肇亨译，上海古籍出版社 2010 年版。

［日］酒井忠夫：《中国善书研究》（修订版），刘岳兵等译，江苏人民出版社 2010 年版。

［日］内藤湖南等著：《中国访书记》，钱婉约译，九州出版社 2020 年版。

［日］中村元等：《中国佛教发展史》，余万居译，天华出版事业股份有限公司 1984 年版。

［英］李约瑟：《中国之科学与文明》（一），陈立夫等译，台北：台湾商务印书馆 1971 年版。

（三）论文

白静：《焦竑思想研究》，博士学位论文，北京大学，2011 年。

白静：《崇北抑南：焦竑的戏曲思想研究》，《内蒙古民族大学学报》（社会科学版）2011 年第 3 期。

卜键：《焦竑的隐居交游与其别号"龙洞山农"》，《文学遗产》1986 年第 1 期。

蔡家和：《王阳明与黄梨洲"心体说"之会合可能》，《哲学与文化》2018 年第 4 期。

陈海红：《"井牧六经俱耕耘"的张履祥实学》，《浙江社会科学》2013 年第 3 期。

陈开林：《焦竑集外诗文辑补》，《保定学院学报》2018 年第 3 期。

陈瑞芳：《从〈焦氏笔乘〉看焦竑文献考据学研究》，硕士学位论文，湖南师范大学，2010 年。

陈时龙：《明代中晚期讲学运动：1526－1626》，博士学位论文，复旦大学，2004 年。

陈忠平：《明代南京城市商业贸易的发展》，《南京师大学报》（社会科学版）1986 年版第 4 期。

陈作霖：《金陵通传·焦竑传》，载《濡园集》（下），中华书局 1904 年版。

程芸：《论汤显祖"师讲性，某讲情"传闻之不可信》，《殷都学刊》1999 年第 1 期。

丁国春：《焦竑易学研究》，硕士学位论文，昆明理工大学，2016 年。

范金民：《鼎革与变迁：明清之际江南士人行为方式的转向》，《清华大学学报》（哲学社会科学版）2010 年第 2 期。

范金民：《明代政治变迁下的南京经济》，载《明史研究》第 9 辑，黄山书社 2005 年版。

范金民：《清前期南京经济略论》，载《国计民生：明清社会经济研究》，福建人民出版社 2008 年版。

方行：《清代前期江南市镇的劳动力市场》，载《清代经济论稿》，天津古籍出版社 2010 年版。

龚鹏程：《经学、复古、博雅及其他》，载《晚明思潮》，商务印书馆 2005 年版。

龚鹏程：《克己复礼的路向——晚明思潮的再考察》，载《晚明思潮》，商务印书馆 2005 年版。

龚鹏程：《罗近溪与晚明王学的发展》，载《晚明思潮》，商务印书馆 2005 年版。

龚鹏程：《儒学的经世问题：以颜元为例》，载《晚明思潮》，商务印书馆 2005 年版。

龚鹏程：《摄道归佛的儒者：焦竑》，载《晚明思潮》，商务印书馆 2005 年版。

郭亮：《尊经即尊心——王阳明释经学发微》，《河北学刊》2017 年第 5 期。

韩伟：《杨慎对焦竑之影响考释》，《古籍整理研究学刊》2013 年第 2 期。

何孝荣：《论明太祖的宗教思想及其影响》，《历史教学》（高校版）2008 年第 6 期。

何孝荣：《明代宦官与佛教》，《南开学报》2000 年第 1 期。

贺广如：《王龙溪对邵康节〈易〉学的继承与转化》，《东方文化》2013 年第 1 期。

胡适：《戴东原的哲学》，载欧阳哲生编《胡适文集》（7），北京大学出版社 1998 年版。

胡适：《戴东原在中国哲学史上的位置》，载欧阳哲生编《胡适学术代表作》（中卷），安徽教育出版社 2007 年版。

胡适：《读梁漱溟先生的〈东西文化及其哲学〉》，载欧阳哲生编《胡适文集》（3），北京大学出版社 1998 年版。

胡适：《费经虞与费密：清学的两个先驱者》，载欧阳哲生编《胡适文集》（3），北京大学出版社 1998 年版。

胡适：《几个反理学的思想家》，载欧阳哲生编《胡适文集》（4），北京大学出版社 1998 年版。

胡适：《清代学者的治学方法》，载欧阳哲生编《胡适文集》（2），北京大学出版社 1998 年版。

胡适：《我的信仰》，载欧阳哲生编《胡适文集》（2），北京大学出版社 1998 年版。

胡适：《颜习斋哲学及其与程朱陆王之异同》，载严云受编《胡适学术代表作》（中卷），安徽教育出版社 2007 年版。

胡适：《治学的方法与材料》，载欧阳哲生编《胡适文集》（4），北京大学出版社 1998 年版。

胡英：《毛晋汲古阁刻书研究——兼从〈汲古阁书跋〉数跋看毛晋刻书的文学倾向》，广西师范大学，硕士学位论文。

黄敦兵：《通俗文学创作的文人化与明清儒学转向》，《湖北经济学院学报》2015 年第 4 期。

黄熹：《焦竑三教会通思想的理论依据》，《中国文化研究》2005 年第 4 期。

姜广辉：《乾嘉考据学成因诸问题再探讨》，《哲学研究》2008 年第 11 期。

李焯然：《焦竑与陈第——明末清初古音学研究的两位启导者》，载《明史散论》，允晨文化事业股份有限公司 1991 年版。

李焯然：《焦竑之三教观》，载《明史散论》，台北：允晨文化事业股份有限公司 1991 年版。

李承贵：《"良知"的沦陷及其省思——智识化解释的向度》，《贵阳学院学报》（社会科学版）2016 年第 6 期。

李承贵：《"以西释中"衡论》，《天津社会科学》2016 年第 6 期。

李承贵：《"以西释中"仍是中国哲学更新完善的基本途径之一》，《学术界》2017 年第 2 期。

李承贵：《颜钧的平实之学》，《中国哲学史》2001 年第 1 期。

李剑雄：《焦竑的生平、思想与著作》，载《澹园集》，中华书局 1999 年版。

李金松：《焦竑佚文一则》，《书品》2012 年第 6 期。

李润强：《清代进士的时空分布研究》，《西北师大学报》（社会科学版）2005 年第 1 期。

李霞：《论明代佛教的三教合一说》，《安徽大学学报》（哲学社会科学版）2000 年第 5 期。

李晓英：《〈俗书刊误〉研究》，硕士学位论文，陕西师范大学，2003 年。

梁绍杰：《〈国本论〉与晚明政争》，博士学位论文，香港大学，1994 年。

林聪舜：《明清之际儒家思想的变迁与发展》，《明史研究通讯》1986 年第 1 期。

林志鹏：《心学与易理的交融——王龙溪〈大象义述〉探析》，《学术研究》2018 年第 8 期。

刘根勤：《焦竑与晚明戏曲》，博士学位论文，中山大学，2008 年。

刘海滨：《焦竑与晚明会通思潮》，博士学位论文，复旦大学，2005 年。

刘墨：《由性理转向经史：明清之际学术的新趋向》，《南京师范大学文学院学报》2004 年第 2 期。

刘晓丽：《焦竑佚文五篇》，《天一阁文丛》2019 年第 16 辑。

刘勇：《焦竑集外佚文辑释》，《天一阁文丛》2019 年第 17 辑。

刘增光：《寻求权威与秩序的统一——以晚明阳明学之"明太祖情结"为中心的分析》，《文史哲》2017 年第 1 期。

柳旭：《晚明佛教与汤显祖"情至"文学创作的关联研究》，博士学位论文，吉林大学，2016 年。

龙晓英：《焦竑研究》，硕士学位论文，南京师范大学，2005 年。

陆露：《〈焦氏笔乘〉音韵思想探幽》，《山东理工大学学报》（社会科学版）2015 年第 3 期。

吕妙芬：《明清之际的关学与张载思想的复兴：地域与跨地域因素的省思》，《中国哲学与文化·第 7 辑》2010 年。

马晓英：《颜钧思想研究》，博士学位论文，中央民族大学，2003 年。

米文科：《论明代关学与朱子学之关系》，《中国哲学史》2017 年第 4 期。

米文科：《明代关学与阳明学之关系略论》，《孔子研究》2011 年第 6 期。

米文科：《薛瑄与明代关学的中兴》，《兰州学刊》2010 年第 12 期。

彭国翔：《良知异见——中晚明阳明学良知观的分化与演变》，《哲学门》2001 年第 2 期。

彭国翔：《王龙溪与佛道二教的因缘》，《中国哲学史》2001 年第 4 期。

彭国翔：《周海门学派归属辨》，《浙江社会科学》2002 年第 4 期。

戚学民：《〈汉学商兑〉与〈儒林传稿〉》，《学术研究》2010 年第 7 期。

钱明：《王学流派的演变及其异同》，《孔子研究》1987 年第 4 期。

钱穆：《略说乾嘉清儒思想》，载《钱宾四先生全集》，台北：联经出版事业股份有限公司 1998 年版，第 22 册。

钱穆：《清儒学案序目》，载《钱宾四先生全集》，台北：联经出版事业股份有限公司 1998 年版，第 22 册。

钱穆：《述清初诸儒之学》，载《钱宾四先生全集》，台北：联经出版事业股份有限公司 1998 年版，第 22 册。

沈登苗：《清代全国县级进士的分布》，《社会科学论坛》2020 年第 1 期。

史革新：《"廉吏"汤斌理学思想略议》，《郑州大学学报》（哲学社会科学版）2008 年第 6 期。

史振卿：《〈焦氏笔乘〉研究》，硕士学位论文，华中师范大学，2008 年。

宋健：《道盛"三教并弘"思想论述》，《吉林师范大学学报》（人文社会科学版）2013 年第 4 期。

孙国柱：《利玛窦对于晚明"三教合一"思潮的批判——兼与方以智的观点进行对比》，《北京行政学院学报》2018 年第 2 期。

唐大潮：《宋元明道教"三教合一"思想的发展理路》，《世界宗教研究》2006 年第 1 期。

唐德刚：《胡适口述自传》，载欧阳哲生主编《胡适文集》（1），北京大学出版社 1998 年版。

王东生：《徐光启：科学、宗教与儒学的奇异融合》，硕士学位论文，山东大学，2007 年。

王格：《学承与学脉：周汝登"学派归属"的重新认定》，《中国哲学史》2018 年第 2 期。

王家俭：《清代礼学的复兴与经世礼学思想的流变》，《汉学研究》2007 年第 1 期。

王坚：《皇权调控与士人转向：清代江南考据学派成因新论》，《南京大学学报》（哲学·人文科学·社会科学）2016 年第 4 期。

王坚：《明清学术转换的桥梁与清初学术主流：论清初新理学》，《文史哲》2017 年第 6 期。

王金旺：《杨慎古音学研究》，西北师范大学，硕士学位论文，2010 年。

王静：《晚明儒学与科学的互动——以徐光启实学思想的建构为中心》，博士学位论文，山东大学，2018 年。

王月清：《中国佛教劝善书初探》，《佛学研究》1999 年版。

危磊、林蔚轩：《孟子和罗近溪对"赤子之心"认识异同探略》，《学习与探索》2014 年版第 5 期。

魏冬：《韩邦奇学术特色及其关学定位——兼论明代早中期关学对张载之学的传承》，《西藏民族大学学报》（哲学社会科学版）2016 年第 6 期。

魏月萍：《从"良知"到"孔矩"：论阳明后学三教合一观之衍变》，《中国哲学史》2008 年第 4 期。

魏长宝：《明清之际的学术话语转型与儒学的转折》，《江汉论坛》2005 年第 10 期。

吴保传：《社会与学术：黄宗羲与明清学术思想史的转型》，博士学位论文，西北大学，2010 年。

吴光：《论黄宗羲的学术成就》，载白寿彝主编《清史国际学术讨论会论文集》，辽宁人民出版社 1990 年版。

吴荣政：《刘知几〈史通〉评述书目考——兼为〈焦氏笔乘〉二则纠谬》，《湘潭大学学报》（社会科学版）1993 年第 3 期。

吴震：《从"宋明"到"明清"——就儒学与宗教的关系看明清思想的连续性》，复旦学报（社会科学版）2010年第1期。

吴正岚：《焦竑〈易筌〉对吴澄易学的沿革及其学术史意义》，《周易研究》2013年第2期。

谢莉：《范钦年谱》，兰州大学，硕士学位论文，2007年。

谢旭：《王学与中晚明文学理论的关系研究》，博士学位论文，陕西师范大学，2013年。

徐到稳：《焦竑佚文二篇》，《北方文学》（下旬刊）2013年第12期。

徐到稳：《焦竑佚文三篇》，《北方文学》（下旬刊）2014年第1期。

徐到稳：《焦竑集外诗文钩沉》，《文教资料》2014年第7期。

薛虹：《戴东原的政治思想》，载白寿彝主编《清史国际学术讨论会论文集》，辽宁人民出版社1990年版。

杨爱东：《东传科学与明末清初实学思潮——以方以智的实学思想为中心》，博士学位论文，山东大学，2014年。

杨爱东：《明末清初东传科学与实学思潮关系研究的回顾与展望》，《自然辩证法通讯》2014年第3期。

杨浩：《"印证吾心"与"本义自足"——王艮对四书的理解》，载《儒家典籍与思想研究》第十一辑，北京大学出版社2019年版。

姚家全：《焦竑的编纂活动考略》，硕士学位论文，华东师范大学，2010年。

于化民：《晚明理学与心学的合流——以东林学派和刘宗周为视角的考察》，《国学学刊》2011年版第2期。

章太炎：《国学之本体与治国学之方法》，载张勇编《章太炎学术文化随笔》，中国青年出版社1999年版。

张二平：《王阳明"良知"的易学内涵》，《哲学与文化》2018年第12期。

张佳静：《〈焦氏笔乘〉训诂研究》，硕士学位论文，陕西师范大学，2015年。

张钦：《论王常月的修炼思想》，《宗教学研究》2005年第4期。

张亲霞、郑荣：《论明代关学的基本特征》，《西北大学学报》（哲学社会科学版）2008年第4期。

张天杰、肖永明：《从张履祥、吕留良到陆陇其——清初"尊朱辟王"思潮中一条主线》，《中国哲学史》2010年第2期。

张天杰：《蕺山学派与明清学术转型》，博士学位论文，湖南大学，2012年。

张天杰：《张履祥与清初理学的转向》，硕士学位论文，湖南大学，2009年。

张伟：《明代中后期儒学讲学活动研究》，硕士学位论文，河北大学，2011年。

张卫红：《"信得及良知"的理论与实践内涵——从王阳明到王龙溪的论述》，《学术研究》2016年第2期。

张祥龙：《重建儒教的危险、必要与中行路线》，《现代哲学》2007年第1期。

张学智：《从紫柏真可看明代佛教的融通趋势》，《世界宗教研究》1999年第1期。

张学智：《焦竑的和会三教和复性之旨——兼论中国文化的融释精神》，载《国际儒学研究》第16辑，九州出版社2008年版。

张学智：《吕坤对晚明政弊的抉发及其修身之学》，《中国哲学史》2009年第1期。

张艺曦：《明中晚期古本〈大学〉与〈传习录〉的流传及影响》，《汉学研究》2006年第1期。

张英：《明代南京剧坛研究》，博士学位论文，南京师范大学，2008年。

张志刚：《"儒教之争"反思——从争论线索、焦点问题到方法论探讨》，《文史哲》2015年第3期。

赵良宇：《论明中后期考据学的成就及其局限》，《求索》2007年第4期。

赵燕：《管志道三教一致思想研究》，硕士学位论文，武汉大学，2017年。

郑颖贞：《试评吕坤的哲学思想》，《学术交流》2005年第8期。

钟治国：《王龙溪"见在良知"说再析》，《中国哲学史》2015年第2期。

周启荣：《从坊刻〈四书〉讲章论明末考证学》，载郝延平、魏秀梅主编《近世中国之传统与蜕变——刘广京院士七十五岁祝寿论文集》上册，"中央研究院"近代史研究所特刊1998年第5期。

朱晓艳：《明代两京制研究》，硕士学位论文，山东师范大学，2011年。

朱子彦：《论明代江南农业与商品经济》，《文史哲》1994年第5期。

邹自振、罗伽禄：《论罗汝芳对汤显祖的影响》，《福州大学学报》（社会科学版）2007年第4期。

周文焰、陈冬冬：《明万历朝焦竑科场案始末考》，《历史档案》2020年第

2 期。

［日］荒木见悟：《明代楞严经的流行》（上），《人生杂志》1993 年第 123 期。

［日］荒木见悟：《明代楞严经的流行》（中），《人生杂志》1993 年第 124 期。

［日］荒木见悟：《明代楞严经的流行》（下），《人生杂志》1993 年第 125 期。

［美］余英时：《士商互动与儒学转向——明清社会史思想史之一面向》，载郝延平、魏秀梅主编《近世中国之传统与蜕变——刘广京院士七十五岁祝寿论文集》上册，"中央研究院"近代史研究所特刊 1998 年第 5 期。

［比利时］钟鸣旦、杜鼎克：《简论明末清初耶稣会著作在中国的流传》，《史林》1999 年第 2 期。

二 外文文献：

Adam Schorr, "Connoisseursip and the Defense Against Vulgarity: Yang Shen (1488 – 1559) and His Work", *Monumenta Serica*, 41, 1993.

Antonio S. Cua, *The Unity of Knowledge and Action: A Study in Wang Yang-ming's Moral Psychology*, Honolulu: University Press of Hawai'i, 1982.

Benjamin A. Elman, *From Philosophy to Philology: Intellectual and Social Aspects of Change in Late Imperial China*, London: Harvard University Asia Center, 1984.

Benjamin A. Elman, *The Unravelling of Neo-Confucianism: The Lower Yangtze Academic Community in Late Imperial China*, PhD dissertation, University of Pennsylvania, USA, 1980.

Benjamin A. Elman, *Civil Examinations and Meritocracy in Late Imperial China*, Cambridge, Massachusetts & London, England: Harvard University Press, 2013.

Beata Grant, "Female Holder of the Lineage: Linji Chan Master Zhiyuan Xinggang (1597 – 1654)", *Late Imperial China*, 17 (2), 1996.

Barend J. ter Haar, *Practicing Scripture: A Lay Buddhist Movement in Late Imperial China*, Honolulu: University of Hawai'i Press, 2014.

Beverley Foulks Mcguire, *Living Karma: The Religious Practices of Ouyi Zhixu*, New York: Columbia University Press, 2014.

Carine Defoort, "'Chinese Philosophy' at European Universities: A Threefold Utopia", *Philosophy East and West*, 67 (4), 2017.

Carine Defoort, "Is 'Chinese Philosophy' a Proper Name? A Response to Rein Raud", *Philosophy East and West*, 56 (4), 2006.

Carine Defoort, "Is Three Such a Thing as Chinese Philosophy? Arguments of an Implicit Debate", *Philosophy East and West*, 51 (3), 2001.

Carsun Chang, *The Development of Neo-Confucian Thought (Volume Two)*, New York: Bookman Associates, 1962.

Catherine Jami, Peter M. Engelfriet, & Gregory Blue, *Statecraft and intellectual renewal in late Ming China: the cross-cultural synthesis of Xu Guangqi (1562 – 1633)*, Leiden, Boston: Brill, 2001.

Charles B. Jones, "Yuan Hongdao and the Xifang Helun: Pure Land Theology in the Late Ming Dynasty", Richard K. Payne ed., *Path of No Path: Contemporary Studies in Pure Land Buddhism Honoring Roger Coreless*, Berkeley, CA: Institute of Buddhist Studies and Numata Center for Buddhist Translation and Research, 2009.

Chenyang Li, *The Tao Encounters the West: Explorations in Comparative Philosophy*, Albany: State University of New York Press, 1999.

Ching-Sheng Huang, *Jokes on the Four Books: Cultural Criticism in Early Modern China*, PhD dissertation, The University of Arizona, USA, 1998.

Chun-fang Yu, *The Renewal of Buddhism in China: Chu-hung and the Late Ming Synthesis*, New York: Columbia University Press, 1981.

Chun-fang Yu, "The Cult of Kuan-yin in Ming-Ch'ing China: A Case of Confucianization of Buddhism?" Irene Bloom and Joshua A. Fogel ed., *Meeting of minds: intellectual and religious interaction in East Asian traditions of thought*, New York: Columbia University Press, 1997.

Chung-Ying Cheng, "Reason, Substance, and Human Desires in Seventeenth-Century Neo-Confucianism", in Wm. Theodore deBary and The Conference on Seventeenth-Century Chinese Thought ed., *The Unfolding of Neo-Confucianism*, New York & London: Columbia University Press, 1975.

Cynthia Joanne Brokaw, *The Ledgers of Merit and Demerit: Social Change and Moral Order in Late Imperial China, Princeton, N. J.: Princetion University Press, 1991.

Cynthia Joanne Brokaw, "Yüan Huang (1533 – 1606) and The Ledgers of Merit and Demerit", Harvard Journal of Asiatic Studies, 47 (1), 1987.

Daniel L. Overmyer, "Book Review: The Syncretic Religion of Lin Chao-en, by Judith A. Berling", The Journal of Asian Studies, 41 (1), 1981.

Daniel L. Overmyer, Precious Volumes: An Introduction to Chinese Sectarian Scriptures from the Sixteenth and Seventeenth Centuries, Cambridge, Mass., and London: Harvard University Press, 1999.

Deborah A. Sommer, "Ming Taizu's Legacy as Iconoclast", Ming Studies, 1, 2004.

Dewei Zhang, "Challenging the Reigning Emperor for Success: Hanshan Deqing (1546 – 1623) and Late Ming Court Politics", Journal of the American Oriental Society, 134 (2), 2014.

Dewei Zhang, A Fragile Revival: Chinese Buddhism Under the Political Shadow, 1522 – 1620, PhD dissertation, The University of British Columbia, Canada, 2010.

Du Yongtao, "Literati and Spatial Order: A Preliminary Study of Comprehensive Gazetteers in the Late Ming", Ming Studies, 66, 2012.

Edmund L. Gettier, "Is Justified True Belief Knowledge?" Analysis, 23 (6), 1963.

Edward T. Ch'ien, "Chiao Hung and the Revolt against Ch'eng-Chu Orthodoxy: The Left-Wing Wang Yang-ming School as a Source of the Han Learning in the Early Ch'ing", Wm. Theodore deBary and The Conference on Seventeenth-Century Chinese Thought, The Unfolding of Neo-Confucianism, New York & London: Columbia University Press, 1975.

Francis L. K. Hsu, "Confucianism in Comparative Context", in Walter H. Slote & George A. De Vos ed., Confucianism and the Family, Albany: State University of New York Press, 1998.

George L. Israel, Doing Good and Ridding Evil in Ming China: The Political Career of Wang Yangming, Leiden and Boston: Brill, 2014.

Hans Lenk, "Introduction: If Aristotle Had Spoken and Wittgenstein Known Chinese…" Hans Lenk & Gregor Paul ed. , *Epistemological Issues in Classical Chinese Philosophy*, Albany: State University of New York Press, 1993.

Hsing-li Tsai, *Chen Hung-shou's Elegant Gathering: A Late-Ming Pictorial Manifesto of Pure Land Buddhism*, PhD dissertation, University of Kansas, USA, 1997.

Ihor Pidhainy, "Lives and Legends of Yang Shen: Creating a Man for All Seasons", *Ming Studies*, 64, 2011.

Jaret Weisfogel, "Invoking Zhu Yuanzhang: Guan Zhidao's Adaptions of the Ming Founder's Ritual Statues to Late-Ming Jiangnan Society", *Ming Studies*, 1, 2004.

Jen-Tai Pan, "Liu Zongzhou's Criticism of Wang Yangming's Followers and His Scheme for Moral Reformation", *Ming Studies*, 61, 2010.

Jennifer Lynn Eichman, *A Late Sixteenth Century Chinese Buddhist Fellowship: Spiritual Ambitions, Intellectual Debates, and Epistolary Connections*, Leiden: Brill, 2016.

Jiang Wu, *Orthodoxy, Controversy and the Transformation of Chan Buddhism in Seventeenth-Century China*, PhD dissertation, Harvard University, USA, 2002.

Jiang Wu, "Leaving for the Rising Sun: The Historical Background of Yinyuan Longqi's Migration to Japan in 1654", *Asia Major*, 17 (2), 2004.

Jiang Wu, *Enlightenment in Dispute: The Reinvention of Chan Buddhism in Seventeenth-Century China*, New York: Oxford University Press, 2008.

Jiang Wu, *Leaving for the Rising Sun: Chinese Zen Master Yinyuan and the Authenticity Crisis in Early Modern East Asia*, New York: Oxford University Press, 2015.

Joanna F. Handlin, *Action in Late Ming Thought: The Reorientation of Lu K'un and Other Scholar-Officials*, Berkeley, Los Angeles & London: University of California Press, 1983.

John D. Langlois, Jr. & Sun K'O-K'uan, "Three Teachings Syncretism and the Thought of Ming T'ai-tsu", *Harvard Journal of Asiatic Studies*, 43 (1), 1983.

Jonathan Christopher Cleary, *Zibo Zhenke: A Buddhist Leader in Late Ming China*, PhD dissertation, Harvard University, USA, 1985.

参考文献

Judith A. Berling, *The Syncretic Religion of Lin Chao-en*, New York: Columbia University Press, 1980.

Judith A. Berling, "When They Go Their Separate Ways: the Collapse of the Unitary Vision of Chinese Religion in the Earlier Ch'ing", Irene Bloom and Joshua A. Fogel ed., *Meeting of minds: intellectual and religious interaction in East Asian traditions of thought*, New York: Columbia University Press, 1997.

Jui-Sung Yang, *A New Interpretation of Yen Yuan (1635–1704) and Early Ch'ing Confucianism in North China*, PhD dissertation, University of California Los Angeles, USA, 1997.

Jun Fang, *China's Second Capital—Nanjing under the Ming, 1368–1644*, London & New York: Routledge, 2014.

Kandice Hauf, "'Goodness Unbound': Wang Yang-ming and the Redrawing of the Boundary of Confucianism", Kai-wing Chow, On-cho Ng and John B. Henderson ed., *Imagining Boundaries: Changing Confucian Doctrines, Texts, and Hermeneutics*, Albany: State University of New York Press, 1999.

Kenneth J. Hammond, "The Decadent Chalice: A Critique of Late Ming Political Culture", *Ming Studies*, 1, 1998.

Kenneth J. Hammond, "All that is Solid Melts into Air: Wang Shizhen, Jinpingmei, and the Taizhou School", *Ming Studies*, 71, 2015.

Larry Israel, "To Accommodate or Subjugate: Wang Yangming's Settlement of Conflict in Guangxi in Light of Ming Political and Strategic Culture", *Ming Studies*, 60, 2009.

Li Xiaorong, "'I Sliced My Flesh into Paper, and Ground My Liver into Ink': Wang Cihui's (1593–1642) Sensualist Poetry as an Alternative Route to Self-Realization", *Ming Studies*, 67, 2013.

Liam Matthew Brockey, *Journey to the East: the Jesuit mission to China, 1579–1724*, Cambridge: Harvard University Press, 2007.

Lynn A. Struve, "Dreaming and Self-Search during the Ming Collapse: The 'Xue Xiemeng Biji', 1642–1646", *T'oung Pao*, 93, 2007.

Mao Jie, "Reassessing the Place of Chou Ju-teng (1547–1629) in Late Ming

Thought", *Ming Studies*, 33, 1994.

Martin W. Huang, "Male Friendship and Jiangxue (Philosophical Debates) in Sixteenth-Century China", *Nan Nu*, 9 (1), 2007.

Miaw-fen Lu, *Practice as Knowledge: Yang-ming Learning and Chiang-hui in Sixteenth-Century China*, PhD dissertation, University of California Los Angeles, USA, 1997.

Michela Fontana, *Matteo Ricci: A Jesuit in the Ming Court*, Lanham: Rowman & Littlefield Publishers, Inc., 2015.

Mizoguchi Yuzo, "The Ming-Qing Transition as Turning Point", *Inter-Asia Cultural Studies*, 17 (4), 2016.

On-cho Ng, "Negotiating the Boundary between Hermeneutics and Philosophy in Early Ch'ing Ch'eng-Chu Confucianism: Li Kuang-ti's (1642 – 1718) study of the Doctrine of the Mean (Chung-yung) and Great Learning (Ta-hsueh)", Kai-wing Chow, On-cho Ng and John B. Henderson ed., *Imagining Boundaries: Changing Confucian Doctrines, Texts, and Hermeneutics*, Albany: State University of New York Press, 1999.

Ong Chang Woei, "Zhang Zai's Legacy and the Construction of Guanxue in Ming China", *Ming Studies*, 1, 2005.

Pauline C. Lee, *Lizhi: Confucianism and the Virtue of Desire*, Albany: State University of New York Press, 2012.

Peter Ditmanson, "The Yongle Reign and the Transformation of Daoxue", *Ming Studies*, 1, 1998.

Philip A. Kafalas, Weighty Matters, "Weightless Form: Polotics and the Late Ming Xiaopin Writer", *Ming Studies*, 1, 1998.

Philip Chapin Jones, *The Nature of Knowledge*, New York and London: The Scarecrow Press, Inc., 1964.

Philip J. Ivanhoe, *Ethics in the Confucian Tradition: The Thought of Mengzi and Wang Yangming (Second Edition)*, Indianapolis, Cambridge: Hackett Publishing Company, Inc., 2002.

Qiong Zhang, *Cultural Accommodation or Intellectual Colonization? A Reinterpretation of the Jesuit Approach to Confucianism during the Late Sixteenth and Early Seventeenth Centuries, PhD dissertation, Harvard University, USA, 1996.

Qiong Zhang, Making the New World Their Own: Chinese Encounters with Jesuit Science in the Age of Discovery, Leiden: Brill, 2015.

Robert B. Crawford, "Eunuch Power in the Ming Dynasty", T'oung Pao, 49 (3), 1961.

Ronald G. Dimberg, The Sage and Society: the Life and Thought of Ho Hsin-yin, Honolulu: University Press of Hawai'i, 1974.

Samuel Cocks, "Wang Yangming on Spontaneous Action, Mind as Mirror, and personal Depth", Journal of Chinese Philosophy, 42 (3-4), 2015.

Shih-shan Henry Tsai, The Eunuchs in the Ming Dynasty, New York: State University of New York Press, 1996.

Sung-peng Hsu, A Buddhist leader in Ming China: the life and thought of Han-shan Te-ch'ing, University Park: Pennsylvania State University Press, 1979.

Timothy Williamson, Knowledge and its Limits, Oxford: Oxford University Press, 2000.

Travis W. Smith, Cultivating Sagehood in the Zhuangzi: Hanshan Deqing's Unified Reading of the Inner Chapters, PhD dissertation, Southern Illinois University Carbondale, USA, 2013.

Warren Frisina, The Unity of Knowledge and Action: Toward a Nonrepresentational Theory of Knowledge, Albany: State University of New York Press, 2002.

Weimin Shi, "The Quest for Ethical Truth: Wang Yangming on the Unity of Knowing and Acting", Comparative Philosophy, 8 (2), 2017.

Wei-ming Tu, "Yen Yuan: Inner Experience to Lived Concreteness", Wm. Theodore deBary and The Conference on Seventeenth-Century Chinese Thought, The Unfolding of Neo-Confucianism, New York & London: Columbia University Press, 1975.

Wei-ming Tu, Neo-Confucian Thought in Action: Wang Yangming's Youth (1472 – 1509), Berkeley: University of California Press, 1976.

William Day, "Zhenzhi and Acknowledgment in Wang Yangming and Stanley Cavell",

Journal of Chinese Philosophy, 39 (2), 2012.

Wm. Theodore deBary, *The Liberal Tradition in China*, New York: Columbia University Press, 1983.

Wm. Theodore deBary, *The Message of the Mind in Neo-Confucianism*, New York: Columbia University Press, 1989.

Wm. Theodore deBary, *Neo-Confucian Orthodoxy and the Learning of the Mind-and Heart*, New York: Columbia University Press, 1981.

Wm. Theodore deBary, "Common Tendencies in Neo-Confucianism", Arthur F. Wright, George Sansom etc. ed., *Confucianism in Action*, Stanford: Stanford University Press, 1959.

Wm. Theodore deBary, *Learning for One's Self: Eassys on the Individual in Neo-Confucian Thought*, New York: Columbia University Press, 1991.

Xiaoxiang Luo, *From Imperial City to Cosmopolitan Metropolis: Culture, Politics and State in Late Ming Nanjing*, PhD dissertation, Duke University, USA, 2006.

Yifeng Zhao, *Non-Confucian Society in North China during the Seventeenth Century*, PhD dissertation, University of Alberta, Canada, 1997.

Yi Lidu, "'He Wore Flowers in His Hair': Understanding a Late Ming Through His Mid-Ming Subject", *Ming Studies*, 64, 2011.

Ying-shih Yu, "The Intellectual World of Chiao Hung Revisited: A Review Article", *Ming Studies*, 25, 1988.

Youngmin Kim, "Rethinking the Self's Relation to the World in the Mid-Ming: Four Responses to Cheng-Zhu Learning", *Ming Studies*, 1, 2000.

Youngmin Kim, "Moral Action in Zhan Ruoshui's Philosophical Anthropology", *Journal of Chinese Philosophy*, 42 (3–4), 2015.

Yu Liu, "The Religiosity of a Former Confucian-Buddhist: The Catholic Faith of Yang Tingyun", *Journal of the History of Ideas*, 73 (1), 2012.

Yu Liu, "The Complexities of a New Faith: Xu Guangqi's Acceptance of Christianity", *Journal of Religious History*, 37 (2), 2013.

Yu Liu, *Harmonious Disagreement: Matteo Ricci and His Closest Chinese Friends*, New York, Bern: Peter Lang, 2015.

Yu-Yin Cheng, "Pursuing Sagehood Without Boundaries: The T'ai-chou School's Message and Lo Ju-fang's Intellectual Development, 1515 – 1553", 载郝延平、魏秀梅主编《近世中国之传统与蜕变——刘广京院士七十五岁祝寿论文集》下册，"中央研究院"近代史研究所特刊1998年第5期。

Yu-Yin Cheng, "The Taizhou School (Taizhou Xuepai) and the Popularization of Liangzhi (Innate Knowledge)", *Ming Studies*, 60, 2009.

Yu-Yin Cheng, "Changing Cosmology, Changing Perspectives on History and Politics: Christianity and Yang Tingyun's Reflections on China", *Journal of World History*, 24 (3), 2013.

Yu-Yin Cheng, "Tang Xianzu's (1550 – 1616) Peony Pavilion And Taizhou Philosophy: A Perspective from Intellectual History", *Ming Studies*, 67, 2013.

Yuen-Sang Leung, "Towards a hyphenated Identity: Li Zhizao's Search for a Confucian-Christian Synthesis", *Monumenta Serica*, 39, 1990 – 1991.

Yungfen Ma, *The Revival of Tiantai Buddhism in the Late Ming: On the Thought of Youxi Chuandeng* 幽溪传灯 *(1554 – 1628)*, PhD dissertation, Columbia University, USA, 2011.

后　记

本书是由博士学位论文修改而成的，我希望这是一部逻辑清晰、语言平实的著作。关于著作的内容，读者可自作评判。在此，我想记录一下思考与写作过程的"幕后花絮"。

众所周知，阳明心学以直觉体认为工夫，但如何验证一个人是否真正有所体认则是当前中国哲学面临的一个难题。因此，我开始思考，是否有一种客观的、公共性的方法来理解阳明心学的体认。在读书与思考的过程中，我遇到了晚明时期的南京儒者——焦竑。焦竑虽是阳明心学的正统传人，认同心学的价值与追求，但却采取了分析诠释的智识化方法，来揭示心学义理与境界。当时我认为，焦竑之学代表了心学在晚明时期的一条发展新径。王阳明、王畿等人将心学在义理层面推到极致，义理层面已无进阶余地的心学，在晚明时期发展的突破口转向了修养工夫。那么，晚明心学如何在工夫层面实现突破呢？在晚明思潮的时代背景下，如何规约心学泛滥之弊成为心学工夫的重要问题。就焦竑而言，他将基于考据学的智识化方法引入心学，触发了心学内部的方法论变革，也促进了晚明时期科学的发展、清代考据学的流行、三教的会通。意识到这一点之后，我隐隐觉得，焦竑不仅是晚明心学工夫实现突破的关键人物，而且是明清儒学转向的一个重要坐标，值得系统、深入地研究。

2016年的博士二年级上学期，在确定了以焦竑为主题的博士学位论文选题后，我开始了材料的搜集工作。半年之后，在博三的"高龄"时期，我受国家留学基金委资助，到亚利桑那大学东亚系访学一年，这部书的初稿就是在美国西南边陲的小城图森（Tucson）动笔并完成的。2017年8月，初到美国的我没有买车，也没有游玩的心情，除了面对生活的柴米油盐之外，心里

后　记

主要有两件事：一是了解、学习美国的东亚系课程以及学生的培养模式；二是利用课余、假期时间撰写博士学位论文。于是，我在上所选课程的同时，也在准备博士学位论文。平时的学业和生活比较充实、忙碌，甚至听说诺姆·乔姆斯基（Noam Chomsky）入职亚利桑那大学语言学系的消息之后，也没去听他的讲座。到了夏天，图森很热，常常40℃以上，记得那时候，每天上午去健身房，午饭后从住处走20多分钟到学校主图书馆（Main Library），会出不少汗，然后写到晚上七八点左右，天黑了再走回去。有几次回到住处后，累得连吃饭的力气都没有了，只想躺在床上睡觉。到了暑假，图森的夏天人很少，常常很多天都说不了三两句话，那时候隔几天会去一次超市，有个收银员会问我最近怎么样，论文写得如何，和她聊几句才算不是完全没人交流。这种与世隔绝的状态直到2018年7月底写完初稿才有所转变。在离开美国之前，魏雅博（Albert Welter）教授请吃饭，我说暑假写论文时，很少和人说话，他说那你一定很孤单。也许，孤独求学是学术生活的一个侧面吧。

当然，"闭关"写作的生活并不全是"苦水"，也有很多的发现和乐趣。比如，在发愁可能没有足够的中文材料时，看到亚利桑那大学的主图书馆的负一楼有很多的中国书，涉及文、史、哲等方面，最惊讶的是他们收藏了佛教藏经、道藏、经史子集以及中国的地方志，几乎中国每个县的县志都可以找到，很欣喜在其中看到了家乡的《涿州志》。那时候，知道普林斯顿大学葛思德书库藏有一套宋元刻本的《碛砂藏》，是美国人吉礼士（I. V. Gillis）在20世纪20年代从北京的大悲寺买走，之后辗转收藏于普林斯顿大学。1950年至1952年胡适担任葛思德书库的库长期间，曾详细考察此藏，撰有《记美国普林斯顿大学的葛思德东方书库藏的〈碛砂藏经〉原本》一文，后来汤一介先生于1983年和1990年两次考察此藏，著有"记美国普林斯顿大学所藏《碛砂藏》"一文。这两篇文章为梳理、研究此部珍贵藏经奠定了基础。当时，我很感慨祖国的古典文献散于海外，也很受前辈学者辛勤研究的启发与鼓舞，因而对亚利桑那大学主图书馆收藏的中国文献颇感兴趣，常以书海探宝的心态翻阅、考察书籍。同时，我在这个图书馆里也利用了不少英文资料，发现了不少有关晚明及清代学术的有意思的研究。在学习、写作过程中，偶有灵感出现，便会记录在日记本里，这种来自纯粹学术的喜悦感，难以向外人倾诉。2018年的暑假，恰逢俄罗斯世界杯，世界杯的比赛在美国时间的上午进行，这样，上午健身时偶尔可以看看世界杯。有一次，一个美国人见我在看世界杯，就问中国队员的表现怎么样，我笑笑说，"They have a long way to go"，同时，我也明白了一件事情：在一般的印象中，好像美国人喜欢篮球、橄榄球，不太喜欢踢足球。其实，作为美国第一大运动的橄榄球，它的英文名称正是"Football"。也就是说，美国人管我们常说的橄榄球叫"足球"，管我们常说的足球，叫"Soccer"。粗略地讲，美国的男生更喜欢"Football"，女生则更擅长"Soccer"。所以，对于美国人而言，足球是他们的第一大运动，"超级碗"的影响力之所以这么大也就比较容易理解了。

此外，还有一些小经历让我印象比较深刻。为了方便写论文，我在亚马逊网站上购买了一个250美金左右的笔记本电脑，下单之后，费用直接从卡里扣掉了。等待几天之后，我看到订单更新了状态，说已经投递到信箱中了。但我去楼下信箱里找，根本不可能找到，因为这个信箱是个边长为十几厘米的正方形小箱子，根本不可能放进一个笔记本电脑。在找不到快递件的情况下，我拨打了亚马逊的客服电话，说我买了一台笔记本电脑，网站显示已投递，但我却没有找到，问怎么办，对方说得很简单，有两个选择，一是全额退款，二是再邮给你一台一样的电脑。后来，我在物业那里找到了快递件，就打电话告诉客服已经找到，不用退款或再邮了。这时候我有一点明白美国人对信用体系的重视了，如果在收到快递件的情况下，和客服说没收到，对方不会进行核实，会信任你的说法，进行退款或者重新邮寄。不过，一旦发现这个说法是假的，则会有很严重的后果。有一次，我去超市，想买一瓶酒，但是没带护照，在结账时，一个头发胡子都白了的收银员说，让我出示证件，看我是否已满18周岁，我说没带证件，但我看上去明显已经满18周岁了。但他说，如果没有证件，就算你看上去60多岁，我也不能卖给你。还有一次，和几个朋友去沙漠公园逛逛，说是公园，其实是一片看不到边的沙漠，很多高大的仙人掌，没有围墙和大门，路边只有一个牌子，有个收款的箱子，门票5美元。没有工作人员，公园方面也不会知道谁到过这里，是否投币全凭自觉，颇有点君子慎独的味道。这些偶尔之间的点滴发现和乐趣，算是一年的艰苦学习生活中的一些点缀吧。

2018年8月回国后，我开始修改博士学位论文初稿。最初，论文的题目是《良知学的新径——焦竑与明清儒学研究》。为什么起这个题目呢？当时我

后　记

觉得，有两本书的名字很有意思，一是《良知学的展开——王龙溪与中晚明的阳明学》，二是《良知学的转折——聂双江与罗念庵思想之研究》。我的论文也研究阳明后学，在前辈学者书名的启发下，拟了《良知学的新径——焦竑与明清儒学研究》的题目。当时对这个题目很满意，觉得阳明后学的发展经历了三个阶段，先是"展开"，接着"转折"，最后开辟"新径"以接契清代儒学。后来，洪修平老师在预答辩时提出可否去掉"良知学的新径"，直接以《焦竑与明清儒学研究》为题目，这个建议对我来说震动很大，我从来没有想过用这个题目。之前觉得阳明后学的发展可划分为三个阶段，而这部"新径"恰好是这三阶段的最后一块拼图。不过，经过一番冷静的权衡考虑之后，感觉《焦竑与明清儒学研究》更契合博士学位论文的整体架构，题目与全文的对应是最重要的，同时，也不必刻意去想象阳明后学的发展有三个阶段，以抬高自己。因此，在毕业答辩时便将博士学位论文更名为《焦竑与明清儒学研究》。至于"良知学的新径"这条线索，就由读者去发现吧。

2019年1月起，我从一个博士研究生转变为一个青年教师，学术生活也由较为纯粹的读书、思考与写作，转变为教学、科研与兼职行政事务。由此，我逐渐体会到当一名老师的不易，以及闲暇的可贵。在这憧憧往来的日常生活里，我的思想发生了一个重要的转变。读博以及工作一年多以来，我一直强调"逻辑分析"的重要性，这在我的一些论文、简介、教学以及访谈中都有或明或暗的体现。因为那时候觉得自己已经走出了将哲学"大词"进行排列组合以及盲目追逐学术热点的研究阶段，应该顺着胡适、冯友兰、金岳霖等20世纪中国哲学家的路，以逻辑分析方法对中国哲学进行扎实的、深入的研究。在此背景下，我在2020年11月以"方法论与中国传统哲学的现代建构"为主题举办了一次小范围的青年学者会议。后来，在教学与读书的过程中，我越来越感受到，单纯强调逻辑分析方法，而忽视对中国哲学的阅读与体会，是很不好的。尽管现在我依然觉得逻辑分析是21世纪中国哲学的必经之路，但若要在这条路上行走，一条腿是逻辑分析方法，另一条腿是对中国哲学的深切阅读与体会。那么，什么是对中国哲学的深切阅读与体会呢？一言以蔽之，对经史子集的博览与深读，对境界智慧的感受与领会。起初，我只见到逻辑分析方法是重要的，后来才发现原来自己对中国哲学并不是那么地了解，这使我在心底感到了深深的不足，从而激发了虚心学习的动力。这种思想的转变，也反映到了这篇博士学位论文的修订之中。在初稿中，我认为焦竑是以"思"的智识化方法完全替代了"悟"的直觉体认工夫。随着重新阅读焦竑文献，我发现焦竑并不是以"思"的方法取代"悟"的工夫，而是将"思"的方法引入"悟"的工夫，从而形成兼具智识认知与直觉体认的心学形态。

　　从博士学位论文的选题、构思、研究、撰写、修改到完成，离不开很多人的鼓励与帮助。借此机会，想表达一下我的感谢：感谢国家留学基金委的资助。感谢导师李承贵教授，李老师一直以来都在对我进行殷切鼓励与无私指导，不仅夯实了我的学术功底，而且带领我进入了学术研究领域。感谢南京大学哲学系的诸位老师与同学。感谢亚利桑那大学东亚系的魏雅博教授、吴疆教授以及在美访学时认识的同学和朋友，感谢他们在学业上的指导、生活上的关心与帮助。同时，这篇博士学位论文得以作为学术专著出版，感谢中国社会科学出版社的肯定与支持，感谢郝玉明编辑的耐心校对和悉心指点。

　　最后，在漫长的求学过程中，父母始终是我的牵挂与港湾。尽管他们不能在学术上帮到什么，但这部著作的完成却离不开他们的鼓励与支持。因此，我谨将此书献给我的父母代福玉、曹淑芬。同时，也感谢我的妻子王荣姣与孩子代新知的陪伴。